城市研究系列

Urban Studies

城市研究系列

主　　编　周　宪　［加］罗伯·希尔兹

项目总监　王瑞书

项目执行　任　晖

NEW URBAN SPACES

新城市空间

城市理论与尺度问题

URBAN THEORY
AND THE
SCALE QUESTION

【美】尼尔·博任纳（Neil Brenner） 著
王周杨 译

江苏凤凰教育出版社
Phoenix Education Publishing, Ltd

图书在版编目(CIP)数据

新城市空间：城市理论与尺度问题/[美]尼尔·博任纳著；王周杨译. —南京：江苏凤凰教育出版社 2022.10
(城市研究系列)
ISBN 978-7-5743-0112-2

Ⅰ.① 新… Ⅱ.① 尼… ② 王… Ⅲ.① 城市管理—研究 Ⅳ.①F293

中国版本图书馆 CIP 数据核字(2022)第 152887 号

书　　名　新城市空间:城市理论与尺度问题
著　　者　[美]尼尔·博任纳(Neil Brenner)
译　　者　王周杨
责任编辑　任　晖
监　　制　杨赤民
出版发行　凤凰出版传媒股份有限公司
　　　　　　江苏凤凰教育出版社(南京市湖南路 1 号 A 楼　邮编 210009)
苏教网址　http://www.1088.com.cn
照　　排　南京紫藤制版印务中心
印　　刷　江苏凤凰通达印刷有限公司(电话 025-57572508)
厂　　址　南京市六合区冶山镇(邮编 211523)
开　　本　787 毫米×1092 毫米　1/16
印　　张　32
版　　次　2022 年 10 月第 1 版
　　　　　　2022 年 10 月第 1 次印刷
书　　号　ISBN 978-7-5743-0112-2
定　　价　80.00 元
网店地址　http://jsfhjycbs.tmall.com
公 众 号　苏教服务(微信号:jsfhjyfw)
邮购电话　025-85406265,025-85400774,短信 02585420909
盗版举报　025-83658579

出版说明

城市研究领域很深广，涉及多学科内容。经济、政治、文化、环境、资源、规划、可持续发展等主题，都与城市有关。这些主题大致涵盖了实体的物质空间和抽象的文化空间，也许在一定程度上与当代生活有关的问题大多是城市问题。

"城市研究系列"即是对中国城市化进程中可能遭遇的各种问题在理论上的一种回应。"系列"以经典性与前沿性为导向，理论研究与实证研究并重。在内容方面重点关注与城市主题有关的经典性著作、各学术流派的代表作、当代前沿问题研究、城市研究新理论、城市文化现象与发展方向的探讨等。这些内容不仅追溯了城市发展的历史进程中诸多富有影响力的节点，也契合了当前社会的热点和趋势。

"城市研究系列"既重视国外先进的城市研究著作的引入，也重视国内城市研究领域中优秀的原创著作的出版。我国的城市研究起步较晚，引入国外先进的学术理论，其目的是丰富我们认识城市的路径，建立更加科学的观照体系，从而形成并完善我们本土的城市理论系统建构。

作为中国城市化进程的目击者、参与者、解释者、引领者，我们有责任告诉世界这个历史悠久的农业大国在这一巨大的城市化转型中所发生的一切。而城市本身所具有的多样性与复杂性，也值得我们去探究，去呈现，去引领。

我们期待“城市研究系列”这一高水准的中外城市理论研究出版平台所带来的新角度和新方法，所开启的新视野，所探讨的新问题，能为我国新型的城市化进程提供充分的学术支持。

江苏凤凰教育出版社

目 录

图目录

缩写列表

APS	高级生产性服务业
BRI	“一带一路”倡议
BRICS	巴西、俄罗斯、印度、中国、南非
COSIPLAN	南美洲基础设施与规划委员会
DMIC	德里-孟买产业走廊
EU	欧盟
GIS	地理信息系统
GLC	大伦敦委员会
ICTs	信息与通讯技术
IFCs	国际金融中心
IIRSA	南美洲区域基础设施一体化倡议
IMF	国际货币基金组织
ISI	进口替代工业化
OECD	经济合作与发展组织

NAFTA	北美洲自由贸易协定
NGOs	非政府组织
NIDL	新国际劳动分工
nNIDL	新新国际劳动分工
NUA	新城市议程
RCSRs	尺度重构的竞争性国家体制
SDGs	可持续发展目标
SEM	单一欧洲市场
SEZ	特殊经济区
SMEs	中小企业
STS	科学与技术研究
TNCs	跨国公司
TPSN	地域、地方、尺度、网络
UN	联合国
UNESCO	联合国教科文组织
UPDs	城市发展项目
USD	空间不均衡发展
WCA	世界城市群岛

第一章　序言：城市问题作为一个尺度问题？

在 20 世纪的大部分时间里，城市研究领域通过一系列明确的或隐含的地理差异来定义其研究对象。虽然关于如何最好地定义城市生活的特性引发越来越多的争论，但目前主要是通过与两种所谓的非城市地带——郊区与乡村——的对比，作为这一领域的普遍划分依据。随着研究者们对如何最好地概念化其基本元素以及对其构建本质的理解持续深化，关于两者之间差异的定义标签也在不断地发生变化。然而，即使存在着认识论、方法论与政治传统的诸多差异，20 世纪的大部分城市研究都基于一种潜在的假设，即城市代表了一种特定类型的地域，并且与超越其边界之外的其他类型的地域是相对立的。

关于城市最为著名与精准的构想最早可见于 1921 年欧内斯特·伯吉斯（Ernest Burgess）的同心圆模型，他将城市（实际上是 20 世纪早期芝加哥的原型）定义为一系列精致描绘的地带，从几何中心向郊区拓展，最终到达乡村的空旷地带[①]。在这一著作发

---

① Robert Park and Ernest Burgess, eds., *The City* (Chicago: University of Chicago Press, 1967 [1925]).

表之后，伯吉斯的同心圆模型几乎立刻受到了批判与修正。一些学者重新绘制了图形轮廓，更加精确地反映城市生活的内部空间模式；另外一些学者还质疑了支撑该模型的人文生态学理论。然而，尽管存在各种各样的研究倡议，伯吉斯关于城市空间的构想代表着一种地理潜意识的元认知——一个几乎适用于所有空间组织构想的普适性框架——并支撑着20世纪的大部分城市研究。此外，还有一些不同的政治学视角的研究，他们认为城市的核心是一种有边界的地域；通过与其他地域的对比，可以有效地把握其独特性。直到最近，这种潜在的假设仍是整个城市研究领域的认知基础，不仅是在伯吉斯创立的芝加哥学派内部，甚至也包括马克思主义在内的寻求超越传统理解的更加激进或批判性的学派。[②]

实际上，这也延伸到了关于城市问题水平维度的地图学呈现问题。现代资本主义被视为一种由不同类型的并列的聚落空间（城市、郊区、乡村）组成的不断拓展的地域景观，它们具有不同程度的连贯性、离散性与边界，创造出了一种具有地区差异性的拼合图景。这种地图学呈现在特定意义上可以被理解为一种具有地域性特征，类似于现代威斯特伐利亚国际体系的政治辖区，其组成部分是有边界的、毗连的、非重叠的与包含性的。[③]虽然关于城市、郊

---

② Neil Brenner and Christian Schmid, "Towards a New Epistemology of the Urban?," CITY 19, no. 2—3 (2015): 151—82; Neil Brenner and Christian Schmid, "The 'Urban Age' in Question," *International Journal of Urban and Regional Research* 38, no. 3 (2013): 731—55; Neil Brenner, "Urban Revolution?," in *Critique of Urbanization: Selected Essays* (Basel: Bauwelt Fundamente/ Birkhäuser Verlag, 2016), 192—211; Neil Brenner, ed., *Implosions/Explosions: Towards a Study of Planetary Urbanization* (Berlin: Jovis, 2014).

③ 威斯特伐利亚地域概念的经典理论见 John Gerard Ruggie, "Territoriality and Beyond: Problematizing Modernity in International Relations," *International Organization* 47, no. 1 (1993): 139—74. 还可以参考 John Agnew and Stuart Corbridge,

区、乡村空间的划分方法随着历史发展在不断发生变化，但是这些空间本身仍然是慎重的（根据其内在的具体特征所定义）、清晰的（地理上彼此分离）、排他的（包含一个整体性的地带）、普遍的（人类聚落恒久的、跨情境的特征）。

到20世纪中晚期，随着城市研究领域的不断成熟与持续演进，一些“地下”城市研究理论探索开始挑战城市研究中普遍存在的地理无意识的元认知，并建议在这一领域采用不同的概念化方式、研究焦点与方法。其中，最为重要的策略之一就是不再将城市界定为一种地域，而是将其视为一种尺度。这一方法在20世纪30年代就已经出现，但是到了20世纪90年代初才得到广泛使用。在这种替代性的方法中，关于城市空间的描绘不是通过水平维度将城市与其他（郊区或乡村）聚居地带进行对比，而是通过垂直维度将城市的尺度在动态演化、多层组织的地理结构中进行定位。除了城市尺度之外，这种结构通常还包括至少其他三种关键的尺度——区域、国家与全球。有时候，另外一些尺度也会被考虑，比如身体、邻里、地方、大都市区、超国家、大洲等。

在每一种情况之下，城市不仅是被概念化为有边界的空间单元——一种城市的容器，而且更多是作为一种嵌入更为广阔的、动

Mastering Space: Hegemony, Territory, and International Political Economy (New York: Routledge, 1995). 关于现代社会、政治和空间理论中地域概念的丰富、多样化与争论性的诠释可见 Stuart Elden, “Land, Terrain, Territory,” *Progress in Human Geography* 34, no. 6 (2010): 799—817; Stuart Elden, “Missing the Point: Globalisation, Deterritorialisation and the Space of the World,” *Transactions of the Institute of British Geographers* 30 (2005): 8—19; Neil Brenner and Stuart Elden, “Henri Lefebvre on State, Space, Territory,” *International Political Sociology* 3, no. 4 (2009): 353—77; Christian Schmid, “The Urbanization of the Territory: On the Research Approach of ETH Studio Basel,” in *Territory: On the Development of Landscape and City*, ed. ETH Studio Basel (Zurich: Park Books, 2016), 22—48.

态演化的、整体的社会空间关系。它不是通过对地域空间的划分来构成的，而是通过在更为广阔的、多尺度的关系框架中进行社会空间关系结构的定位来成型的。因此，城市会产生明确的社会空间运作、实践、轮廓与参数，但是这些都是在更大的尺度间关系框架中持续演化的，而且有时候是剧变的。这些关系——包括经济、制度、政治、文化、生态——包含着许多尺度，同时也会暂时性地交织在一起，形成历史特定的、暂时稳定的尺度间关系结构。可以确信的是，这些新兴的尺度化探索在其特定的城市现象定义框架中存在着明显的差异，而且有时是非常显著的。尽管如此，这些探索之间还是存在着一种共有的基本认识，就是没有将城市概念化为一种聚落空间的单元或类型，而是将其视为一种富有活力的社会空间动力场域，通过其在更为广阔的模式化、规则化的社会空间相互依赖性的尺度间框架中的关系嵌入性与变化的关系结构位置来定义。

早期关于城市问题的尺度方法尝试已经隐含地出现在许多20世纪中期和战后时期非正统的城市地理、规划与区域科学中，这些尝试主要是从多元的政治-认识论出发点进行构建，包括从沃尔特·克里斯塔勒（Walter Christaller）的中心地理论、罗伯特·迪金森（Robert Dickinson）的城市聚落体系研究、让·戈特曼（Jean Gottmann）的大都市带方法，到布莱恩·贝里（Brian Berry）、约翰·弗里德曼（John Friedmann）、阿兰·普雷德（Allan Pred）等学者开展的更广领域的城市边界、体系与等级研究。④不

④ 参考 Walter Christaller, *Central Places in Southern Germany*, trans. Carlisle W. Baskin (Englewood Cliffs, NJ: Prentice Hall, 1966 [1933]); Robert E. Dickinson, *City and Region: A Geographical Interpretation* (London: Routledge and Kegan Paul, 1964); Jean Gottmann, *Megalopolis: The Urbanized Northeastern Seaboard of the United States* (Cambridge, MA: MIT Press, 1961); Brian Berry and Frank E. Horton, eds., *Geographic Perspectives on Urban Systems*

论他们的概念语法、方法论与研究焦点存在什么样的差异，这些方法的共同之处是超越了从地域、地区或地方主义对城市的狭隘理解，更加强调对城市化动态所产生的更为广阔的社会空间结构的探索。然而，即使他们已经开始尝试探索尺度问题域（Problematique）的启示，二战后这些非正统的广泛探索对空间的构想仍主要聚焦于城市化过程的其他维度——比如节点与集聚、连接性与网络，或是地域的功能差异。直到20世纪80年代，伴随着历史唯物主义地缘政治经济学领域中新“地理尺度语汇”（尼尔·史密斯）的发展，学者们才开始直接地、系统性地、自反性地为城市理论构建“尺度转向”的要素。⑤

当然，尺度一直是人文地理学的一个关键概念，但是其知识基

(Englewood Cliffs, NJ: Prentice Hall, 1970); John Friedmann and Clyde Weaver, *Territory and Function: The Evolution of Regional Planning* (Berkeley: University of California Press, 1979); Allan Pred, *City-Systems in Advanced Economies* (London: Hutchinson, 1977).

⑤ 尼尔·史密斯在他的经典著作 *Uneven Development Nature, Capital and the Production of Space* (New York: Blackwell, 1984)中已经开始阐述这种尺度转向的要素。随后，他在一系列论文和文章中阐述了其中的一些关键要素。包括 Neil Smith, "Homeless/Global: Scaling Places," in *Mapping the Futures*, ed. Jon Bird, Barry Curtis, Tim Putnam, and Lisa Tickner (New York: Routledge, 1993), 87—119; Neil Smith, "Geography, Difference and the Politics of Scale," in *Postmodernism and the Social Sciences*, ed. Joe Doherty, Elspeth Graham, and Mo Malek (New York: St. Martin's Press, 1992), 57—79; Neil Smith, "Remaking Scale: Competition and Cooperation in Prenational and Postnational Europe," in *Competitive European Peripheries*, ed. Heikki Eskelinen and Folke Snickars (Berlin: Springer Verlag, 1995), 59—74; and Neil Smith and Dennis Ward, "The Restructuring of Geographical Scale: Coalescence and Fragmentation of the Northern Core Region," *Economic Geography* 63, no. 2 (1987): 160—82.另一个在历史-地理唯物主义理论方面早期参与讨论尺度问题的是彼得·泰勒，参考 *Political Geography: World-Economy, Nation-State and Locality* (New York: Longman, 1985). 还可以参考 Peter J. Taylor, "A Materialist Framework for Political Geography," *Transactions of the Institute of British Geographers 7* (1982): 15—34; Peter J. Taylor, "Geographical Scales within the World-Economy Approach," *Review* 5, no. 1 (1981): 3—11.

础在20世纪80年代已经被重新创造，并且与世界范围内的资本主义重构及其相关联的“全球化”辩论具有重要的联系[⑥]。在这些“新尺度政治经济学”的文献中，所有的尺度——不论是城市的或超城市的——都被理解为由社会生产的、政治上相互竞争的，而且是具有历史延展性的。[⑦]此外，这种尺度化与尺度重构的过程如今呈现出与更为广阔的政治-经济重构过程紧密交织的特征，包括地缘经济的整合、国家地位的重塑、城市与区域发展新模式的生产等。这意味着任何一种尺度等级性——及其内部任何一种固定的单元、等级、阶层或层级——都有着丰富的历史地理内涵：(1) 通过权力关系、国家管制战略、社会政治斗争来调解；(2) 因社会政治竞争而发生潜在的变化。因此，解读这种反复无常的权力与斗争的尺度地理成为批判性研究的重要任务，而且这不仅限于批判性城市研究领域内部。因此，伴随着近年来地方、地域、空间概念的复兴，地理尺度的新词汇为城市学者们提供了一个强有力的概念化新工具，通过严谨的关系视角，调查历史与当前条件下城市化

---

⑥ 参考 Erik Swyngedouw, "The Mammon Quest: 'Glocalisation,' Interspatial Competition, and the Monetary Order: The Construction of New Scales," in *Cities and Regions in the New Europe*, ed. Mick Dunford and Grigoris Kafkalas (London: Belhaven Press, 1992), 39—68; Erik Swyngedouw, "The Heart of the Place: The Resurrection of Locality in an Age of Hyperspace," *Geografiska Annaler B* 71 (1989): 31—42; Erik Swyngedouw, "Neither Global nor Local: 'Glocalization' and the Politics of Scale," in *Spaces of Globalization*, ed. Kevin Cox (New York: Guilford Press, 1997), 137—66; Alain Lipietz, "The Local and the Global: Regional Individuality or Interregionalism?," *Transactions of the Institute of British Geographers* 18, no. 1 (1993): 8—18; Jamie Peck and Adam Tickell, "Searching for a New Institutional Fix: The *After*-Fordist Crisis and the Global-Local Disorder," in *Post-Fordism: A Reader*, ed. Ash Amin (Cambridge, MA: Blackwell, 1994), 280—315.

⑦ 关于这一文献和相关辩论的有用概述，见 Roger Keil and Rianne Mahon, eds., *Leviathan Undone? The New Political Economy of Scale* (Vancouver: University of British Columbia Press, 2010).

地理的变化。

随着当前所谓的全球城市理论的发展，更广泛地说是针对全球化的城市化批判性方法的构建，学术界对新尺度政治经济学的研究兴趣呈现爆炸式增长。[8]鉴于地缘经济重构与城市空间重塑之间的关系在全球化城市研究中具有重要地位，因此尺度问题在这一领域的理论、方法论与具体研究层面一直处于核心位置。一开始，学者们主要是研究所谓的全球/地方联结，探讨如何最好地概念化和研究城市空间嵌入全球资本、商品与劳动力循环的变化模式。随后，他们发展出了针对尺度问题、尺度重构过程与尺度政治学的更加多元化的方法。与当时流行的“地理的终结”与“无边界世界”等论调相反，全球化进程如今被重新定义为一种不均衡的、竞争的、持续的尺度间关系重构，同时伴随着历史上根深蒂固的、国家组织的资本主义形式及其相关联的管制机构的非稳定化。这种概念上的重新定位使学者们能够研究城市与城市系统是如何（重新）嵌入世界范围内的劳动分工，以及它们在政治-经济重构（包括国家政府与国家经济的重构）过程中的位置变化。因此，地域管制的问题——作为尺度重构的关键领域与媒介——也被系统性地纳入新兴的关于城市生活的尺度地理辩论中。在这种背景下，政治学者们也开始探索正在进行的尺度重构过程对于社会政治动员模式的影响，更具体地说是对城市社会运动动力机制的影响。

随着 20 世纪 90 年代对尺度概念的进一步完善，城市研究的主要分支领域，包括城市等级体系研究、城市形态、城市政治、城市

---

⑧ 有关该文献的一般概述，参见 Neil Brenner and Roger Keil, eds., *The Global Cities Reader* (New York: Routledge, 2006). 对该文献的关键贡献主要在第四章进行讨论。

治理、城市经济重构、绅士化、社会空间极化、城市社会运动与城市政治生态学等，都在被自反性的尺度术语重新塑造。如今，尺度被认为是城市化的一个关键方面；与此同时，大量的研究将城市视为多种形式尺度重构的竞技场与目标。当然，学术界对于城市场所营造与城市地域组织的传统研究仍具活力，同时关于全球城市间联系的研究议程也开始引起了研究者们相当大的兴趣，也许最著名的是曼纽尔·卡斯特尔(Manuel Castells)富有影响力的网络社会理论。⑨ 到21世纪之初，尺度问题在主要的城市理论研究领域中已成为一个普遍的概念与方法论出发点，并且还涉及其他更加多元化的领域。那么，城市问题是否正在被转变为一个尺度问题?

问题域的线索

本书致力于对20世纪90年代以来批判性城市研究领域中围绕尺度叙述、尺度范畴与尺度化方法的自反性使用等一系列问题进行探索。在此提出的几个主要引导性问题是：城市问题在什么意义上可以被重新定义为尺度问题？什么样的尺度——尤其是城市尺度——概念化最适合于这样的探索？这一尺度框架的重新设定会产生什么样的理论、方法论与经验研究的后果？尺度化分析如何转变我们对城市研究单元、地点与对象的理解？在尺度化的城市问题研究中，“城市”(the city)在多大程度上，以何种方式，可以继续作为分析构建与经验研究的焦点？城市理论与研究中的尺度化方法对于解释当代城市重构模式的启示是什么？这种方法对于研究特定地方、区域与地域重构过程的启示是什么？最后，在城

⑨ Manuel Castells, *The Rise of the Network Society* (Cambridge, MA: Blackwell, 1996).

市问题的尺度化方法中，合适的概念参数是什么？换句话说，尺度作为一种解释、阐释与描述性的范畴，存在什么样的局限性？

除了开篇章节之外，本书中的其他内容都曾经正式出版过，大多是出现在城市研究、地理学、社会空间理论与地缘政治经济学的期刊以及与这些研究领域相关的编著中。其中，第二章、第九章与第十章的内容几乎是完全重写，并且有显著的扩展。其他各章也做了大量的修订，以提高分析的精确度与行文的清晰度，并将彼此联系的观点、概念化与探究的共同线索更加紧密地组织起来。此外，我还有选择地增加了一些新的参考书目，以反映更多新近的研究与学术辩论。然而，我并不试图修改这里所包含的主要实质性论点，也没有更新支撑性的实证调查，或者是用包罗万象的综合理论来呈现它们。在本书中，我试图保持每个章节的分析完整性与情境特殊性，同时也突出我自己正在努力发展的恰当的概念化工具——尺度以及其他方面的探索，用于解读新兴的城市转型，或者更广义地说，用于界定不停变异的城市问题研究领域。

这一过程主要反映两个意图。首先，本书将一系列探索当代城市理论中尺度问题的分散作品整合起来，同时寻求重新概念化城市研究的空间参数，从而帮助阐明近几十年来不断成型的、快速变化的城市化景观。在此，我的目标是理清刺激我对这一问题进行探索的主要学术关注点、概念导向、研究方法与议程，而且它们还将继续指导我未来的工作。因此，我选择了一些文本，它们可以最清晰地阐明我针对这些问题不断发展的研究方法的关键要素，并且与研究的特定地域与概念化试验领域相关联。其中的许多研究包含更加具体的调查模式，与北大西洋地区的城市、区域与地域治理的重塑相关联。其他的一些则涉及城市研究中平行开展的理论或方法论的辩论，包括后福特主义、地域管制、全球城市、新自由主义、比较方法、空间政治、城市权利，以及新近的星球城市化。所有这些都需要对尺度的认识论、概念、方法与地图学呈现进行系统的阐述，以此解读新兴城市化过程的一些关键方面。

第二，本书的组织架构反映了我对城市理论化的理解与实践。[⑩] 就像本研究根基所在的社会理论学术传统一样，我从来没有打算将对城市问题研究的贡献“锁定”在一个固定的、完整的或全面的解释框架中[⑪]。确实，因为这些理论与其渴望阐明的矛盾的、不停变异的社会空间关系之间完全啮合，所以关于城市问题辩证的概念化不是，也永远不可能是，在定义上对某种本体论固定条件的“把握”。相反，这些理论更多是代表着解读资本主义城市化无止境搅动漩涡的一种动态演化和部分的、不完全的努力，这与其他所有的社会研究者所面对的一样，都是不可避免的状况。因此，正如詹妮弗·罗宾逊(Jennifer Robinson)所解释的那样，“城市理论在实践与概念化过程中是可以被彻底修正的”，不只是因为它的地点与焦点，城市(the urban)“是一种政治与实践的成就……是通过政治竞争实现的”[⑫]。正是从这个意义上来说，我打算将关于尺度与城市问题的论述作为罗宾逊所描述的一种集体努力，来“破除关于城市的固化术语，并启动新的对话，对其进行重新创造”[⑬]。它们提供的不过是一个探索性的理论导向——提出和研究一系列与城市概念化有关的问题，并追溯跨越不同地点、情境与地域的混

---

⑩ 关于城市研究中理论化的实践、过程和不同立场，可参考 Jennifer Robinson, “New Geographies of Theorizing the Urban: Putting Comparison to Work for Global Urban Studies,” in *The Routledge Handbook on Cities of the Global South*, ed. Susan Parnell and Sophie Oldfield (London: Routledge, 2014), 57—7.

⑪ Neil Brenner, *Critique of Urbanization: Selected Essays* (Basel: Bauwelt Fundamente/Birkhauser Verlag, 2016).

⑫ Robinson, “New Geographies of Theorizing the Urban,” 67.

⑬ 同上。

杂方法、解释和政治影响。因此，将迄今为止的一些主要成果在本书中以相对流畅和开放的形式进行呈现，这似乎与我自己“研究理论”(doing theory)的特定方式最为一致。

之后的几个章节会在某些核心理论观点的建构上相互交叉——例如，将尺度的特定性(或者更准确地说是尺度化/尺度重构过程)视为资本主义背景下社会空间关系的几个关键维度之一；关于20世纪70年代地缘经济危机发生以来不断强化的尺度重构过程；关于城市研究中地方主义或城市中心主义研究方法的局限性与盲区；关于将城市研究界定为一个自反性的多尺度认识论、概念、方法的研究领域的后果；关于国家空间战略在调解与激活新城市空间生产中的关键作用；关于20世纪70年代之后城市重构模式与后凯恩斯主义国家空间生产之间的辩证关系；关于针对城市空间尺度重构的持续推进与危机诱导的政治战略重组；关于在方法论上过度拓展尺度概念，超越它们恰当应用领域的危险。然而，本书中各章节的主要论述之间不是简单重复，而是通过相互融合，提炼出一系列学术文献与研究的焦点，以此建立一种针对当代城市问题的尺度化方法，并加以应用。因此，本书中的主要论点不是通过线性的方式展开，而是通过对核心问题域相互关联的批判性研究的整合而呈现的。

国家尺度重构与城市问题

在探索尺度问题在城市理论中的中心性时，本书重点关注国家空间战略(及其不断变化的尺度建构)在连续的资本积累与危机形成周期中对城市空间重塑的调解、管理、激活与引导中的作用。这种分析与当代城市研究中其他一些具有影响力的流派形成了鲜明的对比，他们弱化了国家在塑造与重塑资本主义背景下城市化过程中普遍的、多尺度的作用——不论是出于片面地坚持方法论上的地方主义(通常是在经验上聚焦于市域的治理安排)，或是追捧存在问题的“国家衰退论”观点(通常源于对“全球化”不加批判的话语)，还是一种同样存在问题的对自我调节市场的新自由主义意识形态的坚定信念(仍然流行于大部分主流的全球化城市论述中)。与这种“国家否定论”方法相反，本书构建的概念框架将城市空间与国家空间视为现代资本主义背景下错综复杂地相互纠缠、相互合作构建，并且相互冲突地共同演化尺度差异化的社会空间关系。⑭ 第二章主要建立在激进社会空间理论家大卫·哈维(David Harvey)与亨利·列斐伏尔(Henri Lefebvre)的研究基础之上，从抽象、理论的视角发展这一论述，同时还将其与近 150 年以来资本主义发展的历史地理相关联——在此期间，链接城市空间与国家空间的制度、基础设施与尺度间联系正变得越来越厚实。随后的章节探讨了过去 40 年中国家空间战略塑造城市空间生产与转型的多种方式，以及新自由主义管制模式下创造性破坏的多尺度过程。⑮

关于这一主题，我在之前的研究中曾广泛地探讨过，尤其是在前一本著作《新国家空间》中。⑯之前，我同样关注城市重构与国家

---

⑭ “国家否定论”的概念来源于 Linda Weiss, *The Myth of the Powerless State*(London: Policy, 1998).

⑮ David Harvey, “Neoliberalism as Creative Destruction,” *Annals of the American Academy of Political and Social Science* 610 (2007): 22—44; Neil Brenner and Nik Theodore, “Cities and the Geographies of ‘Actually Existing Neoliberalism,’” “in *Spaces of Neoliberalism*, ed. Neil Brenner and Nik Theodore (Oxford: Blackwell, 2002).

⑯ Neil Brenner, *New State Spaces: Urban Governance and the Rescaling of Statehood*(New York: Oxford University Press, 2004).

重构之间的相互作用，但是研究的主要切入点是国家空间的尺度重构。因此，城市治理被作为一个分析窗口，通过它来解读福特-凯恩斯主义时期现代国家权力不断变化的空间与尺度选择性，以及随后我称为"尺度重构的竞争性国家体制"(RCSRs)的发展。本书中的一些章节(特别是第四、五、六章)与这方面的研究密切相关，但它们的分析重点是完全倒置的。正如本书的书名《新城市空间》所示，本书关注的重点是新城市空间的生产。因此，国家尺度重构过程(我之前研究中提到的《新国家空间》)主要是考虑它们对资本主义城市肌理的各种影响。正如本书后续几个章节中所论述的那样，这些影响是相当深远的。在过去的40年中，通过进取的(在社会与政治意义上通常是退步的)国家空间的尺度重构，积极地塑造着新的城市空间。更具体地说，新自由主义体制下的城市化生产在很大程度上是通过国家战略的空间与尺度转型，在城市肌理中不断拓展、制度化、规范化其市场规制而得以发生的；同时，还针对每个地域内的特定战略地点，通过密集的跨国投资与先进基础设施的建设，强化其与全球的联系。这就使得某些大都市区"岛屿"以及特定的大都市间的运输通道与新兴的腹地工业化飞地更加紧密地在星球化的空间中彼此联系。然而，这也使得整个资本主义城市肌理日益分裂化，主要体现在早期的空间凯恩斯主义、国家发展主义与城市管理主义体制下国家地域与国家城市体系同质化的建构方式已经受到侵蚀。[17]

对国家空间与资本主义城市肌理进行尺度倾向解构的重要结果之一，就是动摇了将国家尺度作为现代政治-经济生活的"权力

---

⑰ 关于星球化城市肌理"分裂"的典型论述见 Stephen Graham and Simon Marvin, *Splintering Urbanism: Networked Infrastructures, Technological Mobilities and the Urban Condition* (New York: Routledge, 2001).

容器”这一根深蒂固的核心位置，这引发了克里斯·科林奇(Chris Collinge)所描述的“尺度相对化”情况。[18] 在尺度相对化的情形之下，正如鲍勃·杰索普(Bob Jessop)所解释的那样，随着全球、超国家、国家与次国家尺度的政治-经济活动之间的关系被系统性地重新洗牌，传统认知下的国家空间遭到了破坏；因此不再具有霸权性或主导性尺度的社会空间关系。[19] 相反，一些关键性政治-经济过程的尺度结构，包括资本积累、地域管制、社会再生产与政治动员变得更具流动性，更直接地受到剧烈竞争的影响，因此更加容易以渐进或激进的方式进行重组。这反过来又削弱了之前(特别是在 20 世纪下半叶的北大西洋地区福特主义、国家发展主义时期)这种过程及其相关联的不均衡发展模式的尺度地理同构或趋同的趋势。因此，特别是自 20 世纪 80 年代以来，等级结构、精确嵌套的尺度化安排作为主要政治-经济过程共有的社会空间元架构的构想已日益过时。相反，我们一直在经历着星球化社会空间景观中不断增长的更加复杂的、随机出现的、不均衡的尺度化安排，其中每一个尺度安排都与其特定的政治-经济运作、战略与斗争相关联。在这种情况下，资本主义的城市肌理不再是一个包罗万象的、由国家城市体系构成的世界性网络，而是被整齐地细分为内部的中心地等级，在各种地方、区域、地域与景观中不均衡地分化，其混杂的结缔组织更像是复杂缝合的拼图，而不是简单的金字塔、等级

---

⑱ 参见 Chris Collinge, “Spatial Articulation of the State: Reworking Social Relations and Social Regulation Theory”(unpublished manuscript, Centre for Urban and Regional Studies, Birmingham, 1996). 关于国家(以及国家尺度)作为一个权力容器的概念，可参考 Anthony Giddens, *A Contemporary Critique of Historical Materialis*(Berkeley: University of California Press, 1985).

⑲ Bob Jessop, “The Crisis of the National Spatio-Temporal Fix and the Ecological Dominance of Globalizing Capitalism,” *International Journal of Urban and Regional Research* 24, no. 2(2000): 323—60.

或网格。

尽管它们呈现出非结构化的复杂性，但是由于存在强烈的制度差异、空间上的破碎化影响以及日益极化的市场规制逻辑，这些尺度相对化的过程并不意味着国家机构在形成与重塑资本主义城市肌理中的作用会被削弱。国家权力的尺度地理已经发生了具有划时代意义的转变，但国家空间战略在世界上跨越不同的地域与情境，以强有力的方式在继续调解、激活并引导城市化及其相关联的危机倾向。因此，城市理论家们面临的一个关键挑战就是如何构建新的概念框架来解释20世纪80年代以来尺度相对化条件下国家在城市化过程结构化中的重要（可能是持续演化的）角色。这不仅需要对国家进行空间化、尺度导向的再概念化（这是我在《新国家空间》一书中的主要任务），而且正如我在后面所主张的，还需要从根本上对城市化本身进行再理论化。

城市化的肌理

在此构建尺度理论与国家理论相结合的方法最为关键的（可能也是有争议的）认识论启示是：促使近半个世纪之前地理学家特里·麦吉（Terry McGee）简明扼要描述现代城市状况的"城市主导"方法进一步去中心化。[20] 近年来，这类方法被界定为"方法论上的城市主义"，其典型特征是：(1) 非自反性地假设"城市"(city)——通常被理解为一个有地域边界的、社会学意义上独特的空间集群——为一个预先给定的、不证自明的或是普适性的

---

[20] Terry McGee, "The Urbanization Process: Western Theory and Third World Reality," in *The Urbanization Process in the Third World* (London: Bell and Sons, 1971), 12—34.

分析单元；(2) 构建非城市空间的整体性，通常将其定义为非城市(non-urban)或“乡村”(rural)地带。[21]本书提出了一个更为不正统(也许不是彻头彻尾的异端)的观点，主要建立在亨利·列斐伏尔20世纪70年代的研究基础之上，即现代资本主义下的城市状况(urban condition)——更广义地说，是城市化过程——不能简化为传统意义上被贴上“城市”(cities)标签的社会空间实体。[22]

我认为，城市只是资本主义城市化多尺度、多形态和不停变异的地理元素之一。这一地理格局的构建主要是通过社会空间过程的持续内爆，成为人口、基础设施与经济活动密集的中心；以及同样动态的跨越广袤地域、景观与生态的社会空间关系的外爆，支撑着资本贪婪的、利润驱动的代谢，无论是为了工业化农业、资源开采、能源生产、物流、废弃物处理、环境管理等目的还是其他目的，

---

[21] “方法论上的城市主义”的概念由希拉里·安吉洛和戴维·瓦克斯穆特在他们的奠基性文章中提出，参考“Urbanizing Urban Political Ecology: A Critique of Methodological Cityism,” *International Journal of Urban and Regional Research* 39, no. 1 (2015): 16—27. 正如在这里所构思的，这种方法论倾向不仅需要将“城市”自然化为一种分析单元，还要在分析和地理意义上将该单元非自反性地区别于一个假定的外部“非城市”领域。关于城市概念的意识形态维度的更多反思，可参考 Hillary Angelo, “From the City Lens toward Urbanisation as a Way of Seeing: Country / City Binaries on an Urbanising Planet,” *Urban Studies* 54, no.1(2016): 158—78; David Wachsmuth, “City as Ideology: Reconciling the Explosion of the City Form with the Tenacity of the City Concept,” *Environment and Planning D: Society and Space* 32, no.1(2014): 75—90; David Cunningham, “The Concept of Metropolis: Philosophy and Urban Form,” *Radical Philosophy* 133 (September/October 2005): 13—25; Kanishka Goonewardena, “The Urban Sensorium: Space, Ideology and the Aestheticization of Politics,” *Antipode 37*, no.1(2005): 46—71. 更普遍的关于空间意识形态的生产，参考 Henri Lefebvre, “Reflections on the Politics of Space,” in *State, Space, World*, ed. Neil Brenner and Stuart Elden (Minneapolis: University of Minnesota Press, 2009 [1970]), 167—84.

[22] Henri Lefebvre, *The Urban Revolution*, trans. Robert Bononno (Minneapolis: University of Minnesota Press, 2003 [1970]).

这些空间恒久地被圈占、运作、工业化与创造性地破坏。[23] 因此，特别是随着20世纪世界范围内资本主义工业化的加剧与加速，必须在分析上对城市(city)与城市(urban)——两个城市研究的基本关键词——加以区分。我认为通过这样做，可以从理论精确度、历史性与情境性层面，更好地理解现代资本主义背景下的这一关系及其持续的历史演进。

在本书的一些章节中，我对“世界城市群岛”中的全球化、网络化的大都市区岛屿给予了广泛的关注；同时，由此发展起来的尺度化分析也颠覆了将城市化等同于“城市的增长”这一传统界定，即将其视为特定的、截然不同的、有边界的与地方化的空间单元，以及在这样的定义中通常会预先假定的“朴素客观主义”本体论。[24] 鉴于城市问题研究主要或排他性地聚焦于这些大都市区岛屿及其跨越地方的联系，他们倾向于把产生明显地方化空间的更为广泛的由政治调解的尺度间关系转型囊括在内，而这些地方化空间反过来又在进一步加速与强化这种尺度间关系的转型。然而，至关

---

[23] 参考 Brenner and Schmid, “Towards a New Epistemology”; Brenner, “Urban Revolution?”; Brenner, *Implosions/Explosions*; Martin Arboleda, “In the Nature of the Non-City: Expanded Infrastructural Networks and the Political Ecology of Planetary Urbanisation,” *Antipode* 48, no.2(2016): 233—51; Martin Arboleda, “Spaces of Extraction, Metropolitan Explosions: Planetary Urbanization and the Commodity Boom in Latin America,” *International Journal of Urban and Regional Research* 40, no. 1(2016): 96—112.

[24] 关于世界城市“群岛”，可参考 Peter J. Taylor, *World-City Network: A Global Urban Analysis* (London: Routledge, 2004); 以及最近的 David Bassens and Michiel van Meeterer “World Cities and the Uneven Geographies of Financialization: Unveiling Stratification and Hierarchy in the World City Archipego,” *International Journal of Urban and Regional Research* 40, no.1(2016): 62—81.关于社会科学中朴素客观主义的问题，可参考 Andrew Sayer, *Method in Social Science*, 2nd ed. (London: Routledge, 1992). 正如塞耶所说，这样的方法忽视社会生活的概念调节，假定社会研究者有能力通过纯粹的归纳来捕捉“事实”。

重要的是，对“方法论上的城市主义”的批判并不是否认聚集经济、节点连接性、空间密度或地方政治对于城市化动力的重要性，或者说是大规模、密集的大都市区并不存在，或对资本主义背景下的政治-经济过程不重要。更为确切地说，我的主张是只有将其置于更为广泛的多尺度的社会空间关系（它们从整体上构成并不断重构资本主义城市肌理）之中，才能充分理解这种斗争的条件、过程与领域。换句话说，我们需要一种针对城市空间本身以及城市化地理的多尺度、地域差异化的概念化方法，才能够解读：(1) 集聚的社会空间关系被生产、竞争与再造的混杂模式与尺度；(2) 资本主义背景下城市化过程不断演变的超越地方的构建、参数与结果。

列斐伏尔的资本主义城市肌理概念（在第二章中会进行详细阐述）为这种多尺度的重新概念化提供了坚实的基础，其中包括集聚的过程（内爆的时刻），以及构建和持续重组支撑并促进这些过程代谢的运作景观（外爆的时刻）。后续的一些章节研究了自 20 世纪 70 年代以来北大西洋地区与其他地区的资本主义城市肌理流动变化的、不均衡的地理，以及国家空间战略在调解与激活这些变化中的作用。因此，接下来我还将批判性地融入一些“方法论上的城市主义”的主要分支，它们为当代城市研究增添了重要的方法，特别是关于全球城市、城市企业家主义、信息化城市、新区域主义、城市体制与城市增长机器的一些研究。这些探索表明，每一个领域的研究与辩论都包含着相互矛盾的方法论倾向，其中一些强化了“方法论上的城市主义”的地方主义、地域主义与朴素客观主义的认知，而其他一些则开启了可替代的、可能是更有成效的方法论视野，进一步研究城市化过程中更加广泛的、关系上多尺度的想象的、混杂的地理构成，及其流动的、矛盾性的代谢。通过对这些方法的一系列批判性解读，我为资本主义城市肌理构建了一种更加自反性的尺度与国家理论导向的方法，并特别关注过去40年中发生的剧烈的、不均衡的社会空间转型。这种方法有助于阐明城市重构的新兴模式与路径，无论是在长期垄断城市研究者注意力和想象力的聚集地（及其关联的聚落"单元"）的内部还是外部。

本书探索的轮廓

总之，本书勾勒了一个多维度的、开放式的且仍在进行中的探索轮廓。每个章节都分别遵循着一条聚焦的探索路径，包括之前概述的尺度问题域，以及对概念化工具与方法论策略的协同探索，用于解读20世纪末与21世纪初资本主义背景下世界范围内新兴的城市肌理的尺度重构。它们针对（特别是在北大西洋范围内，但也可能在全球其他区域）城市转型的特定地点、模式与路径，提供了一系列的概念、方法与初始分析，并提出了一些解读城市转型的解释性路径。此外，还提出了关于城市研究的一种可替代的构想，打破将"城市"视为该领域唯一的、不证自明的、必不可少的地理焦点的认知；相反，要将资本主义城市化重新概念化为一个包含城市建造与城市瓦解，以及多尺度、地域混杂的城市肌理生产与持续转型的过程：一个支撑或源于资本主义工业化的社会空间关系、地域结构、基础设施传导与代谢循环的不均衡拓展的矩阵。[25] 在后续

㉕ 建造瓦解（*Abbau*）的概念源自刘易斯·芒福德（Lewis Mumford）对"古技术"城市的经典分析，参考 *The City in History*（New York: Harcourt, 1961），446—81. 这一核心概念强调了一种深远的洞察力，这也是大卫·哈维资本主义城市化研究方法的核心（在第二章会详细讨论）：建造了大规模的城市社会空间结构的力量也可能解构和破坏它们，从而为后续的城市发展奠定基础。正如我在随后的章节中所论述的，这一观察对于探索资本主义城市肌理的尺度化构建和解构也是非常显著的。

进展中，我也追溯了奠定并赋予我研究活力的理论化过程——对这一领域的不懈坚持，以及伴随着持续发生的城市转型与围绕该议题的学术辩论领域转向而在理论上不断地适应、变化与重组。

当我在20世纪90年代中后期刚开始探索资本主义城市肌理的尺度重构问题时，关于“全球化”的辩论——正如尼尔·史密斯当时所观察到的那样，是一种典型的“地理上的委婉表达”——正在社会科学领域全面展开。[26] 在那种情境下，新出现的尺度重构与再地域化概念，以及过去几十年历史-地理唯物主义理论中原有的更为普遍的资本主义空间不均衡发展的概念，为当时日渐流行的“无边界的世界经济”构想提供了强有力的方法，认为由后现代资本主义“超空间”中去地域化的、超级流动的资本主导着世界经济。最初是由尼尔·史密斯和埃里克·斯温格杜（Erik Swyngedouw）提出了简洁而深远的洞见，他们认为地缘经济整合的新兴形态实际上引发了资本主义地域组织新的尺度化成型，以及全球空间不均衡发展的新模式，而不是导致像许多学者、记者与政策制定者当时所主张的距离的消亡、地理的终结、无边界世界的强化以及社会空间不平等的消除。后来，我自己关于资本主义背景下城市化尺度维度变化的理论化主要建立在这些知识基础之上，并通过对当时在全球化辩论背景下的城市研究、规划与政策领域蓬勃发展的一些密切关联的空间意识形态的解构来进一步巩固。其中，涉及关于全球城市、城市再生、地方营销、新地方主义、新经济、

[26] Neil Smith, “The Satanic Geographies of Globalization: Uneven Development in the 1990s,” *Public Culture* 10, no. 1 (1997): 174. 关于全球化问题域的批判性方法的整合，可参考 Richard Appelbaum and William L. Robinson, eds., Critical Globalization Studies(New York: Routledge, 2005).

城市间竞争、新区域主义与城市时代的各种观念、假设与叙述。[27]就像对任何城市意识形态的批评一样,这一探索的核心任务是对那些定义、自然化与再生产特定城市状况或项目的经济、文化与空间霸权主张进行解构,并以此来界定城市化替代形式的可能性,但这种替代形式也会受到现有的社会空间安排、实践与理解模式的压制。[28]

同样重要的是,我的理论化路径也是通过批判性地融合近几十年来一些不同的城市问题学术方法而形成的,也包括一些其他批判导向的城市研究者的成果。不论在认识论、概念、方法论导向和分析过程方面存在什么样的差异,它们通常都有一些共同的关注点,就是应对与解读城市重构的新兴模式与路径相关的广泛挑战。[29] 在

㉗ 其他当前流行的城市空间意识形态包括关于智慧城市、创意城市、生态城市、城市可持续性和城市韧性的研究。虽然这些研究没有在本书中进行探索,但是需要谨慎地对其进行批判性解构,可参考 Adam Greenfield, *Against the Smart City* (New York: Do projects, 2013); Jamie Peck, "Struggling with the Creative Class," *International Journal of Urban and Regional Research* 29, no.4 (2005): 740—70; Timothy Luke, "Neither Sustainable nor Development: Reconsidering Sustainability in Development," *Sustainable Development* 13 (2005): 228—38; Lawrence J. Vale, "The Politics of Resilient Cities: Whose Resilience and Whose City?," *Building Research & Information* 42, no. 2 (2014): 191—201; Susan Fainstein, "Resilience and Justice," *International Journal of Urban and Regional Research* 39, no. 1 (2015): 157—67. 关于空间意识形态的批判作为批判性城市理论研究中的关键要素的进一步建构,可参考 Brenner, *Critique of Urbanization*, 以及在脚注㉑中引用的文献。

㉘ 参考 Neil Brenner, "The *Problematique* of Critique"与"Critical Urban Theory, Reloaded? Dialogue with Martin Arboleda," in *Critique of Urbanization*, 16—24, 268—89.

㉙ 从这个意义上说,我的方法与阿纳尼娅·罗伊最近研究的爱德华·萨义德的"旅行理论"概念对批判性城市研究的异端、异质化的导向存在相似之处:它们的出现和演变是嵌入并且对立地回应城市化历史特定的社会政治形式。可参考 Ananya Roy, "Worlding the South: Towards a Post-Colonial Urban Theory," in Parnell and Oldfield, *The Routledge Handbook on Cities of the Global South*, 16; Edward Said, "Traveling Theory," in *The World, the Text and the Critic* (Cambridge, MA: Harvard University Press, 1983).

我自己的研究中，关于批判性城市理论的历史嵌入、社会政治定位的理解主要基于一种对(城市)理论与(城市)历史变迁之间关系的特定理解。[30] 我一直认为，批判性城市理论在很大程度上是通过对其自身概念、方法与关注点的不断创新而发展起来的，这与它所嵌入的不停变异的城市化空间直接关联。然而，重要的是，对批判性城市理论的激进修正并不来源于城市空间的一些固定的本体论特性——例如，变得太复杂或不确定而无法用概念术语来理解；而是从“城市现象”本身不断的社会历史动力入手。[31] 换句话说，城市理论必须不断地创新，因为它试图阐明的以及它本身所处的地理在不断地被转型。19 世纪早期，黑格尔在《权利的哲学》(*Philosophy of Right*)(1820)序言中提出了著名的“密涅瓦的猫头鹰”(Owl of Minerva)论述大概指的就是同样的困境：抽象概念总会过时，因为现代生活的活力还在通过改造社会世界，持续地转变其可能性条件和应用领域，而这一社会世界正是这些抽象概念的出现并试图把握的。[32] 亨利・列斐伏尔在将我们的城市化星球描述为一个“虚拟对象”时，显然也有类似的想法：城市理论领域来源于不断变化的历史地理，它必须不停地超越，以把握在实践、表征、思想与想象领域持续出现的新兴的社会空间转型。[33]

---

[30] 参考 Neil Brenner, “What Is Critical Urban Theory?,” in *Critique of Urbanization*, 25—41.

[31] 这一词汇来自 Lefebvre, *Urban Revolution*, 45—76.

[32] 关于对黑格尔的这种解读，参考 Fredric Jameson, *The Hegel Variations: On the Phenomenology of Spirit* (New York: Verso, 2014). 关于密涅瓦的参考文献来自 G. W. F. Hegel, “Preface,” in *The Philosophy of Right*, trans. Alan White (Indianapolis: Focus-Hackett, 2002 [1820]), 10：“作为关于这个世界的思想，[哲学]永远只出现事实已完成其培育过程，在它完成之后……当哲学用灰色把它涂成灰色的时候，生命的形状已经变老了。它不能返老还童，只能为人所知；密涅瓦的猫头鹰只有在黄昏降临时才开始飞行。”

[33] Lefebvre, *Urban Revolution*, 16—17.

批判性城市理论面临的持久挑战之一是绘制一个可以有效结合不同的但相互交织的认识论维度的智识进程:(1) 所有的城市概念、叙述与表征在社会历史结构定位中可以保持最大程度的自反性;(2) 解构使霸权式的社会空间安排及其所支撑的主导、排斥、边缘化与社会苦难形式显得自然而然的主导性城市主义意识形态;以及(3) 预见新兴的城市状况、实践与转型,及其对知识构建、日常生活与空间政治的广泛影响。这种预期性的认识论导向再现了一个值得注意的(可能会被普遍忽视的)观点,即在列斐伏尔将城市视为虚拟对象的构想与当代对霸权式城市知识构成的后殖民批评之间形成了一个知识汇合点。[34]这两种立场恰恰都需要持有一种开放的态度——事实上,是一种自反性的预期——来理解新兴的城市过程、构成与竞争的概念框架的过时以及进一步的超越。

本书中所呈现的研究展现了一种可以动员这一认识论导向的分析路径,以此追踪城市问题在特定的星球化转型时期的变迁。事实上,之后的章节不仅致力于对批判性城市理论的尺度化方法的要素进行整合,而且也要批判性地评估这种方法的局限性。在此基础上,特别是在本书的最后几章中,我还探讨了进一步重新创造,甚至是取代最初提出的尺度化概念与方法的可能性。因此,引发这些探索的一个指导性问题——城市问题是一个尺度问题吗?——不仅产生了对以城市为中心的方法的批判,以及对一系列密切相关的概念的校准与方法上的修正,而且还对城市空间进

㉞ 关于后者,参考 Jennifer Robinson, "Comparative Urbanism: New Geographies an Cultures of Theorizing the Urban," *International Joumal of Urban and Regional Research* 40, no.1 (2016): 187—99; Ananya Roy, "Who's Afraid of Postcolonial Theory?" *International Journal of Urban and Regional Research* 40, no. 1 (2016): 200—209; Ananya Roy, "The 21st Century Metropolis: New Geographies of Theory," *Regional Studies* 43, no. 6 (2009): 819—30.

行替代性、建构性的多尺度概念化，最终从根本上重新构建了城市问题的初始框架。具体而言，我对城市理论中的尺度问题域的探索，产生了一系列自我批判性的反思，这些反思聚焦于城市问题的尺度（或者更准确地说，是以尺度为中心）解释的某些局限性。一方面，在面对当代社会空间转型，包括与其相关的场所营造、再地域化与网络化的丰富多样、不均衡与多形态的情形时，需要对尺度导向的解释模式的合适概念化参数进一步具体化。另一方面，更为根本的是，这些批判性的反思开启了认识论探索的新视野，主要体现在对城市问题本身剧烈的尺度重构表述中：城市问题是一个尺度问题吗？由此进一步转变为：城市化开始变为星球化吗？

本书最后两章中对城市问题的重新定义与我和克里斯蒂安·施密德（Christian Schmid）关于星球城市化的合作研究密切相关。[35] 这一方法系统性地建立在支撑后续分析的尺度化框架之上，但在某些方面也取代了尺度化的框架。然而，我在本书的最后几章中所提出的对尺度的取代，必须要理解为不是简单的否定，而是黑格尔-马克思意义上的“扬弃”，是对其所形成的框架的保留与超越。因此，本书论证的主线是在不同的抽象层次与若干相互交织的探索领域之间的一种螺旋式的前进。从对现代资本主义背景下城市问题相对抽象的、自反性的尺度化构建开始（第二章和第三章），转向当代城市研究围绕 20 世纪 80 年代之后欧美地区城市转型复杂路径的若干主要方法的一系列批判性的融合阐述（第四章至第七章）。这引发了一系列的自我批判机制，并产生我对城市问题最初尺度化构建的相对化和扬弃（第八章）。最后，这有助于围

---

[35] 重点参考 Brenner and Schmid, “Towards a New Epistemology”; Brenner and Schmid, “The ‘Urban Age’ in Question”; 以及 Brenner, *Implosions/Explosions* 中的贡献。

绕星球城市化的问题域对该问题进行重构，它们建立在前面章节所使用的尺度分析基础之上，并进行超越（第九章和第十章）。这种螺旋式前进的主要元素可以总结为如图 1.1 所示。

<table>
<tr><th></th><th>理论基础</th><th>批判性的建构与应用</th><th>自我批判与理论革新</th></tr>
<tr><td>1</td><td rowspan="3">城市问题作为一个尺度问题：关于尺度与城市问题的辩论；针对资本主义城市肌理的尺度导向、国家理论方法的基础</td><td rowspan="3"></td><td rowspan="3"></td></tr>
<tr><td>2</td></tr>
<tr><td>3</td></tr>
<tr><td>4</td><td rowspan="4"></td><td rowspan="4">尺度重构的政治与经济地理：国家尺度重构与资本主义城市肌理重构之间的互动研究；当代城市重构主要方法的尺度化想象与批判性融合；通过发展资本主义城市化的关系性多尺度、国家理论方法，对“方法论上的城市主义”进行批判</td><td rowspan="4"></td></tr>
<tr><td>5</td></tr>
<tr><td>6</td></tr>
<tr><td>7</td></tr>
<tr><td>8</td><td rowspan="3"></td><td rowspan="3"></td><td rowspan="3">面向城市化与空间不均衡发展的多形态理论化；城市问题的当代变异；关于城市化混杂与不均衡地理的辩论；通过拓展/星球城市化的新兴理论对尺度中心主义与城市中心主义进行批判；与“巨型城市化”战略相关的新一轮的尺度重构</td></tr>
<tr><td>9</td></tr>
<tr><td>10</td></tr>
</table>

图 1.1　本书的组织结构与逻辑

论述内容的概览

在这一介绍性的概述之后，随后的两章为探索"城市问题作为一个尺度问题"整合了相关的理论基础。第二章挖掘出嵌入于大卫·哈维与亨利·列斐伏尔若干关键思想之中独特的尺度化分析内容，特别是涉及资本主义背景下固定性与运动性之间的矛盾、城市肌理的概念、城市空间与国家空间的尺度化交织，以及尺度重构的过程。这种分析产生了一种关于资本主义城市肌理的尺度化理论，以及对列斐伏尔所描述的"城市星球化"的国家导向理论理解。第三章探讨了特别是在20世纪90年代以来批判性城市研究领域的若干主要流派针对全球城市重构尺度维度的自反性探索方法。与前几轮关于城市问题的空间性辩论的背景不同，我对城市研究中发生的这种明显的尺度转向进行了评估。我要问的是，针对新城市空间生产的尺度化方法，其理论特性是什么？这种方法的潜在贡献与危害是什么？因此，我提供了一个范围相对狭窄但在分析上精确定义方面的建议，在方法论上动摇了地方主义、城市中心主义的理解，同时将尺度结构化的过程与其他（场所营造、地域化与网络化）相关的社会空间关系的关键维度进行区分。这一相对抽象的定义尝试是本书中若干努力的开始，之后还将致力于界定和探究与城市研究特定领域相关联的合适的尺度概念化参数。

在接下来的四章中，我将会详细阐述本书核心的尺度化探索，旨在阐明20世纪80年代以来城市重构与尺度重构（特别是国家空间尺度重构）过程之间的相互作用（第四章至第七章）。这些研究建立在开篇章节中提出的概念基础之上，其目的包括：(1) 批判性地审视当代城市理论与研究的几个主要领域中构建的尺度化假设，并在某些情况下对其进行重新确认与再造；(2) 从尺度化与国家理论视角，发展 20 世纪 80 年代之后北大西洋地区的城市重构模式与路径分析；以及(3) 界定一些来自超越原有城市中心主义框架的城市问题研究方法的具体解释性结果。

第四章通过自反性尺度化、国家理论的视角来阐述关于全球城市形成的辩论。关于全球城市形成的典型元叙事通常是基于国家权力在全球资本主义下正在消亡的论断；但是我认为，在 20 世纪 70 年代之后的城市社会空间重构中，包括在假定的“全球城市”或“全球化城市”中，(尺度重构的)国家机构扮演着重要的推动者与调解者的角色。因此，所谓的新地方主义并不是一种内生的、自下而上的经济发展；从另外一个重要角度来看，是一种为大都市区域在资本积累的新兴跨国空间中寻找位置或重新定位的多尺度国家空间战略的政治表达。在此基础上，我探讨了旨在重组资本主义城市肌理的多尺度国家战略扩散的多种方式，而这种城市肌理重组反过来又导致了国家空间与尺度组织发生显著的后凯恩斯主义与新自由主义转型。因此，我提出了本书的一个关键论点：新的城市空间是通过国家空间的尺度重构而被生产的，反之亦然。这一章还动摇了一个根深蒂固的假设，即将“城市”视为城市问题研究方法恰当的或默认的分析单元。城市化过程中的尺度单元是其自身通过资本的创造性破坏运动以及国家空间战略与社会政治动员对其进行复杂的调解而不断被生产和重新编织出来的。

第五章到第七章将继续这一论证思路，并涉及当代城市治理重构中的几个关键辩论领域。第五章从尺度视角重新解释了促进城市再生的当代政治战略，主要通过生产与部署基于先进信息与通信技术的所谓的新经济产业集群。与大量围绕新经济概念的炒作和夸张的论述相反,这一针对欧洲发展趋势的分析展现了面向这类企业与产业的城市增长战略,通常会涉及管制空间不均衡发展的尺度重构、广泛的新自由主义方法,它会严重地加剧而不是解决当代资本主义的危机倾向。然而,虽然这种新自由主义管制下的尺度重构动摇了宏观经济的结果,并产生各种与推动新经济项目相关的模糊的、意识形态上难以捉摸的空间愿景,但这是它在新城市空间与城市化新形式的生产中一直扮演着的关键角色。

第六章对 20 世纪 80 年代以来席卷城市与区域研究和经济地理学重要流派的"新区域主义"进行了批判性的分析。就像在第五章中一样,我在这里使用了尺度化分析,质疑使用内生的、自下而上的政治战略来刺激城市产业更新前景的主流政治元叙事。我的分析表明,新区域主义计划的核心是引发对地方金融、制度与管制失灵的尺度重新校准,但是并没有显著影响主要城市内外部潜在的宏观空间成因。因此,相较于反作用于后凯恩斯主义与新自由主义资本主义的危机倾向与矛盾而言,新区域主义以竞争为导向、市场规制的空间政治更多是延续或加剧了这种危机倾向与矛盾。迄今为止,其长期的后果不是稳定的资本主义产业增长或内在连贯的地域发展,而是经济危机的深化、城市治理安排的进一步分裂化、地域极化的加剧以及普遍化的管制失序。

第七章建立在前几章阐述的尺度化分析的基础上,解读当代关于城市增长机器以及 20 世纪 80 年代之后地方经济治理"企业家主义"重塑的辩论。我要问的是:城市增长机器从什么意义上说是真正的城市(urban)? 而"城市"(city),正如大多数学术文献所指出的那样,真的是形成城市体制与增长机器战略最佳的或天然的空间焦点吗? 我从约翰·洛根(John Logan)与哈维·莫洛奇(Harvey Molotch)关于这一主题的开创性工作中挖掘出了几个关键论点。这一分析针对洛根与莫洛奇“方法论上的地方主义”这一影响深远的研究提出了一些质疑,并对其进行了批判,建议他们的框架需要明确地关注尺度间的政治-制度传导在地方(或城市)治理体系的构建与转型中的作用。这将产生一个关于国家制度框架动态的多尺度理解,该框架促进了 20 世纪 80 年代之后美国地域发展过程中城市尺度的增长机器形成。虽然这章内容聚焦于美国的案例,但是这一论点对于其他情境中的城市化、地域联盟形成与城市治理的比较-历史调查也具有更加广泛的方法论启示。

第八章对前面几章中发展的尺度化分析框架提出了一系列的元理论反思,同时也概述了接下来几轮关于城市化空间性研究面临的若干主要挑战。在这里,我回到了第三章中提出的狭义的尺度概念定义,并进一步阐述其对空间不均衡发展研究的一些启示,这一问题域也是城市研究者们长期以来一直关注的焦点。本章引用了亨利·列斐伏尔最引人注目的社会空间“千层糕”(mille feuille)隐喻,认为不均衡发展的地理以及隐含的资本主义城市肌理的地理可以被构想为社会空间关系的多方面重叠与渗透,就像“一千层”的片状甜品糕点一样。因此,与尺度中心方法或“方法论上的地域主义”方法相反,我认为资本主义背景下的社会空间关系形态过于密集且错综复杂地交织在一起,无法通过不论是尺度的、地域的或是其他的单一几何图像或空间隐喻来呈现。从这个角度来看,若将其概念化与解释的参数精确地限制在一种批判性地缘政治经济学的多维度、多形态方法的情境中,城市理论的尺度化方法是最有成效的,也可以被用来系统性地探索地方营造、地域化与网络化的过程。

这些对空间不均衡发展与城市化的元理论反思保留了针对城市问题尺度化方法的核心要素,但是它们也提出了一些强烈的方法论警告，以防范尺度概念的过度扩张或界定不足的危险。可以肯定的是，特别是在当今世界范围内社会空间重构模式正在深刻地改变原有的尺度间结构的背景下，通过自反性的尺度化理论视角来构建新兴城市问题的框架被证明是富有成效的。尽管如此，还是有必要避免将这一视角应用到其适当的领域之外，如(1) 将尺度视为社会空间性一般性的概念化隐喻，或者(2) 将尺度与社会空间关系的其他维度(如地方、地域或网络)混为一谈；否则，就有可能陷入问题重重的尺度中心主义——所有的社会空间关系方面都被纳入，或是通过一个无差异的、过度广义化的尺度化分析来解释。当然，从本书构建的关系与过程意义上来说，城市是一个尺度，城市空间的这一方面当前确实正在从根本上得到重构。尽管如此，尺度化的范畴仍然需要非常精确的规范，使其成为可用于理论化、调查、解释与批判的连贯性分析工具。

在最后的论述中，第九章、第十章将这些元理论反思链接到新一轮的城市问题的理论化。就像之前几轮关于这些问题的辩论一样，新一轮的辩论已经被解读城市重构的新兴模式与路径的挑战所激发。这样一来，我提出的关于城市问题尺度重构可能性的引导性问题转变成为针对星球城市化问题域更加明确和系统性的关注。这些章节对当代的“城市时代”话语——他们狭隘地使用以城市为中心的方法对构成上不均衡、地域上差异化与空间上扩展的星球城市化景观进行简化的理解——进行了批判性评估。因此，我提出了一种新的框架，通过一系列批判性的反思、认识论的重新定位、概念化建议与协同论述，呈现了关于城市理论的一种可替代的构想，超越了这种普遍化、均质化的空间意识形态，并将注意力引向在主要人口中心之外呈现的混杂的城市-产业、基础设施与生态转型的新地理格局，其与大规模的工业资源开采、工业化农业的集约土地利用、物流的加速、市场化的技术-环境管理和地域圈定等新空间战略紧密关联。这种巨型城市化战略的强化已经呈现在一系列令人困惑的巨大空间结构中，旨在支持全球大都市区网络以及它们所依赖的星球化供应链和工业化腹地的代谢。通过这种方式，集聚城市化与拓展城市化——集聚过程与工业化运作景观的建设/转型——之间的辩证作用，在当代城市问题的重构框架中占据了中心位置。[36]资本主义城市肌理的概念——在前几章中详细阐述的尺度问题、尺度相对化过程与国家空间战略的演化——通过与拓展城市化运作景观的新兴调查相关联，获得了新的意义层次与额外的社会空间维度。

这一城市问题的理论框架重构直接建立在前面章节中的尺度化分析基础之上，但在某些方面也超越了这些分析。一方面，我研究星球城市化所采用的方法建立在许多相同的概念化基础与方法论导向之上，它们长期以来一直支撑着我开展的城市空间尺度重构研究：

- 拒绝地方主义、以城市为中心的城市研究方法，而是强调资本主义城市肌理的关系性多尺度、混杂与不均衡的地理。
- 强调国家空间战略在构成、分层与重组跨地方、地域与尺度的资本主义城市肌理方面的关键作用。
- 关注激活与调解资本主义形式城市化社会空间创造性破坏——地域组织的生产与解构——的矛盾性动态。
- 进一步构建城市的星球化，这一过程在第二章中做了初步

---

[36] 关于集中城市化与拓展城市化之间差异的详细论述，可参考 Brenner and Schmid, "Towards a New Epistemology"；以及 Brenner，*Implosions/Explosions* 中的贡献。

探索，参考了亨利·列斐伏尔关于当代城市革命富有影响力的假设中的国家理论和跨尺度维度。

·将城市重构的新兴形式理论化为一种政治战略的媒介与表达，在不断深化的（也许是愈加混杂的）尺度相对化和新自由主义化过程的地缘经济情境中，构建新的、尺度重构的城市空间。

·强调资本主义背景下城市地理的多态性特征——通过尺度差异化与分层，以及地方营造、地域化与网络化的过程。

因此，我一直在发展和部署的城市理论的尺度化方法最后直接汇聚到了我最近在探索的星球城市化，这既是一种理论化资本主义形式城市化的新方法，也是一种还需要进一步调查的资本主义城市肌理的新兴历史-地理结构。[37] 的确，从某种重要的意义上来说，星球城市化呈现了自 20 世纪 70 年代全球经济危机以来一直在重塑资本主义城市肌理的一系列以市场为导向的尺度重构计划。因此，它不仅包括在前几章中已经分析过的作为尺度重构动力场域与结果的全球化城市、大都市区域与区域增长联盟，还包括一系列发生在昔日的腹地、农村地带甚至是荒野地区的新兴基础设施投资、土地使用密集化与代谢转型的巨型地域构成，如今它们已经成为城市转型、管制重组与尺度重构的战略性新空间前沿地

㊲ 当然，关于这种探索还有许多其他的路径，克里斯蒂安·施密德他自己关于这一问题的探索，可以参考"Journeys through Planetary Urbanization: Decentering Perspectives on the Urban," *Environment and Planning D: Society and Space* 36, no. 3 (2018): 591—610; 以及"The Urbanization of the Territory." 其他关于这种探索可能的路径主要呈现在 Brenner, *Implosions/Explosions*, 以及 Michelle Buckley and Kendra Strauss, "With, against, and beyond Lefebvre: Planetary Urbanization and Epistemic Plurality," *Environment and Planning D: Society and Space* 34, no. 4 (2016): 617—36; Stefan Kipfer, "Pushing the Limitations of Urban Research: Urbanization, Pipelines and Counter-Colonial Politics," *Environment and Planning D: Society and Space* 36, no. 3 (2018): 474—93.

带。简而言之，正如我在最后两章中所认为的那样，这些显著尺度升级的拓展城市化地带的建设，如今已经涵盖了整个大陆，以及多元化的洲际、跨洋，甚至是覆盖整个星球的基础设施布局，已成为当代条件下资本主义扩张与国家发展主义的一种主要（地缘）政治战略。因此，尺度化分析仍然是一种重要的方法论工具，可以被用于解读跨越集聚城市化与拓展城市化混杂景观中的这些空间及其政治-制度调解、危机倾向与后果。

然而，本书最后几章中对星球城市化的反思也包含了一种重要的自我批判、相对化，而且实际上是一种对在本书中和其他地方被用来构建城市问题框架的具体的尺度化分析的“扬弃”。这里的关键问题涉及“城市”（urban）这个概念本身的含义，是作为一个形容词标签来限定其他术语（城市空间、城市重构、城市发展、城市治理，等等），还是作为城市化（urbanization）这个上一层级概念中的区别化的词汇元素。在我对城市问题的尺度化探索中，针对以城市为中心的地方主义方法的主要批判包含了新概念框架的构建，将城市与更普遍的集聚过程嵌入社会空间关系、制度组织与地域管制更为广泛和多尺度的结构之中。尽管我明确地希望取代以城市为中心的城市研究方法，并始终坚持列斐伏尔对“城市”（city）与“城市”（urban）之间的区分，然而就具体-历史和经验研究而言，大部分的研究仍然聚焦于相对熟悉的、方法论上较为传统的研究地点：大型的人口中心、密集居住的建成环境，以及包含基础设施发展、资本投资与治理的大都市区系统。可以肯定的是，在我的调查中，不是将其限制在离散的、有边界的聚落单元之中，而是通过连贯的关系、多尺度的术语对这些城市生活领域进行重新构建，并将其作为城市化过程的竞技场与结果。尽管如此，也许有人会说，既然它们仍然主要关注（我现在称之为）集聚城市化的动态，这种尺度化探索只不过是对根深蒂固的城市认识论的部分超越：它们包含一个关于城市建造与聚集过程广泛的、多尺度的框架，但是它们往往回避去挖掘城市问题一个更为基础的层面——也就是一阶的本体论问题，即明确界定城市（urban）实际上是什么样的过程或现象。这一基本问题可以通过尺度化探索得到有益的阐明，但是尺度化探索也可能产生掩盖城市本身的意想不到的后果，因为它们可能会将城市降级为一个理论上不证自明的实体，认为其“复杂性”主要来自其变化的、混杂的社会空间模式和尺度构建。㊳

在我早期的城市理论研究中，因为对尺度问题的兴趣使我注意到了列斐伏尔的城市肌理理论。所以，我以此作为基础，发展出了一种尺度相对化深化条件下城市重构关系上多尺度、国家理论导向的方法。然而，今天我不会将城市肌理的概念简化为其在将城市问题重新定义为尺度问题中的作用，尽管事实证明它在这方面的作用非常显著。可能更为重要的是，城市肌理的概念指向了城市理论中被认为是更加激进的概念化的重新定位，它引发了对现代资本主义背景下“城市”自身历史具体内容基础性的

㊳ 正如罗斯·艾科索·亚当斯在一系列启发性的研究中所论述的那样，这一问题在历史与当代从社会科学到规划、城市设计和建筑学的城市话语中是普遍存在的：“确实，正如它在许多话语中所发生的……不论在哪里将城市作为探究的地点，这个问题总是倾向于它所包含的其他一些东西。假设存在一种人类生命的跨历史背景，城市似乎从来不会将其自身作为一个问题。”可参考 Ross Exo Adams，“The Burden of the Present：On the Concept of Urbanisation，” *Society and Space*，February 11，2014，http://societyandspace.org/2014/02/11/the-burden-of-the-present-on-the-concept-of-urbanisation-ross-exo-adams. 还可参考 Ross Exo Adams，“Natural Urbans，Natural Urbanata：Ecological Urbanism，Circulation and the Immunization of Nature，” *Environment and Planning D: Society and Space* 32，no. 1 (2014)：12—29.

再思考。[39] 正因如此，最近围绕星球城市化这一问题域对城市问题进行的框架重构，富有成效地开启了进一步的理论辩论与具体探索。这要求我们在一个相当基础的层面上重新审视城市化本身的性质，即作为资本主义背景下的一种特定的时空、代谢与政治过程。事实上，正如克里斯蒂安·施密德和我在其他地方所认为的那样，这种考虑产生了一种“新的城市认识论”需求，一个可以更直接地面对这类城市问题的分析框架，而不是将其简化为城市空间形式、形态或类型的排列组合；同时，它也提供了一个概念化的基础，可以被用于解读 21 世纪之初城市重构的新兴路径与模式。[40]

因此，本书在最后的总结性章节中建议，针对城市问题单纯的尺度化框架重构只能部分地解决这一挑战。这一主要的理论动力来自自我批判式的论述，重新思考资本主义城市肌理不是简单地作为一种嵌入于广阔的、动态演化的跨尺度结构中由城市中心与集聚地组成的地域差异化的、多尺度的地理，而是作为不断内爆/外爆过程的媒介与结果，正如我现在所认为的，它再现了资本主义形式城市化的时空核心。然而，还要强调的是，这里发展的尺度化

---

[39] 这是史戴芬·吉普夫以及其他一些学者长期以来持有的观点，在最近的列斐伏尔城市理论解读的“第三波浪潮”中得到极大的强化，例如卡尼什·卡古内瓦德纳与克里斯蒂安·施密德，还有其他一些学者。重点可参考 Stefan Kipfer, “Why the Urban Question Still Matters: Reflections on Rescaling and the Promise of the Urban,” in Keil and Mahon, *Leviathan Undone?*, 67—86; Christian Schmid, “Henri Lefebvre, the Right to the City and the New Metropolitan Mainstream,” in *Cities for People, Not for Profit: Critical Urban Theory and the Right to the City*, ed. Neil Brenner, Margit Mayer, and Peter Marcuse (New York: Routledge, 2012), 42—62. 更普遍化的论述还可以参考 Kanishka Goonewardena, Stefan Kipfer, Richard Milgrom, and Christian Schmid, eds., *Space, Difference and Everyday Life: Reading Henri Lefebvre* (New York: Routledge, 2008). 我相信，这些关于列斐伏尔城市问题研究方法的具有高度建设性的解释与使用，在当前星球城市化辩论的情境中获得了新的重要意义。

[40] Brenner and Schmid, “Towards a New Epistemology.”

分析也可以很容易地集成到星球城市化的研究中。就像我在本书中将很多注意力聚焦于集聚城市化的地理一样，拓展城市化的领域也可以通过关系性尺度化、国家理论分析模式进行富有成效的调查——尽管这一分析必须同样关注地方营造、地域化与网络化过程在其建设和正在进行的转型中的作用。从这个意义上来说，本书主体部分中所构建的尺度化探索旨在帮助形成方法论与概念化的基础，从而支撑在结论性章节中提出的星球城市化研究议程。

理论的定位

本书所构建的理论化路径只提供了一套策略，以此应对 21 世纪早期资本主义背景下解读新城市空间的生产所面临的挑战。我进行这些研究的目的很难说是为了解决这些挑战；我当然不相信任何单一的理论、框架或方法论可以做到这一点。在此，我认为更合适的目标是提出一些可能有用的认识论视角、概念化建议与方法论策略，以及我自己在一系列相互关联的研究努力中探索出的结果。通过这些研究，至少可以在某些方面阐明城市化的新兴地理。

回顾 20 世纪 90 年代末以来我的学术路径，可以马上发现许多与我所阐述的理论框架相关联的重大局限性、缺失环节与盲点。例如，我研究城市问题的方法——无论是尺度问题，还是最近与星球城市化的新兴问题域相关的问题——都非常关注资本主义的动态、矛盾与危机倾向，主要是通过空间化政治经济学与国家理论的分析视角。毫无疑问，这种方法论导向可能会富有成效地链接到一系列密切相关的问题域，包括激进地理学、批判性城市研究、空间人文学等在这里并没有进行有效探索的广泛领域——例如，由多元化的社会空间关系位置性（尤其是种族、性别、族群、性取向和公民身份）形成的城市尺度结构化配置；殖民主义、战争、地缘政治与帝国在尺度修复的生产与解构中的作用；社会再生产、金融化、剥夺积累、地域圈地、去农化、跨国迁移与非正规化的尺度逻辑与非逻辑；与社会动员、政治叛乱以及努力（重新）将城市（city/urban）作为公地的模式相关联的尺度政治。若涉及这样的基本问题，是否需要一个全面的解构，甚至是要抛弃我所构建的理论方法？关于后面的这些议程，至少有一些可以采用我所提议的尺度化分析与解释，作为进一步开展富有成效的探索的方向？针对城市问题和/或尺度问题的其他分析性、经验性、地点性或政治性的切入点，会在何种程度上，以何种方式，改变这里构建的具体概念、方法论与解释？关于这些问题，我目前只能推测；采用任何一种批判性社会理论的方法，无论是城市的还是其他的，它们都是合理的。我的希望是，在这里汇集的正统理治中，至少有一些可能在概念化和研究领域取得丰富的成果，而不仅仅是我所关注的领域。

另一个迫切重要但在本书中还未探索的问题域是，资本主义城市肌理与“生命网络”（web of life）演化的尺度地理之间的相互作用——非人类的生命形式与所谓的地球系统的物质地理，这一地球系统是资本主义所依赖的，并且被资本无情地改变，贯穿其长期的世界历史生态演变过程。[41]从某种程度上来看，这一系列问题

---

[41] 可参考 Jason W. Moore, *Capitalism in the Web of Life: Ecology and the Accumulation of Capital* (New York: Verso, 2016); Noel Castree, “The Anthropocene and the Environmental Humanities: Extending the Conversation,” Environmental Humanities 5 (2014): 233—60; Nik Heynen, Maria Kaika, and Erik Swyngedouw, eds., *In the Nature of Cities: Urban Political Ecology and the Politics of Urban Metabolism* (New York: Routledge, 2006).

在本书的最后几章中得到了更多的自反性关注，与我对星球城市化的初始反思相结合，将其视为一个尺度重构、政治-地域、基础设施与生态创造性破坏的不均衡的整合过程。然而，在大多数情况下，这里所发展的分析视角是如此一致地关注取代关于城市问题非自反性的地方主义、城市中心主义方法，以至于它忽视了与原有城市（city 或是 urban）概念在本体论上独立于假定的非人类“自然”外部领域相关联的平行的但确实是彼此紧密相关的方法论上的危险。

当然，自 21 世纪初以来，已经形成了一个完整的批判性城市研究流派，即城市政治生态学，使得这种笛卡尔二元论系统性地爆发。[42] 最近城市政治生态学领域中的许多研究都明确地涉及尺度与尺度重构的问题，可以肯定的是，关于尺度问题的概念化在城市与生态研究的各种领域中有大量的交叉融合机会。[43] 尽管城市政治生态学广泛有效地超越了城市/自然的界限，并始终坚持关系性的尺度概念，但城市政治生态学研究的主要思路仍然是将城市作为分析焦点，并将城市与社会空间的集聚过程等同起来。[44] 因此，城市政治生态学方法更广泛的影响在于重新思考星球城市化，更广义地说是“资本世”（capitalocene），而关于

㊷ 重点参考 Heynen et al.，*In the Nature of Cities*.

㊸ 典型参考文献：Erik Swyngedouw and Nik Heynen，“Urban Political Ecology, Justice and the Politics of Scale,” *Antipode* 35，no. 5（2003）：898—918；Nathan Sayre，“Ecological and Geographical Scale：Parallels and Potential for Integration,” *Progress in Human Geography* 29，no. 3（2005）：276—90.

㊹ Angelo and Wachsmuth，“Urbanizing Urban Political Ecology.” 还可以参考 Martín Arboleda，“In the Nature of the Non-City：Expanded Infrastructural Networks and the Political Ecology of Planetary Urbanization,” *Antipode* 48，no. 2（2016）：233—51.

这些问题的系统性探索才刚刚开始。[45]显然，资本主义城市肌理与“资本世”下生命网络之间的关系还需要进一步的探索，可以将其作为一个社会本体论的问题、概念的问题、历史与当代调查的焦点、未来政治-制度实验的领域。也许，在面对这种范围如此宽广的挑战时，这里发展的一些尺度化分析也可以有助于更加系统性地超越原有的但仍然是根深蒂固的笛卡尔二元论——包括城市/农村、社会/自然、城市/自然、内部/外部、人类/非人类——这些还在继续模糊化我们对资本主义形式城市化下所释放的广泛的、覆盖星球的社会代谢转型的理解，以及我们塑造这一转型的能力。[46]

最后，本书中所提出的城市理论方法的应用范围，在多大程度上局限于其主要元素得以构建的特定区域（北大西洋地区）的研究情境？在现代资本主义背景下，是否可以——实际上应该——对城市问题进行更加普遍的理论化，无论是作为尺度问题还是其他问题？或者，发展这样一种方法的努力是否总是需要“具体地方

㊺ 参考 Erik Swyngedouw, *Liquid Power: Contested Hydro-Modernities in Twentieth Century Spain* (Cambridge, MA: MIT Press, 2015); Matthew Gandy, *The Fabric of Space: Water, Modernity and the Urban Imagination* (Cambridge, MA: MIT Press, 2016). 关于“资本世”的研究，参考 Moore, *Capitalism in the Web of Life*; Jason W. Moore, ed., *Anthropocene or Capitalocene? Nature, History and the Crisis of Capitalism* (Oakland, CA: PM Press/Kairos, 2016); Jason W. Moore, “The Capitalocene, Part Ⅰ: On the Nature and Origins of our Ecological Crisis,” *Journal of Peasant Studies* 4, no. 3 (2017): 594—630.

㊻ 关于这些问题的进一步反思，可参考 Martín Arboleda, “Revitalizing Science and Technology Studies: A Marxian Critique of More-Than-Human Geographies,” *Environment and Planning D: Society and Space* 35, no. 2 (2017): 360—78 以及 Brenner, “Critical Urban Theory, Reloaded?”

化”，即情境嵌入与区位特殊化？[47]

乍一看，本书是致力于发展关于城市问题的理论化——当然，这一构建源于马克思主义者的研究如曼纽尔·卡斯特尔、亨利·列斐伏尔、大卫·哈维——可能是公然地对抗那些区位限定的、情境嵌入的、认识论扎根的城市理论与研究方法。当然，有人可能会提出反对意见，坚持将“这种”城市问题理论化为一种被后殖民主义、女性主义与酷儿理论的城市理论家们批判性解构的普遍化、总体化和“大都市中心主义”思想（不论是以欧洲为中心、新殖民主义、男权主义或异性恋常态化的变体）的单一问题域。[48]但是，“这种”关于城市（urban）的概念化，是否能够阐明支撑当代城市化过程极为丰富的社会空间条件、过程、生活世界和斗争的多重性？

这些问题是非常基础性的；它们具有重要的认识论和政治意义。对扎根性知识的强调——认知方式的社会历史嵌入性，包括那些在所有形式的理论与研究中使用的知识——提供了一种针对那些霸权式的知识形态适当的强有力的对抗，无论是城市的还是其他方面，它们经常断言并试图强加普遍化、规范化等各种真理主张。这显然是有问题的，不仅因为基于通用的“易理解的研究方

---

[47] 关于这些问题的辩论在近些年有所强化，很大程度上是由于后殖民主义城市学者们关于原有的西方、欧美或北大西洋中心主义的城市理论研究方法提出了诸多政治-认识论问题。其中一些关键的贡献与总览性研究，可以参考 Susan Parnell and Sophie Oldfield, eds., *The Routledge Handbook on Cities of the Global South* (London: Routledge, 2014)，以及脚注[34]中引用的文献。另一些最近关于这些问题有价值的反思可参考 Helga Leitner and Eric Sheppard, “Provincializing Critical Urban Theory: Extending the Ecosystem of Possibilities,” International Journal of Urban and Regional Research 40, no. 1 (2016): 228—35.

[48] 关于大都市中心主义概念的论述主要可以参考Tim Bunnell and Anant Maringanti, “Practicing Urban Research beyond Metrocentricity,” *International Journal of Urban and Regional Research* 34, no. 2 (2011): 415—20.

案”将社会生活的复杂性进行同质化，而且把强化、再生产与显得自然而然的主导性、压迫、排他及社会疾苦形式的空间实践运作简化为新自由主义、殖民主义、白人至上主义、父权主义、异性恋常态化、威权主义、仇外心理以及其中的各种组合。[49]在这种情况下，情境特殊性的启用可能具有一种强大的反问、政治与实质性的功能：它标志着批判导向的研究者对与潜在的社会肌理复杂性更相关的区位限定的认知方式的关注，因此可以反对学术研究与类似的公共话语中的霸权主义。正因为如此，关于那些被称为城市研究中“通用理论”的理论地位的争论往往非常激烈。它们的利害关系既是学术性的，又是规范性的；它们直接与地位、知识、权力和可能的城市世界有关的问题联系在一起，这些问题推动了当今这一充满活力的研究领域中最具创造力和最具政治关联性的工作。

我自己在这些辩论中的坚持与这些担忧强烈地呼应，因为它们同样强调了所有形式的城市理论和研究的社会嵌入与政治调解特征，包括那些在本书中受到批判性审视或建设性发展的理论和研究。虽然我自己对于认识论定位的理论化更强烈地植根于非正统的马克思主义框架（尤其是法兰克福学派哲学家与列斐伏尔的研究），而不是后结构主义或后殖民主义传统，但可以说它们之间有许多智识上的共同点。事实上，尽管有时存在分歧的辩论会加剧，受马克思主义启发的地缘政治经济学家与后结构主义学者（包括女权主义者、新福柯主义者、新德勒兹主义者、后殖民主义学者和酷儿理论家们）之间形成鲜明的对立，但我相信当他们的核心关注将知识的批判与权力的批判相联系，他们的认识论与政治共识

---

[49] 关于易理解的研究方案，可参考 James C. Scott, “State Simplifications: Nature, Space and People,” *Journal of Political Philosophy* 3, no. 3 (1995): 191—233.

会迸生出清晰的聚焦点，这与“权威”社会知识霸权形式如社会科学实证主义、新古典经济学、地理信息系统的传统方法、政策科学的技术官僚模式或主流全球城市政策话语的工具主义、顺应主义、必胜主义议程形成鲜明的对比。这一观察并不是要否认、忽视或摒弃那些推动了当今批判性城市研究领域发展中关于立场、知识/权力、批判以及广泛的政治规范关注的不同理解；其要点只是想表明，批判导向的理论家之间的内部分歧，无论是认识论上的还是政治上的差异，都远不如他们与社会知识的主流、霸权方法所存在的分歧显得深刻或重要。[50]

同时，我也反对扎根性知识与所谓的“通用理论”之间的简单对立。这些“通用理论”仍然被许多后结构主义学者使用或预设，它们关注的是用一种解构的方式在某种程度上追求超越它们所出现的区位情境。这种二元对立的一些版本（以及一些平行的二元对立：本地/全球、特殊性/普遍性、异质性/同质性、碎片化/整体性、内部/外部、例外/标准）为近几十年来的各种批判性城市研究领域的关键辩论设定了框架或是支撑着它们的发展，包括后福特主义、后现代主义、地方性、绅士化、全球化、新自由主义等主题，而

---

[50] 这是一种广泛的一般化，但是我相信它是一个在学术和政治上可以辩护的方式。显然，法兰克福学派的共同创始人马克斯·霍克海默在 20 世纪 30 年代对“传统”与“批判”理论的经典区分，需要根据当代的社会知识集合进一步构建，但是我相信它仍然提供了一种基本的学术参考点，在此基础上可以将批判导向的城市知识方法与主流的、技术官僚的和市场必胜主义的知识方法进行区分。参考 Max Horkheimer, “Traditional and Critical Theory,” in *Critical Theory: Selected Essays*, trans. Matthew O'Connell (New York: Continuum, 1982 [1937]), 188—243. 当代关于这些问题强有力的反思并进一步丰富霍克海默 20 世纪中期的实证主义观点，可以参考 Elvin Wyly, “Positively Radical,” *International Journal of Urban and Regional Research* 35, no. 5 (2011): 889—912. 关于当代城市“科学”强有力的指控以及对更新批判方法的积极呼吁，可以参考 Brendan Gleeson, “What Role for Social Science in the ‘Urban Age’?,” *International Journal of Urban and Regional Research* 37, no. 5 (2013): 1839—51.

且它还继续作为许多当代学术冲突集合中的一个重要参考点，包括群聚城市主义、女性主义城市理论、后殖民城市主义、星球城市化以及其他一些新兴的理论探索。以下四个广泛的观察可能有助于进一步澄清支撑我在本书中的调查、论述、建议和推测的具体的认识论立场。

首先，地方和情境条件不是预先给定的或不证自明的，而是通过超地方、跨情境过程、相互联系与相互依赖来调解的，这些过程同样需要被解释、概念化和调查。因此，与地点、地方、区域或情境有关的"特殊性"的调用，不仅需要系统地研究地点的特殊性，还需要系统地研究其跨越各种空间尺度的关系链接、构建与调解。如果不这样做的话，就有可能陷入一种特殊主义的本体论，在这种本体论中，经验的、地方的、情境的或社会嵌入的证据形式被认为是理所当然的；它被视为通往真实世界的具有特权、无可争辩和透明的窗口；或者被认为是不可理论化的单独性。正如女权主义社会历史学家琼·斯科特(Joan Scott)在20世纪90年代初提出的典型观点，这种新实证主义方法论实际上削弱了发展差异化历史(我们还可以加上地理)研究计划，因为他们将经验的、情境的和本地的归为一个假定的事实领域，其被认为是与正在研究的社会(和空间)构建和解释性的调解过程分离的。[51]通过对纯粹内在论、"方法论上的地方主义"城市问题研究方法的反思，杰米·派克(Jamie Peck)得出了非常相似的结论，认为他们经常依赖明显存在问题的朴素经验主义的认知论基础，限制了研究者们以多种方式解读"地方的"和"临近的"状况，其事实上是通过超本地的权力、战略与斗

[51] Joan Scott, "The Evidence of Experience," *Critical Inquiry* 17, no. 4 (1991): 773—97.

争形式被调解的：

> 经验可观察性和地方临近性的主导地位，以更长距离的结构性关系为代价，会导致与内生的、内部主义及“受害者指责”的城市财政危机的地方政治“原因”论述混淆或归为一谈，不恰当地对这些明显在场的参与者负责甚至是把病态归因于此。这意味着反复的城市过程——那种在一个又一个地点，以调解和权变的方式实现的过程——不太可能被理解，甚至不太可能被识别。取而代之的是，不愿跟踪跨越多个地点的共同过程，或承认结构模式（甚至是以非结构主义的方式），反映在一种经常性现象的倾向中，或者是被（重新）描述，被误认为是内生的生产或是自成一格的形成，又或是形容为对一种非常熟悉的规范的偏离。对单个城市地点的丰富描述取代了对不同案例和地方城市化过程的追踪，这是一种方法论上的孤立形式，可以将其比作通过从小溪中取出一桶水来理解河流动力学的尝试。[52]

将地方作为一个必要的地点与分析范畴是很难被忽视的；相反，从原则上来说，它仍然是对资本主义城市肌理开展任何其他地点或尺度探究的基础。更确切地说，我们的任务是解读经验、地点与情境是如何被积极地生产和理解的，包括通过超越调查地点的关系性多尺度、跨情境的社会空间过程，也可能在其他地方

---

[52] Jamie Peck, “Cities beyond Compare?,” *Regional Studies* 49, no. 1 (2015): 177. 关于与之相似的对科学研究和社会历史中地方主义认识论的批判，可参考彼得·加里森令人印象深刻的沉思“The Limits of Localism: The Scale of Sight,” in *What Reason Promises: Essays on Reason, Nature and History*, ed. Wendy Doniger, Peter Galison, and Susan Neiman (Berlin: De Gruyter, 2016), 155—70.

产生平行的转型、差异化的模式与竞争。这样，学者们可以更有效地避免与萨斯基娅·萨森（Saskia Sassen）恰当地描述为“内生性陷阱”相关的方法论盲点，即地方（或区域、国家或全球）的结果被解释为完全参照内部化分析尺度，或在空间上与之共同延展的现象或过程。[53]

第二，“通用理论”的概念，尤其是相对于那些地方差异或情境例外主义非自反性断言式的概念而言时，是一种对差异化的、动态演化的认识论策略没有帮助的简化。这些认识论策略被城市理论家们用来调查跨情境的城市化地理格局，以及他们跨越地方、地域和尺度不均衡的、混杂的和不停变异的形态。可以肯定的是，像杰弗里·韦斯特（Geoffrey West）、爱德华·格莱泽（Edward Glaeser），以及最近的艾伦·J.斯科特（Allen J. Scott）与迈克尔·斯多波（Michael Storper）等不同的研究者们都明显地采用了正统的、一元论的城市理论构想，作为提供或渴望提供关于城市过程与结果内在本质的普适性建议。[54] 然而，作为一种脱离实体的科学探究模式与追求普适性有效规律的手段，这种僵化的、一元论的理论概念很难穷尽各种各样可以构想跨情境的城市理论研究方法的认识论立场。相反，在马克思主义/后结构主义的分化中，非正统、唯名论、内在论、批判现实主义等城市理论，无论其差异如何，都存

---

[53] Saskia Sassen, *Territory, Authority, Rights: From Medieval to Global Assemblages* (Princeton, NJ: Princeton University Press, 2006).

[54] 参考 Luis Bettencourt, José Lobo, Dirk Helbing, Christian Kühnert, and Geoffrey West, "Growth, Innovation, Scaling and the Pace of Life in Cities," *Proceedings of the National Academy of Sciences* 104, no. 17 (2007): 7301—6; Edward Glaeser, *Cities, Agglomeration and Spatial Equilibrium* (New York: Oxford University Press, 2008); Allen J. Scott and Michael Storper, "The Nature of Cities: The Scope and Limits of Urban Theory," *International Journal of Urban and Regional Research* 39, no. 1 (2015): 1—15.

在丰富的不同观点的接合:(1) 坚持社会嵌入的、历史扎根的、政治调解的城市知识的本质,同时也(2) 渴望生产关于历史构成的、结构上不均衡的城市化模式与路径的一般化知识。[55]历史社会学者福阿德·马基(Fouad Makki)对整合与不均衡发展的辩证再概念化提供了这样一种方法论导向的简明总结,在批判性城市研究领域有着极具活力的应用:

> 作为一种解释性程序,需要从时代性分析到更大的历史性,并在社会间权力关系组合中不同社会变化模式的基础上来回移动。这是一种对机械地应用于任何地方的程式化公式的敌视,它们通常忽视顽固的历史现实,或者沉迷于将其转化为抽象概念,用观念的简单性代替世界的复杂性。[56]

换句话说,普适性理论和一般化理论之间有一个根本的区别:前者否认其自身的社会历史定位,并声称推进绝对可靠的、涵盖一切的、具有超越性的真理;相比之下,后者可能是建立在一个透视现实主义的基础之上,自反性地强调自身嵌入于社会空间关系之中,同时寻求阐明将社会空间关系结构化于情境、地域、生态与尺

---

[55] 关于当代批判性城市研究中"理论"方法多样性的概述,可参考 Robert Beauregard, "What Theorists Do," *Urban Geography* 33, no. 4 (2012): 477—87; Ozan Karaman, "An Immanentist Approach to the Urban," *Antipode* 44, no. 4 (2011): 1287—306; Roy, "21st Century Metropolis"; Robinson, "New Geographies of Theorizing the Urban"; Gleeson, "What Role for Social Science"; Peck, "Cities beyond Compare?"

[56] Fouad Makki, "Reframing Development Theory: The Significance of the Idea of Combined and Uneven Development," *Theory and Society* 44 (2015): 491. 关于进一步的反思,还可以参考 Jamie Peck, "Macroeconomic Geographies," *Area Development and Policy* 1, no. 3 (2016): 305—22.

度内外涌现(即历史形成,总是进化的)的属性、规律与相互联系中。[57]正是后者,透视现实主义的认识论,支撑着我在这里的探索:坚持所有知识的扎根性、内在性、非完整性与可修改性,寻求发展历史特定的概念、方法和解释模式,可以阐明与城市化过程相关的关系和结构上的动态、转型、矛盾与竞争。[58]

第三,本书中提出的城市理论化方法从根本上坚持抽象的需要——也就是说,对概念的构建、使用与不断地再造,使我们能够将表面现象(经验所给予的;被直接感知的世界)与产生这种现象的潜在机制、关系、过程和战略区分开来。正如安德鲁·塞耶(Andrew Sayer)所解释的,抽象概念是"把握世界……个性化对象,以及描述它们的属性和关系之间差异的重要基础……即使我们对整体感兴趣,我们也必须选择它们的组成部分进行抽象"[59]。从这个意义上来说,抽象的过程对任何概念化的模式都是最基本的,因为只有在这个基础上,实体、关系、过程或转型的基本或定义性的元素才能在分析中被具体化。至关重要的是,正如塞耶所强调的,抽象概念并不意味着提供一个关于社会世界存在的每一个具体方面,它可能涵盖分析、政治或规范视角的全面描述或完整"把握"。相反,这些概念提供了一种描述正在研究的特定现象或

---

[57] 关于在后殖民主义理论严格的社会学方法语境下对这一关键差别富有成效的解释,可参考 Julian Go, *Postcolonial Thought and Social Theory* (New York: Oxford University Press, 2016). 关于普适化与一般化之间区别的论述还可以参考 Roy, "Who's Afraid of Postcolonial Theory?"

[58] 关于透视现实主义概念的论述,可参考 Go, *Postcolonial Thought*. 还可以参考 Gillian Hart, "Denaturalizing Dispossession: Critical Ethnography in the Age of Resurgent Imperialism," *Antipode* 38, no. 5 (2006): 977—1004; Gillian Hart, "Relational Comparison Revisited: Marxist Postcolonial Geographies in Practice," *Progress in Human Geography* 42, no. 3 (2018): 371—94.

[59] Sayer, *Method in Social Science*, 86. 还可以参考 Andrew Sayer, "Abstraction: A Realist Interpretation," *Radical Philosophy* 28 (Summer 1981): 6—15.

地点的基本构成属性的方法。

这是关于“这种”城市问题的辩论反复进行的重要意义之一。“城市问题”中的介词“the”指的是这一辩论赖以存在的理论抽象过程，而不是武断地将城市生活的多重决定条件、调解与呈现纳入一个普遍的定义之下。跨越不同的政治-智识与地方条件，关于这一问题域的探索包括在抽象层次上描绘城市概念的精确尝试，这有助于阐明跨越情境、地域、生态与尺度涌现的社会空间关系、模式、结构和斗争的关键维度。因此，不同的城市问题理论方法的主要利害关系，不是它们是否掌握了城市生活的全部复杂性，也不是是否由于它们的抽象普遍性忽视了某些可能具有智识、政治或规范意义的问题、要素或动态。只要抽象的作用是为了将某一特定现象本质的、原始的或必然的性质与其表面的、次要的或偶然的成分相区分，这种指责在逻辑上就是站不住的。从定义上说，抽象是对一个构造上多方面的、过度决定性的社会世界的部分、片面的描述。更重要的问题是，城市理论家们所提出的概念抽象的具体类型提供了一种“实践充分”的基础，以分析上精确且扎根的、具有历史决定性和政治含义的术语，来界定通过社会空间关系进行呈现、竞争和转型的城市问题的构成属性。[60]

最后，这将我们引向了本文阐述的城市问题方法的第四个核心要素。这里提出的将资本主义城市化形式理论化的抽象概念，不只是被简单地理解为一种理想型的建议，用于更精确地描述城市空间、过程、转型和斗争的构成要素；它们也呈现了抽象空间实践的历史特定表达，其支撑、激活资本主义形式城市化，也来自资本主义形式城市化。从这个意义上来说，这里用来将城市问题理

---

[60] 实践充分的概念来源于 Sayer，*Method in Social Science*，86.

论化为尺度问题的抽象概念以及星球城市化的问题域，可以被理解为“真实抽象”：其作为思维模式的出现和可理解性是直接链接到实际的通过资本主义背景下城市化过程释放、推广与深化的社会空间模式抽象。[61]正如马克思在《政治经济学批判大纲》(*Grundrisse*)中提出的基本观点所示，一种与商品形式相关的特定抽象模式是通过资本主义的价值关系生产变得自然而然的；它的特点是将计算、量化、可交换和利润最大化的逻辑强加于多样化的具体社会实践体制上，不论是在生产、再生产、政治、科学还是日常生活领域。[62] 正如卢卡兹·斯塔尼克(Łukasz Stanek)所证明的，这从另一个角度支撑了亨利·列斐伏尔的理论，即将城市视为一种特别是在20世纪全球工业化过程之后，在资本主义背景下得到强化和推广的特定的空间抽象模式。[63] 这不仅涉及促进、加速并扩大积累过程特定资本主义形式的地域组织的构建，还会产生这种地域结构持续的创造性破坏，通过资本自身对新利润领域地不懈追求而不断淘汰旧的结构(见第二章)。恰恰从这个意义上来说，正如列斐伏尔所强调的，通过资本主义形式的城市化所生产的空间

---

[61] 关于“真实”或“具体”抽象的概念，可参考 Stuart Hall, “Marx's Notes on Method: A ‘Reading’ of the ‘1857 Introduction,’” *Cultural Studies* 17, no. 2 (2003): 113—49; Alberto Toscano, “The Open Secret of Real Abstraction,” *Rethinking Marxism* 20, no. 2 (2008): 273—87.

[62] 经典参考文献可见 Karl Marx, “Introduction,” in *Grundrisse: Foundations of the Critique of Political Economy*, trans. Martin Nicolaus (New York: Penguin Books, 1973 [1857]). 关于这一问题更广泛的讨论及其在批判性社会理论中可能的应用，参考 Hall, “Marx's Notes on Method.”

[63] 参考 Łukasz Stanek, *Henri Lefebvre on Space: Architecture, Urban Research and the Production of Theory* (Minneapolis: University of Minnesota Press, 2011).还可以参考 Chris Butler, “Abstraction beyond a ‘Law of Thought’: On Space, Appropriation and Concrete Abstraction,” *Law Critique* 27, no. 3 (2016): 247—68; Alex Loftus, “Violent Geographical Abstractions,” *Environment and Planning D: Society and Space* 33 (2015): 366—81.

抽象不仅是简单地导致具体差异的趋同与消除；它们还持续地推动社会空间结构的等级化、碎片化与(再)分化，至少在特定的时空条件下，这些结构允许资本积累扩大化的发生。的确，渗透在资本主义城市肌理中的空间抽象积极地依赖并且强化了社会空间的分化，同时又戏剧性地、经常是剧烈地促使更为广泛的地域框架转型，正是通过这些地域框架，地方的“特殊性”和“差异性”才得以构建。[64]

因此，在城市理论领域中进行概念化(以及跨情境)的抽象模式的需求不仅仅是一种方法论导向或一种普遍的本体论上的坚持；它直接来自解读资本主义背景下城市化矛盾动态极为复杂的挑战，其产生了一个涵盖世界范围的资本生产与循环的时空网络，同时也强调资本主义扩张漩涡内形成地域与尺度差异化的截然不同的地方条件和持续发展过程的战略重要性。如何理解这样一种社会空间实践的体制，它同时存在普遍化和特殊化、均衡化和差异化、稳定和贬值、外爆和内爆、链接和碎片化、群聚和粉碎？同时，如何解读一种全球地域发展模式，要求在支撑资本代谢相对固定的非移动基础设施中巨大的越来越星球化扩张的投资的系统性强化，以及它们为了追求无休止的利润驱动增长而反复地拆除和重建？

虽然抽象并不是分析这种倾向与反倾向的唯一方法论工具，但是它们可以说呈现了一个不可或缺的——必要的但不是充分的——基础，可以用于解读资本主义形式的城市化及其变化，往往

---

[64] 参考 Christian Schmid，“Specificity and Urbanization：A Theoretical Outlook，” in *The Inevitable Specificity of Cities*，ed. ETH Studio Basel (Zurich：Lars Müller Publishers，2014)，282—97. 这一论述也支撑了尼尔·史密斯关于不均衡发展中资本均衡化与差异化辩证关系的经典分析。

是灾难性的社会空间与生态后果的一些关键维度。显然，抽象的理论操作必须总是通过具体复杂的分析策略加以补充，包括那些与基于地方的条件相协调的策略，从而阐明涌现的历史、战略与斗争的特殊性甚至是偶然性。然而，我坚持认为，包括在本章中提出的那些“真实的”或“具体的”抽象，再现了一种解读资本主义城市肌理及其发展倾向与反倾向、爆炸性矛盾与多样化后果的任何批判性方法中基本的、也许是构成不完整的要素。如果没有它们，我们可能会忽视更为广泛的“情境中的情境”，或者可以称之为“元情境”；城市生活在这一情境中出现与发展，并通过杰米·派克所指出的“实质性联系、反复的过程与关系性权力(模式)”，共同构成其在现代世界中的可能性状况。[65]

同样重要的是，在这些调查中所运用的真实抽象，旨在强调历史特定的、以增长和利润为导向的产业发展模式，它有力地推动和调解了资本主义背景下的城市过程。因此，这些调查也试图推进批判性城市理论的另一个重要任务，界定我在其他地方定义的“可替代的城市化”的可能性——这可能是既有的、潜在的、预期的、想象的：针对星球生命赖以生存的城市世界的生产和集体占有的可替代的路径。[66] 从这个意义上来说，也许矛盾的是，我对城市理论化的抽象模式的坚持在根本上链接到了一个激进的政治计划，甚

---

[65] Peck, “Cities beyond Compare,” 162. 关于“情境中的情境”概念，以及制度与空间混杂性的系统性生产，可参考 Neil Brenner, Jamie Peck, and Nik Theodore, “Variegated Neoliberalization: Geographies, Modalities, Pathways,” *Global Networks* 10, no. 2 (2010): 182—222.

[66] 参考 Brenner, *Critique of Urbanization*.关于这一研究计划的一些强有力的路径的构建，可参考 David Harvey, *Rebel Cities: From the Right to the City to the Urban Revolution* (London: Verso, 2012); Stavros Stavrides, *Common Space: The City as Commons* (London: Zed, 2016); Massimo De Angelis, *Omnia Sunt Communia: On the Commons and the Transformation to Postcapitalism* (London: Zed, 2017).

至是在跨越整个星球的投机性的、超金融化的、利润导向的、军事化的城市重构模式与路径，以构想后资本主义城市的未来前景。[67]

那么，理论的定位在哪里呢？那些构成批判性城市理论领域充满活力的非正统政治-知识潮流如何阐明资本主义城市肌理中抽象与具体、模式结构与内在涌现、路径依赖与路径塑造之间的相互作用？在我看来，当代最具生成性的批判性城市理论化方法占据了一个矛盾的空间：这些理论努力以内在的、历史特定的方式，把握资本主义城市化在不同地方、地域、生态与尺度上的一般化、模式化的动态，同时也试图阐明城市世界的生活、想象、竞争、占有与转型所处的高度混杂的、情境嵌入的、动态涌现的社会空间关系。并且，通过使用多元化的认识论策略，这些理论寻求面对这一任务，同时也自反性地将其自身——分析、方法、研究问题与政治规范的核心范畴——定位于在其所渴望阐明的城市历史、斗争与突变的肌理之中。

当然，正如后殖民主义城市理论家有效的论证所示，"定位"理论的计划需要一种不断的批判性反思；在这种反思中，即使是最抽象的城市分析范畴，也是通过情境嵌入的、特定地点的城市化经验进行调解的。[68]正因如此，任何自反性的批判性城市理论的定位方法必须保持对概念颠覆与再造前景的开放态度，通过对多样化的城市"别处"的探索，不是将其作为超出了理论分析范围的不可通

---

[67] 关于抽象理论化与解放的政治之间联系的思考，可参考 Theodor Adorno, "Resignation," in *Critical Models: Interventions and Catchwords*, trans. Henry W. Pickford (New York: Columbia University Press, 2005), 289—93.

[68] 关于对推定的"通用"理论隐藏的、基于地方影响的探索，可参考托马斯·吉尔林(Thomas Gieryn)对芝加哥城市社会学派的研究："City as Truth-Spot: Laboratories and Field-Sites in Urban Studies," *Social Studies of Science* 36, no. 1 (2006): 5—38.

约的特殊性，而是作为一种面向概念一般化的新模式与城市比较主义的新空间向量的推动力。[69] 同时，本书中的研究表明城市理论定位的挑战不止于上述努力，还需要概念再造的并行策略，批判性地审视支撑所有形式城市研究的底层元地理假设，不论它们扎根于何种理论定位。

在这里，自反性需要一个理论框架的定位不仅与它出现的特定情境有关，还涉及关于城市化的空间地点、印记与影响的抽象的概念性界定，它构成了城市研究计划的框架，不论是在社会与生态科学、空间人文学，或是规划、政策和设计学科中。从这个意义上来说，对城市理论中定位问题的反思从来不是简单地揭示情境对概念形成过程的影响问题；它总是会引发对概念化抽象模式进行持续的批判性审视，因此城市被作为一种独特的空间类型进行描绘、定义、可视化、映射与分析，而且需要持续不断的调查。

从这个角度来看，自反性的城市理论不仅需要关注世界范围内的一系列区位，将其作为理论创新与比较洞察潜在的生成性来源；同样，它还需要针对支撑、激活来自资本主义城市化的星球化代谢不断变化的多尺度地理——经济、政治、文化、生态——进行持续的批判性审视。在批判性城市理论中，这些反思的维度不仅是相互兼容的，而且能够以富有成效的方式相互强化与刺激。随着城市理论定位根据其试图解读的不断变革、冲突与激烈竞争的城市化动态持续变异，我们确实需要构建新的城市理论化的地理。这一计划显然需要多元化的“别处”的系统性探索，针对在我们关于快速城市化星球的历史性与涌现地理的辩论中之前被边缘化、

---

[69] 关于这一论述强有力的构建，可参考 Robinson, “New Geographies of Theorizing the Urban”; Roy, “Who’s Afraid of Postcolonial Theory?”

置于黑箱之中或是拒绝研究的地方，不论是在全球南方国家、后社会主义世界，还是我在本书最后一章中所关注的星球化腹地。同样重要的是，批判性城市研究的计划也需要持续关注城市问题本身——不论是尺度问题；地方营造、地域化或网络形成的问题；内爆/外爆的问题域；或是其他。因此，批判性城市理论的集体任务是继续围绕着城市、城市化、城市肌理和最终的可替代的城市化抽象概念，以一种基础性但构成上不完整的方式，对其进行发展、部署、完善并不断地再创造。

第二章　在固定性与运动性之间：城市肌理的尺度化

20 世纪 70 年代初，曼纽尔·卡斯特尔在其经典著作中提出的“城市问题”成为资本主义背景下空间生产批判性分析的焦点。[①]此后不久，亨利·列斐伏尔在其被忽视的著作《论国家》(*De l'État*)中，提议将城市问题——关于这一问题他已经写过几本书——置于更为广泛的地理尺度、社会生产与社会政治竞争的问题中。正如列斐伏尔所声称的：“如今，尺度问题从一开始就介入了文本分析与对事件的解释，或者说是将其作为分析的基础。”[②]

然而，在十几年之后，当空间的生产这一主题引发了大量的创新性研究时，爱德华·苏贾(Edward Soja)指出：尽管已经有一些批判性地理学者进行了“初步探索”，但地理尺度仍然是一个“还没

① Manuel Castells, *The Urban Question: A Marxist Approach*, trans. Alan Sheridan (Cambridge, MA: MIT Press, 1977 [1972]).

② Henri Lefebvre, *De I'État: De Hegel à Marx par Staline*, vol. 2 (Paris: Union Generale d'Editions, 1976), 67.

有被充分研究”的课题。[③] 事实上，关于空间尺度及其社会生产的问题域仍然普遍被忽视，只有一些著名的研究是例外，包括列斐伏尔在《论国家》四卷本中对国家空间的研究；大卫·哈维在《资本的限度》(*Limits to Capital*)最后一章中对“等级化安排”的分析；尼尔·史密斯关于地理发展不均衡的“跷跷板”理论；以及彼得·J.泰勒(Peter J. Taylor)对世界体系分析的再空间化。[④]在大部分的社会空间理论研究方法中，尺度通常被视为离散的、嵌套的、稳定的单元——空间的生产在其中发生，而不是将其作为构成空间生产过程的相互建构、彼此交织、可变的元素。

如今，列斐伏尔在40多年前提出的“尺度问题”获得了主流社会科学的认可，但更多是通过隐含的、未经审视的假设方式，而不是通过明确的理论化或自反性分析的方式。然而，特别是自20世纪90年代以来，地理学及相关学科的批判性社会空间理论学者们关于“尺度所造成的差异”的研究出现了爆炸式增长。[⑤]随着福特-凯恩斯主义与国家-发展主义资本主义结构的地域基础被解构与重新设计，空间尺度不再被认为是固定的、预先给定的社会生活领域。相反，从身体、邻里、地方、区域到国家、大洲和全球，所有维度的空间尺度如今都被视为是历史的产物，是由社会构建的，受制度

---

③ Edward W. Soja, *Postmodern Geographies* (New York: Verso, 1989), 149.

④ 可参考 David Harvey, *The Limits to Capital* (Chicago: University of Chicago Press, 1982); Neil Smith, *Uneven Development* (New York: Blackwell, 1984); Peter J. Taylor, *Political Geography: World-Economy, Nation-State and Locality* (New York: Longman, 1985); Peter J. Taylor, “A Materialist Framework for Political Geography,” *Transactions of the Institute of British Geographers* 7 (1982): 15—34; Peter J. Taylor, “Geographical Scales within the World-Economy Approach,” *Review* 5, no. 1 (1981): 3—11.

⑤ Kevin Cox, “The Difference That Scale Makes,” *Political Geography* 15 (1996): 667—70.

调解，在政治上是竞争的，因此具有可塑性。[⑥]在这一背景下，尺度问题在不同的社会理论辩论领域和广泛的社会空间研究中获得了前所未有的方法论上的重要性。

从方法论与实质性层面来看，这些讨论涉及的面非常之广，并且在持续地快速演进之中，涵盖批判性社会空间分析的间隙领域以及环境研究、空间人文和设计学科。[⑦]随着这些探索不断获得新的动能，如今已经形成了尺度生产与尺度政治的几个主要研究方向。在认识论层面，在围绕地理尺度作为历史、社会、文化和环境研究恰当的时空分析单元与抽象水平的辩论中，学者们对此进行了批判性的审视。[⑧] 在批判性地缘政治经济学领域中，尺度组织

---

⑥ 基础性的参考文献包括 Neil Smith, "Homeless/Global: Scaling Places," in *Mapping the Futures*, ed. Jon Bird, Barry Curtis, Tim Putnam, and Lisa Tickner (New York: Routledge, 1993), 87—119; Neil Smith, "Geography, Difference and the Politics of Scale," in *Postmodernism and the Social Sciences*, ed. Joe Doherty, Elspeth Graham, and Mo Malek (New York: St. Martin's Press, 1992), 57—79; Neil Smith, "Remaking Scale: Competition and Cooperation in Prenational and Postnational Europe," in *Competitive European Peripheries*, ed. Heikki Eskelinen and Folke Snickars (Berlin: Springer Verlag, 1995), 59—74; Erik Swyngedouw, "Neither Global nor Local: 'Glocalization' and the Politics of Scale," in Spaces of Globalization, ed. Kevin Cox (New York: Guilford Press, 1997), 137—66; Peter J. Taylor, "Embedded Statism and the Social Sciences: Opening Up to New Spaces," *Environment and Planning A* 28 (1996): 1917—28.

⑦ 一些有用的概述，可参考 Roger Keil and Rianne Mahon, eds., *Leviathan Undone? The New Political Economy of Scale* (Vancouver: University of British Columbia Press, 2010); Andrew Herod, *Scale* (New York: Routledge, 2011); Sallie Marston, "The Social Construction of Scale," *Progress in Human Geography* 24, no. 2 (2000): 219—42; Nathan Sayre, "Ecological and Geographic Scale: Parallels and Potential for Integration," *Progress in Human Geography* 29, no. 3 (2005): 276—90.

⑧ 可参考 Sayre, "Ecological and Geographic Scale"; John Agnew, "The Territorial Trap: The Geographical Assumptions of International Relations Theory," *Review of International Political Economy* 1, no. 1 (1994): 53—80; John Agnew, "Representing Space: Space, Scale and Culture in Social Science," in *Place/Culture/Representation*, ed. James Duncan and David Ley (London: Routledge, 1993),

的重构战略被作为20世纪70年代之后全球资本主义重构浪潮的重要分析维度，涉及资本积累、金融循环、国家权力、治理网络、城市化社会再生产的尺度重构，以及社会代谢的流动等方面。[9]而

251—71; Kevin Cox and Andrew Mair, "Levels of Abstraction in Locality Studies," *Antipode* 21 (1989): 121—32; Andrew Sayer, "Behind the Locality Debate: Deconstructing Geography's Dualisms," *Environment and Planning* A 23, no. 3 (1991): 283—308; Neil Smith, "Dangers of the Empirical Turn," *Antipode* 19 (1987): 59—68; Immanuel Wallerstein, *Unthinking Social Science: The Limits of 19th Century Paradigms* (Cambridge: Polity, 1991); David Palumbo-Liu, Nirvana Tanoukhi, and Bruce Robbins, eds., *Immanuel Wallerstein and the Problem of the World: System, Scale, Culture* (Durham, NC: Duke University Press, 2011). 最近关于气候变化、"人类世"和历史社会科学的辩论产生了新一波的此类辩论，可参考 Dipesh Chakrabarty, "The Climate of History: Four Theses," *Critical Inquiry* 35, no. 2 (2009): 197—222.

⑨ 可参考 Philip Cerny, "Globalization and the Changing Logic of Collective Action," *International Organization* 49, no. 4 (1995): 595—625; Erik Swyngedouw, "The Mammon Quest: 'Glocalisation,' Interspatial Competition, and the Monetary Order: The Construction of New Scales," in *Cities and Regions in the New Europe*, ed. Mick Dunford and Grigoris Kafkalas (London: Belhaven Press, 1992), 39—68; Erik Swyngedouw, "The Heart of the Place: The Resurrection of Locality in an Age of Hyperspace," *Geografiska Annaler B* 71 (1989): 31—42; Erik Swyngedouw, "Reconstructing Citizenship, the Re-Scaling of the State and the New Authoritarianism: Closing the Belgian Mines," *Urban Studies* 33 (1996): 1499—521; Bob Jessop, "Post-Fordism and the State," in *Post-Fordism: A Reader*, ed. Ash Amin (Cambridge, MA: Blackwell, 1994), 251—79; Alain Lipietz, "The National and the Regional: Their Autonomy Vis-à-Vis the Capitalist World Crisis," in *Transcending the State-Global Divide*, ed. Ronen P. Palan and Barry K. Gills (Boulder, CO: Lynne Rienner Publishers, 1994), 23—44; Alain Lipietz, "The Local and the Global: Regional Individuality or Interregionalism?," *Transactions of the Institute of British Geographers 18*, no. 1 (1993): 8—18; Jamie Peck and Adam Tickell, "The Social Regulation of Uneven Development: 'Regulatory Deficit,' England's South East, and the Collapse of Thatcherism," *Environment and Planning* A 27 (1995): 15—40; Jamie Peck and Adam Tickell, "Searching for a New Institutional Fix: The After-Fordist Crisis and the Global-Local Disorder," in Amin, *Post-Fordism: A Reader*, 280—315; Neil Smith and Dennis Ward, "The Restructuring of Geographical Scale: Coalescence and Fragmentation of the Northern Core Region," *Economic Geography* 63, no. 2 (1987): 160—82.

且，尺度政治也与全球化、新自由主义、后威斯特伐利亚资本主义背景下持续进行的民主、地域/主权联结、霸权、地缘政治与管制空间的重塑相关联。[10] 最后，研究社会运动与文化政治的学者们也对尺度作为一种社会政治斗争的媒介与筹码进行了卓有成效的探索。所有这些研究表明，在多元化的地点与情境中，尺度配置不仅是作为统治的结构性维度，而且还可能成为赋权斗争并因此产生剧烈重组的关键战略参数。[11]

---

⑩ 可参考 William E. Connolly, "Democracy and Territoriality," *Millennium* 20, no. 3 (1991): 463—84; David Held, *Democracy and the Global Order: From the Modern State to Cosmopolitan Governance* (Cambridge: Polity, 1995); Bob Jessop, *The Future of the Capitalist State* (London: Polity, 2002); Neil Brenner, *New State Spaces: Urban Governance and the Rescaling of Statehood* (New York: Oxford University Press, 2004); Leo Panitch, "Globalization and the State," in *Socialist Register* 1994, ed. Ralph Miliband and Leo Panitch (London: Merlin Press, 1994), 60—93; Peter Marden, "Geographies of Dissent: Globalization, Identity and the Nation," *Political Geography* 16 (1997): 37—64; Helga Leitner, "The Politics of Scale and Networks of Spatial Connectivity," in *Scale and Geographic Inquiry*, ed. Eric Sheppard and Robert McMaster (Malden, MA: Blackwell, 2004), 236—55.

⑪ 可参考 Peter J. Taylor, "The Paradox of Geographical Scale in Marx's Politics," *Antipode* 19 (1994): 387—91; Andrew Herod, "Labor's Spatial Praxis and the Geography of Contract Bargaining in the US East Coast Longshore Industry, 1953—1989," *Political Geography* 16, no. 2 (1997): 145—69; Andrew Herod, "The Production of Scale in United States Labour Relations," *Area* 23 (1991): 82—88; Andrew E. G. Jonas, "The Scale Politics of Spatiality," *Environment and Planning D: Society and Space* 12 (1994): 257—64; Philip F. Kelly, "Globalization, Power and the Politics of Scale in the Philippines," *Geoforum* 28 (1997): 151—71; Lynn Staeheli, "Empowering Political Struggle: Spaces and Scales of Resistance," *Political Geography* 13 (1994): 387—91; Neil Smith and Cindi Katz, "Grounding Metaphor: Towards a Spatialized Politics," in *Place and the Politics of Identity*, ed. Michael Keith and Steve Pile (London: Routledge, 1993), 67—83; Byron Miller, "Political Action and the Geography of Defense Investment," *Political Geography* 16 (1997): 171—85; Helga Leitner, "Reconfiguring the Spatiality of Power," *Political Geography* 16 (1997): 123—43; Helga Leitner, Eric Sheppard, and Kristin Sziarto, "The Spatialities of Contentious Politics," *Transactions of the Institute of British Geographers* 33, no. 2 (2008): 157—72.

正如大卫·德拉内(David Delaney)与海尔格·雷特纳(Helga Leitner)所指出的:“地理尺度被概念化为社会性构建的,而不是本体论上预先给定的……被构建的地理尺度本身也牵涉于社会、经济和政治过程之中。”这一广受认同的方法论议程可以支撑不同的理论探索与专题调查。⑫从这个角度来看,空间尺度不能被解释为一个永恒的、非社会性的社会空间关系容器,而应该作为其历史的前提、媒介与结果——这很像社会学实践理论中的“结构”⑬。正如尼尔·史密斯在20世纪90年代初提出的经典论述,尺度必须被视为“竞争性社会力量的实体化”与它们积极的“先导”;作为“集体社会行动的地理组织者与表达”,它们不断地被生产、竞争、重构与转型。⑭ 史密斯还提出:“尺度界定了社会竞争的地点、对象以及竞争的(空间)解决方案。”⑮埃里克·斯温格杜在类似的基础性理论阐述中认为“地理尺度既是社会空间控制权争夺的领域,同时也是它的结果”⑯。与此相似,文化人类学家安娜·田(Anna Tsing)最近的论述也认为“尺度不只是观察世界的一个中立性框架;尺度必须成为一种现实……在文化与政治计划中,尺度是被主张和竞争的”⑰。

---

⑫ David Delaney and Helga Leitner, “The Political Construction of Scale,” *Political Geography* 16 (1997): 93.

⑬ 关于结构主义理论,可参考 Pierre Bourdieu, *Outline of a Theory of Practice* (Cambridge: Cambridge University Press, 1977); Anthony Giddens, *The Constitution of Society: Outline of the Theory of Structuration* (Cambridge: Polity, 1984); William Sewell, “A Theory of Structure: Duality, Agency and Transformation,” *American Journal of Sociology 98*, no. 1 (1992): 1—29.

⑭ Smith, “Remaking Scale,” 61; Smith, “Homeless/Global,” 101.

⑮ Smith, “Homeless/Global,” 101.

⑯ Swyngedouw, “Mammon Quest,” 60.

⑰ Anna Lowenhaupt Tsing, *Friction: An Ethnography of Global Connection* (Princeton, NJ: Princeton University Press, 2005), 58. 还可以参考 Anna Lowenhaupt Tsing, “On Nonscalability: The Living World Is Not Amenable to Precision-Nested Scales,” *Common Knowledge* 18, no. 3 (2012): 505—24.

这些社会与政治建构主义的方法论为历史和当代资本主义背景下尺度问题的批判性研究提供了重要基础。基于这些研究方法，本章发展了一个更加具体的历史-地理唯物主义的分析视角，以此来探索资本主义背景下尺度问题的变迁。显然，地理尺度与尺度间结构是通过社会政治、制度、文化、生态和离散-表征过程而生产的，它们不能从任何单一的、包含性的动态或因果机制中派生出来。但本章想要解读的是资本主义的核心地理矛盾之一——资本循环的固定性与运动性之间的矛盾——作用于尺度结构的生产与转型普遍存在的影响。

在最近 40 多年资本主义城市化、空间不均衡发展与危机形成的理论化研究中，大卫·哈维提出了至今仍有争议的关于固定性/运动性矛盾的基本解释。[18]在哈维的理论中，资本积累过程必然会依赖地域组织（固定性）；而资本对剩余价值不断地追逐会持续瓦解并超越其自身的地域先决条件（运动性）。正如哈维所解释的：在资本主义发展过程中，固定性/运动性的矛盾“在克服空间崛起的力量与实现这一目标所需的非移动空间结构之间”被清晰地建构出来。[19]

本章将固定性/运动性的矛盾作为资本主义背景下尺度生产与尺度间结构理论分析的关键参考点。其中，核心论点是固定性/

---

[18] 可参考 Harvey, *Limits to Capital*; David Harvey, “The Geopolitics of Capitalism,” in *Social Relations and Spatial Structures*, ed. Derek Gregory and John Urry (London: Macmillan, 1985), 128—63; David Harvey, *The Urban Experience* (Baltimore: Johns Hopkins University Press, 1989); David Harvey, *Spaces of Capital: Towards a Critical Geography* (New York: Routledge, 2001); David Harvey, *Spaces of Global Capitalism* (London: Verso, 2006); David Harvey, *The Seventeen Contradictions of Capitalism* (New York: Oxford University Press, 2014).

[19] Harvey, “Geopolitics of Capitalism,” 150.

运动性的矛盾及其调解的不稳定的地域景观是在确定性的尺度化模式中进行建构的：它们以历史特定的方式被尺度化，并且周期性地在危机诱导的社会空间重构时期被尺度重构。在这里需要声明的是，尺度组织的形成不是由资本循环派生出来的某种功能，也不是由过度积累的危机产生的一种特定的尺度解构模式或跨尺度重构模式。正如前面所强调的，尺度的生产总是通过激烈的、具体的社会政治争夺而得以调解与塑造，其中的一些争夺可能是破坏性的、断裂性的，或只是与资本积累的过程不太一致地联系在一起。尽管如此，通过将其置于与资本主义相关联的更为广泛的结构性（非）逻辑分析之中，仍然可以将这些调解与竞争富有成效地解读为一个矛盾的、动态的、内在危机倾向和不均衡发展的历史-地理系统。换句话说，危机形成的尺度选择性与危机解决的战略是结构性嵌入的，但它们不是在结构上被预先设定的。这种尺度间的"情境中的情境"提供了一个基本的、可能是不完全的解释性参考点，可以对资本主义背景下的尺度战略与尺度政治进行更加具体、复杂且更具有战略导向的研究。[20]

为了进一步发展这一论点，我首先对哈维关于固定性/运动性矛盾论述中所隐含的尺度维度进行了仔细的审视，这可以提供一些基本的、可能还不够理论化的见解。然后，我转向亨利・列斐伏尔的社会空间理论、城市化、资本主义城市肌理与国家空间研究中所包含的一些关键的尺度化分析。与哈维的理论化方法一样，列斐伏尔的方法也充满了强烈的尺度化想象，但它同样主要是作为

---

⑳ 关于"情境中的情境"，可参考 Neil Brenner, Jamie Peck, and Nik Theodore, "Variegated Neoliberalization: Geographies, Modalities, Pathways," *Global Networks* 10, no. 2 (2010): 182—222; Neil Brenner, Jamie Peck, and Nik Theodore, "After Neoliberalization?," *Globalizations* 7, no. 3 (2010): 313—30.

其他概念阐释的一个背景性框架。通过对列斐伏尔一些关键思想的尺度化理解之后，我提出了一些富有成效的解释性建议，内容涵盖尺度内在的关系性特征、变化的城市化尺度地理、国家机构在调解资本主义城市肌理中的固定性/运动性矛盾及其社会空间表达中的战略作用，以及 20 世纪资本主义发展过程中城市化尺度与国家空间尺度之间日益复杂化的啮合关系。

这些考虑为解读资本主义背景下的尺度问题奠定了坚实的方法论基础，并将其与对资本主义城市化的（再）概念化与调查联系起来。值得一提的是，通过对哈维和列斐伏尔作品的尺度化解读，可以生成一个研究过去 40 年中连续几轮国家空间干预与资本主义城市肌理尺度地理变化之间相互作用的分析视角。更广义地说，这些概念化策略在当前尺度政治研究所强调的战略性、以行动者为中心的观点与研究固定性/运动性矛盾的尺度化形态所需的更加结构性的分析模式之间提供了一种分析媒介。因此，本章将当前的尺度重构过程置于更为广阔的地理历史情境之中，同时也为本书中发展的资本主义城市肌理的尺度化方法建立了一个概念化基础。

固定性/运动性矛盾与尺度问题

资本主义背景下地域组织的问题——正如哈维对其进行的理论化——为我研究尺度生产与尺度间结构奠定了基础。[21]哈维认为，在全球资本主义发展的长期历史中，固定性（地域组织所需要的）与运动性（社会空间重构的基础驱动力）之间的矛盾性相互作用，支撑了地域景观持续的重塑。因此，他认为对这一矛盾的探索

㉑ 见脚注⑱。

可以为资本主义社会空间关系各个方面的分析提供强有力的支撑。

一方面，基于卡尔·马克思在《政治经济学批判大纲》中的经典分析，以及与之密切相关的罗莎·卢森堡的帝国主义理论，哈维认为资本从本质上看是全球化的，其发展指向是持续加速的周转时间，并克服影响其积累的所有地理障碍。在马克思著名的论述中，“创造世界市场的倾向是资本概念本身所固有的特征。每一个限制都是需要克服的障碍”[22]。因此，在马克思看来，这种“时间对空间的消灭”必须被视为资本的核心时空表达与计划之一：

> 一方面，资本必须努力摧毁影响其流动、交换与征服全球市场的每一处空间障碍；另一方面，它努力通过时间消灭空间，即将从一个地方运动到另一个地方的时间缩小到最短。因此，资本越发展，其流通的市场（形成其流通的空间轨道）就越广阔，同时资本还更加努力地扩大市场规模，争取时间对空间更大程度的消灭。[23]

哈维有时候通过“时空压缩”的概念来描述资本关系中的这种时空趋势，这一概念主要强调资本扩张其空间运作领域的驱动力与随之而来的追求最大剩余价值的周转时间缩短之间的相互递归关系。[24]然而，除了这些趋势之外，哈维理论中的“运动性”概念还指对积累过程中的任何社会技术、地点、制度、政治或生态障碍的空间解构。因此，就我在这里的目的而言，更为普遍的“去地域化”

㉒ Karl Marx, *Grundrisse: Foundations of the Critique of Political Economy*, trans. Martin Nicolaus (New York: Penguin Books, 1973 [1857]), 408.

㉓ 同上。

㉔ 参考 David Harvey, *The Condition of Postmodernity* (Cambridge, MA: Blackwell, 1989).

概念将被用来形容资本的三重驱动力，即空间扩张、时间加速与不断的时空重构。[25]

另一方面，哈维认为，资本的去地域化时刻取决于一系列相对固定的和不可移动的空间基础设施，包括支撑生产、流通与社会再生产的定制化装备；城市-区域集群；国家管制结构；大尺度的社会技术网络；用于材料、食物、水、能源和废弃物代谢的基础设施景观；物流基础设施，等等。因此，去地域化的辩证的“他者”就是资本地域化的本地时刻，它也蕴含在地域组织的特定历史框架中。

根据哈维所述，随着全球资本主义工业化过程的加速和扩张，与资本地域化时刻相关联的这些空间基础设施会被更加全面地设计、编排与协调，特别是通过大尺度的国家空间规划工具。尽管如此，由于资本的地方性危机倾向，这些地域化的复杂景观仍然存在长期的不稳定性。面对持续破坏性的过度积累危机，地域组织的内在形式可能会受到剧烈的“创造性破坏”浪潮的影响，这是奥地利经济学家约瑟夫·熊彼特(Joseph Schumpeter)在20世纪40年代初所使用的具有暗示意义的尼采术语，在此我将这一概念进行空间上的类比。[26]在这种情况下，资本就会从之前投入到建成环境与大规模基础设施投资的空间牢笼中奋力挣脱，资本长期深远的

㉕ 关于去地域化的尺度政治，可参考 Neil Brenner, “Beyond State-Centrism: Space, Territoriality and Geographical Scale in Globalization Studies,” *Theory & Society* 28 (1999): 39—78.

㉖ 关于熊彼特地位的讨论，以及若干马克思著作中的一些密切相关的论述，可参考 David Harvey, *The Enigma of Capital: And the Crises of Capitalism* (New York: Oxford University Press, 2010), 45—47. 关于熊彼特、维尔纳·桑巴特(Werner Sombart)在经济学中使用“创造性破坏”的尼采哲学的根源，可参考 Hugo Reinert and Erik Reinert, “Creative Destruction in Economics: Nietzsche, Sombart, Schumpeter,” in *Friedrich Nietzsche* 1844—2000: Economy and Society, ed. Jürgen Georg Backhaus and Wolfgang Drechsler (Boston: Kluwer, 2006), 55—85.

贬值过程从而得以释放。随着资本的主导力量和基于地方的政治联盟寻求新的空间领域以追求新一轮的资本积累，地域组织的内在形式被彻底地重组，包括它们的技术科学基础、基础设施支撑、制度-管制架构与社会政治基础。伴随着激烈的社会政治冲突，这通常会导致新的空间劳动分工形成和地域组织本身的重大重构。

因此，在哈维看来，固定性/运动性矛盾是每个连续的资本主义发展过程与结构的核心：其地理空间会将这种矛盾进行内化（临时性包含）和表达（爆炸式建构），生成积累扩张的不连续的节奏，之后是持续的停滞、不稳定、危机、贬值以及加速的社会空间重组时期。作为资本扩张动力地理前提的地域组织形态不断被生产，但它会在周而复始的系统性危机中被创造性破坏。简而言之，用哈维简洁而精确的表述来说，“空间组织是克服空间的必要条件”[27]。因此，固定性与运动性之间——对地域组织的需要（地域化）与同样是基础驱动力的社会空间创造性破坏（去地域化）之间——的矛盾相互作用，为解读资本主义社会空间结构的生产与持续重组提供了强有力的分析基础。

在一个备受争议的概念性运作中，哈维用“空间修复”来形容支撑资本全球化、加速动态化这一暂时稳定的地域组织结构——可以理解为“倾向于……在给定空间内的生产与消费的结构连贯性”[28]。哈维认为，空间修复主要是通过“将积累的时间约束转换

---

[27] Harvey, “Geopolitics of Capitalism,” 146.

[28] 同上，141, 145, 146。在哈维发展这一概念的大量文献中，最重要的是 *The Limits to Capital*, *The Urban Experience*, and *Spaces of Capital* (see notes 4 and 18). 关于一些有用的批判性评价，可参考 Noel Castree and Derek Gregory, eds., *David Harvey: A Critical Reader* (Malden, MA: Blackwell, 2006).

为空间约束”而实现的。[29] 从定义的层面来看，哈维作品中的“修复”概念包含了若干相互交织的内涵：(1) 投入建成环境及其相关基础设施投资的相对稳定与长期性的本质；(2) 这些投资在空间上的不可移动性；(3) 它们可以作为资本危机倾向的潜在解决方案，尽管在时间和空间上都受到严格的限制。

空间“修复”的最后一个方面值得特别强调，因为它阐明了资本关系内在核心的矛盾性空间(非)逻辑。就像一个人试图满足其自我毁灭性的“习惯”，通过毒品或酒精获得短暂的满足感或“修复”，资本在空间上的固定化——其对地域组织的贪婪需求——在无休止的积累周期中只不过是获得了一种转瞬即逝的快感。事实上，因为空间修复并不能解决资本主义背景下过度积累的内在问题，所以每一种地域组织结构只是暂时性地处于稳定状态；而其最终的贬值则是不可避免的。从这个意义上来说，在哈维的分析中，资本的每一个空间修复都不过是永恒的社会空间创造性破坏的混乱“跷跷板”中一个相对长期非稳定性的“动态均衡”。[30]

因此，资本是着迷于地域组织的；然而，任何地域组织的形成都无法永久满足其对剩余价值积累的贪婪欲望，也无法有效地使其自身免受持续贬值的威胁。这就产生了著名的“刀锋”式的结构性困境：“是保持过去在特定地点与时间所坚持的价值，还是使其贬值以开辟新的积累空间。”[31]哈维指出，这种困境在“地理景观不断的形成与重构”中被精确地表达出来，固定性/运动性矛盾在地域组织的历史特定结构中可以一决高下。[32]

---

[29] Harvey, *Limits to Capital*, 416.

[30] Harvey, “Geopolitics of Capitalism,” 136.

[31] 同上，150。

[32] 同上。

哈维将其分析聚焦于资本主义漩涡中可能形成相对稳定的地域组织形式的一般性条件。当他发展其理论方法的要素时，其核心议程是在一个相对抽象的逻辑层面上，论证空间修复如何以及为什么会在资本加速贬值与危机诱导的社会空间重构周期中其结构会变得僵化。因此，哈维对由此形成的特定地域组织模式只是给予次要的关注。因此，他对我们这里最关注的问题——每个历史性的空间修复的尺度构成及其相关联的地域组织架构——的分析是含糊不清的。在他 20 世纪 80 年代出版的关于固定性/运动性辩证法的经典著作中，存在着几种彼此之间似乎不太和谐的论述。

首先，在哈维关于城市的主要著作中，他暗示城市的尺度是每个历史性空间修复的重要地理基础。从这个角度来看，空间修复是根植于对城市建成环境的长期投资的；集聚地被视为资本主义产业增长的区位锚点。关于这一方面，哈维指出了在连续的工业化浪潮中为资本提供空间修复的四种不同形式的城市建成环境——商业城市、工业城市、福特主义-凯恩斯主义城市与后凯恩斯主义城市。[33] 哈维认为，在每一个危机诱导的重构周期之后，城市建成环境都开始贬值并被重新组织，以此在重构的劳动空间分工中获得新的角色，从而使积累过程重新焕发活力。

其次，在关于不均衡发展与危机理论的各种论述中，哈维详细阐述了关于空间修复的各种讨论，它们超越了这种相对物理主义的、以聚集为中心的地理固定性概念，强调了其社会-组织方面，尤其是与区域尺度有关的方面。为此，基于法国工业地理学家费里

---

[33] Harvey, *Urban Experience*. 还可以参考最近的 David Harvey, *Rebel Cities: From the Right to the City to the Urban Revolution* (London: Verso, 2012).

皮·爱达洛特(Philippe Aydalot)的研究,哈维引入了更加正式的资本理论导向的结构连贯性定义,即"在社会必要周转时间的利润没有被运动成本和时间超过的限制中进行资本循环的空间"[34]。在一些紧密相关的分析中,哈维强调了企业间关系、本地劳动力市场、阶级斗争、地域联盟、国家管制机构与技术能力在定义每个区域化空间修复的精确尺度化参数与制度架构方面的重要性。[35]在这些讨论中,哈维暗示,空间修复首先是通过"在生产力和社会关系的总和中,生产与消费、供应与需求(商品与劳动力)、生产与实现、阶级斗争与积累、文化与生活方式,团结在一起……的各种区域化空间"得以建立的。[36]因此,这里的关键问题不是空间集聚本身,而是不同的社会组织要素——产业、技术、制度、管制与阶级关系——以一种连贯、累积和持久地支持资本积累的方式"聚在一起"。因此,哈维暗示,区域尺度——而不是城市、国家或其他尺度——是积累过程的结构连贯性可以被构建并进行再生产这种特权性的一种空间场所。

第三,哈维还采用了空间修复的概念来描述尺度间结构在激活、支持和管制资本的社会空间关系方面的作用。这一概念化支撑了哈维在这一时期一些关于城市化、城市重构与空间不均衡发展的主要作品,但这一概念是在《资本的限度》一书的最后通过关于危机理论的"三次剖析"方法得以明确构建的。[37]在这里,哈维将

---

[34] Harvey, "Geopolitics of Capitalism," 146. 还可以参考Philippe Aydalot, *Dynamique spatiale et développement inégal* (Paris: Economica, 1976).

[35] 可参考 Harvey, *Urban Experience*, 125—64, especially 139—44.

[36] Harvey, "Geopolitics of Capitalism," 146.关于一些紧密关联的概念化论述,可参考 Erik Swyngedouw, "Territorial Organization and the Space/Technology Nexus," *Transactions of the Institute of British Geographers* 17 (1992): 417—33.

[37] Harvey, *Limits to Capital*, 413—45, 特别是 422—24, 429—31.

尺度问题——或者更准确地说是尺度间结构——的独特理论链接到他对固定性/运动性矛盾的概念化，而不是隐晦地编织进他关于“等级化安排”的讨论中。

为此，哈维首先探索了影响固定性/运动性矛盾和主要的社会空间过程——包括生产、交换、流通、国家管制、城市化和社会政治斗争——与尺度组织紧密相连的若干空间矛盾关系（集中/分散、全球化/碎片化、标准化/定制化）。在此基础上，哈维还建议资本主义地缘政治经济中的关键行动者和组织——跨国公司、国家、地域联盟和社会运动——可以试图重组其运行的尺度，将资本贬值的威胁或现实加以管理、转移或工具化。通过这种方式，哈维构建了一种动态关系性的、多尺度的空间修复概念。他进一步提出了两个维度的概念阐释：（1）每一个空间修复都是通过多个相互关联的空间尺度上的社会空间过程的管制化相互啮合而形成的；（2）这种社会空间过程的尺度间“啮合”产生了一种独特的地域组织尺度层次。[38]哈维认为，由此产生的尺度架构是由相对持久的“嵌套的等级化组织结构”构成的，它可以调解固定性/运动性矛盾，并反过来也由它们所塑造：

> 资本循环中的固定性与运动性、集中与分散、对地方的投入与对全球的关注之间的矛盾关系，给资本主义的组织能力带来了巨大的压力。因此，资本主义的历史总是以不断探索与修正能够缓和与遏制这种矛盾关系的组织结构为特征。其结果是产生了一种嵌套的等级化组织结构，尤其可以将地方

---

[38] 同上，422—423。

与世界舞台上抽象劳动的实现联系起来。[39]

因此，与在其他地方所说的空间修复锚定在单一或主要尺度的建议形成鲜明对比，哈维的这一理论意味着在城市或区域尺度上的每个空间修复构建本身就是一个多尺度的过程——在此重复一下哈维的关键论点——“各种等级化组织结构……略显笨拙地相互啮合，从而定义了各种尺度——本地、区域、国家和国际。”[40]地理尺度被认为是一个在关系上相互交织的组织-地域矩阵，作为地方与区域嵌入的社会空间关系、国家政治-制度结构、全球抽象劳动和世界市场空间之间的“传动装置”：这一矩阵调解资本循环的核心运作及其内在的危机倾向和由此引发的社会政治冲突。[41]实际上，这些论点包含了一种明确的认识，即空间修复也是一种尺度修复（后来由尼尔·史密斯提出的概念）：它们不仅取决于特定尺度的地域组织形式，也取决于相对持久的尺度间结构的地域组织。[42]

这种将空间修复作为尺度间架构的理论，实际上隐含在哈维关于资本主义城市化的阶段论中，尽管很大程度上是作为一个背景来探讨城市建成环境与区域空间结构形态的变化。[43]如果商业形式的城市化强调城邦作为经济生活基本地域单元的关键作用，那么工业化和福特-凯恩斯主义形式的城市化则越来越凸显国家在组织不同空间尺度之间的资本积累、地域管制、阶级关系中的核

---

[39] 同上，422。
[40] 同上，423。
[41] 同上，424。
[42] Smith, “Remaking Scale.”
[43] Harvey, *Urban Experience*, 17—58.

心作用。哈维也认为，20 世纪 70 年代之后这一轮城市重构瓦解了战后时期国家发展主义增长体制下追求的资本积累、经济管制与社会再生产之间在国家尺度上的空间同构，导致世界各地的城市区域直接暴露于更多由全球资本流动、不受约束的金融投机与激烈的空间竞争所产生的波动性下。同样，哈维在 20 世纪 80 年代末关于企业家主义城市的经典分析中，强调后凯恩斯主义形式的国家权力尺度重构在激活北大西洋地区的地方与区域经济活动增长和城市治理的新自由主义化中具有重要作用。[44]因此，虽然这一观点在哈维 20 世纪 80 年代的主要理论宣言中仍较为隐晦，但是他在这一时期的重要工作提供了一种尺度化的方法来理解固定性/运动性的矛盾，以及动态多尺度地对空间修复进行概念化。

在哈维的理论基础之上，我们提出了用于探索尺度问题变迁的若干生成性的方法论命题：

• 资本主义背景下的地域组织是在历史上特定的尺度间结构中进行尺度化的，这种“组织的等级化结构”在社会空间的创造性破坏漩涡中提供了一种临时性的稳定。[45]

• 由其产生的尺度结构或尺度修复，是每个空间修复基本的组织与运作要素。空间修复不只是被封闭在预先给定的空间尺度或被定位在固定的尺度阶梯上，而是需要构建支持资本积累的特定尺度间等级结构、劳动分工、分层模式、传导、循环与运作。

• 贬值的周期和加速的社会空间重构经常是与尺度重构过程相关联的，它会瓦解与重塑地域组织内在的尺度修复及其相互交

---

[44] David Harvey, “From Managerialism to Entrepreneurialism: The Transformation in Urban Governance in Late Capitalism,” *Geografiska Annaler: Series B Human Geography* 71, no. 1 (1989): 3—17.

[45] Harvey, *Limits to Capital*, 422.

织的地域组织结构。

哈维关于固定性/运动性矛盾的方法为研究资本主义背景下地域组织的尺度重构与城市化过程提供了一个卓有成效的方法论起点。然而，由于它主要聚焦于与资本循环相关联的抽象的趋势与反向趋势，哈维理论所存在的危险是会偏向一种事后的功能主义，即制度重构的路径仅仅或主要是通过他们在确保资本积累的社会空间条件中的作用来解释。例如，哈维假设，固定性与运动性之间的矛盾关系在危机时期“必然会突然中断”，因此，“(尺度组织)嵌套的等级化结构必须要重新组织、理性化并变革”。通过这种方式，他建议“变得挥霍与臃肿的制度安排”可以“与积累的潜在需求形成更紧密的联系”，从而有助于吸收过度的积累，并避免资本贬值的威胁。[46]

尽管针对激活资本主义长时段创造性破坏的社会空间与尺度重构的抽象概括具有足够的合理性，然而这种建构很容易被误解为一种实用主义的简化，意味着尺度结构将被半自动地重新校准，以满足资本积累的“潜在需求”。除了这些方法论上的风险，哈维在《资本的限度》一书中对尺度问题优雅但相对抽象的概念化，倾向于将固定性/运动性矛盾的政治-制度调解、战略表达与混杂的社会空间后果以及由此产生的尺度重构过程纳入其中。尽管它们对危机的转移和危机的解决具有重要作用，然而尺度重构的过程不能被简化为一个单一的、协调的尺度制造计划，不论是资本主义还是其他，它们的影响都不能直接源于积累过程的“潜在需求”。相反，尺度修复是通过多重社会空间关系、计划与斗争之间在政治上协商、通常是偶然的聚合或是“啮合”而产生的。它们构建、调解

---

[46] 同上，431。

与重塑固定性/运动性矛盾的社会空间动态，有时是以不连贯的、断裂性的、功能失调的、破坏性的甚至是灾难性的方式。就此而言，地域组织的尺度结构不仅陷入固定性/运动性的矛盾之中，而且也是社会政治冲突的竞技场、筹码与产物。因此，从这个意义上说，尺度重构是一种政治战略。

为了面对这些问题并构建本书中所使用的尺度修复、尺度重构过程与尺度政治的概念，下面我会转向另一个激进的社会空间理论基本方法——20 世纪 60 年代末到 70 年代末由亨利·列斐伏尔在其主要的社会空间著作中提出的富有启发性的、可能是相对隐晦的尺度化洞见。

亨利·列斐伏尔与尺度问题

亨利·列斐伏尔是当代最有影响力的社会空间理论家之一，尤其是他在 20 世纪 70 年代出版的著作强有力地塑造了之后几代激进地理学、地缘政治经济学和批判性城市研究学者，涉及一系列的认识论、方法论、研究主题和政治议题。[47] 就当前的目的而言，

---

[47] 关于列斐伏尔社会空间理论的总体概述和批判性解读，最基础的研究可参考 Stuart Elden, *Understanding Henri Lefebvre: Theory and the Possible* (New York: Continuum, 2004); Łukasz Stanek, *Henri Lefebvre on Space: Architecture, Urban Research and the Production of Theory* (Minneapolis: University of Minnesota Press, 2011); Christian Schmid, *Stadt, Raum und Gesellschaft: Henri Lefebvre und die Theorie der Produktion des Raumes* (Stuttgart: Franz Steiner Verlag, 2005); Kanishka Goonewardena, Stefan Kipfer, Richard Milgrom, and Christian Schmid, eds., *Space, Difference, Everyday Life: Reading Henri Lefebvre* (New York: Routledge, 2008).关于列斐伏尔国家理论的方法，可参考 Neil Brenner and Stuart Elden, "Introduction: State, Space, World. Lefebvre and the Survival of Capitalism," in Henri Lefebvre, *State, Space, World: Selected Essays*, ed. Neil Brenner and Stuart Elden (Minneapolis: University of Minnesota Press, 2009), 1—50.

正如本章开头所提到的，我主要考虑了他在这一时期的空间调查中提出并开始探索的“尺度问题”的方法。[48]

在他20世纪70年代的两本主要著作《空间的生产》(*The Production of Space*)与《论国家》中，列斐伏尔认为：地理尺度既是作为社会空间关系(用他的话来说，就是“空间实践”)的边界，也是社会空间关系的等级。[49] 一方面，列斐伏尔建议尺度可以在确定的组织-地域参数或“空间容器”内界定社会空间关系。[50]在《论国家》第二卷对尺度方法论延伸的探讨中，列斐伏尔构建了这一观点，即每一个地理尺度的概念化都必须基于三个相互交织的条

---

[48] Lefebvre, *De I'État*, 2:67. 在进一步探讨之前，需要阐明一个关于列斐伏尔术语的要点。列斐伏尔主要基于两个关键的词汇来探讨尺度问题——层次和尺度。前者主要是指社会现实的不同层次或维度，而后者主要抓取了尺度概念的空间内涵，即社会空间组织的地层结构。一方面，列斐伏尔提到了社会现实的三个关键“层次”：全球层次、“混合”的或城市层次与“私人”的或日常层次。另一方面，他也提到了多重“尺度”：身体、地方、城市、区域、国家、超国家、世界和星球。鉴于本书中所发展的尺度与尺度重构的特定概念，这一讨论主要聚焦于列斐伏尔的尺度论述。显然，针对列斐伏尔理论的错综复杂性的更加系统性的思考需要对尺度作为层次概念的更加严谨的分析。关于这些问题的洞察性探索，特别是涉及尺度问题，可参考 Stefan Kipfer, “Why the Urban Question Still Matters: Reflections on Rescaling and the Promise of the Urban,” in Keil and Mahon, *Leviathan Undone?*, 67—86.我自己早期也尝试挖掘列斐伏尔关于全球化论述的尺度化分析，但主要是从地缘政治经济学的视角出发，可参考 Neil Brenner, “Global, Fragmented, Hierarchical: Henri Lefebvre's Geographies of Globalization,” *Public Culture* 10, no. 1 (1997): 135—67.

[49] 可参考 Lefebvre, De I'État, vol. 2；以及 Henri Lefebvre, *The Production of Space*, trans. Donald Nicholson-Smith (Cambridge: Blackwell, 1991 [1974])；Henri Lefebvre, *De l'État: l'État dans le monde moderne*, vol. 1 (Paris: Union Générale d'Éditions, 1976)；Henri Lefebvre, *De l'État: Le Mode de Production Étatique*, vol. 3 (Paris: Union Générale d'Éditions, 1978)；Henri Lefebvre, *De l'État: Les Contradictions de l'État Moderne*, vol. 4 (Paris: Union Générale d'Éditions, 1978). 列斐伏尔关于国家理论的关键著作目前还没有被全面地翻译，但可以参考这一选文 Henri Lefebvre, *State, Space, World: Selected Essays*, ed. Neil Brenner and Stuart Elden (Minneapolis: University of Minnesota Press, 2009).

[50] Lefebvre, *Production of Space*, 329, 351.

件——其历史的构成、其临时的稳定性、其可能的断裂或转型。[51]从这个意义上讲，列斐伏尔认为资本主义背景下的地理尺度将社会空间关系引导到一个确定的但可能具有可塑性的相互依赖的模式化框架内。在这一过程中，列斐伏尔坚持认为尺度会直接涉及这些关系的历史再生产、重构与潜在转型的变迁。

另一方面，列斐伏尔同样坚持认为地理尺度永远不能被孤立地理解；它们是一种社会空间关系的结构性关系模式，嵌入更广泛的尺度间结构中，并被其所塑造。换句话说，正是通过尺度间的关系，社会空间实践形成了独特的、持久的且具有操作意义的各种尺度。正如列斐伏尔在一个经典的论述中所言："社会空间彼此之间相互渗透，或者相互叠加。它们没有相互之间有限的边界，或因为其轮廓而相互冲突，或是作为一种惯性的结果。"[52]列斐伏尔在《空间的生产》一书中详细阐述了"社会空间重叠和相互渗透的原则"，这一原则与他随后在《论国家》中构建的"等级化分层形态"概念密切相关。通过后一个概念，列斐伏尔旨在解构针对尺度的日常理解，即将其视为以绝对地域的大小所定义的精确嵌套的空间"模块"。与这种意识形态投影相反，"等级化分层形态"的概念进一步发展了尺度的概念，将其视为在动态演化、不均衡发展、两极分化、包罗万象和内在危机撕裂的社会空间总体性关系中相互交织的层次。[53] 因

---

[51] *De I'État*, 2:69.

[52] Lefebvre, *Production of Space*, 86.

[53] Lefebvre, *De I'État*, 2:67—69; *De I'État*, 4:293—97; Henri Lefebvre, "Space and the State," in *State, Space, World: Selected Essays*, ed. Neil Brenner and Stuart Elden (Minneapolis, University of Minnesota Press, 2009 [1978]), 235—36. 列斐伏尔深受20世纪60年代早期他在斯特拉斯堡大学的同事法国数学家勒内·托姆的启发，在其关于混沌理论与突变的著作中借用了这一概念，可参考 René Thom, *Modèles Mathémathiques de la Morphogénèse: Recueil de Textes sur la Theorie des Catastrophes et ses Applications* (Paris: Union Générale d'Editions, 1974), translated by W. M. Brookes and D. Rand as *Mathematical Models of Morphogenesis* (New York: Halsted Press, 1983).

此，在列斐伏尔看来，通过对地理尺度这两个密切交织方面的分析——其作为一个相对受限制的“空间容器”的角色，以及在“等级化分层形态”中的关系嵌入性——可以区分资本主义背景下差异化的尺度结构及其相关联的尺度重构过程。

在某些情况下，列斐伏尔似乎主要在方法论的层面上呈现了尺度的概念，即作为一种认识论的重新组合来推进他所提出的空间的生产的研究方法。然而，正如列斐伏尔在《空间的生产》与《论国家》中所展开的广泛分析所示，许多最初是作为方法论上的干预措施的概念很快就呈现为一种“具体的抽象”：它们的出现并不是对一些已被发现或披露的潜在的本体论本质的反思，而是直接在具体的社会空间转型条件下成为至关重要的解释工具。正如卢卡兹·斯塔尼克出色的论证所表明的，这一命题可以应用于列斐伏尔在这一时期所使用的“空间”概念。[54]同时，它也显然适用于列斐伏尔探讨尺度问题时所采用的主要的辅助性概念。就此而言，不论是社会空间叠加与相互渗透的原则，还是“等级化分层形态”概念，都不只是一种方法上的建议。在列斐伏尔看来，这两者在认识论层面上都是迫切需要的，因为它们有助于阐明尺度间组织的历史特定构成、层次化与循环结构。因此，列斐伏尔对尺度问题的概念化与对现代资本主义背景下尺度间结构的生产与周期性重构的分析不可分割地交织在一起。

在《空间的生产》的一些关键段落中，列斐伏尔将资本主义的历史地理理论化为空间中单个商品的生产（竞争性资本主义）到空间本身的生产（新资本主义）——抽象的社会空间基础设施、景观、

---

[54] Stanek, *Henri Lefebvre on Space*.

网络与生态的“第二自然”——这一划时代的转型。[55] 关于这些由工业化所生产的新资本主义地理的各种要素，列斐伏尔在一些生动的论述中特别关注了它们的不均衡重叠、冲突性的相互交织与动态性的共同演化等尺度形态：

> 我们所面对的不是一个社会空间，而是许多——事实上，是无数个或数不清的社会空间……没有任何一个空间会在增长和发展的过程中消失，即世界不会将地方消灭。[56]社会空间的场所与自然空间的场所是非常不同的，因为它们不是简单地并列，它们可能被插入、合并、叠加——有时甚至可能相互碰撞。因此，地方……不会消失，因为它从未被区域、国家甚至世界的层次所吸收。国家和区域层次有无数的“场所”；国家空间包含区域；世界空间不仅包含国家空间，甚至（至少在目前）通过一个显著的裂变过程，促使新国家空间的形成。与此同时，所有的这些空间都被无数的流穿过。社会空间的超级复杂性现在应该是显而易见的，它包含着单个的实体和特殊性，相对固定的点、运动、流和波——有些相互渗透，有些相互冲突，等等。[57] 事实上，我们最终必然会得出这样的结论，即空间在所谓的“现代”社会中扮演着越来越重要的角色……空间的霸权性并不仅仅在“微观”尺度上运作，例如，影响一个超市的布局，或是一个住房单元的“社区”；而且，它也不仅仅适用于“宏观”层面，看起来好像它要负责国家或大洲内部

---

[55] Lefebvre, *Production of Space*, 37. 关于“第二自然”的概念，可参考 109—10, 345, 348, 376, 409。

[56] 同上，86。

[57] 同上，88。

"流"的秩序一样。相反,它的影响可以在所有的层次和它们相互联系的所有尺度……今天我们必须关注世界尺度的空间(实际上是超越了地球表面——星球间的尺度),以及在每一个可能的尺度上的所有附属空间。没有任何单个空间会完全消失;所有的空间无一例外地都在经历着蜕变。[58]

列斐伏尔在这些段落中以及其他地方都强调了新资本主义赖以生存的尺度间结构明显不稳定、断裂、无序甚至混乱的特征。例如,他认为这种尺度地理引发了蒙德里安绘画中描绘的"瞬间无限性";他尝试使用天文学、数学、量子物理和流体力学的类比来描述它们的内部模式和演化路径,但很快就放弃了;然后,他有点开玩笑地说,它们其实与法国流行的甜点糕点千层糕的错综复杂的薄片质地最为相似。[59] 显然,列斐伏尔打算通过这种空间隐喻的实验,坚决地批判将社会空间纳入单一的制图技术视角、符号学框架或编码系统的整体主义、殖民主义、技术科学、男性中心主义的方法中。

但至关重要的是,列斐伏尔也坚持认为前面引用的段落中所描述的社会空间错综复杂的分层尺度化,不能被构想为一个违背理论分析或理性理解的随机或随意交叉过程的万花筒。在列斐伏尔看来,空间与尺度超级复杂的层次间的特性并不是社会生活预先给定的方面;但它们也不至于因太不透明、晦涩或神秘而无法通

---

[58] 同上,412。这里的翻译有所修正。尼克尔森-史密斯将 *l'échelle*, *les échelons* and *niveaux* 都翻译为"尺度",而我将后一个词语翻译为"层次",因为这在列斐伏尔著作中是一个特定的技术-哲学词汇(见脚注[48])。可参考 Henri Lefebvre, *La production de l'espace*, 4th ed. (Paris: Anthropos, 2000 [1974]), 473—74.

[59] Lefebvre, *Production of Space*, 85—87. 千层糕的类比会在第八章中进行详细回顾。

过批判性调查加以解码。他认为，这种错误的认识是现代资本主义“拜物化的抽象空间”的表象，或是其呈现的形式；从定义上看，它的特征恰恰是包含其自身生产在内的混杂的空间实践、权力关系、斗争与意识形态。[60]因此，列斐伏尔所倡导的“空间的批判”的关键任务之一是阐明一些关键的社会空间过程——资本主义工业化、城市化、国家管制、技术-环境管理与社会政治竞争——在生产抽象但断裂的，包括那些与之前列出的等级化分层形态相关联的现代资本主义地理中的历史性具体运作。[61]

在列斐伏尔发展他的尺度问题方法时，通过提出一个优雅而简单的理论-历史命题来应对这一更加广泛的挑战。通过各种表述与调查，他不是将尺度的关系属性（作为一个分析范畴）解释为一种本体论的真理，而是作为一种历史特定趋势的表达：全球资本主义发展过程中（在空间实践领域中的）进取的、可能是构成上不均衡的、不断增厚和互相交织的尺度间关系。列斐伏尔认为，在从空间中的商品生产到空间本身的生产的转变过程中，尺度间的联系已经显著地增强，不仅是在运作方面，而且是通过它们在整个社会空间肌理中的相互交织。因此，正如列斐伏尔所强调的：“（在新资本主义背景下）产生的空间是‘社会化’的，就此而言，它不是众多其他事物中的一样东西，而是一个由链接、联系、沟通、网络与循环构成的集合。”[62]在这个社会空间关系不均衡加厚并最终包含整个世界的漩涡中，各种尺度的空间实践越来越紧密地交织在一起；它们相互嵌入彼此，并且不断地共同演化和相互转化。列斐伏尔

[60] 同上，93，306—308。关于这一关键要点的进一步构建，可参考 Stanek，*Henri Lefebvre on Space*.

[61] Lefebvre，*Production of Space*，92.

[62] Lefebvre，“Space and the State，” 241.

结合资本主义背景下空间实践的不同领域发展了这个命题,但是他对在20世纪资本主义发展过程中城市化与国家空间的尺度地理之间日益错综复杂的相互交织给予了特别的关注。正如我后面将要讨论的,在列斐伏尔的论述中,这一过程最终形成了一种全面城市化的、国家管理的、等级化管理的、地域分割的和倾向于国家化的尺度间结构——他有些生硬地将其称为"国家生产模式"。

与哈维对等级化安排之间相互"啮合"的论述具有相似之处,列斐伏尔同样提出,尺度化结构是由层次叠加的路径依赖式累积与空间实践的再叠加而形成的。他认为,随着资本主义核心的空间实践日益交织,等级化分层形态独特、持久的尺度结构将会形成并巩固;后者为社会空间关系的流动提供了一个相对固定的尺度间架构,即一种"空间支撑"[63]。这些尺度间结构为社会空间关系的进一步尺度分化与(共同)演化设定了框架,并对其进行调解和激活,反过来它们又通过由此产生的矛盾性、冲突的空间实践而被周期性地创造性破坏。

的确,就像哈维对固定性/运动性矛盾的论述一样,列斐伏尔反复强调在资本主义的尺度间地理内稳定与不稳定趋势之间极其微妙、总是不稳定的平衡关系。然而,哈维认为贬值是对既有地域组织尺度的一个永恒威胁,而列斐伏尔认为系统性破裂的可能性——他的术语是"灾难空间"——在支撑产业建构、制度制定、地域管理的空间资本主义"第二自然"的等级化分层形态中是无处不在的。在这一点上,列斐伏尔保持着冷静的、几乎是冷酷的精确性:他把"灾难空间"定义为等级化分层形态的"必然结果";它涉及

---

[63] 同上,225。

“(资本)空间可能爆炸的条件”。[64] 此外,列斐伏尔提出了一种厄运式的观点,认为资本主义的灾难空间可能会对内在的尺度间结构及其所框定的社会空间关系造成相当大的暴力:“它会扰乱原有的空间,将其原子化,粉碎化,撕成碎片。”[65]

这就是列斐伏尔在发展其独特的尺度问题理论方法时所关注的对超复杂、等级化、分层、网状和易变的资本主义尺度架构的解读。研究这种混杂的、纠缠的、显然是不透明的尺度地理,需要先对列斐伏尔尺度化分析的几个关键的见解进行系统性且自反性的认识:

· 由于尺度是通过(行动者、机构、基础设施与生态之间的)尺度间联系的强化、增厚和交织所生产的,因此尺度只能从关系的维度来理解。

· 在资本主义背景下,尺度间关系通常是通过多元化的空间实践、冲突和斗争,以不连续、竞争的和不可预见的方式历史性地演进。

· 由于尺度间关系的肌理更加厚实、密集、全面地交织在一起,尺度化结构已成为资本主义核心空间实践在战略上必不可少的支撑、竞技场、结果和筹码。

· 因此,既有的尺度化安排也可能更直接地陷入资本的内在危机趋势之中,并由此转型——它们可能会随着危机诱导的社会空间重构的连续性浪潮而被瓦解、破坏或创造性地毁灭。

这些命题有效地对嵌入哈维固定性/运动性矛盾的尺度化分

---

[64] 同上,235—236。与等级化分层形态的概念一样,列斐伏尔的“灾难空间”概念也是源自数学家和混沌理论家勒内·托姆的研究,参考脚注[53]。

[65] 同上,249。

析进行补充：它们阐明了变化的资本主义尺度地理不仅是一种资本内部社会空间矛盾的表达，也是作为支撑、协调，实际上也包含了城市化过程本身的混杂材质、政治-制度和生态的肌理。这些思考反过来指向列斐伏尔一个微妙但更为基本的概念分析维度——他使用自反性的国家-理论方法，将城市问题构建为一个尺度问题，以及他对20世纪资本主义背景下形成的相互交织但冲突的国家空间与城市化尺度地理的论述。

尺度间的网状织物：城市化、国家空间与空间流通

在不同场合，列斐伏尔将资本主义城市化描述为一个“内爆-外爆”的过程，它会在不同的地方、地域和尺度上不均衡地展开，同时也会延伸到陆地、地下、河流、海洋和天空等各种地带，甚至包含整个星球。[66]与传统的以城市为中心的方法不同，列斐伏尔将城市化构想为社会空间关系支撑星球尺度产业资本积累的多方面转型。因此，它拆除和重建了历史上既有的城市中心和政治生态，以创造新的，特别是资本主义形式的城市地域组织与社会代谢转型，包括大都市集聚区、产业走廊、采掘景观、物流网络和技术-环境管理系统，以及农业-工业生产、能源生产和废弃物处理的基础设施。由此产生的“城市肌理”是一个“由不均匀网状织物组成的网络”，空间实践、地域基础设施、资本主义工业化的技术科学运作，通过

[66] 主要参考文献包括 Henri Lefebvre, *The Urban Revolution*, trans. Robert Bononno (Minneapolis: University of Minnesota Press, 2003 [1970]); Henri Lefebvre, "Right to the City," in *Writings on Cities*, ed. and trans. Eleonore Kofman and Elizabeth Lebas (Cambridge: Blackwell, 1996 [1968]). 关于列斐伏尔城市理论的批判性讨论与使用，可参考 Łukasz Stanek, Christian Schmid, and Ákos Moravánszky, eds., *Urban Revolution Now: Henri Lefebvre in Social Research and Architecture* (London: Routledge, 2014); Neil Brenner, ed., *Implosions/Explosions: Towards a Study of Planetary Urbanization* (Berlin: Jovis, 2014).

从地方、大都市和区域中心、国内、跨国、洲际内陆地区到世界尺度的国际劳动分工不均衡地拓展，最终到整个星球。[67]正是这种包罗万象但支离破碎的“世界尺度的大规模工业化……及其相应的大规模城市化的结果”支撑了列斐伏尔备受争议的“城市社会普遍化”“完全城市化”和“城市星球化”等概念。[68]

尽管哈维提供了一个能够呈现更为广泛的积累体制城市阶段的精确序列（商业城市、工业城市、福特-凯恩斯主义城市、后凯恩斯主义城市），然而列斐伏尔基于更广领域的分析，从更加普遍的层面上，强调支撑特别是在 19 世纪后期工业化进程强化之后普遍发生的资本主义城市化的尺度突变、地域干预、大型基础设施规划、生态转型以及技术科学愿景。从这个意义上来说，在列斐伏尔看来，资本主义背景下的城市问题一直是一个尺度问题：资本主义城市化的“星球化”必然涉及内爆-外爆过程的历史特定尺度，以及城市中心、产业组织、基础设施拓展、流通网络、社会生态代谢与社会空间极化不均匀交织的肌理。在列斐伏尔的分析中，尺度结构既是作为资本主义城市化过程展开的既有的社会地域、制度、基础设施和代谢的框架，也是塑造、管制、调节和改变其所产生的城市化社会空间关系这一持续战略的争议领域和结果。

对于我的分析而言，尤为重要的是列斐伏尔对资本主义背景下城市化过程是如何被国家空间的混杂地理积极地塑造并日益交

---

[67] Lefebvre, “Right to the City,” 71. 更多关于列斐伏尔对城市肌理概念的论述，可参考 *The Urban Revolution*.

[68] 这些概念主要引自 Lefebvre, *De l'État*, 4:265; Lefebvre, “Right to the City,” 71; Lefebvre, *Urban Revolution*, 1, 4; and Henri Lefebvre, “Dissolving City, Planetary Metamorphosis,” in *Implosions/Explosions*, ed. Neil Brenner (Berlin: Jovis, 2014), 569, originally published as “Quand la ville se perd dans une métamorphose planétaire,” *Le monde diplomatique*, May 1989. 关于当前的星球城市化问题域将会在第九章与第十章中进行探索。

织在一起的论述。根据列斐伏尔的观点，资本主义背景下的国家空间不是一个静态的地域容器，也不是一个可以从中立、外部或无维度的位置来操纵资本主义城市肌理的非空间制度机器。相反，就像它渴望进行管理的不断变异的城市化地理一样，国家本身就是一个不均衡发展、空间多态和动态演化的制度-地域结构，作为政治战略与斗争的地点、媒介、筹码的一个"空间框架"。[69]列斐伏尔解释道：

> 每一种新的国家形式，每一种新的政治权力形式，都引入了其独特的空间划分方式，以及针对空间和空间中的事物与人的独特行政分类。每一种形式都需要通过对空间的掌控来达到它的目的。[70]

列斐伏尔对国家的社会空间架构或框架进行概念化，主要涉及三个基本要素：国家地域、内部分化的社会空间框架、政治意识形态的空间。[71] 首先，与韦伯的政治社会学传统相比，列斐伏尔将民族国家视为一个地域矩阵，其特征是中央行政机构对一个相对有边界的、内部相互联系的地带的统治，在其内部，商品的生产、流通与经济的"增长"得以发生。[72] 他认为，与现代独立国家相关联的地域形式与"暴力"有着内在的联系：通过对暴力手段的垄断，国家试图将"统一的政治原则"强加于社会空间关系之上，包括那些

---

[69] Lefebvre, *Production of Space*, 281, 与法语原著 *La production de l'espace*, 324 相比，翻译有细微的调整。

[70] 同上。

[71] Lefebvre, "Space and the State," 224—25.

[72] 同上，224。

与资本主义城市化的内爆与外爆相关联的社会空间关系。[73]然而，在列斐伏尔看来，国家的地域从分析上来看不同于国家空间的第二个维度，后者包括其内部分化的制度机构；地理格局、基础设施和政治管制、法律、公共管理、监视和压抑的建成环境；以及体现在纪念碑、政府建筑、公共空间和其他呈现国家权威的建筑或基础设施上的符号权力。[74]第三，列斐伏尔认为，国家空间会占据日常意识领域，并将其殖民化与转型，从而产生一种“心理空间”，因此社会共识得以强化，并建立起具有或多或少凝聚力的政治主体性。[75]

正是在这种国家空间普遍概念化的背景下，列斐伏尔探索了国家权力的“空间流通”，即国家技术的扩散，它塑造了资本主义动态演变的多尺度城市肌理。[76] 在《论国家》第四卷的关键段落中，

---

[73] Lefebvre, *Production of Space*, 281. 也可参考 Neil Brenner and Stuart Elden, “Henri Lefebvre on State, Space, Territory,” *International Political Sociology* 3, no. 4 (2009): 353—77.

[74] Lefebvre, “Space and the State,” 224—25.

[75] 同上，225。

[76] “空间流通”一词来自“Space and the State,” 224; 所讨论的文本翻译自《论国家》第四卷中一个关键章节的一部分。在列斐伏尔 20 世纪 70 年代的著作中，国家在空间管制、管理、规划和流通方面的作用极其复杂，有时甚至是模糊不清的：这是《论国家》一书中探讨的重要主题之一，尤其是在第三卷和第四卷；在列斐伏尔的每一部重要的城市作品中，以及在《空间的生产》几个关键的段落中，它都是一个无处不在的关注点；它交织在广泛的空间和政治讨论中，可参考 *State, Space, World* 的翻译。然而，由于他的理论框架的异质性特征，吸收了不同的哲学、政治理论、社会科学、历史、文学、战略研究和新闻的影响，想要对列斐伏尔的国家理论进行空间化方法的概括是非常有难度的。想了解列斐伏尔关于国家的著作中一些关键问题和论点的概述，可参考 Brenner and Elden, “Introduction: State, Space, World”; Brenner and Elden, “Henri Lefebvre on State, Space, Territory”; Alberto Toscano, “Lineaments of the Logistical State,” *Viewpoint Magazine*, September 27, 2014, https:// viewpointmag.com/2014/09/28/lineaments-of-the-logistical-state/. 关于我自己早期试图解读列斐伏尔国家空间方法的研究，可参考 Neil Brenner, “State Territorial Restructuring and the Production of Spatial Scale: Urban and Regional Planning in the Federal Republic of Germany, 1960—1990,” *Political Geography* 16, no. 4 (1997): 273—306. 关于更加系统性的理论应用，可参考 Brenner, *New State Spaces*, chap. 3.

列斐伏尔对这些技术提出了一个强有力的提示性反问："因为显而易见而被隐藏起来的国家秘密，难道不能在空间中被发现吗？"⑦ 列斐伏尔试图通过对国家空间-流通运作的分析来揭示这一"秘密"。简单地说，他认为国家空间为动员多元化的国家空间战略提供了一个制度-地域基础——包括预期性的规划和预测、时空计划、地域管理和城市规划——不断生产、管理、控制、监测与重组资本主义城市化的混杂肌理。⑧列斐伏尔认为这里隐藏着国家的"秘密"：综合性的流通空间产生了一个强大的意识形态投影，即国家管理着一个预先给定的"自然空间"或是一个单纯的正式地域几何，其缺乏政治意义，而不是通过前几轮的空间-流通干预形成的暴力、圈地、剥夺、剥削和斗争的地域。⑨ 因此，列斐伏尔解释道：

> 如果空间对于其内容而言是中立和不相关的，因此被认为似乎是纯粹"正式的"理性抽象本质，那么正是因为这一空间已经被占据和规划，所以我们总能找到空间作为过往战略焦点的痕迹。空间是由历史和自然元素塑造而成的，但是会以一种政治的方式而存在。空间是政治的和具有意识形态的。⑩

列斐伏尔认为，正是通过这种流通、分类与意识形态战略的混

---

⑦ Lefebvre, "Space and the State," 228.

⑧ 关于这一问题，列斐伏尔最为尖锐的阐述可参考他的论文"Reflections on the Politics of Space," included in Lefebvre, *State*, *Space*, *World*, 167—84.

⑨ Lefebvre, "Space and the State," 228. 斯图尔特·埃尔登(Stuart Elden)与我将这种意识形态投影描述为"地域效应"，可参考 Brenner and Elden, "Henri Lefebvre on State, Space, Territory."

⑩ Lefebvre, "Reflections," 170—71.

合，国家试图"掌控空间……服务于其目的"，从而管理"空间的矛盾"。[81] 空间政治是由这种国家空间-流通战略的动员而产生的，不仅是为了操纵和重新编织城市肌理，也是为了掩盖他们自己对城市肌理的普遍影响。[82]

列斐伏尔关于空间流通的论述不仅是国家功能的一个抽象范畴，而且是基于对特别是 20 世纪资本主义发展过程中国家机构是如何调用空间流通的技巧来塑造、管理和重塑城市化反复的内爆-外爆的历史分析。他对国家空间流通的研究范围涵盖广泛的历史时期、制度环境、政治斗争和具体案例，经常是通过关于西方马克思主义、欧洲共产主义、毛泽东主义以及法国和其他国家 1968 年后新左派政治哲学的独到辩论。通过这一方式，列斐伏尔也提出了他自己的理论，即所谓的国家生产模式，他认为这是一种包含世界性但有地域范围限制的国家权力，其在 20 世纪下半叶得到强化，支撑着资本主义工业化的星球化加剧与拓展。

就我在这里的目的而言，列斐伏尔在冷战时期的哲学与政治意识形态立场的演变以及他关于国家生产模式理论化的复杂性，都不如他在这一时期的著作中提出的关于城市化与国家空间之间关系的几个核心的分析性观察具有直接意义。其中，有四个特别显著的观察结果：

1. 国家通过其空间流通，共同生产、管理和重组多尺度的城市肌理。列斐伏尔强调了国家在生产支撑资本主义城市肌理的大尺度地域组织形态中的作用。他认为："只有国家，才有能力通过'大尺度'进行空间管理——如公路、空中交通路线——因为只有国家

---

[81] Lefebvre, *Production of Space*, 281; Lefebvre, "Space and the State," 238.

[82] Lefebvre, "Reflections," 174. 其中有列斐伏尔的经典论述："因为空间是政治的，所以存在空间的政治。"

可以具有支配适当资源、技术和‘概念’的能力。”[83]列斐伏尔在其著作中引用了大量国家干预生产、再生产和流通的基础设施和“技术结构”的例子，包括高速公路、运河、港口、隧道、桥梁、铁路、机场和公共交通系统；资源开采、能源生产（煤矿、电网、核电站、大坝）和废弃物处理等；邮政、电话和电信网络；以及增长极、区域产业综合体、公共住宅区（大型建筑群）和新城镇。简而言之，资本主义混杂、分层的城市肌理作为一个整体，是通过大尺度的国家基础设施投资和大规模的景观干预形成的，而这些又是时空预测、地域管理和城市规划战略的产物。[84]

2. 国家空间的流通基础设施为资本循环提供了固定性的支撑。列斐伏尔将国家空间概念化为一种相对固定的制度-地域基础设施，它强化、支持并稳定了资本主义城市化过程中不断涌现的内爆和外爆。通过其“持久的建成物”和“持久的决策和行动中心”，国家试图积极控制“流动和库存，确保其协调”；这同样适用于能源、原材料、劳动力、消费品、商业以及其他的流动。[85] 列斐伏尔写道：“只有国家才能控制（现代经济的）流动，并使其与经济的固定要素（存量）协调一致，因为国家将它们整合到其生产的主导空间中。”[86]从这个意义上来看，列斐伏尔将国家空间概念化为资本主义地域组织混杂架构中的一种关键网格框架组织。在很大程度上，由于它们相对固定、不可移动和稳定的特性，国家空间结构为推动资本循环过程中的社会物质流动提供了或多或少连贯的制

---

[83] Lefebvre, “Space and the State,” 238.

[84] 同上，238—239。

[85] Lefebvre, *Production of Space*, 388; Lefebvre, “Space and the State,” 226.

[86] Lefebvre, “Space and the State,” 239—40, 243.

度、基础设施和管制矩阵。[87]

3. 国家空间与城市肌理在所有空间尺度上日益交织在一起。然而，列斐伏尔的论点并非简单地认为国家空间暂时稳定的特性为资本循环提供了基础设施。他更为重要的主张是：通过资本主义产业的发展，国家空间的架构和城市化的肌理在物质、基础设施、制度和运作方面日益相互啮合。这意味着不仅城市肌理的形态结构是根据国家空间议程和技术科学愿景而形成的（例如集中或分散、区域再分配、国家资源管理、大众消费、核能发展或网络监控），而且国家的社会空间等级、矩阵、运作与城市化的网络结构之间越来越复杂地相互交织，其本身也在从地方到星球的所有空间尺度上不断增厚和扩张。因此，在某一处论述中，列斐伏尔引用了在资本主义城市化的连续周期中产生的大尺度流通基础设施——道路、运河、商业和金融环路、高速公路和航空路线——作为现代国家自身地域结构的定义轮廓。此外，列斐伏尔还坚持认为国家不仅"主宰"着将曾经未被占据的空间——外围地带、地下空间、天空、山脉、海洋等——整合进入资本主义城市肌理，而且它还为结构上不均衡、变化无常的全球地域闭环过程提供了一个"校准的空间支撑"。[88] 在资本主义生产关系中，将这些假定的"第一自然"地域进行工具化和操作化，从而产生"一种世界空间的统一"，"星球

---

[87] 哈维在《资本的限度》中关于"社会基础设施地域性"的探讨中也认识到这一点。在此，他强调国家的地域组织对于引导不同地方与尺度的基础设施投资具有重要作用："国家提供了价值流向社会基础设施的最重要的渠道……国家的地域组织成为基础设施投资动力得以实现的地理结构。"Harvey, Limits to Capital, 404. 关于这一论证的进一步阐述，可参考 Kevin Cox, "Territorial Structures of the State: Some Conceptual Issues," *Tijdschrift voor Economische en Sociale Geografie* 81 (1990): 251—66.

[88] Lefebvre, "Space and the State," 225.

化国家体系”成为“城市星球化”的重要政治基础系统。[89] 换句话说，资本主义城市肌理不仅仅是国家空间战略的产物，同时也是国家权力的重要基础设施架构、媒介与表达——事实上，也是国家空间本身的表达——因为它不均衡地延展到了整个星球。

4. 国家通过其空间战略，更加直接地对遍布资本主义城市肌理的矛盾、错位与危机倾向进行管理。列斐伏尔在其空间研究中强调资本主义城市化的地理是充满矛盾的——包括交换价值与使用价值、工作与休闲、解放与压制、需求与欲望、生产与消费、地域化与去地域化、中心与边缘、均质化与碎片化——国家有责任来缓解这种破坏性的社会空间后果，或至少是对其进行管理。[90]他解释说：“在个人、阶级派系和阶级之间的混乱关系中，国家倾向于强加一种理性，将空间作为其特权工具。”[91]根据列斐伏尔所述，国家权力的空间流通不仅包括生产或多或少连贯协调、功能完善的城市肌理来支持资本的代谢，还包括地域、生态与尺度间管理的不同形式，旨在修复资本积累(非)逻辑诱导的日常社会空间圈占、分裂、退化和毁灭。正如列斐伏尔指出的：“国家干预的方式多种多样且越来越具体……它寻求……对由增长不均衡产生的关系进行管制……它将实际上具有破坏性的冲突转变为增长的催化剂……它可以维持不稳定均衡的条件。”[92]这样一来，国家空间战略就调解了资本主义城市肌理中同时存在的均质化/粉碎化、碎片化/破

---

[89] Henri Lefebvre, “Space and Mode of Production,” in *State, Space, World: Selected Essays*, ed. Neil Brenner and Stuart Elden (Minneapolis: University of Minnesota Press, 2009 [1980]), 212—14; Lefebvre, “Dissolving City, Planetary Metamorphosis.”

[90] Lefebvre, *Production of Space*, 47, 292—356, 363—65; Lefebvre, “Space and the State.”

[91] Lefebvre, “Space and the State,” 226.

[92] *De l'État*, 1:56.

裂化和等级化/极化的倾向。[93]通过这样做,他们也对社会空间关系混乱的流动与不均衡发展强加了“一定程度的凝聚力(也许不是逻辑上的连贯性)”,从而直接促进了积累过程的空间与尺度修复。[94]

列斐伏尔关于国家空间与资本主义城市肌理相互啮合的研究方法很明显是直接建立在前一节阐述的关系尺度化分析的基础之上。正是通过这一社会空间理论的辩证方法,列斐伏尔能够论证国家空间/城市化之间的关系不仅仅是在预先给定的单元或权变性互动主体之间的一种功能性的构建,而是还作为一种在相互依存、矛盾性共同演化的社会空间过程之间的动态交织和增厚叠加。因此,在最广义的层面上,列斐伏尔的分析为前面讨论中所提出的地域组织尺度化理论增加了一个基本的国家理论维度。列斐伏尔对国家空间流通的描述凸显了哈维著作中提到但没有进行系统阐述的一个论点——国家空间结构和基础设施、流通和环境管理的战略调解了资本主义背景下地域组织以及城市化过程的生产。简而言之,固定性/运动性的矛盾在由国家空间战略全面塑造和重塑的城市化景观中得以成型,这反过来又直接影响其特定情境下的具体表达、变迁和后果。

国家空间、尺度修复与城市化肌理

列斐伏尔关于国家空间与资本主义城市肌理的内爆-外爆分析对尺度问题的概念化具有深远的意义。尤其是列斐伏尔的分析框架阐明了国家空间战略在构建、管理和重塑资本主义城市化肌

---

[93] Lefebvre, “Space and Mode of Production,” 212—16.

[94] Lefebvre, *Production of Space*, 378.

理分层化尺度框架中的核心作用。从这个角度来看,尺度结构的架构不能直接从资本的运作要求或任何其他单一参与者、机构或过程的尺度战略中派生出来;从本质上说,这是一种政治调解。[95]在列斐伏尔的分析中,是国家通过对地域性"统一原则"的追求,极力在各尺度间易于爆炸的关系之上推行某种"理性"——一种"危险的平衡"——从而将一个暂时的"凝聚力(如果不是凝聚性)"锁定在波动的、一刻不停地变异着的资本主义城市肌理中。[96] 列斐伏尔认为,正是在这种背景下,尺度对国家运作具有政治上的战略意义。通过尺度修复的构建——列斐伏尔将其精确地表述为"一个由地方、功能和制度组成的等级化集合"——国家试图支持与管制资本主义城市化中构成上不均衡的、混杂的、动态的和危机易发的社会空间代谢。[97]

因此,列斐伏尔的研究引起了人们对国家制度和空间战略(它们本身在尺度上是分化的)在尺度修复的建立、再生产与重塑中的关键作用的关注。反过来,随着城市肌理在整个星球化景观上的拓展,尺度修复呈现出越来越错综复杂的模式。资本主义城市化的尺度化内爆与外爆是通过国家空间战略来调解的,这些战略寻求在相对连贯的、地域内聚的,甚至是临时"统一"的尺度结构(即社会空间基础设施、制度和关系的"等级化集合")中对它们进行框

---

[95] 这一论点与彼得·泰勒和尼尔·史密斯在 20 世纪 80 年代关于尺度生产的一些创始性研究中提出的观点形成了鲜明对比,他们将尺度组织解释为资本主义经济或意识形态要求的直接功能表达。可参考例如 Taylor, "Geographical Scales"; Smith, *Uneven Development*. 关于复杂的管制主义对这些问题的思考,请参阅 Chris Collinge, "Self-Organization of Society by Scale: A Spatial Reworking of Regulation Theory," *Environment and Planning D: Society and Space* 17 (1999): 557—74.

[96] Lefebvre, *Production of Space*, 281, 378; Lefebvre, "Space and Mode of Production," 212; Lefebvre, "Space and the State," 226; Lefebvre, *De l'État*, 1:56.

[97] Lefebvre, "Space and the State," 242; 原始文本来自 *De l'État*, 4:306, 翻译有略微修改。

定、圈占、引导与管理。在接下来的章节中，我将国家概念化为尺度间关系（以及城市化尺度结构）的协调者、调解者和管理者，并将后续分析广泛地建立在这一概念基础之上。因此，国家空间战略的问题域，以及它们不断变化的尺度化建构，是我们探索城市化尺度重构地理的核心，其在新自由主义和全球社会空间重构的后凯恩斯时代已经成型。[98]

但是，这些考虑开启了进一步探究国家空间战略对资本主义城市化内爆-外爆尺度化景观持久性影响的一系列问题。如果像列斐伏尔的作品所述，资本主义城市肌理与国家空间的地理在20世纪已经更加紧密地相互啮合在一起，那么我们也可以合理地预期它们的尺度化架构同样会变得相互纠缠，共同演化。此外，如果国家空间在尺度间关系的管理与稳定化方面至关重要，那么我们也可以预期城市化的地理不仅与国家空间的地理相互交织，还会受到国家独特的空间结构的直接影响——例如，通过其地域上集中的形式、政府间组织的等级化结构框架、尺度分化的制度机构、发展主义的空间干预模式以及流通基础设施管理和环境工程的具体战略。那么，资本主义城市肌理的形态在多大程度上倾向于形成与国家空间广泛同构的社会空间模式？

列斐伏尔的国家生产模式概念可以被精确地解释为一种针对这一效应的论述。列斐伏尔在《论国家》一书中发展了这一概念，他提出了几个不同的政治分析议程，但他反复指出，事实上，国家生产模式的核心管制渴望之一是建立国家空间与城市肌理之间的

---

[98] 在 Chris Collinge 的理论中，国家空间战略同时指向管制（社会空间关系的协调）、超管制（不同空间管制战略之间的协调）和元管制（管制和超管制安排的重组）。可参阅 Collinge, “Self-Organization of Society by Scale,” 559.因此，创建尺度修复的国家战略主要涉及超管制，而重组尺度修复的战略（尺度重构战略）涉及元管制。

空间同构。例如，列斐伏尔认为，发展型工业化国家的理性化流通战略会与原有的采掘、农业、商业和手工劳动的前工业或原始工业化地理之间相互“冲突”。在他看来，这种冲突的结果不仅形成了“由国家生产与管理的理性和科学的空间”，而且也包括同质的（基于封闭的、商品化的、可交换的单元）、断裂的（指向空间实践集合中紧密相关的功能）、等级化的（基于社会空间不平等和排斥的系统性生产）城市化“新空间”的塑造。[99]同时，还有另一个论述也能够支撑列斐伏尔关于战后时期区域产业政策与技术官僚城市主义的讨论，他将其视为支撑资本积累的社会空间关系的一系列国家战略，并具体化为指向“无限扩张的中心、核与增长极”进而覆盖“空间作为一个整体”的城市化新形式。[100] 列斐伏尔认为，国家生产模式通过“管制流动与协调增长的盲目动力，将其法则施加于‘私人’和‘地方’利益的混乱之中”，寻求将“等值链”施加于原子化、碎片化和粉碎化的城市肌理之上。[101]特别是在 20 世纪下半叶，国家生产模式旨在使用“流通空间的工具”来塑造碎片化的城市肌理，将其变为“均质的、流通的、几何化的、量化的空间”，同时抑制、中和或者至少是管理其内在的“分化”冲动。[102]

然后，通过世界范围内国家生产模式的强化，以及积极的增长导向型、发展主义方法的星球化基础设施扩张、国家地域管理和城市规划，城市化的地理已经被普遍地塑造为“等级化的分层形态”——这一词汇如今显示出更多的方法论之外的内容。事实上，

---

[99] Lefebvre, “Space and the State,” 239. See also Lefebvre, “Space and Mode of Production.”

[100] Henri Lefebvre, *The Survival of Capitalism*, trans. Frank Bryant (New York: St. Martin’s Press, 1976 [1973]), 111—12.

[101] Lefebvre, “Space and the State,” 240.

[102] 同上，238。

在列斐伏尔看来，尺度间关系的等级化结构属性不是一种固定的、本体论本质的表达，而是通过第二次世界大战后（国家）集中化、行政理性化、流通协调与基础设施标准化的政治战略累积影响而成型的。他认为，正是后者逐渐将一种独特的“中央集权”形态模式——前面提到的“地方、机构和功能的等级化组合”——编织进入错综复杂的、分层的、扭曲的、纠缠的资本主义城市肌理的“千层糕”之中。在此基础上，列斐伏尔假设“国家将其自身定义为社会最普遍的形式——形式的形式。它包含并发展了所有其他形式……以这种方式，国家得以与社会共同延展”[103]。

然而，列斐伏尔在这里的观点并不是说资本主义的城市肌理实际上是由地域与尺度间管理的国家计划控制或是一种从属关系；它仍然是变化无常的、不稳定的、不均衡的，并且容易破裂——总是容易受到“灾难空间”与分化空间反叛节奏的影响，这种影响“倾向于瓦解现有的空间，从而构成一个以不同方式定义的新空间”[104]。相反，他的主张是，城市化的形态架构日益受到战后国家发展主义政府所追求的等级化、地域集中化和标准化的国家空间管制计划的影响。这些计划塑造和重塑了城市肌理，但它们也产生了破坏、冲突和错位，并进一步使城市化过程变得不稳定。从这个意义上来说，列斐伏尔认为，国家对资本主义城市肌理产生的空间印记，既通过其宏大的地域管理愿景，也包括反复的管制失败、矛盾以及由此产生的意外的社会空间后果。换句话说，灾难空间就像资本主义城市肌理一样，是由政治调解的。

因此，我们得出了一个看似矛盾但又意义深远的结论：国家空

[103] Lefebvre, *De l'État*, 3:179.

[104] 同上，240。

间的生产代表着城市星球化的一个战略性时刻。在列斐伏尔看来，国家空间的概念不只是解读现代国家空间维度的分析工具；而是一个历史上特定的概念，在此基础上，他旨在解读协调一致的政治-空间战略——用他的术语来说就是“空间的政治”——通过这种方式，资本主义城市肌理的星球化形态被构想、推广、强化与普遍化。[105] 因此，由国家空间流通产生的尺度间关系等级化与分层，如今呈现为城市肌理星球化中的一个基本要素——同时也是一种时间节奏和空间层次。

列斐伏尔的空间同构假设——体现在他将国家概念化为空间“形式的形式”——为分析二战后福特-凯恩斯主义、国家发展主义资本主义背景下国家空间与城市肌理之间的相互作用提供了有益的解释参考点。在后面的几章中，我在列斐伏尔概念化的基础上，进一步阐述了在这一时期北大西洋地区强化的国家空间管理和城市发展的国家化倾向、内部等级化和地域集中化的形成，具体体现为各种政治-制度安排（例如空间凯恩斯主义的政府间再分配和政策传导）与城市化模式（例如国家化的城市等级、标准化的国家流通基础设施、国家产业发展战略与区域政策）。但是，列斐伏尔的空间同构假设能在多大程度上说明 20 世纪 80 年代之后无论是欧美还是其他地方的新城市空间的生产？资本主义城市肌理的尺度分层是否仍呈现出类似于国家生产“同质化、流通化、几何化、定量空间”的模式，以及尺度间循环及其趋向集中化、地域统一管制计划的“等级化集合”？（民族）国家是否还能被视为一个具有包含性的空间统一体，一种“形式的形式”，以及设定资本主义城市化模式与路径的制度、基础设施和意识形态的元架构？

---

[105] Lefebvre, “Reflections on the Politics of Space.”

本书中所汇集的研究表明，伴随着20世纪80年代之后的新自由主义管制改革浪潮、地域分裂化的基础设施投资、尺度重构的国家战略、加速的社会空间圈占以及星球化的城市重构，列斐伏尔的空间同构假说实际上并不能维持下去。一方面，即使在后凯恩斯主义、新自由主义和星球化资本主义急剧变化的地理格局中，列斐伏尔也仍然强调国家空间战略在塑造城市化模式与路径方面的普遍作用一如既往地显著。[106] 国家空间-流通战略继续以全面、持久的方式影响着资本主义城市肌理的尺度结构；它们还继续在管理尺度间关系、追求城市化的尺度修复以及对反叛政治动员的管制中发挥关键作用。然而，另一方面，战后国家空间的集中化、国家地域化、精度-嵌套的尺度等级结构在过去40年里已经显著地发生再地域化与尺度重构，从而形成越来越分散、尺度相对化的政治地理格局，不再赋予主要管制层级特权或巧妙地融合在一个单一的、包含性的地域中心、国家或其他地理环境中。[107] 国家空间这种仍在进行的创造性破坏，与新的城市化尺度重构地理的构建密切相关，并直接激发了它的活力。本书主要关注的是解读这些尺度重构城市空间的新兴地理，即使它们与（民族）国家空间倾向性的同构关系已经被瓦解并被重新编织。

虽然列斐伏尔假设这样一种空间同构的追求是嵌入在国家生产模式的结构之内的，同时还假设资本主义城市肌理将在星球尺度上逐步“分层”（等级化与地域化），但是他的理论方法有效地启发了国家空间-流通运作与不均衡拓展、复杂纠缠的资本主义城市

---

[106] 参阅列斐伏尔1989年写的 Dissolving City, Planetary Metamorphosis. 在该文中，列斐伏尔在20世纪60年代末的城市著作中提出最初假设过去近20年之后，简短但相当悲观地反思了星球城市化的动态。

[107] Brenner, New State Spaces; Jessop, *Future of the Capitalist State*.

肌理的网状组织之间辩证地共同演化。因此，列斐伏尔的理论方法为研究 20 世纪 80 年代以来新城市空间的生产提供了一个重要的方法论支撑。通过国家空间管制战略，寻求在后凯恩斯主义条件下对城市肌理进行重塑、激活和管制，并对 20 世纪 80 年代之后的城市化尺度重构进行强有力的调解。而且，同样重要的是，列斐伏尔的方法还强调了国家尺度重构作为一种重新编织与激活城市化肌理本身的政治战略的核心作用。

城市肌理的尺度重构：面向调查研究

因此，我们回到地理尺度及其社会生产、历史重构、社会政治斗争的问题——简而言之，又回到了在 21 世纪开始的头十年已经成型的“尺度问题”。与列斐伏尔在 20 世纪 70 年代提出的观点相比，更引人注目的是资本积累、地域管制、城市化与社会政治斗争的空间尺度如今正在我们的脚下发生转型。尺度已经成为重组加速、制度变化和社会政治斗争密集发生的地点，这支撑了埃里克·斯温格杜在 20 世纪 90 年代末提出的尺度化新话语，最重要的是其作为“社会空间变化过程的产品”的流动性与可变性。[108]

与在社会和历史科学中长期以来盛行的方法论上的国家主义、区域主义、地方主义倾向形成鲜明的对比，这种激进的建构主义的尺度政治方法已被证明在批判性社会空间分析的跨学科领域卓越成效，包括从国家理论和地缘政治经济学，到城市研究、社会运动研究、文化地理学研究。这种方法并没有将尺度组织简化为一个静态的背景参数或将其视为社会空间关系的固定化平台，而是富有成效地阐明了尺度结构在不同时空背景下被生产、竞争与

---

[108] Swyngedouw, “Neither Global nor Local,” 140.

转型的混杂过程。在此过程中，对尺度政治研究的关注点也转向了各种推动当代尺度重构过程的尺度塑造计划，以及它们对政治-经济生活的关键方面产生的影响。

本章同时也强调了地理尺度、尺度结构与尺度间关系的社会生产、政治竞争与历史变化特征。然而，通过将尺度问题与资本主义背景下固定性/运动性矛盾的变迁相联系，我构建了一种与支撑许多尺度政治学术研究略微不同的方法论导向。通过深入挖掘嵌入哈维和列斐伏尔著作中的尺度化分析，我认为尺度政治在分析上不能被简化为战略导向、演化路径与尺度塑造计划本身的影响。相反，这一分析表明尺度重构的动态必须嵌入更为广泛的历史地理之中，它们深刻地受到资本固定性/运动性矛盾的时空（非）逻辑塑造——从根本上依赖相对固定化、暂时稳定的地域组织框架，以及促进社会空间创造性破坏的强大推动力。只要固定性/运动性矛盾的两种时刻都是尺度分化的，尺度政治就会直接陷入资本与地域组织有问题的关系（非）逻辑之中。可以肯定的是，特定情境下的尺度塑造计划与尺度重构战略从功能上来看并不会源自固定性/运动性矛盾或任何其他抽象的资本运作。然而，从广泛的地理历史角度来看，尺度修复的建立与拆除似乎与连续性的积累体制、地域管制模式与危机诱导的重构周期密切相关。[109] 这表明，情境嵌入的尺度政治形式本身就植根于更为广阔的“情境中的情境”之中，并深受其影响。这种元情境是资本主义地域组织一种密集分层的肌理，通过暂时稳定的尺度修复与连续的危机诱导的尺度重构浪潮之间的地理历史相互作用而形成。

---

[109] Edward W. Soja, “Regions in Context: Spatiality, Periodicity and the Historical Geography of the Regional Question,” *Environment and Planning D: Society and Space 3* (1985): 175—90; Collinge, “Self-Organization of Society by Scale.”

为了发展这一分析导向，本章构建了一种概念语法，用于研究资本主义背景下地域组织的持续尺度分化与尺度重构，具体包括：(1) 尺度间增厚的相互联系与尺度结构之间的关系性啮合；(2) 资本主义城市肌理的尺度拓展、地域强化与内部分层；(3) 国家空间的尺度分化与地域管制；(4) 国家空间战略（国家空间流通）的动员强化或再造地域组织的尺度结构与布局；(5) 资本主义城市肌理与国家空间在资本主义发展过程中日益密集化的相互交织。虽然列斐伏尔的国家生产模式方法假设现代资本主义背景下城市肌理的加剧分层、国家化和地域化，但是这种分析以更加历史特定的方式重新阐释了这一概念作为从战后到 20 世纪 70 年代北大西洋地区不均衡强化的城市空间与国家空间同构倾向的论述。因此，我对哈维和列斐伏尔关键的范畴与方法的批判性引用，也为调查其混杂的过程与政治战略提供了基础。从那时起，福特-凯恩斯主义、国家发展主义构成的原有的资本主义城市空间和国家空间的国家化网络已经被打破、重构与重新编织。这种方法可以有效地指导我们探索 20 世纪 80 年代之后凯恩斯主义的国家尺度重构计划与资本主义城市肌理的星球化重塑之间矛盾的、不均衡的和不稳定的相互作用。

从这个角度来看，当代资本主义背景下尺度政治的爆炸性增长，必须被视为不仅是试图拆除在战后积累机制和解决层叠危机倾向下盛行的国家化尺度结构，而且也作为一系列相对不协调但又具有连贯性的政治-空间战略以建立资本主义城市肌理稳定的尺度重构形态，可能会支持新一轮扩大的资本积累浪潮。尼尔·史密斯在他的一项开创性研究中富有成效地强调：正是通过在相对稳定的、连贯的地域组织框架中临时性地冻结社会、经济与政治互动中的尺度修复，“持续高度竞争的社会关系才变得即使不是那么坚如磐石，也至少在短期内是固定性的景观”[110]。当代资本主义城市肌理尺度重构的发生主要是通过政治战略的扩散，在很大程度上是通过国家空间和国家尺度组织的重组，将地域固定性的新形式施加于强烈极化、内在危机撕裂与不停息变异的星球化景观之上。因此，国家尺度重构战略与固定资本空间政治之间的联系是接下来章节的核心关注点。

---

[110] Smith, "Remaking Scale," 62.

第三章　重构、尺度重构与城市问题

亨利·列斐伏尔在20世纪70年代末的作品中声称“普遍的空间爆炸”正在发生，资本主义与国家权力的既有地理格局正在剧烈地重新编织。[①]“爆炸”一词经常出现在列斐伏尔这一时期的作品中，它不仅意味着对既定实践、制度与意识形态的彻底颠覆，也意味着对由此构成的空间的颠覆。因此，伴随着与1968年巴黎五月风暴相关联的社会运动的普遍爆发，列斐伏尔阐述了在此期间资本主义世界活跃的各种爆炸——例如历史名城、小镇、大城市、大都市空间、区域、核心-外围关系、原有空间、边界与前沿；家庭、国家、经济与历史；以及斯大林主义与马克思主义。[②] 此外，列斐

① Henri Lefebvre, *State, Space, World: Selected Essays*, ed. Neil Brenner and Stuart Elden (Minneapolis: University of Minnesota Press, 2009 [1979]), 190.

② 同上，90，104，109，118，186，214，236，264。也可参阅 Henri Lefebvre, "The Right to the City," in *Writings on Cities*, ed. and trans. Eleonore Kofman and Elizabeth Lebas (Cambridge: Blackwell, 1996 [1968]).

伏尔还提出了一种同时发生的“内爆-外爆”动态正在促使原有的城市地理转型，伴随着跨越从身体、城市、地域到世界范围和整个星球等不同空间尺度的日益普遍化的城市化过程。[③]

在 21 世纪之初，经过批判性城市学者与地理学者几十年来对社会空间理论词汇的积极完善和再造，列斐伏尔当时使用的术语如爆发（l'irruption）、爆炸（l'éclatement）、内爆-外爆（l'implosion-explosion）似乎看起来有些混乱，不够精确，而且可能有点过于强调毁灭性。然而，即使社会空间理论的话语在概念层面已经变得更加分化，列斐伏尔的洞见仍然能够说明现代资本主义晚期创造性破坏以及内在危机倾向的动态。城市化的肌理继续通过各种危机诱导的所有空间尺度上的多元化重构过程而被重新编织。正如列斐伏尔在 20 世纪 70 年代初福特-凯恩斯主义地缘政治秩序危机期间所认识到的那样，社会空间总是在资本主义背景下被生产和转型；它从来都不是固定的、静态的或预先设定的。从这个意义上来说，列斐伏尔关于“空间爆炸”的概念以及最近关于城市-区域重构的著作，都指向同样的智识与政治问题域。在几十年之前，激进地理学者爱德华·苏贾将这一系列的问题总结如下：

> 重构意味着打破这种长期趋势，社会、经济和政治生活的秩序与结构会发生重大的变化。因此，它引发了一系列的破坏与重建、解构与尝试性的重构，这是由于既定秩序中的某些能力不足或弱点妨碍了常规的适应力，需要重大的结构变化来取代……重构的根源在于危机，以及新旧秩序、“原有的”秩序与“预想的”秩序之间的竞争性冲突。它不是一个机械性或

---

③ Lefebvre, *State*, *Space*, *World*, 123.

自动的过程，它的结果也不是预先设定的……重构意味着波动与转型、进攻与防守的姿态、连续性与变化的复杂组合。[④]

自20世纪80年代初以来，在广泛的、异质化的批判性城市研究领域中，有一些最富有洞察力的研究一直试图解读与北大西洋地区福特主义、国家发展主义、(20世纪90年代的)国家社会主义之后的重构过程相关联的"连续性与变化的复杂混合"，以及它们的成因、表达与影响。正如这些研究所指出的，重构的问题域与城市和区域研究以及批判性规划实践中的一系列基本理论、经验与政治问题相交叉。例如，当代的重构过程是否预示着全球资本主义发展的新格局，还是一种延续性的危机管理、管制试验与蒙混度日的政治？这样的重构过程是否具有特定的地域、地方与尺度的形式？如果是，它们的成因、轮廓与后果是什么？在它们的空间选择性、不均衡发展与混杂的形式中，这些过程是如何被制度结构、政治战略与社会力量塑造的？重构过程能否被进步机构、联盟与社会运动用于促进更加激进民主、社会公正、地域连贯、环境健康的城市化形态？

由于从空间维度对每一个问题进行考虑非常重要，长期以来在智识与政治方面面临的紧迫性有助于解释苏贾在20世纪80年代中期提出的"在批判性社会理论中的空间再主张"这一著名论述。[⑤]可以肯定的是，从那时起，关于社会空间概念化的辩论一直受到不同的哲学和社会理论流派的影响，包括黑格尔的辩证法、马

---

④ Edward W. Soja, "Economic Restructuring and the Internationalization of Los Angeles," in *The Capitalist City*, ed. Michael Peter Smith and Joe Feagin (Cambridge: Blackwell, 1987), 178.

⑤ Edward W. Soja, *Postmodern Geographies* (New York: Verso, 1989).

克思主义、批判现实主义、现象学、解释学、结构主义、女性主义、精神分析、后结构主义、行动者网络理论、酷儿理论、后人文主义和后殖民主义。但是，自从北大西洋地区福特主义、国家发展主义的地理管制结构崩溃以来，针对世界经济中普遍发生的社会空间重构与城市转型的爆炸性过程的解读对这些遗产构成了诸多挑战。最近，随着21世纪之初类似的爆炸性危机倾向的抬头，使得由此前多轮重构形成的深度不稳定、极化与混杂的地理进一步再分化，因此解读资本主义城市化不断变化的景观的任务仍然一如既往的迫切。

但是，应该如何对这些不停息、不均衡翻腾的重构空间进行精确的概念化呢？今天关于这一问题的争论与20世纪80年代一样激烈，当时城市学者与其他批判性地理学者围绕重构的问题域展开了辩论。一方面，如今已有汗牛充栋的书籍与论文集富有成效地解决了现代资本主义背景下社会空间及其生产、转型的理论化问题。[⑥] 另一方面，在20世纪80年代之后的批判性城市研究中，大部分最具理论反思性的研究都较少关注社会空间本身的问题，而更多关注当代社会空间重构的一些更加具体的维度与动态。例如，包括地方营造、聚集、地方化、分散化的过程，劳动空间分工的重塑；地理固定性与运动性之间的矛盾关系，以及随之而来的空间修复的构建与拆除；地域化、去地域化与再地域化的过程；空间网络的拓展与加厚；政治-经济关系的区域化倾向与空间不均衡发展；还有最为重要的是，地理尺度的生产以及相关联的尺度重构

⑥ 要了解概况，可参阅 Edward W. Soja, *Postmetropolis* (Cambridge: Blackwell, 2000)，以及经典的作品 Derek Gregory and John Urry, eds., *Social Relations and Spatial Structures* (New York: Palgrave, 1985) 与 Jennifer Wolch and Michael Dear eds., *The Power of Geography: How Territory Shapes Social Life* (London: Unwin Hyman, 1989).

过程。

在 20 世纪 90 年代,尺度问题得到了地缘政治经济与批判性城市研究等不同领域越来越多的重视,不仅反映在新兴的全球城市理论家与管制主义城市研究者的尺度重构研究,还包括激进地理学者如尼尔·史密斯和埃里克·斯温格杜提出的自反性尺度概念框架。[⑦] 这些干预举措,以及随后涌现的批判性地缘政治经济领域的理论与实证研究,极大地提高了我们在历史与当代资本主义背景下解读重构与城市化过程尺度维度的能力。相比于将现代资本主义尺度化构建——在地方、区域、国家、超国家与全球地理单元之间的分化与分层——构想为社会生活预先设定的特征,这种尺度结构如今可以更多地解读为一种被生产的、竞争激烈的,而

---

⑦ 关于全球城市理论,可参阅 John Friedmann and Goetz Wolff, "World City Formation: An Agenda for Research and Action," *International Journal of Urban and Regional Research* 6 (1982): 309—44; Peter J. Taylor, "World Cities and Territorial States: The Rise and Fall of Their Mutuality," in *World Cities in a World-System*, ed. Paul L. Knox and Peter J. Taylor (New York: Cambridge University Press, 1995), 48—62. 关于空间重构与尺度重构的管制主义方法,可参阅 Alain Lipietz, "The National and the Regional: Their Autonomy Vis-à-Vis the Capitalist World Crisis," in *Transcending the State-Global Divide*, ed. Ronen P. Palan and Barry K. Gills (Boulder, CO: Lynne Rienner Publishers, 1994), 23—44; Jamie Peck and Adam Tickell, "Searching for a New Institutional Fix: The *After*-Fordist Crisis and the Global-Local Disorder," in *Post-Fordism: A Reader*, ed. Ash Amin (Cambridge, MA: Blackwell, 1994), 280—315; Bob Jessop, "The Crisis of the National Spatio-Temporal Fix and the Ecological Dominance of Globalizing Capitalism," *International Journal of Urban and Regional Research* 24, no. 2 (2000): 323—60. 关于尺度生产的历史地理唯物主义理论的早期贡献,可参阅 Neil Smith, "Geography, Difference and the Politics of Space," in *Postmodernism in the Social Sciences*, ed. Joe Doherty, Elspeth Graham, and Mo Malek (New York: St. Martin's Press, 1992), 57—79; Erik Swyngedouw, "The Mammon Quest: 'Glocalization,' Interspatial Competition and the Monetary Order: The Construction of New Scales," in *Cities and Regions in the New Europe: The Global-Local Interplay and Spatial Development Strategies*, ed. Mick Dunford and Grigoris Kafkalas (London: Belhaven Press, 1992), 39—68.

且是可塑的政治-经济关系的竞技场与产品。因此，地缘政治经济学、国家理论、城市研究、社会运动研究、政治生态学与环境地理学的一些关键贡献已经仔细研究了当代尺度转型或尺度重构的各种形式，在这些过程中，原有的尺度结构正在逐步受到挑战、瓦解与再造。[⑧] 当然，社会与生态科学长期以来都隐含着关于政治经济与环境过程尺度化构建的假设，包括从资本积累与国家管制到城市化、社会政治动员与土地利用变化等方面。然而，最近的这些跨学科研究进展表明，尺度问题如今在批判性社会空间分析的重要流派之间正面临着前所未有的方法论上的反思。因此，如今在大部分当代资本主义重构的空间论述中已经明确地出现尺度化的考虑。

在这些研究背景之下，本章考察了 20 世纪 70 年代之后城市重构模式尺度化解释的一些核心贡献与潜在的不足。前一章已从更为广泛的地理历史视角来考虑资本主义背景下尺度生产与尺度重构过程的概念化，而我在这里所关注的重点是探索当代后凯恩斯主义、新自由主义时期资本主义形成背景下的城市状况、过程与转型的尺度理论概念化的适当参数。因此，我从深入挖掘支撑 20 世纪七八十年代曼纽尔·卡斯特尔著名的“城市问题”辩论的尺度化假设开始入手。[⑨]这一讨论表明，特别是在 20 世纪 90 年代，在围绕全球城市重构、空间不均衡发展与地缘经济整合展开辩论的背

---

⑧ 关于这一文献的基础性概述与批判性审视，可参阅 Roger Keil and Rianne Mahon, eds., *Leviathan Undone? Towards a Political Economy of Scale* (Vancouver: University of British Columbia Press, 2009); Eric Sheppard and Robert McMaster, eds., *Scale and Geographic Inquiry* (Malden, MA: Blackwell, 2004).

⑨ Manuel Castells, *The Urban Question: A Marxist Approach* (Cambridge, MA: MIT Press, 1977 [1972]).

景下，学者们以自反性尺度化的术语对城市问题进行了富有成效的重新概念化。随后的章节肯定了尺度化视角对于分析当代城市转型的作用，但是也强调了对其分析内容独特定义的持久性困难。为了解决这一问题，有九个一般性命题被详细构建出来，明确了尺度问题以及这里所分析的尺度重构过程的决定性概念参数。

这里提出的理论化包含了两个影响深远的分析性结果：第一，颠覆了长期以来根深蒂固的假设，即“城市”(cities)是城市研究中最合适或默认的分析单元与尺度参考点；第二，在概念层面对尺度问题进行明确的界定，这样它们就不会与资本主义社会空间关系的其他维度的问题混在一起，如地方营造、地域化或网络化。每一个命题及其广泛的方法论意义将在随后的章节中进一步阐述，而且会跨越若干领域的理论辩论与批判性城市研究的具体研究。

空间、尺度与城市问题

自 20 世纪 70 年代初以来，关于城市问题的辩论一直围绕着城市研究中的空间概念化展开。[10] 然而，在对城市的空间性进行概念化的努力中，城市理论家们必然会引入关于社会空间组织的城市尺度独特性的各种假设(相对于如区域、国家或全球尺度而言)。为了揭示这一论断及其对当代城市理论的影响，让我们简要地重建一些尺度的假设，这是前几轮城市问题辩论的基础。

马克思主义社会学家曼纽尔·卡斯特尔在其 1972 年的经典著作《城市问题》(*The Urban Question*)中，抨击了芝加哥城市社会学学派未能把握资本主义背景下城市形态的历史特殊性。[11] 针

---

⑩ Mark Gottdiener, *The Social Production of Urban Space*, 2nd ed. (Austin: University of Texas Press, 1985).

⑪ Castells, *Urban Question*.

对这种普遍主义的“城市意识形态”，卡斯特尔开始界定“城市体系”的角色，认为它是资本主义生产方式内部的一种决定性结构。通过这样做，卡斯特尔隐含地区分了城市的两个基本维度——从当前的目的来看，可以被称为尺度维度与功能维度。城市的尺度维度关注的是在城市尺度(相对于超城市尺度)上所组织的社会过程的物质性。在卡斯特尔的术语中，尺度被理解为构成资本主义体系差异化的“空间单元”。[12] 城市的功能维度是卡斯特尔在《城市问题》中最明确的焦点，不仅涉及地理环境或社会过程的地域范围，还涉及它们的功能角色或“社会内容”。[13] 根据卡斯特尔的著名论述，城市“空间单元”的具体特殊性在理论上既不能参考其意识形态、政治区划或生产功能，也不能仅根据其作为劳动力再生产场所的作用来界定。[14] 因此，卡斯特尔立场的实质是试图根据其社会功能来定义地理尺度。他一再承认资本主义城市中存在多种社会过程，但他认为只有集体消费在功能上是特定于城市尺度的。卡斯特尔试图将阿尔都塞结构主义进行空间化，其前提是将地理尺度理解为社会功能的空间表达。

卡斯特尔几乎是在《城市问题》一书出版之后就马上开始修正这一观点，然而在整个 20 世纪 80 年代，该书持续地对城市研究中的地理尺度概念化产生着巨大的影响。彼得·桑德斯对卡斯特尔早期作品的广泛讨论与批判有效地说明了这种影响的程度。[15] 桑德斯批判的核心是拒绝承认任何位于城市内部的社会过程，他认为功能都是特定于其地理尺度的。这一观察使桑德斯将城市空间

---

⑫ 同上，445—450。

⑬ 同上，89，235。

⑭ 同上，235—237，445。

⑮ Peter Saunders, *Social Theory and the Urban Question*, 2nd ed. (London: Routledge, 1986 [1981]).

组织视为只是一种偶然的效应，因此在面对城市问题时，它是一个存在缺陷的概念基础。然而，在得出这个结论时，桑德斯隐晦地接受了卡斯特尔的功能具体性标准作为城市问题的理论关键因素。正是这个潜在的假设，使得桑德斯能够援引城市内部社会过程的超城市特征，作为挑战城市空间统一定义的理由。桑德斯的另一个建议是将城市社会学定义为对消费过程的研究，只把“城市”(urban)这个标签保留为一种“传统惯例”。[16] 因此，桑德斯的观点使得城市社会学的城市维度变得完全是偶然性的，是地理尺度的随机选择。

尽管他们的结论截然相反，卡斯特尔/桑德斯辩论中的两种立场都是以关于城市问题中地理尺度作用的两个共同假设为前提的。首先，两位作者都将城市尺度视为城市问题不证自明的核心经验部分。因为他们过分关注城市的功能内容，卡斯特尔和桑德斯将尺度维度——在一个不均衡发展的全球资本主义体系中独特的城市化“空间单元”存在——简化为预先给定的经验事实而不是将其自身进行概念化的理论问题。因此，两位作者都无法明确地分析城市尺度本身是如何由社会生产的，或者说最重要的是 20 世纪 80 年代之后城市尺度破裂或转型的可能性。其次，卡斯特尔和桑德斯的论述都建立在所谓的地理尺度“零和”概念的基础上——这一概念认为，对于社会空间关系而言，尺度是相互排斥的，而不是在关系上相互啮合、共同演化的框架。在此基础上，卡斯特尔和桑德斯都暗示超城市的地理尺度只不过是城市问题的外部参数。相反，正如我将在后面讨论的，接下来的这轮全球城市研究理论实验将城市与超城市尺度之间流动演变的相互联系解释为城市问题

---

⑯ 同上，289。

的内在内容。

在20世纪70年代末与80年代初，许多城市学者试图重新定义城市的具体特性，构建了各种与卡斯特尔早期研究不同的替代方案。从这个角度来看，研究的关键任务是勾画与城市尺度具有内在关联性，而不是与城市尺度无关的社会过程。因此，城市如今被作为一种多维的地理空间进行分析，在这种地理空间中，工业生产、本地劳动力市场、基础设施配置、企业间关系、城市土地利用矩阵与家庭消费过程聚集在一起。从大卫·哈维对城市建成环境的资本理论论述、艾伦·斯科特对城市土地联结的新李嘉图主义理论化，到迈克尔·斯多波和理查德·沃克(Richard Walker)对产业集聚和地域发展的后韦伯主义分析，这些方法都是用尺度具体性标准取代了卡斯特尔的功能具体性标准。[17] 城市问题的分析核心不再是城市过程假定的功能统一性，而是城市尺度作为资本主义社会空间关系多层面物质化的演化作用。实际上，这是将卡斯特尔早期的位置关系进行了逆转。相对于他将尺度视为社会功能的空间表达，资本主义的社会空间关系如今被分析为它们在城市尺度上独特的物质化。

这些关于城市社会空间性的多方面分析很快就汇聚成对资本主义背景下空间生产与空间结构更为广泛的探索。大卫·哈维对"空间修复"的历史地理唯物主义概念化就是这种趋势的例证。[18]

---

[17] 可参阅 David Harvey, *The Urban Experience* (Baltimore: Johns Hopkins Press, 1989); Allen J. Scott, *The Urban Land Nexus and the State* (London: Pion, 1980); Michael Storper and Richard Walker, *The Capitalist Imperative: Territory, Technology and Industrial Growth* (New York: Basil Blackwell, 1989). 关于这些讨论的综述，可参阅 Soja, *Postmetropolis*.

[18] Harvey, *Urban Experience*; and David Harvey, *The Limits to Capital* (Chicago: University of Chicago Press, 1982).

在哈维 20 世纪 80 年代的著作中，他继续将城市尺度视为积累过程的关键地理基础，并构建了具有影响力的聚焦于连续城市化历史浪潮的资本主义发展阶段论。同时，正如我们在前一章所讨论的，哈维现在开始更加明确地对超城市空间与过程的角色——例如劳动的区域分工、国家机构体系、超国家的积累体制与世界市场环境——概念化为资本主义背景下每个历史性空间修复的核心地理先决条件。还有许多其他的激进地理学者如多琳·马西、尼尔·史密斯和爱德华·苏贾都构建了相似的方法策略，将各自的城市问题研究嵌入更加广泛的超城市尺度的资本主义社会空间性进行论述，不论是涉及变化的劳动空间分工、不均衡的空间发展模式，还是危机诱导的重构形式。

在这些辩论中，有三个方面需要在此进一步强调。首先，由于这些城市空间的分析直接会引向一系列超城市问题——区域、不均衡发展、核心-边缘辩论等——使得城市问题的连贯性存在严重的不稳定性。[19] 尽管关于城市问题的探索对于更加广泛的马克思主义地缘政治经济学的空间化有着至关重要的贡献，但后者的发展趋势如今似乎正在取代城市问题本身，将城市空间置于资本主义不均衡的历史地理这一更为普遍的问题之中，使其成为一个次要话题。其次，这些分析引入了与之前使用的概念相比更加多维度的地理尺度概念。尺度不再等同于单一的社会功能，而是日益被视为多元的、重叠的政治经济过程的具体化。第三，虽然在方法论上取得了进步，但是地理尺度的历史性只是在相对有限的意义上得到承认。资本被认为持续地在城市、区域、国家和全球范围内跳跃，以追求新的剩余价值来源，但对于根深蒂固的尺度化等级与

---

⑲ Soja, *Postmodern Geographies*, 94—117.

尺度间关系本身可能经历重构并被创造性破坏的可能性，却没有进行系统性的探索。直到20世纪90年代初，随着从城市维度开展地缘经济重构研究的激增，批判性城市研究才开始对地理尺度与尺度间结构进行更具历史性的动态概念化。

（重新）尺度化城市问题？

自20世纪90年代以来，城市问题持续引发了激烈的辩论与分歧，但是伴随着世界范围内城市与区域重构过程研究新浪潮的兴起，其参数已被显著地重新定义。相比之前将城市视为一个相对的、不证自明的尺度化实体的构想而言，城市研究者一直在面对社会、制度、基础设施与地理组织的重大转型，不仅是在城市尺度，而且也包括城市所嵌入的世界尺度等级结构与尺度间网络。在这一背景下，研究者们已经对城市问题进行重新概念化，并直接涉及一系列超城市的尺度重构过程。

这种方法论上的重新定位可以体现在20世纪90年代之后城市与区域研究领域中几个重要流派的研究。第一，全球城市理论家与产业地理学者探索了地方特定的社会关系、本地化过程与地域集中化作为全球经济相互依赖的基本前提的战略重要性。[20] 从这个角度来看，城市尺度是全球资本积累循环组织中的一个地方化节点，而全球尺度反过来则是由相互联系的城市与大都市区域网络所构成。第二，许多城市学者分析了城市之间垂直与水平维度关系的巨大转变，例如，新的全球城市等级体系的强化；城市之间信息、金融与移民流动的加速；新的星球化电信基础设施的建

[20] Paul L. Knox and Peter J. Taylor, eds., *World Cities in a World-System* (New York: Cambridge University Press, 1995).

设；城市之间竞争的加剧；城市之间合作与协调的相互抗衡。[21] 从这个角度来看，城市不仅是超城市政治-经济等级体系中的嵌套分层，而且是连接世界经济中分散地点的密集尺度网络的媒介与产物。第三，一些受管制主义研究者启发的分析将城市重构过程与正在进行的国家空间组织转型联系起来。国家空间组织的转型重新调整了国家管制机构的形式与功能，并赋予了超国家与次国家层次治理形式新的重要性。[22] 从这个角度来看，城市尺度不仅是全球资本积累的地方竞技场，也是一个正在展开的国家空间性多尺度重构的战略管制坐标。

当然，针对这一时期城市转型的恰当解释从过去到现在一直是一个相当有争议的问题。在新的地缘政治与地缘经济条件下，在这一波关于城市问题的“转型形式”理论化浪潮中涌现出了三个核心命题：

1. 国家化尺度修复的不稳定化。在福特-凯恩斯主义与国家发展主义时期盛行的资本积累、国家管制、城市化与社会政治斗争的国家化形式正在变得不稳定。因此，在 20 世纪 80 年代之后变化无常的条件下，“曾经在国家层次上一致的制度安排如今在多个空间层次上变得更加分散”；与此同时，“在社会的各个层次，包括国家、产业部门、自由贸易区、国际体制、超国家区域、大城市，甚至

---

[21] Stephen Graham, “Cities in the Real-Time Age: The Paradigm Challenge of Telecommunications to the Conception and Planning of Urban Space,” *Environment and Planning A* 29 (1997): 105—27; Peter J. Taylor, *World-City Network* (London: Routledge, 2004).

[22] Neil Brenner, *New State Spaces: Urban Governance and the Rescaling of Statehood* (New York: Oxford University Press, 2004); Bob Jessop, *The Future of the Capitalist State* (London: Polity, 2002).

是小型的专业化地方，几乎都存在着一种多方面的因果关系”[23]。

2. *尺度重构战略的扩散*。在20世纪70年代北大西洋地区福特主义危机之后，各种社会政治战略被动员起来，对原有的包括城市化在内的政治-经济组织与日常生活关键领域中的尺度间结构进行重组。[24]在主要的大都市区域内外，这些尺度重构战略被广泛地视为解决危机倾向、处理管制问题、重新校准权力关系以及为经济增长、地域治理和政治认同建立新的地理基础的手段。因此，在这一背景之下，城市与大都市区域日益成为管制试验、制度创新与社会政治竞争的战略地点。[25]

3. *尺度的相对化*。国家尺度的形式、功能、制度结构与空间组织正在显著地被重新校准，通常会对城市发展的模式与路径产生重大的影响。克里斯·科林奇与鲍勃·杰索普将这种情况恰当地描述为“尺度的相对化”[26]。从这个角度来看，20世纪80年代后期的社会空间转型并没有引发全球化、三极化、欧洲化、分散化、区域化或地方化的单向过程，即由一个单一的尺度（全球、三极、欧洲、区域或地方）取代国家作为主要的政治-经济协调层次。取而代之

---

[23] Robert Boyer and J. Rogers Hollingsworth, "From National Embeddedness to Spatial and Institutional Nestedness," in *Contemporary Capitalism: The Embeddedness of Institutions*, ed. J. Rogers Hollingsworth and Robert Boyer (New York: Cambridge University Press, 1997), 472, 470.

[24] Erik Swyngedouw, "Neither Global nor Local: 'Glocalization' and the Politics of Scale," in *Spaces of Globalization*, ed. Kevin R. Cox (New York: Guilford Press, 1997), 137—66.

[25] Allen J. Scott, *Regions and the World Economy* (London: Oxford University Press, 1998).

[26] Chris Collinge, "Spatial Articulation of the State: Reworking Social Relations and Social Regulation Theory" (unpublished manuscript, Centre for Urban and Regional Studies, Birmingham, 1996); Jessop, "Crisis of the National Spatio-Temporal Fix."

的是，原有的尺度化等级与尺度间关系在整个世界经济中被重新构建，但并没有产生一个新的具有特权、支配性或霸权尺度的政治-经济组织。因此，前几十年资本主义发展的国家化尺度修复如今已被普遍的尺度间流动与尺度相对化的情形所取代。

总之，正如“地方-全球相互作用”“地方-全球联系”与“全球地方化”等术语的激增所展现的那样，许多城市研究者在20世纪90年代之后将地缘经济重构的新兴过程概念化为一种竞争性的尺度组织的重新建构。通过这种方式，地理尺度的问题域——其空间组织、社会生产、政治竞争与历史重构——如今被自反性地定位于城市问题的核心。虽然城市问题之前主要集中在关于相对稳定的尺度间等级体系中城市功能具体性或是尺度具体性的辩论，但是如今它在批判性城市研究的主要流派中正以尺度问题的形式被重新构建。

尺度化分析的挑战与缺陷

虽然城市研究者们在使用尺度化概念时已经开始增加自反性的考虑，但是仍然面临着方法论上的重大挑战，主要与以下任务相关：(1) 解读20世纪80年代之后地缘经济与地缘政治转型背景下出现的城市生活的尺度化等级、马赛克与网络；(2) 明确在新兴的政治-经济地理格局中城市、大都市区域与城市间网络的角色；(3) 理解尺度相对化对城市发展模式与路径的影响；(4) 对目前正在重塑资本主义城市肌理本身的混杂模式与尺度重构路径进行理论化。面对这些挑战的核心是需要使用一个恰当的概念语法，来呈现在尺度相对化深化条件下地理尺度与尺度间关系动态、政治竞争的特征。

尽管激进社会空间理论家在最近几十年中进行了积极的探索,然而严格的过程性的尺度话语仍然难以捉摸。具体化的尺度似乎被嵌入日常的尺度语汇中(如本地、区域、国家与全球),因为它们呈现了社会空间的动态过程与制度的创造性破坏(国家化、本地化、区域化与全球化),就像它们被整齐地圈占在固定、有边界的地域容器内一样。与此相关的是,现有的尺度语汇在把握地理尺度之间纠缠不清的、永久变异的历史性相互联系与相互依赖方面存在明显的不足。在"本地""城市""区域"等术语被用来划分社会空间关系中所谓的地域"岛屿"时,它们混淆了所有尺度的相互叠加与构成后者的密集交织、重叠的尺度网络。正是由于未能挖掘出这种尺度间的相互纠缠,导致了萨斯基娅·萨森所谓的普遍存在的"内生性陷阱"——分析与解释的尺度都被假定为是趋于一致的。[27]而且,大部分主流社会科学中的劳动分工仍然是根据独特的尺度焦点来组织的——例如城市研究、区域研究、比较政治、地区研究、国际关系,等等——往往使历史特定的地域与尺度组织形式具体化,从而阻碍了对尺度间关系与尺度重构过程动态的探索。在这种情况之下,这些困难进一步被加剧。

甚至是在那些发展自反性尺度化方法来分析空间生产的学者内部,关于尺度本身的概念化也变得越来越有争议。例如,理论家们在如何最好地描绘尺度的基本属性、概念的分析范围与经验范围、尺度与其他关键社会空间概念的关系以及在具体社会空间关系、过程与转型研究中的恰当应用等方面存在分歧。虽然一些理

---

[27] Saskia Sassen, *Territory, Authority, Rights: From Medieval to Global Assemblages* (Princeton, NJ: Princeton University Press, 2006).

论家倾向于将尺度的概念拓展到非常宽泛的程度，以至于使其成为社会空间性的同义词，但是另外一些理论家则主张完全消除尺度的概念，支持“扁平化的本体论”，避免对地域组织的垂直分层维度进行任何分析。因此，自 20 世纪 90 年代以来出现了许多关于这些问题的学术交流、辩论与争论，理论家们致力于条理清晰地区分尺度的本体论、认识论、地图呈现、政治与经验维度，这样的话，尺度化与尺度重构的过程也许可以通过一个广泛共享的社会空间话语进行分析。[28]

鉴于此，我们似乎有理由像布莱恩·米勒(Bryon Miller)一样发问：尺度是否存在变成一个“混乱的概念”的危险，把“各种各样的对象与过程，其中许多是不相关的”混为一谈？[29] 作为分析 20 世纪 70 年代之后资本主义重构的重要维度，当代的“尺度转向”已经出现了丰富的成果，但是在尺度概念与其他同样重要的社会空间理论关键词如地方、地域和网络缺乏精确分析的情况下，它的贡献将会被大大削弱。

---

[28] 关于这些辩论有用的概述，可参阅 Andrew Herod, *Scale* (New York: Routledge, 2011), 以及 Keil and Mahon, *Leviathan Undone?*; Sheppard and McMaster, *Scale and Geographic Inquiry*. 关于辩论中各种其他重要立场的样本，请参阅 Harriet Bulkeley, "Reconfiguring Environmental Governance: Towards a Politics of Scales and Networks," *Political Geography* 8 (2005): 875—902; Chris Collinge, "Flat Ontology and the Deconstruction of Scale," *Transactions of the Institute of British Geographers 31* (2006): 244—51; Arturo Escobar, "The 'Ontological Turn' in Social Theory," *Transactions of the Institute of British Geographers 32* (2007): 106—11; Andrew E. G. Jonas, "Pro Scale: Further Reflections on the 'Scale Debate' within Human Geography," *Transactions of the Institute of British Geographers 31* (2006): 399—406; Richard Howitt, "Scale as Relation: Musical Metaphors of Geographical Scale," Area 30, no. 1 (1998): 49—58; Nathan Sayre, "Ecological and Geographic Scale: Parallels and Potential for Integration," *Progress in Human Geography 29*, no. 3 (2005): 276—90.

[29] Bryon Miller, "Is Scale a Chaotic Concept? Notes on Processes of Scale Production," in Keil and Mahon, *Leviathan Undone*, 52.

就当前的目的而言，我不会试图回顾最近关于尺度问题理论辩论的一些令人费解的变迁，它们已经发展出了多元化的政治-认识论议程，并面向社会科学、人文和设计研究等不同领域开展了一系列具体的探索。为了给本书后续章节研究提供一个分析导向，这里的任务是呈现一个概念化过程中关键要素的简明陈述。我们可以清楚地看到，这里所发展的立场与最近批判性社会空间理论家关于尺度问题的辩论中已经形成的一些典型方法论倾向截然不同，这些理论家们的立场主要包括：(1) 将尺度视为一种社会空间性的普遍化隐喻；[30](2) 将尺度等同于空间的地域主义理解；[31](3) 呼吁放弃尺度概念，支持拓扑模式分析与“扁平化的本体论”；[32](4) 在用跨历史或本体论的视角思考社会生活本质的基础上进行社会空间理论的构建。[33] 然而，在这一过程中，我的目标不是阐述这些立场的哲学局限性，而是提供一个尺度概念化的简明概述，从而支撑我自己对尺度重构过程的探索。从这个角度来看，这里的基本问题不是提出一个关于特定概念化的绝对本体论“真理”，而是它对当前具体的分析、解释与/或政治任务的相对有用性——就我在此的目的而言，就是解读 20 世纪 70 年代之后的城市化模式与路径。我相信，这一概念有效性的实用主义标准是作为一

---

[30] Sallie Marston, “The Social Construction of Scale,” *Progress in Human Geography* 24, no. 2 (2000): 219—42.

[31] Ash Amin, “Regions Unbound: Towards a New Politics of Place,” *Geografiska Annaler* 86 (2003): 33—44; Ash Amin, “Spatialities of Globalization,” *Environment and Planning* A 34 (2002): 385—99.

[32] Sallie Marston, John Paul Jones, and Keith Woodward, “Human Geography without Scale,” *Transactions of the Institute of British Geographers* 30 (2005): 416—32; Amin, “Spatialities of Globalization.”

[33] Escobar, “ ‘Ontological Turn’”; Chris Collinge, “The Différance between Society and Space: Nested Scales and the Returns of Spatial Fetishism,” *Environment and Planning D: Society and Space* 23 (2005): 189—206.

个学术调查、交流与辩论的基础，继续为当代社会空间理论的许多重要方面提供信息，这会比先验性的、准形而上学的构建更具成效。

虽然接下来的命题一开始就采用了“尺度”这一术语，但是它们很快就超越了这个相对静态的通用术语，并基于过程性、情境嵌入的尺度化与尺度重构概念，构建了一个重新创造的概念性语法。在这一框架中，尺度只不过是历史上特定的社会空间过程暂时稳定的成型，而这些过程必须根据它们自身的条件进行理论化与调查。简而言之，必须将尺度化与尺度重构的地理历史过程，而不是尺度本身，作为研究尺度问题的主要分析重点。[34] 受到埃里克·斯温格杜关于这一主题强有力论述的影响，这一概念化旨在提供一个深入研究尺度重构的基础——无论是关于城市化、资本积累、政府管制、社会生态代谢或社会政治竞争——尤其是当代城市研究者关注的核心问题。下面我先从认识论的基础开始，然后再转向概念化与分析的第二阶、第三阶的问题。

关于尺度重构的九个命题

1. *尺度的批判现实主义认识论*。用尺度的语汇来描述社会世界的可能性条件是什么？在这里，我主要依赖一种批判现实主义认识论，认为从尺度视角对社会生活的理解来源于事件的先前状态，即社会空间关系在独特而又相互联系的尺度层次之间的分化，这种尺度层次反过来又会形成感知、经验、理解、表征与实践的结构。[35] 无论它们意味着什么——正如前面已经指出的那样，这是一个存在相当大分歧的问题——尺度概念都不是由研究者施加于

---

[34] Swyngedouw, “Neither Global nor Local.”

[35] Andrew Sayer, *Method in Social Science*, 2nd ed. (London: Routledge, 1992).

生活的非结构化复杂性之上的简单分析范畴(从马克斯·韦伯的意义上来说,就是理想类型或概念抽象)。相反,正如这里所理解的,地理尺度的话语是作为历史特定模式、规律、相互依赖与关系体系的"真实抽象"而出现的,它通过社会空间关系具体化,并影响社会空间关系。[36]因此,在当代资本主义背景下,对尺度问题持续的肯定与这种历史上特定的社会形态及其相关联的危机倾向不断变化的组织与空间结构有着内在的联系。虽然尺度问题在早期资本主义地域发展的历史结构中假定具有决定性的形式,但是它们的可能性条件——以及它们的智识基础、概念化导向与具体的参照标准——与那些在20世纪80年代之后重构时期形成的条件在性质上有所不同。[37]

2. *尺度来自社会关系的垂直秩序*。但是尺度范畴的具体特性是什么?它们主要涉及什么内容?正如这里所构想的,基于克里斯·科林奇的精确阐述,尺度源于社会构成的"垂直秩序"[38]。社

---

[36] 关于后一个词语,可参阅 Sayer, *Method in Social Science*. 地理尺度作为一个概念性"话语"来自 Neil Smith, "Remaking Scale: Competition and Cooperation in Prenational and Postnational Europe," in *Competitive European Peripheries*, ed. Heikki Eskelinen and Folke Snickars (Berlin: Springer Verlag, 1995), 59—74.

[37] 关于资本主义背景下尺度问题的早期版本,可参阅 Neil Smith, *Uneven Development: Nature, Capital and the Production of Space* (New York: Blackwell, 1984); and Neil Smith, "Scale Bending and the Fate of the National," in Sheppard and McMaster, *Scale and Geographic Inquiry*, 192—211.关于激进的反对立场的本体论出发点,可参阅 Marston, Jones, and Woodward, "Human Geography without Scale," and Amin, "Spatialities of Globalization."

[38] Chris Collinge, "Self-Organization of Society by Scale: A Spatial Reworking of Regulation Theory," *Environment and Planning D: Society and Space* 17 (1999): 557—74. In Collinge's key formulation (557):空间组织的综合方法将以统一的方式强调地方与尺度的轴线关系。它承认全球社会结构具有一种"水平"结构,在这种结构中相同的活动在不同的地方以相似的尺度组织起来。但是它也承认这种构成同时也有一种"垂直"结构,在这种结构中不同的活动以不同的尺度组织起来,而某些尺度的活动往往会主导其他尺度的活动。理解社会组织的两个轴线对于理解社会的构成特别重要。

会空间关系除了跨越地方、区域与地域的“水平”(地区的、拓扑的或网络的)分化之外，还有一个“垂直”排序的过程，即在全球、超国家、国家、区域、大都市、地方、家庭与/或身体层次(以及其他层次)之间的分化与分层。正是这种社会空间关系的垂直结构，使得尺度化概念在日常生活中变得容易理解，并成为社会历史研究的必要工具。只有在社会空间关系不存在这种垂直分化的情况下，行动者网络理论家与其他拓扑空间性理论家们所假定的“扁平化的本体论”的非尺度构想才有可能实现。然而，至关重要的是，正如我在下面与后续的章节中所指出的，尺度的空间性不能被简化为只是这一垂直维度。基于正在调查中的具体社会空间过程，一些同样基础性的社会空间关系维度也可能具有相当重要的意义，它们也需要进行平行的理论化与分析。虽然尺度是由垂直分化来定义的，但是其混杂的空间性超越了这一维度。[39]

3. *尺度的存在是因为社会过程被尺度化了。*地理尺度——垂直排序的社会空间结构中离散的层级、分层或层次——不是政治-经济生活的静态、固定或永久的属性。它们最好被理解为是由社会生产的、具有可塑性的特定社会空间过程的维度——如资本主义生产、社会再生产、国家管制、城市化、社会环境代谢、社会政治斗争，等等。只要任何社会、政治、经济或环境过程或制度结构在

---

[39] 在强调尺度关系的垂直性时，这里提出的方法并没有否认尺度间相互作用与相互依赖的水平形式的重要性——例如，行动者之间的关系网络、行动者联盟或位于地理上分散的大都市区域、地域内的组织等。然而，我认为，空间连接性的尺度间结构与网络是相互构成的，而不是相互排斥的社会空间关系维度。确实，空间连接性的网络结构可以说直接是由尺度化与尺度重构过程决定的，后者在其中很可能会扮演关键的角色，界定(1) 特定的空间单元，在它们之间网络得以相互联系；(2) 空间的轨道网络。虽然尺度化过程可以调解这种水平连接关系，但是尺度范畴本身并不能提供与网络以及社会空间关系的其他几个关键维度相关的多维空间性的完整描述。这个问题将在后续的章节中进一步探讨。

相对个体化的空间层级之间垂直分化，其尺度组织（及其潜在的重组或尺度重构）的问题就会出现。因此，更为准确的说法是特定社会空间过程与制度形式，而不是尺度本身的尺度化（尺度分化）与尺度重构（尺度重新排序）。尺度只是尺度化与尺度重构过程的暂时稳定的结果；只有通过对后者的分析，才能真正把握前者。

4. *尺度只能通过关系的分析来把握。*尺度不能被简单地解释为按绝对地理规模定义的嵌套式地域容器体系中的固定单元（尺度的“俄罗斯套娃”模型）。任何一个地理尺度的制度结构、功能、历史与演化动态只能通过其与更加广泛的尺度间结构内其他地理尺度不断变化的联系来把握。[40] 因此，尺度术语（如“全球”“国家”“区域”“城市”与“地方”）的含义可能会因其所描述的特定社会空间过程而有质的不同，它们可能会产生独特的尺度形态、尺度间建构与尺度演化的编排方式。因此，尽管受语法上的传统影响形成了实体主义的空间视角，但如果只用单独的术语来描述尺度——例如，在关于“地方”“区域”“国家”“全球”等的话语中——实际上很容易引起误解。这些论述暗示单个尺度内部包含了一种预先设定的连贯性，因此会偏离对尺度层次之间通过尺度间结构内部与尺度间结构之间这一社会空间过程的流动所形成的不可避免的关系共同构建的关注。

---

[40] 海尔格·雷特纳（Helga Leitner）与拜伦·米勒（Byron Miller）强调了这一论点的一个重要推论，即承认与尺度化过程相关联的社会空间关系的垂直秩序可能会也可能不会是一种自上而下的等级化形式。正如雷特纳和米勒所认为的，等级只是许多可能的垂直形式中的一种；在任何给定的尺度间结构中，可能有不同的分层模式。因此，强调尺度化过程的垂直性并不意味着“全球制定规则，本地适应……不同尺度之间的权力不对称总是存在竞争且必然会导致斗争”。可参阅 Helga Leitner and Byron Miller, “Scale and the Limitations of Ontological Debate: A Commentary on Marston, Jones and Woodward,” *Transactions of the Institute of British Geographers* 32 (2007): 117.

5. *尺度间组织呈现为马赛克的形态，而不是金字塔的形态。*资本主义的制度景观并不是一个单一的、包含所有社会空间关系与制度结构的尺度化金字塔。相反，现代资本主义背景下每个主要的社会空间过程都可能被关联到一个独特的尺度次序模式，通常表现在制度安排、物质基础设施、管制结构、社会空间相互依存模式、社会代谢流动等方面混杂的成型。例如，与国家相关联的尺度分化模式可能只是部分对应于国家城市等级模式，而它可能更倾向于与能源生产、金融流通、商品交换或政治主体性的国家化模式相对应。因此，资本主义的尺度架构作为一个整体，是由纠缠的、交错的、不对称分层的且只有部分重叠的尺度间结构马赛克状的地理历史积聚构成的。这种尺度间结构很可能沿着空间不均衡、时间不连续与非同构的路径不断演化。

6. *尺度间结构嵌入多态化的地理之中。*尺度化与尺度重构过程的发生与其他社会空间模式的地理历史形式密切相关，如地域化（圈占、边界化）、地方营造（聚集、集群化）与网络形成（空间之间的链接）。因此，任何特定的社会空间过程的尺度分化只是其地理结构诸多潜在的重要维度之一。虽然社会空间关系经常被尺度化，但是它们的地理通常是按照其他几个重要的维度进行区分的，因此不能将这些维度完全归入一个包罗万象的尺度"大伞"之下。基于此，正如我在本书通篇都会强调的，尺度化与尺度重构研究必须避免"尺度中心主义"的危险，其问题在于赋予社会、政治、经济或代谢过程的尺度属性特权地位，而忽视与具体研究问题相关的可能是同等甚至更加重要的其他社会空间关系维度的影响。[41]

---

[41] Bob Jessop, Neil Brenner, and Martin Jones, "Theorizing Socio-Spatial Relations," *Environment and Planning D: Society and Space* 26 (2008): 389—401. 关于这一论点的启示会在第八章中进行详细回顾。

7. *尺度间的规则体制可能会凝结。*即使尺度化与尺度重构的地理历史浪潮一直在持续地前行，资本主义的尺度架构也不能简单地看作是尺度间组织叠合层级之间的随意拼凑。事实上，尽管之前强调宏观空间规则体制的关系性、不均衡、多态性、变异性与演化动态，然而在资本主义背景下经常会出现（暂时）稳定的、（相对）连贯的尺度间架构，这可能会产生：(1) 一个主导性的政治-经济权力尺度；(2) 具体的尺度间分层模式、传导与循环；和/或(3) 尺度间元治理、冲突与演化的独特模式与路径。这些正是前一章中讨论的尺度修复，涉及大卫·哈维与亨利·列斐伏尔的研究。通过构建一种主要层级之间尺度间组织与管制化社会空间关系决定性的结构，这种规则体制将作用于围绕政治-经济生活重要维度的一些运行参数，包括资本积累、政治管制、社会环境代谢与社会政治竞争。[42] 在这种情况下，正如罗杰·凯尔（Roger Keil）与丽安·马洪（Rianne Mahon）所做的精确阐述："虽然可能存在多样化的等级，但多元主义并不盛行。"[43]因此，探讨这种尺度间规则体制的建立、强化、瓦解或废除是研究资本主义背景下尺度化与尺度重构过程的一个关键挑战。更广义地说，调查混杂的社会空间过程是一项基础性的工作，这些规则体制的元架构会随着资本积累的系统性循环、制度管制重构的地理历史浪潮、政治竞争

---

[42] 关于规则体制的理论化及其影响，可参阅 Brenner, *New State Spaces*; Jamie Peck, "Political Economies of Scale: Fast Policy, Interscalar Relations and Neoliberal Workfare," *Economic Geography* 78, no. 3 (2002): 332—60; Neil Brenner, Jamie Peck, and Nik Theodore, "Variegated Neoliberalization: Geographies, Modalities, Pathways," *Global Networks* 10, no. 2 (2010): 182—222; Neil Brenner, Jamie Peck, and Nik Theodore, "After Neoliberalization?," *Globalizations* 7, no. 3 (2010): 313—30; 以及 Swyngedouw, "Neither Global nor Local"; Jessop, "Crisis of the National Spatio-Temporal Fix."

[43] 参阅 Roger Keil and Rianne Mahon, "Introduction," in Keil and Mahon, *Leviathan Undone?*, 18.

的模式与危机形成路径而不断演化。

8. *尺度重构过程通常是路径依赖的。*大量尺度生产与尺度重构的经验研究都聚焦于20世纪70年代之后的动荡时期，突出其在系统性危机的浪潮中以及随后发生的尺度化转型的剧变形式。在这些条件下，既有的尺度结构被拆除和重组；在激烈的社会政治斗争与组织实验中，尺度间关系的新秩序得以建立。然而，即使是在剧烈重构的阶段，尺度结构也不可以被无限制地重塑。由危机产生的尺度重构过程并不意味着一种尺度间结构被另一种完整形态的尺度秩序结构完全取代，或某些尺度在被其他尺度取代时会完全消失。相反，尺度重构过程的发生通常是通过原有尺度间安排的路径依赖性、相互转化的互动，以及对原有尺度间安排进行重新想象与重新校准的新兴战略。这意味着，即使在既定尺度间秩序重构的巨大压力中，根深蒂固的尺度结构也可能在确定的制度、政治-经济与地理参数内通过限制新尺度的生产，从而关闭尺度重构的一些路径。因此，尺度化重构的差异化模式——渐进的、并行的、倾向性的、系统性的、剧烈的，等等——值得仔细调查研究。[44]

9. *尺度重构过程重新校准权力关系的地理与编排方式。*社会空间过程的尺度化与尺度重构可以调解不对称、充满冲突的社会

---

[44] 克里斯·科林奇(在《通过尺度的社会自组织》中)暗示，主导尺度的选择，更普遍地说，尺度化等级的演化是为了积累的目的而被校准到最优的。尽管科林奇的分析对管制理论中的某些唯意志主义倾向提供了有用的结构主义批判，但是尺度演化将反映资本积累不断变化的历史要求的假设是有问题的。正如关于路径依赖性的文献所指出的，次优的制度结构经常会被锁定，因为随着它们变得越来越普遍，它们的收益会越来越高("报酬递增")。可参阅 W. Brian Arthur, *Increasing Returns and Path Dependence in the Economy* (Ann Arbor: University of Michigan Press, 1994).此外，关键是要探索尺度重构过程如何受到以下条件的影响:(1) 现有尺度结构的(相对)僵化或(明显的)惯性的制约，以及(2) 政治战略与社会政治竞争的演化。

权力关系，同时反过来也会被其所塑造。[45] 一方面，建立相对稳定的尺度结构可能会强化主导性/从属性、包含性/排他性、规范化/他者化的地理与编排方式，通常是位于结构性位置的基础之上，如阶级、性别、性取向、种族、民族和公民身份，以牺牲他者为代价赋予一些社会行动者、身份、联盟、势力和组织权力。从这个意义上来看，尺度重构过程很可能会战略性地出现在多琳·马西所说的社会生活"权力几何"中，即在历史特定的社会空间安排中，阶级、性别、性取向、民族、种族、帝国与公民身份等不平等关系竞争性的物质化。[46]然而，另一方面，尺度结构可能不仅仅是作为社会权力斗争的物质化与竞技场，还可以作为它们的对象与筹码：它们的重组也可以跨越地点、地方与地域，深刻地重塑权力几何本身。正如斯温格杜所解释的："空间尺度持续性地重新排列与重组是为控制和获得权力的社会战略及斗争的内在组成部分。"[47]与此同时，在史密斯的经典论述中也提到："斗争的尺度与围绕尺度的斗争是一

---

[45] 这一主张是尼尔·史密斯与埃里克·斯温格杜在他们关于尺度生产的基础性著作中提出的核心观点之一。关于其他的贡献还可以参阅 Christian Berndt，"The Rescaling of Labour Regulation in Germany：From National and Regional Corporatism to Intrafirm Welfare，" *Environment and Planning A* 32，no. 9（2000）：1569—92；Noel Castree，"Geographic Scale and Grass-Roots Internationalism：The Liverpool Dock Dispute，1995—1998，" *Economic Geography* 76，no. 3（2000）：272—92；Andrew Herod，"Labor's Spatial Praxis and the Geography of Contract Bargaining in the US East Coast Longshore Industry，1953—1989，" *Political Geography 2*（1997）：145—69；Neil Smith，"Homeless/Global：Scaling Places，" in *Mapping the Futures*，ed. Jon Bird，Barry Curtis，Tim Putnam，and Lisa Tickner（New York：Routledge，1993），87—119.

[46] 参阅 Doreen Massey，*Space，Place and Gender*（Minneapolis：University of Minnesota Press，1996）；更加普遍性的论述，可参阅 Eric Sheppard，"The Spaces and Times of Globalization：Place，Scale，Networks and Positionality，" *Economic Geography* 3（2002）：307—30.

[47] Swyngedouw，"Neither Global nor Local，" 141.

枚硬币的两面。”[48]在特定的地理历史、制度与政治条件下，原有的尺度间秩序可能成为筹码，而不仅仅是作为“权力几何”结构社会斗争的设置。针对这些条件的具体阐述，显然是任何尺度化过程批判性理论的核心任务。

鉴于我在前面的命题中所强调的几个方面，(1) 社会空间关系的多元化、多态化特征，(2) 尺度间结构中每个层级或分层的内在关系性，(3) 尺度化与尺度重构过程深刻的动态性与过程性特征，传统的尺度话语显然不足以支撑当前的分析任务。如今，我们面对的不是一个固定的、稳定的、离散的、单一的、嵌套的简单尺度等级，而是一个由政治调解、社会竞争激烈、不均衡交织的非同构化的动态演化尺度分化与再分化模式构成的叠加体系，所有这些反过来又与社会空间关系的其他关键维度完全地啮合在一起。

凯尔和马洪对最近关于尺度的辩论进行了重要的整合，他们提出了“尺度化的政治经济学”概念，为近来学术界解读现代资本主义背景下政治-经济生活不断的尺度化与尺度重构提供参考。[49]“尺度化的政治经济学”概念可以更为准确地描述这里提出的具体理论方法。这一术语明确强调了尺度研究的焦点不是尺度“本身”，而是地理历史中混杂的尺度化与尺度重构过程，它们是社会空间关系动荡不安、冲突不断的波动的基础、媒介与结果。因此，当前方法论上的挑战不仅仅是认识资本主义背景下社会空间关系的尺度分化与尺度分层特征，更为普遍的是：(1) 探讨尺度化的政治-经济结构(包括尺度间的规则体制)是如何在多元化的地理历史过程中被积极地生产、竞争、瓦解与转型的；(2) 描绘这类垂直秩序的社会空间结构是如何塑造，以及反过来被不断演化的权力、

㊽ Smith, “Homeless/Global: Scaling Places,” 101.

㊾ 参阅 Keil and Mahon, *Leviathan Undone*?

统治、剥削、规范化、竞争与叛乱的地理所塑造的。

面向城市理论的尺度化方法

前面提出的这些命题旨在为城市重构尺度维度的具体研究提供概念化与方法论的导向；更广义地说，也是为尺度化与尺度重构过程比较明显的社会空间重构其他领域的研究提供概念化与方法论导向。尤其是这里提出的概念化旨在提供一种分析上精确的、强有力的替代方案，以取代最近那些钝化的或过度延展的尺度概念的论述，同时也对那些完全废除尺度化概念、支持网络“扁平化的本体论”的解构方法提出强有力的反对意见。

本书的主要论述也许最根本的要点在于：将尺度概念化为一种社会空间关系的垂直秩序，而不是那些设想其对象为一个自我封闭的地方、城市或区域内的“单元”，且在其内部发生重构过程的城市问题方法论的结果。与这些根深蒂固的概念化假设和显得自然而然的思维习惯相比，我在这里的分析表明城市并不能被有效地构想为一个固定化的竞技场或重构发生所“位于”的一般化地点；相反，它本身是通过这些过程不断被生产与重新组织的。因此，谈到城市重构，并不是指发生在熟悉的、稳定的、非历史的或超越历史的分析单元（城市、城市-区域、大都市区域或其他）内的转型过程。相反，在这里提出的框架内，城市本身正在通过城市重构的时空动态进行重新组织。换句话说，正是城市空间的本质——其连贯性、可运作性和可理解性，以及它们与其他同样动态变化的政治-经济活动尺度的对应关系——通过重构过程发生了转变。从这个意义上来说，城市空间的构成属性、元素和参数从来都不是预先给定的，而是通过更为广泛的多尺度社会空间转型被不断地创造和重塑，这些转型激活并持续地破坏资本主义产业发展的动态过程。

显然，为解决由这一方法而来的任何关键性的分析任务，都还需要进一步的理论探索和具体的研究。其中最为迫切的是：(1) 对资本主义背景下城市化过程的尺度分化和尺度分层机制进行理论化；(2) 探索资本主义城市肌理表面呈现的稳定的尺度间结构被动摇、调整与转型的地理历史条件；(3) 分析在不同的情境下城市生活的既有结构尺度重构的模式与路径；(4) 解读不同的政治战略、社会力量与地域联盟如何采取动员或反对的战略来对城市化过程及其政治-管制地理进行尺度重构；(5) 在资本主义城市化的地理历史过程中，特别是在当前尺度间变化、尺度相对化与尺度试验加剧的情况下，考察社会空间关系的尺度化/尺度重构与其他维度之间的相互作用，包括地方营造、地域化和网络化。这些都是我在接下来几章中的核心关注点。

自 20 世纪 90 年代以来爆发的关于地理尺度与尺度重构的自反性辩论，促使了最近十年中城市与区域政治经济空间化方法的重要拓展和完善，这在很大程度上也是由 20 世纪 70 年代之后与福特-凯恩斯主义、国家发展主义资本主义及冷战、后殖民地缘政治相关的尺度间结构的动摇所引发的结果。随后，不仅是在城市研究领域，还包括其他领域，关于尺度问题的探讨产生了一种更为精确的概念语汇，被用于研究在危机诱导的资本主义重构的动荡时期社会空间关系的垂直再分化。尽管这些复杂的空间语汇已经在 20 世纪 80 年代有所发展，被用于把握资本主义历史地理的关键水平维度(包括地方、区域和地域)，但随后的自反性尺度化的社会空间理论、概念和方法的构建促使城市研究者能够更有效地消除这种自然而然的观念，更加历史性、批判性地审视在资本主义城市化的时空动态中占据核心地位的尺度化和尺度重构过程。因此，关于尺度问题的辩论激发了许多城市学者与其他批判地缘政治经济学者去探索推动当代资本主义城市肌理重塑的剧烈竞争的尺度间关系。

正如我在接下来的章节中所认为的，近来的尺度生产与尺度转型分析对城市研究领域具有特别重大的启示，而这一领域研究的地点、对象和单元即使经过近一个世纪持续的、经常有争议的辩论之后仍然是非常模糊的。正如前面的讨论所强调的，城市问题的尺度化方法严重质疑了“城市”(cities)——无论这些社会空间实体是如何定义的——被自然而然地假设为城市研究最合适的分析单元和尺度的聚焦点。在此，我的观点(后面还会具体阐述)不是认为社会空间集聚的过程不存在，或者认为这样的过程不会产生独特的高集聚度和密集化的地区——无论是人口、经济活动、社会交往、基础设施、机构组织、连接性，或者是以其他方式。更为确切地说，即使对城市的分析重点聚焦于自我推动、自我封闭、有地域边界和假定的独特的聚落空间单元，这种聚集过程及其混杂的结果还是无法以连贯性的方式进行解释。相反，城市问题的自反性尺度化方法要求我们用更加一般化的、关系上多尺度的方式来构想城市的建造及其更加广泛的社会空间集聚的动力，并在此基础上，将其嵌入包含广阔的区域、国家、超国家尺度，最终在星球尺度的城市转型的尺度间结构中进行分析。通过这种方式，城市和大都市区域，以及更大的集聚地带，可以被重新概念化为反复发生但高度混杂的社会空间模式，并在其地理历史演变过程中被编织和重新编织进资本主义城市肌理中。这种方法打破了长期以来被认为是理所当然的城市定义，同时也为历史的以及当前加速的全球城市重构时期资本主义城市化更加严格的关系性、多尺度的理论化和分析开辟了新的视野。[50]这种重新概念化的范围所涉及的任务包括：(1) 探索集聚的(多尺度)动态与更为广泛的、同样是多尺度的地域和生态转型的地理之间的相互作用；(2) 解读国家空间战略与空间政治如何跨越地方、地域与尺度，对资本主义城市肌理作为一个整体进行生产、塑造和重塑。

正如尺度化视角可能对城市理论和研究具有重要作用，之前构建的这些命题也针对过度拓展尺度概念的趋势——不论是在城市研究，还是社会空间理论的任何其他分支领域——提出了强烈的警告。这是因为社会空间的尺度化结构及其垂直秩序和再分化模式，在分析上是与社会空间关系的其他维度如地方营造、本地化、地域化和网络化截然不同的；后者的每一个维度也在不均衡的、多变的、多态化的城市化过程中占据重要地位。因此，当在社会空间分析过程中能够明确地认识到地理尺度的分析局限性时，地理尺度的语汇是最强有力的。[51] 但是，自相矛盾的是，狭义的尺度概念有助于更广泛但更精确地应用这一概念，以应对研究社会空间重构的新兴模式和路径以及那些与新兴城市化形式有关的挑战。换句话说，虽然城市研究中严谨的多尺度分析方法确实可以开启城市化过程调查分析的新视野，但是当尺度化认识论被自反性地与社会空间概念交织在一起阐明城市生活、转型与斗争的其他关键维度时，这种方法将是最有成效的。

---

[50] 当然，亨利·列斐伏尔对将 city 等同于 urban 这一根深蒂固的观念，以及更加普遍地将城市化概念化为城市的增长，进行了经典性的批判。可参阅*The Urban Revolution*, trans. Robert Bononno (Minneapolis: University of Minnesota Press, 2003 [1970]). 列斐伏尔的立场以及对当代的分析启示将会在第九章、第十章中进行详细的回顾。

[51] Neil Brenner, "The Limits to Scale? Methodological Reflections on Scalar Structuration," *Progress in Human Geography* 15, no. 4 (2001): 525—48.

当然，资本主义长期以来一直是尺度分化的，然而在20世纪70年代之后危机诱导的全球重构时期，呈现出影响尤为深远且动荡的尺度间转型特征。特别是新自由主义地缘经济计划的实施，不断地促进资本流动、不受约束的市场关系和商品化的加剧，产生了对社会政治管制既有尺度的重新定义，并积极地尝试建立新的尺度间等级结构，使得以邻为壑式的空间竞争、管制放松、私有化、圈地化、金融化、财政紧缩的(非)逻辑已被全面地制度化。这些趋势在不同的情境和地域中呈现出了混杂的形态，而且它们对已经成为各种新自由化战略关键领域和目标的城市区域及其相关的治理框架产生了尤为深远的影响。[52]

同时，在大都市区域内外以及跨越不同的大都市区网络，各种对抗性的运动同样以战略性、富有创意的方式动员着地理尺度，努力阻止或击退新自由主义的冲击——不论是通过尺度的跳跃来规避主导制度化实践的霸权，或是通过动员支持旨在特定的尺度内促使资本(重新)社会化的再管制计划，还是通过构想基于激进式民主、保护公地或社会空间正义原则的可替代的跨尺度规则体制。[53]正是从这个意义上来说，尺度化概念在当代的城市研究中日益凸显，再现了一种强化、扩散的尺度政治的"真实抽象"。随着尺度间关系结构成为当代社会政治战略与竞争的重要筹码，城市学者与其他空间自反性学者也开始将尺度问题视为社会空间关系的一个基本维度。

---

[52] 参阅 Neil Brenner and Nik Theodore, eds., *Spaces of Neoliberalism: Urban Restructuring in North America and Western Europe* (Oxford: Blackwell, 2002); 以及 Brenner, Peck, and Theodore, "Variegated Neoliberalization."

[53] Margit Mayer, "Contesting the Neoliberalization of Urban Governance," in *Contesting Neoliberalism: Urban Frontiers*, ed. Helga Leitner, Jamie Peck, and Eric Sheppard (New York: Guilford, 2007), 90—115; Edward W. Soja, *Seeking Spatial Justice* (Minneapolis: University of Minnesota Press, 2010).

第四章　全球城市的形成与城市化的尺度重构

自20世纪80年代以来，城市研究者们将各种“全球城市”作为世界经济的关键空间节点，即地缘经济一体化加剧时代资本积累的本地化基点。自20世纪80年代初约翰·弗里德曼提出“世界城市假说”以来，全球城市理论被不断强化，成为对当代城市化乃至不断变化的资本主义空间组织进行批判性研究的主要框架。[①] 全球城市理论也挑战了国际政治经济学者，通过将城市理

① John Friedmann and Goetz Wolff, “World City Formation: An Agenda for Research and Action,” *International Journal of Urban and Regional Research* 6 (1982): 310—11; John Friedmann, “The World City Hypothesis,” *Development and Change* 17 (1986): 69—83; and John Friedmann, “Where We Stand: A Decade of World City Research,” in *World Cities in a World-System*, ed. Paul L. Knox and Peter J. Taylor (New York: Cambridge University Press, 1995), 21—26. 关于这些文献的综述，可参阅 Neil Brenner and Roger Keil, eds., *The Global Cities Reader* (New York: Routledge, 2006); Paul Knox and Peter Taylor, eds., *World Cities in a World-System* (New York: Cambridge University Press, 1995). 在本章中，“全球城市”和“全球化城市”这两个术语是可以互换使用的。后一种说法也许更为精确，因为它强调了所讨论的城市不是一个静态的“类型”，而是正在

论直接链接到国际政治经济学与世界体系分析，对城市化过程产生的次国家层面混杂的资本主义地理进行探索。更普遍的是，全球城市理论通过将这些研究领域不同尺度的聚焦点整合到一个自反性空间化、动态的多尺度分析框架内，对近年来社会科学领域超越原有的国家中心、方法论上的国家主义认识论的研究也有所贡献。②

全球城市研究者们一直在关注阿兰·利皮茨（Alain Lipietz）所谓的"地方与全球之间不可跨越的辩证关系"，并涌现出了大量的研究成果。③ 从分析的角度来看，全球城市研究的主要贡献之一是将主要城市区域内占主导地位的社会经济发展趋势——例如，高级生产性服务业企业的扩张和空间集聚、去工业化和再工业化的周期、房地产投资的投机模式、劳动力市场分割的加剧、地方

经历具体的转型过程，需要参照"全球化"的动态进一步说明。然而，只要"全球城市"（以及"世界城市"）这个术语在这里讨论的文献中被广泛使用，就经常需要依赖这个术语。进一步的讨论，可参阅 Peter Marcuse and Ronald van Kempen, eds., *Globalizing Cities: A New Spatial Order* (Cambridge, MA: Blackwell, 2000); Neil Brenner and Roger Keil, "From Global Cities to Globalized Urbanization," in Neil Brenner, *Critique of Urbanization* (Basel: Bauwelt Fundamente/Birkhäuser Verlag, 2016), 69—84.

② John Agnew, "The Territorial Trap: The Geographical Assumptions of International Relations Theory," *Review of International Political Economy* 1, no. 1 (1994): 53—80; Peter J. Taylor, "Embedded Statism and the Social Sciences: Opening Up to New Spaces," *Environment and Planning A* 28 (1996): 1917—28; Immanuel Wallerstein, ed., *Open the Social Sciences: Report of the Gulbenkian Commission on the Restructuring of the Social Sciences* (Stanford, CA: Stanford University Press, 1996).

③ Alain Lipietz, "The Local and the Global: Regional Individuality or Interregionalism?," *Transactions of the Institute of British Geographers* 18, no. 1 (1993): 16. 关于当代社会空间重构过程中的全球/地方辩证关系，可参阅 Mick Dunford and Grigoris Kafkalas, "The Global-Local Interplay, Corporate Geographies and Spatial Development Strategies in Europe," in *Cities and Regions in the New Europe*, ed. Mick Dunford and Grigoris Kafkalas (London: Belhaven Press, 1992), 3—38.

和大都市治理改革的加速、社会空间极化的强化、阶级和种族冲突的新格局——与世界城市等级体系的新尺度的形成，以及支撑这种等级体系的后福特主义积累战略相关联。[④]

然而，这种占据全球城市研究主导地位的全球/地方二元论分析也产生了一些重要的理论盲点——特别是倾向于忽视国家尺度化，也许是动态变异的积累、管制和竞争的地理在调解全球城市化模式与城市发展的地方路径中的持续重要性。事实上，尽管这种研究已经考虑到更为广泛的塑造城市空间生产的尺度地理，然而大部分全球城市研究推崇可能被称为“零和”的地理尺度概念化，即认为单一地理尺度重要性的增加会造成其他地理尺度的边缘化、分裂或侵蚀。这种对尺度的“零和”理解会产生一些有问题的影响，其中之一就是造成“国家衰落论”的流行——这种尚存疑问的假设认为在“全球化”加速的条件下，国家权力正在受到侵蚀。因此，当实际运行时，如果假定全球尺度在扩张，那么国家尺度就是在收缩。虽然全球城市研究对 20 世纪 70 年代之后的地缘经济重构浪潮中产生的城市化新尺度地理具有重要的洞察力，但是其对尺度重构过程的分析是不充分的。它忽视了国家制度对当代全球-地方相互作用的调解，以及国家空间战略在各种尺度上激活、管理与引导全球化城市化新兴形式的重要作用。这些方法通常也没有考虑到国家权力正在进行的空间和尺度化的重新组织，在许多情况下，它们会直接刺激当代的城市重构模式。因此，全球城市形成的过程不仅是在多个空间尺度被国家制度塑造，而且也为 20

---

④ 要了解这些联系的概况，请参阅 Joe Feagin and Michael Peter Smith, “Cities and the New International Division of Labor: An Overview,” in *The Capitalist City*, ed. Michael Peter Smith and Joe Feagin (Cambridge, MA: Blackwell, 1989), 3—34.

世纪末与21世纪初更加广泛的后凯恩斯主义背景下持续推进的城市、区域与地域治理的重塑——包括制度、管制和政治等方面——提供进一步的动力。

本章试图通过考察城市化模式与国家空间战略之间不断变化的历史关系，特别是20世纪90年代与21世纪初欧盟的尺度重构动态，来超越原先存在不足的全球城市研究。在这里，我的方法论起点是建立在对前几章中发展的尺度间关系、尺度修复、国家空间战略和资本主义城市肌理的概念化基础之上。从这个角度来看，全球城市形成的过程不仅导致资本主义城市肌理的尺度重构，而且还与原有国家权力和地域管制形成的空间与尺度重构密切交织在一起。本文将城市肌理的尺度重构与国家空间的尺度重构视为相互交织的社会空间重构过程；除非是将彼此相互联系，否则两者都不能被充分理解。这种分析模式也会导致对全球城市形成的尺度地理本身的重新概念化，不仅仅是将其视为特定类型的城市（不论是“后福特主义”“后凯恩斯主义”“全球”或其他）所经历的转型，而且也是资本主义城市肌理更为广阔的，也许是持续不均衡的尺度重构。这种城市肌理的重新构建可以被理解为一种新的尺度政治的媒介、表达与结果；在这种尺度政治中，社会空间关系的尺度组织正在被积极地瓦解、竞争、重新编织与转型。因此，本章进一步构建了我在本书中的核心观点之一：城市生活的尺度结构如今已成为社会政治斗争的一个具有高度重要性的领域与筹码。

关于全球城市形成的辩论是当代城市研究几个主要的论题之一。通过在本书开篇章节中呈现的尺度化方法对其进行批判性的评价，可以有助于：（1）指出对新兴城市空间非自反性城市中心主义理解的问题；（2）阐明国家尺度重构和城市化尺度重构之间的相互作用；同时（3）提供一个解释性的基础，用于解读尺度政治的新形式，以及它们的矛盾与突变。因此，在随后的章节中，我将以类似的分析意图对几个密切相关的城市研究者们的辩论进行探讨——关于城市与新经济(第五章)、新区域主义(第六章)，以及城市增长机器(第七章)。

城市的新尺度：全球城市理论与世界城市群岛

全球城市理论已被广泛地应用于研究纽约、伦敦与东京等主要城市作为国际金融中心与跨国公司总部所在地的角色。[⑤]虽然该理论已被证明在这些以及其他许多北美、西欧与东亚城市的在地研究中具有巨大的影响力，但是其核心议程最好可以有更为广泛的构想，用于分析 20 世纪 70 年代地缘经济危机之后已经成型的资本主义城市化的尺度重构地理。从这个角度来看，全球城市研究的核心内容不仅仅是在世界尺度的中心地等级体系中对城市进行分类，或者是探索特定全球金融中心的形成动力。相反，正如约翰·弗里德曼在 20 世纪 80 年代中期提出的，全球城市理论渴望解读不断变化的"新国际劳动分工的空间组织"[⑥]。根据全球城市研究者们的观点，世界资本主义这种新兴结构的关键特征是：城市——或者更准确地说是大都市区域——而不是国家地域经济体，已经成为最基本的地理单元和发展引擎。这些城市区域被认

---

⑤ 可参阅 Saskia Sassen, *The Global City: New York, London, Tokyo* (Princeton, NJ: Princeton University Press, 1991); John Mollenkopf and Manuel Castells, eds., *Dual City: Restructuring New York* (New York: Russell Sage Foundation, 1991); Anthony D. King, *Global Cities: Post-Imperialism and the Internationalization of London* (New York: Routledge, 1990); Takashi Machimura, "The Urban Restructuring Process in Tokyo in the 1980s: Transforming Tokyo into a World City," *International Journal of Urban and Regional Research* 16, no. 1 (1992): 114—28.

⑥ Friedmann, "World City Hypothesis," 69.

为是根据其融入资本主义世界经济的差异化模式而在全球尺度上进行等级化排列的。[7]

法国年鉴学派历史学家费尔南德·布罗代尔(Fernand Braudel)在其对文明与资本主义的经典历史研究《世界的透视》(*The Perspective of the World*)中提出了一个著名的观点:"世界经济总是有一个重心,那就是城市,作为其活动的合理中心。"[8]因此,布罗代尔对现代欧洲的早期资本主义发展进行了长期的考察,追溯了15世纪到18世纪从热那亚、威尼斯、安特卫普与阿姆斯特丹的"城市中心经济体"到英国的"地域经济体"的历史性转变,而这种转变主要是基于围绕伦敦形成的统一的国家市场。[9] 在随后两个世纪的资本主义发展中,城市更加紧密地融入国家的经济地域中,更全面地服从于国家的政治权力。[10]尽管在19世纪到20世纪整个时间段中,城市继续作为世界贸易和帝国主义扩张的中心节点在运行,然而城市间流动的网络地理格局越来越多地属于国家地域的地理范围。[11] 城市规划学者如帕特里克·格迪斯(Pat-

---

⑦ 参阅 Friedmann and Wolff, "World City Formation"; Feagin and Smith, "Cities and the New International Division."

⑧ Fernand Braudel, *The Perspective of the World*, trans. Siân Reynolds (Berkeley: University of California Press, 1984), 27.

⑨ 布罗代尔(《世界的透视》,294)将城市中心经济体(*Stadtwirtschaft*)和"地域经济体"(*Territorialwirtschaft*)之间的这种开创性区分归因于卡尔·布歇尔1911年的著作《国民经济的形成》(*Die Entstehung der Volkswirtschaft*)。通过将这些术语与他自己的世界经济概念(同样源自另一个德语术语 *Weltwirtschaft*)相结合,布罗代尔试图根据城市、国家地域和世界范围内的劳动分工之间的不同形式,绘制出长期的资本主义历史地理地图。

⑩ Charles Tilly, *Coercion, Capital and European States*, AD 990—1990 (Oxford: Blackwell, 1990).

⑪ Peter J. Taylor, "World Cities and Territorial States: The Rise and Fall of Their Mutuality," in Knox and Taylor, *World Cities in a World-System*, 48—62; Anthony D. King, *Urbanism, Colonialism and the World Economy* (New York: Routled).

rick Geddes)(1915)与彼得·霍尔(Peter Hall)(1966)在早期使用“世界城市”一词,准确地反映了城市化过程在国家尺度的地域化趋势。[12] 在他们的经典著作中,都将主要大都市区域的世界性特征解释为其所在国家地缘文化或地缘政治力量的一种表达。

相比之下,当代全球城市研究的核心假设是:自 20 世纪 70 年代的地缘经济危机以来,资本主义空间组织的另一个划时代转型正在进行,使城市能够重新确立其在世界体系中的战略中心地位。在约翰·弗里德曼 20 世纪 90 年代中期提出的清晰的构想中,全球城市是世界资本主义的“组织节点”,是区域、国家与全球商品流动的“接合点”以及“全球资本积累空间”中的“基点”。[13]因此,弗里德曼认为,自 20 世纪 70 年代初以来全球城市等级化结构的强化必须被理解为全球资本主义地理一次重要的尺度重新调整,城市与城市间网络正越来越多地取代国家地域经济成为资本主义发展的地理基础,这是“一种史无前例的现象”。[14]

因此,在这一分析框架中,大城市和大都市区域不再被认为是相对自我封闭、自我中心的国家空间经济体的次国家组成模块。相反,它们被理解为“全球网络中的新马歇尔节点”“全球经济的区域发动机”以及“全球区域马赛克”中柔性专业化的地方集群。[15]

---

⑫ Patrick Geddes, “A World League of Cities,” *Sociological Review* 26 (1924): 166—67; Peter Hall, *The World Cities* (New York: McGraw-Hill, 1966).

⑬ Friedmann, “Where We Stand,” 21—26.

⑭ 同上,26。

⑮ 参阅 Ash Amin and Nigel Thrift, “Neo-Marshallian Nodes in Global Networks,” *International Journal of Urban and Regional Research* 16, no. 4 (1992): 571—87; Allen J. Scott, “Regional Motors of the World Economy,” *Futures* 28, no. 5 (1996): 391—411; and Allen J. Scott, *Regions and the World Economy* (New York: Oxford University Press, 1998). 更为普遍的论述,可参阅 Edward W. Soja, “The Postfordist Industrial Metropolis,” in Postmetropolis: *Critical Studies of Cities and Regions* (Oxford: Blackwell, 2000), 156—87.

事实上，与许多其他富有影响力和存在争议的论述一样，全球城市理论假定了当代城市化的重大尺度重构：它从历史的角度认为原有的国家城市等级、国家城市体系与地域发展的国家模式，如今正被全球化背景下城市化剧烈的尺度重构过程所取代。在这一过程中，地方-全球联系绕过或横切，并逐渐将国家经济地域体分解。因此，用彼得·泰勒值得铭记的话来说，就是资本主义世界经济如今正在被"世界城市群岛"所支撑，这是一个由相互链接的城市节点组成的跨越全球的网络，能够提供基本的服务投入品与定制化的高技术基础设施能力，从而支持跨国公司的积累战略。⑯

全球城市理论家们分析了这一巩固的世界城市群岛以及更为普遍的城市化地域的尺度重构——主要涉及 20 世纪 70 年代之后两股相互交织的地缘经济转型力量：(1) 由跨国公司主导的新国际分工的出现；(2) 二战后北大西洋地区福特主义积累体制的危机。

首先，全球城市理论家们将世界城市群岛的巩固解释为新国际劳动分工的一个关键结果，即 20 世纪 60 年代后期结合跨国公司运作的大规模扩张和在地理上重新组织所形成的世界经

---

⑯ Peter J. Taylor, *World City Network: A Global Urban Analysis* (New York: Routledge, 2004). 我对世界城市群岛的关注，不仅仅是针对全球城市本身，而是关注全球城市研究的学术建构与问题域，很大程度上受到了 David Bassens 和 Michiel van Meeteren 近期研究的影响，可参阅他们的基础性文章，"World Cities under Conditions of Financialized Globalization: Towards an Augmented World City Hypothesis," *Progress in Human Geography* 39, no. 6 (2015): 752—75; and "World Cities and the Uneven Geographies of Financialization: Unveiling Stratification and Hierarchy in the World City Archipelago," *International Journal of Urban and Regional Research* 40, no. 1 (2016): 62—81.

济格局。[17]相对于“旧”国际劳动分工——基于在外围殖民地的农业和原材料攫取与在殖民帝国核心的工业制造分工——而言，新国际劳动分工主要呈现为制造业向半边缘和外围国家的迁移，利用其更加廉价与较少反抗的劳动力资源，同时还伴随着第三世界/后殖民国家进口替代工业化战略的明显增强。第一代全球城市理论家的重要见解之一是认识到了新国际劳动分工在全球范围内的强化在城市层面的一些具体结果。他们认为，除了许多第一世界的工业化区域发生的去工业化以及随之而来的新产业空间在第三世界的扩散之外，新国际劳动分工也涉及总部区位、高级生产性服务业企业，以及其他管理协调功能在由主要大都市区域构成的世界网络（即世界城市群岛）中出现的明显的空间集聚。在全球城市理论家看来，世界城市群岛的城市节点在跨国公司控制的全球分散化的商品链中充当决策、金融规划、物流协调与基础设施控制的指挥中心角色。[18]在随后的几代全球城市研究中，特别是在萨斯基娅·萨森的奠基性研究之后，学术界的关注开始从跨国公司总部区位本身转向高级生产性服务业企业（银行、法律、咨询、保险、会

---

[17] 新国际劳动分工的关键文献是 Folker Fröbel, Jürgen Heinrichs, and Otto Kreye, *The New International Division of Labor: Structural Unemployment in Industrialized Countries and Industrialization in Developing Countries*, *trans. Pete Burgess* (New York: Cambridge University Press, 1980). 最近关于这一概念与 21 世纪早期资本主义的批判性评价与再造，可参阅 Greig Charnock and Guido Starosta, eds., *The New International Division of Labor: Global Transformation and Uneven Development* (New York: Palgrave Macmillan, 2016).

[18] 尽管经济学家斯蒂芬·海默(Stephen Hymer)在 20 世纪 60 年代对跨国公司的开创性研究中已经认识到了这一联系，但科恩(R. B. Cohen)似乎是第一个系统地探索这一联系的城市学者。可参阅科恩的经典文章，“The New International Division of Labor, Multinational Corporations, and Urban Hierarchy,” in *Urbanization and Urban Planning in Capitalist Society*, ed. Michael Dear and Allen J. Scott (London: Methuen, 1981), 287—315. 还可以参阅 Feagin and Smith, “Cities and the New International Division of Labor.”

计、广告、设计，等等）在世界城市群岛主要城市节点中“全球控制能力”形成的作用。[19]与这一研究脉络同等重要的是关于新的信息与通信技术的研究，其在全球城市中地方特定的部署和高度定制化的空间结构模式被认为是保障新国际劳动分工全球控制能力形成必不可少的先决条件。[20]

其次，全球城市理论家们还将世界城市群岛的形成与过时的第二次世界大战后大西洋福特主义积累体制联系在一起，后者主要建立在垂直整合型企业主导的大规模生产体系、国家补贴形成的大规模消费、国家配置的凯恩斯需求管理安排、集体谈判的国家化框架、国家再分配的社会福利、区域与基础设施政策的基础之上。[21] 20 世纪 70 年代之后在欧美国家发生福特主义积累体制危机的同时，也出现了如迈克尔·斯多波所说的“区域经济复苏”；这些区域通常位于前一轮产业发展周期的制造业中心地带以外，分散化、垂直分离的“柔性”产业组织与企业间协调形式在这些地方被

---

⑲ Sassen, *Global City*.

⑳ 最为著名的是 Manuel Castells, *The Informational City* (Cambridge, MA: Blackwell, 1989); and Stephen Graham and Simon Marvin, *Splintering Urbanism* (New York: Routledge, 2001). 关于世界城市群岛中“管理与控制”本质的批判性反思，可参阅 John Allen, “Powerful City Networks: More Than Connections, Less Than Domination and Control,” *Urban Studies* 47 (2010): 2895—911; 以及 Bassens and van Meeteren, “World Cities.” 第五章较为系统地考虑了新信息与通信技术在当代尺度重构过程中的作用。

㉑ 关于福特主义的概念及其在 20 世纪 70 年代的瓦解，可参阅 Michel Aglietta, *A Theory of Capitalist Regulation* (New York: Verso, 1979); Alain Lipietz, *Mirages and Miracles* (London: Verso, 1987); Elmar Altvater, “Fordist and Post-Fordist International Division of Labor and Monetary Regimes,” in *Pathways to Industrialization and Regional Development*, ed. Michael Storper and Allen J. Scott (New York: Routledge, 1992), 21—45; Bob Jessop, “Fordism and Post-Fordism: A Critical Reformulation,” in Storper and Scott, *Pathways to Industrialization and Regional Development*, 46—69; Erik Swyngedouw, “Neither Global nor Local: ‘Glocalization’ and the Politics of Scale,” in *Spaces of Globalization*, ed. Kevin Cox (New York: Guilford Press, 1997), 137—66.

认为更容易蓬勃发展。[22]这些新产业空间包括典型的“朝阳”型增长区域，如硅谷、洛杉矶—橘郡、巴登符腾堡与第三意大利，而且也包括与世界城市群岛的主要城市节点相关联的一些新兴产业区。后福特主义产业地理学者将这些新崛起或复苏的全球城市解释为不仅仅是跨国公司的战略指挥与控制的中心，也是产生产业活力、技术创新、企业间合作新形式的重要地点，这在很大程度上是在城市集聚的推动效应之下形成的。在艾伦·斯科特与迈克尔·斯多波 20 世纪 80 年代末开始的颇具影响力的论述中，与这种新兴的柔性生产体系（以及相关的集聚经济）相关的产业主要集中在复兴的手工业生产、高技术产业、高级生产性与金融服务领域。[23] 当然，正是后者——萨森和其他研究国际金融中心的学者对高级生产性服务业综合体进行了详尽的研究——被认为是世界城市群岛形成及其城市节点核心经济运作的重要支撑。因此，正如大卫·巴森斯（David Bassens）和米歇尔·范·米特仁（Michiel van Meeteren）最近的观察：

> 世界城市似乎符合新的后福特主义增长理论……作为承载指挥与控制功能的地点，降低阻碍在新的区域世界中实现比较优势的交易成本。服务可以被解释为全球化经济中柔性专业化生产过程的润滑剂……高级生产性服务业也可以被视

[22] 参阅 Michael Storper, “The Resurgence of Regional Economies, Ten Years Later: The Region as a Nexus of Untraded Interdependencies,” *European Urban and Regional Studies* 2, no. 3 (1995): 191—221; Michael Storper, *The Regional World: Territorial Development in a Global Economy* (New York: Guilford, 1997).

[23] Michael Storper and Allen Scott, “The Geographical Foundations and Social Regulation of Flexible Production Complexes,” in *The Power of Geography*, ed. Jennifer Wolch and Michael Dear (Boston: Unwin Hyman, 1989), 24—27.

为另一种区域专业化，通过将控制功能逐渐外部化，由独立的高级生产性服务业跨国公司承担，而这些公司本身也受世界城市中的聚集经济影响。[24]

针对这种在20世纪80年代和90年代被许多后福特主义学者广泛接受的一般化论述，接下来的分析建议采用更谨慎的分析视角来认识世界城市群岛、新产业区及其他地方柔性生产体系的发展动态；同时要将它们置于世界范围的情境中，其主要特征包括地缘经济与地缘政治的持续波动、普遍化与强化的地域发展不均衡、跨国生产网络的持续扩张、追求规模经济的大型企业集团、加速的金融化及相关联的危机倾向、新自由主义意识形态霸权，以及在许多全球主要区域广泛出现的新福特制产业组织模式。[25] 尽管如此，斯多波、斯科特与其他新产业地理的支持者们所提出的柔性生产体系的管制主义概念，与当时在全球城市理论中阐述的尺度化分析产生了密切的共鸣，并直接影响了尺度化分析理论。除了关于"后福特主义"产业组织"柔性"特征的具体性质的辩论之外，

㉔ Bassens and van Meeteren, "World Cities," 757.

㉕ 参阅 Andrew Sayer, "Postfordism in Question," *International Journal of Urban and Regional Research* 13, no. 3 (1989): 666—95; Amin and Thrift, "Neo-Marshallian Nodes"; Flavia Martinelli and Erica Schoenberger, "Oligopoly Is Alive and Well: Notes for a Broader Discussion of Flexible Accumulation," in *Industrial Change and Regional Development*, ed. Georges Benko and Mick Dunford (New York: Belhaven Press, 1991), 117—33; Jamie Peck and Adam Tickell, "Searching for a New Institutional Fix: The *After*-Fordist Crisis and the Global—Local Disorder," in *Post-Fordism: A Reader*, ed. Ash Amin (Cambridge, MA: Blackwell, 1994), 280—315; Jamie Peck and Adam Tickell, "The Social Regulation of Uneven Development: 'Regulatory Deficit,' England's South East, and the Collapse of Thatcherism," *Environment and Planning A* 27 (1995): 15—40. 关于对这一阶段的全球城市研究富有洞察力的回顾性评价，可参阅 Bassens and van Meeteren, "World Cities."

在这些研究中所产生的核心见解是跨国公司在世界范围内加强指挥与控制的战略取决于地方与区域特定的社会空间安排的构建，尤其是在全球化的城市-区域内部。正如斯多波所说：

> 在当前的城市经济构建中存在着全球化与地域化的辩证动态性，而且存在着许多明显矛盾的方面。由地方、区域、国家与全球企业构成的自反性组织将所有主体都推向了城市。全球化既是根据超国家竞争标准与资源流动自上而下组织市场与生产体系的力量，也是市场渗透(该过程要求全球化企业将其自身嵌入市场的传统关系情境，而不是一种简单的技术性运作)与挖掘地理差异化的生产者能力的努力而形成的自下而上的地域化拉力……城市经济同时受到这两种方向力量的拉动，因此在研究一个特定城市的经济时，必须要认识到这两种力量之间的相互关系。㉖

实际上，这是基于哈维对资本主义背景下地域组织问题理解的构建，详见第二章。后福特主义资本主义背景下的时空压缩与去地域化倾向依靠尤其是在城市尺度上新地域组织形式的构建——包括生产综合体、技术-制度体系、基础设施配置与其他基于地方的外部性。斯多波的阐述很像萨森在她同时期的主要作品中的论述，将全球城市与其他新产业区解释为独特的后福特主义形式的城市地域组织，支撑——无论是通过“非贸易相互依赖”(斯多波)、全球控制“能力”的生产(萨森)，或者其他——跨国公司在大西洋福特制增长体制崩溃后所采取的更加积极的全球化积累战略。

㉖ Storper, *Regional World*, 248—49.

就目前的讨论而言，最为关键的是，这种分析模式构建了尺度重构的明确观念。在20世纪80年代之后，资本主义控制能力与商品链的全球尺度升级（新国际劳动分工的兴起，更广泛地说是全球资本主义的兴起）被认为是与社会经济资产与战略基础设施安排同样强有力的尺度下沉或本地化（世界城市群岛、全球城市的形成、新产业区的盛行）不可分割地相互交织在一起。[27]鉴于全球城市指挥与控制的战略运作不仅依赖跨国公司总部功能的空间集群，也依赖分散化的、局部集中的高级生产性服务业综合体，后福特主义增长理论中发展的集聚经济研究有力地巩固与拓展之后被全球城市理论家们构建的关于尺度重构过程的论述。

就本研究的目的而言，20世纪80年代和90年代全球城市研究的一个关键贡献就是阐明20世纪70年代地缘经济危机之后新出现的城市化过程的全球-地方尺度化，它是包含在世界城市群岛及其组成的城市节点之中的。的确，正如全球城市研究者们在这一时期的分析所示，世界城市群岛被认为是包含了跨国公司在新国际劳动分工中面向全球的积累战略，以及支撑在战略性的城市区位中资本积累新战略的地域组织本地或区域尺度化的必然要求。

当然，正如第一代全球城市研究者们经常强调的那样，资本主义城市肌理的这种尺度重构在世界经济中的每个区域都有着多样化的制度-政治形式；其不均衡、混杂的表达形式无法通过世界城市群岛的一般化形象、单一的"全球城市"模型或全球城市化的普

---

[27] 关于20世纪80年代新产业地理学研究中所包含的尺度元叙事的总体概述，可参阅 Erik Swyngedouw, "The Heart of the Place: The Resurrection of Locality in an Age of Hyperspace," *Geografska Annaler B* 71, no. 1 (1989): 31—42.

遍模型进行充分论述。[28]此外，弗里德曼一再强调，世界城市群岛不过是在资本主义高度分化、快速变异且总是充满竞争的地理结构中的一个层级，它还与跨越地方、地域、尺度和生态发展不均衡的新地理——从老工业核心国家的经济"死亡地带"延展到整个世界经济中分化的外围城市、区域与腹地组成的马赛克——相关联。[29]因此，全球城市理论以其最精确的理论方式与自反性的方法论形式，渴望抓取在城市转型深度不均衡的、混杂的、极化的、等级化的与多变的全球图景中新兴的尺度重构过程的一个切面，即使只是其战略性的结果。

全球城市与国家空间：批判与重构

全球城市研究者们探索的全球-地方动态如何与原有的国家经济空间相勾连？即使原有的国家空间经济体正在被动摇与重塑，后福特主义资本主义的经济地理也不能简化为世界城市群岛及其城市节点、城市间网络，以及一个假定没有战略中心和全球城市网络联通性的非分化的"外部"边缘地带。显然，面对加速的地缘经济一体化，国家地域不会简单地解体；因此，它们与全球城市形成过程的特定关系应该是任何研究资本主义整体空间组织变化分析方法的基本关注点。事实上，正如弗里德曼所论述的，鉴于全球城市理论直接关注"全球化管理时代生产与地域利益的政治决定性之间的矛盾关系"，针对变化的城市/国家关系——包括它们

---

[28] 关于这种过度概括的谱系、危险与局限性，可参阅 Jennifer Robinson, *Ordinary Cities* (London: Routledge, 2006).

[29] 参阅 Friedmann, "Where We Stand," 41—43. 也可以参阅 Neil Smith, "The Satanic Geographies of Globalization: Uneven Development in the 1990s," *Public Culture* 10, no. 1 (1997): 169—92.

变化的组织尺度及其演变，往往是竞争性的尺度间构建——的调查，可以说是最核心的任务之一。[30]

然而，在实践中，不论是在经验层面或是在理论层面，这种调查的挑战通常都被绕过或简化，而不是系统性地去面对。尽管在其理论架构中有强有力的尺度重构概念进行支撑，但大多数关于全球城市的具体研究主要是由单一尺度的调查组成，通常侧重于地方或全球尺度的分析。基于地方的、以个案研究为导向的研究侧重于特定城市的地方尺度（尽管处于更广泛的地缘经济情境之中），大多数受全球城市启发的城市等级与城市间网络研究都是围绕全球尺度构建的（尽管通常会涉及对地方的影响与结果）。国家政治-经济空间不断演变的角色——不论是作为资本积累的动力场域，或是作为制度-管制的竞技场，还是作为社会政治竞争的场所——几乎被全球城市研究者们完全忽视。在全球城市研究对国家权力及其混杂的地理的探索中，这些议题通常被理解为与地方或城市制度相关，或者被理解为源自资本主义早期发展阶段僵化且日益过时的地域背景结构。因此，就像在 20 世纪 90 年代"克林顿繁荣"期间流行的"全球化"的其他主要学术方法一样，在此期间产生的大部分全球城市研究也反映了普遍性的"国家否定论"这一智识-文化趋势，即假定加速的地缘经济一体化在逻辑上会导致对国家权力的侵蚀。[31]琳达·维斯（Linda Weiss）在 20 世纪 90 年代

---

[30] Friedmann, "World City Hypothesis," 69.

[31] 对 20 世纪 90 年代的全球化辩论做出具有影响力的贡献，并推进了这一论述的研究主要包括 Arjun Appadurai, *Modernity at Large: Cultural Dimensions of Globalization* (Minneapolis: University of Minnesota Press, 1996); Manuel Castells, *The Rise of the Network Society* (Cambridge, MA: Blackwell, 1996); Castells, *The Informational City*; Susan Strange, "The Defective State," *Daedalus, Journal of the American Academy of Arts and Sciences* 124, no. 2 (1995): 55—74; Scott, *Regions and the World Economy*.

末的一篇文章中总结了这一趋势：

> 目前存在许多形式的国家否定论，大多数都聚焦于相同的主张与假设，即国家自主权的丧失、政府在面对跨国资本时的无能为力，以及民族国家作为一种组织原则的过时。在所有这些“终结主义”与趋同论点的背后是全球化经济只有靠跨国资本与市场才能整合的观念。随着20世纪接近尾声，由无国界公司与无边界金融所主导的“全球化”经济概念吸引了无数评论者的想象力……其具有统治性的观点描绘了一个全球融合的时代，跨国公司可以任意地跨越整个世界，各国政府——从东京到廷巴克图——越来越变得无关紧要，也越来越无法影响其公民的经济福利。[32]

尽管细致入微地描述了战略性、全球网络化城市空间中的本地化过程，然而正是对“全球化”一般化的空间想象——无地方、无边界、非地域化、不受管制，最终超越了政治-地域的控制——支撑着全球城市形成的主要研究方法。正是因为这种空间想象，使得全球城市研究者们将他们的研究重点几乎完全聚焦于地方-全球动态，而系统性地忽视了国家对这些过程的调解——尤其是那些与(重新组织的)国家空间战略相关过程的调解。全球/地方二元论在全球城市中的主导特权也是以空间尺度的“零和”观念为前提的，即认为全球尺度与国家尺度是相互排斥的——一方得利，另一方损失——而不是一种源于相互纠缠、共同构建过程(例如城市化、资本积累、国家管制与社会政治竞争)的内在关联、共同演化的地域组织。

---

[32] Linda Weiss, *The Myth of the Powerless State* (London: Policy, 1998), 2.

与全球资本主义“国家否定论”的空间想象及其密切相关的尺度关系的“零和”理解相反，本章发展了一种可替代的尺度化分析方法，用于解读全球城市形成与国家空间重塑之间多方面演变的相互作用。在前几章介绍的理论框架基础之上，资本主义城市肌理——包括构成世界城市群岛的主要“岛屿”——在这里被分析为一种地点、媒介与尺度建构的国家空间战略的结果。这一概念化可以明显地看到国家制度在所有空间尺度上产生、塑造、调解与重新校准全球城市理论家们所关注的地方-全球尺度重构过程中的作用。一方面，虽然在原有的国家空间形态中出现了一系列的裂缝、碎片与瓦解，但是每个全球城市都紧密地嵌入东道国的（国家）地域之中，而这种嵌入的方式还需要仔细地解码、分析与理论化。另一方面，新的空间与国家权力尺度的生产直接促进了全球城市形成的过程，尤其是通过（重新组织的）国家制度在管理城市化、基础设施投资与地域发展多尺度模式方面的运作。因此，国家尺度重构是一种重要的政治-制度战略，以此生产新的城市空间与新的城市化尺度。鉴于国家衰落论与相应的“零和”空间尺度的观念在全球城市研究的文献中受到如此广泛的追捧，关于地缘经济转型、国家空间重组与城市重构之间尺度间相互作用的重要性还没有得到充分研究，不论是在结构-制度、政治战略层面还是意识形态层面。在我们探索与这一任务相关联的挑战之前，可以通过对第一代全球城市研究者们发展的全球城市/国家关系的两种范式论述的批判性审视来进一步阐明这一论点的基本原理，包括约翰·弗里德曼与葛茨·沃尔夫（Goetz Wolff）在 20 世纪 80 年代的研究，以及萨斯基娅·萨森在 20 世纪 90 年代早期及之后的研究。[33]

[33] Friedmann and Wolff, “World City Formation”; Sassen, Global City.

弗里德曼与沃尔夫的这篇经典的议程设定式的论文写于20世纪80年代初，当时的背景是经济全球化加速发展、冷战时期地缘政治紧张局势加剧，他们对全球城市中新兴的社会政治冲突、分裂与斗争进行了富有政治激情与创见的讨论。[34] 在这一背景下，弗里德曼与沃尔夫主张一种相对强烈的"国家衰落论"：在他们的分析中，全球城市/地域国家的关系被表述为在全球范围内移动的跨国公司与静态、不可移动的国家地域之间的地缘经济战争。因此，全球城市与地域国家被描述为截然对立的政治-经济实体：从某种程度上来看，地域国家作为针对全球资本主导性的结构性障碍，被认为是衰弱的，尤其是在地方层面上。弗里德曼与沃尔夫认为："跨国资本的利益与拥有自身历史轨迹的特定民族国家的利益之间存在内在的矛盾。"[35]他们认为，这种情况在全球城市内外部产生了新的社会政治斗争——例如，在城市居民与跨国公司之间；在城市居民与国家决策者之间；在国家资产阶级与全球资产阶级之间；而最根本的是在资本与劳动力之间。在他们看来，全球城市碎片化的管理组织，通常缺乏一种压倒性的大都市权威机构，从而严重地加剧了这些冲突。

在此基础之上，弗里德曼与沃尔夫提出了关于城市治理的关键论点。他们认为，全球城市的形成引发了地方政府逐步加剧的财政危机。[36] 全球资本需要先进的、定制化的基础设施建设与维护，如公路、港口、机场、运河，以及对次等阶层的管制与监视；而涌入城市的劳动力新来源，尤其是贫穷的移民工人，会产生"社会再

---

[34] Friedmann and Wolff, "World City Formation."

[35] 同上，312。

[36] 同上，326—327。

生产的大量需求”，包括住房、医疗、教育、交通与各种社会福利服务。[37]他们认为，这会引发一种日趋可怕的状况，即全球城市的社会与生态成本构成远远超出了当地政府的收入来源与管制能力，随后就会在全球化诱导的局限性漩涡中变成“主要的输家”。[38]后来，弗里德曼借鉴了曼纽尔·卡斯特尔颇有影响力的“流动的空间”概念，将这种情形总结如下：

> 经济在全球范围内的相互依赖程度越高，区域与地方政府就越不能像今天这样基于为市民日常生活提供条件的基本机制采取行动。关于发展、工作与分配的传统社会与政治控制结构已经被国际化经济的非地方化逻辑所破坏，并通过超越国家管制范围强有力的行动者之间的信息流动得以实现。[39]

在20世纪80年代城市重构过程的情境中，弗里德曼与沃尔夫的经典论文具有先见之明且影响力巨大，其关于全球城市形成与国家重构之间相互作用的论述被严重弱化，这主要是因为他们主张一种相对正统的“国家否定论”的空间想象，将国家与地方政府权力视为管制无助、冷漠或不称职的。尽管20世纪70年代之后的地缘经济危机显著地破坏了国家试图用来激活、管理与引导积累过程的一些传统政策工具，然而资本主义去地域化/国家消亡的叙事会将正在进行的国家尺度政府管制的重构与国家权力的消

---

[37] Friedmann, “The World City Hypothesis,” 77.

[38] Friedmann and Wolff, “World City Formation,” 327.

[39] Friedmann, “Where We Stand,” 25.

亡相混淆。[40]确实,20 世纪 70 年代与 80 年代的后布雷顿森林体系的地理管制转型,预示着核心国家对特定类型的跨境资本与货币流动的监管控制会受到部分侵蚀。尽管如此,民族国家仍然是政治-管制权力的关键制度矩阵、经济治理的重要代理人和资本主义城市肌理持续生产、管理与重组的基础设施架构。通过将国家重构概念化为一种国家的消亡及其相关联的地方政府失灵的单一线性过程,弗里德曼与沃尔夫的分析有效地涵盖了 20 世纪 80 年代初与新国际劳动分工背景下全球城市化新兴模式相关联的国家空间在所有空间尺度上发生的质变方式。因此,正如詹姆斯·安德森(James Anderson)所说:

> [在关于国家未来的辩论中]只是在生或死之间进行一个简单的"选择",会掩盖其他事情正在发生的可能性——国家与民族、地域与主权正在发生质的重塑,而这并没有被死亡或衰落的概念捕捉到。[41]

就当前讨论的目的而言,关键的问题不仅包括国家被侵蚀与国家重构之间在分析上的差异所产生的广泛启示,也包括与全球城市形成直接关联的许多城市转型过程在多大程度上直接受到新兴的后凯恩斯主义国家制度与空间战略的调解。例如,通过放松资本管制与解除对外国直接投资的各种法律和财政限制,国家政

---

[40] Leo Panitch, "Globalization and the State," in *Socialist Register* 1994, ed. Ralph Miliband and Leo Panitch (London: Merlin Press, 1994), 60—93.

[41] James Anderson, "The Shifting Stage of Politics: New Medieval and Post-Modern Territorialities?," *Environment and Planning D: Society and Space* 14 (1996): 135.

策正在积极地促成与新国际劳动分工相关联的国际资本流动新模式。与此同时,全球城市内部与外部的社会空间分化正因福利国家紧缩的政治而严重加剧——这一趋势在随后的几十年中将进一步加剧。对于这一分析而言,至关重要的是,支撑全球城市运作所需的流通、信息、技术与制度基础设施直接通过"国家竞争"的政治战略而得到强化,并/或通过国家和地区公共投资的方式进行积极的补贴——即使经常是一种"公私伙伴关系",也倾向于掩盖"市场驱动"增长意识形态背后的国家参与和企业对纳税人资金的使用。此外,由于贯穿整个20世纪80年代的新自由主义化的国家制度正在国家与次国家尺度积极重构最具战略重要性的城市空间以促进新的资本积累,因此弗里德曼与沃尔夫关于跨国公司与国家权力之间的"内在矛盾"假说在经验上是无法持续的。自20世纪80年代以来,这种仍在进行的主权国家的新自由主义化在政治、制度与空间层面已经变得非常混杂,但是它显然没有导致国家能力的单一线性弱化或是国家尺度的简单解体。相反,国家空间与国家空间战略形式正在发生质的重塑,旨在增强特定地方的社会经济资产与竞争优势,从而将跨国公司投资固定在每个国家地域的战略经济地带。[42]从这个意义上来说,正如我接下来所要论证的,通过全球城市的形成而生产的新城市空间,从根本上说,也是一种新的国家空间。

弗里德曼与沃尔夫对全球城市形成的论述是以国家消亡的概念为前提的,而萨森在她广受好评的著作《全球城市》(*The Global*

㊷ Neil Brenner, *New State Spaces: Urban Governance and the Rescaling of Statehood* (New York: Oxford University Press, 2004); Bob Jessop, *The Future of the Capitalist State* (Oxford: Wiley, 2002); Aihwa Ong, *Flexible Citizenship: The Cultural Logics of Transnationality* (Durham, NC: Duke University Press, 1999).

City）中对纽约、伦敦与东京经济全球化的分析却令人惊讶地以国家为中心。萨森同样将城市与国家关系的变化视为她关注的核心问题之一："在城市与世界经济紧密联系的条件下，国家与城市之间的关系会发生什么变化？"[43]在萨森看来，当代全球城市-地域国家关系是通过"系统性的不连续性"概念来把握的：

> 我假定在过去被认为是国家的增长与20世纪80年代全球城市明显的增长形式之间存在着"系统性的不连续性"这种可能性。这些城市构成了一个系统，而不仅仅是彼此之间的相互竞争。那些有助于全球城市网络增长的贡献很可能并不有助于国家的增长。[44]

萨森主要关注两种类型的城市间联系——全球城市本身之间的联系，以及全球城市与其所在东道国境内的其他城市之间的联系。在此基础上，萨森认为纽约、伦敦、东京等全球城市的形成与美国、英国和日本城市体系中其他地方的产业衰落过程是相关的：

> 在这一阶段之前，（全球城市）主要增长的产业部门与国家总体增长之间存在着高度对应的关系。然而，如今我们看到了一种日益严重的不对称性——美国、英国、日本其他地区的衰落，以及政府债务与企业债务的积累，是推动全球城市增长的重要组成条件。[45]

---

[43] Sassen, *The Global City*, 14.

[44] 同上，8—9。

[45] 同上，13。

萨森通过对每个全球城市在其国家城市体系中角色变化的系统性统计分析，构建了她的“系统性的不连续性”[46]观点。萨森通过数据呈现，相对于各自东道国的全国平均水平而言，如今全球城市在生产性和金融服务行业具有不可撼动的区位集中度，而且她还追踪了与纽约、伦敦、东京的经济重构相关的美国、英国和日本城市等级中的各种区位与就业变化。[47]

但自新国际劳动分工的强化导致跨国城市等级体系形成以来，为什么由国家组织的城市体系可以作为这种调查最合适的经验参考点？关于这一点，萨森自己并没有明确的论述。事实上，正如彼得·泰勒所认为的，萨森所提到的每一个全球城市不仅是非稳定的，也许还是国家尺度化城市等级体系的顶点，同时也是当代世界经济三个超级区域集团——北美、欧盟和东亚——的主要城市节点与金融控制中心。[48]是否将当代资本主义的城市等级划分为这些或其他的尺度结构的问题，只有把反对国家作为城市体系组织的基本地域单元与空间尺度这一观念当作 20 世纪城市社会科学的信条之一，才能进行有效的探索。[49]

萨森的“系统性的不连续性”概念假设了两个过程，它们在历史发展进程中会呈现出不对称的特征。然而，在她的分析中，只有其中一个过程——全球城市的形成——是以历史性的方式来理解的；而另一个过程国家，则被视为一个相对静止不变的背景结构，即作为一个国家城市体系的容器，其地域连贯性并没有随着持续的全球社会空间重构过程而发生根本的改变。奇怪的是，萨森对

---

[46] 同上，129—167。

[47] 同上，129—139，139—163。

[48] Peter J. Taylor, "Understanding the 1980s, Part 1a," *Review of International Political Economy* 1, no. 2 (1994): 365—73.

[49] 关于这一根深蒂固的假设的批判性思考，可参阅 Taylor, *World City Network*.

全球城市形成的经验分析沿用了20世纪中期城市等级和体系研究所采用的根深蒂固的国家主义方法论。实际上，萨森假设全球城市形成的"不连续性"空间所指的仍然是国家经济，可以将其理解为一个相对有边界的、地域自我封闭的与内部分化的城市体系。[50]从这个意义上来说，虽然萨森强调了由全球城市形成引发的各种全球/国家的裂痕、分裂与错位，但是她的分析框架复制了全球资本主义的传统地域主义模型，将其作为国家空间经济的集合。在这个以国家为中心、地域边界化的世界中，全球城市只能被理解为一种例外的地带；从地理管制层面来看，虽然其物理位置是在国家政治管辖范围之内，但是它们位于世界国家体系的"外部"。[51]

萨森在20世纪90年代末与21世纪初的许多后续作品中，虽然其研究情境会更明确地与地域和地方政治相关联，但都重复了她在《全球城市》中关于尺度化想象的分析盲点。例如，在她20世纪90年代后期的一本重要论著——将其早些时候的城市研究链接到政治主权问题的论文集——中，萨森将全球城市解释为一种具有"治外法权"的新地点，它们可以"超越"国家司法范围，但是仍然在其边界之内。[52]尽管在不断地深化理解城市/国家关系的政治变化，然而萨森的分析实际上是在强化而不是取代相对传统的国家地域观念，而且还暗含了国家尺度的观念，这也是《全球城市》一

---

[50] 萨森自己关于制造业与服务业之间不断演变的功能与空间联系的结论表明了这一关注点的局限性："是的，制造业很重要，但从金融与生产性服务业的角度来看，它不一定是国家性的。"Sassen, *Global City*, 328.关于作为知识与实践对象的"国家"经济的历史建构与解构，可参阅 Hugo Radice, "The National Economy: A Keynesian Myth?," *Capital and Class* 22 (1984): 111—40。

[51] 也可参阅 Saskia Sassen, *Cities in the World Economy* (London: Sage, 1993), xiii—xiv.

[52] Saskia Sassen, *Losing Control? Sovereignty in an Age of Globalization* (New York: Columbia University Press, 1996), 4, 13. 也可参阅 Saskia Sassen, "Territory and Territoriality in the Global Economy," *International Sociology* 15, no. 2 (2000): 372—93.

书的基础支撑。“治外法权”的比喻源自中世纪欧洲关于使领馆权的辩论，与萨森之前的论证一样，它预设了一个国家作为相对静态的地域背景结构的观念，而这一结构正在被地缘经济重构过程选择性地穿透，但没有发生质的变化。正如外国使领馆被理解为东道国主权介入地方受保护的、自我封闭的地点，萨森认为这意味着全球城市的经济运行规避了国家地域边界，在特定的严格限制、法律“例外”的地点，这些边界基本上完好无损且正常运作。显然，这是萨森“系统性的不连续性”论点更加政治化的早期版本，但是它保持了将全球城市视为国家地域组织全球普遍霸权性框架中的例外地点这一潜在观念，而这一国家地域组织框架被认为在地缘经济重构过程中是基本保持不变的。

萨森只有在她后来的著作《地域、权威、权利》(*Territory, Authority, Rights*)中，才更加果断地打破了这种方法论上的限制性假设。[53]但她的分析焦点从全球城市的形成与随之而来的城市/国家关系重构的问题域，转向了对当代经济全球化加速背景下现代国家形成过程中地域与主权的历史地理相关的各种问题的探索。尽管如此，在她对这些问题的调查过程中，萨森的研究仍然产生了许多方法论上的见解，这与我在这里解读当代城市化尺度重构的努力有相当大的关联性。

首先，萨森强调了国家在促进、管理与管制地缘经济一体化方面的积极作用，以及与其相关的广泛的国家权力的结构转型。萨森在发展这一论述时主要关注的是：“全球”的尺度领域并非位于国家权限范围之外，而是通过国家活动、法律权威与管制干预等多尺度地理主动构建的。这样一来，萨森关于地域/主权联结体的研

---

[53] 参阅 Saskia Sassen, *Territory, Authority, Rights: From Medieval to Global Assemblages* (Princeton, NJ: Princeton University Press, 2006).

究就开启了探索全球城市的形成过程如何受到国家空间战略的调解、促进和管理，以及这种战略部署的制度-管制空间多尺度重塑的可能性。

其次，萨森的分析从方法论上构建了对空间尺度"零和"概念化的优雅批判——她在这里将其称为"内生性陷阱"——这支撑了主流的全球化、国家否定论的研究方法。具体而言，她认为，当代地缘经济一体化的形式不仅是由国家制度推动的，而且这种过程是嵌入空间、地域与尺度组织内的国家化"集合"，并反过来促使其发生质的转变。虽然萨森认为自己并不直接在列斐伏尔的社会空间理论中寻找工具来取代这种"内生性陷阱"，但是她对制度集合的分析是以流畅的关系性的尺度概念化为前提的，大致类似于我在研究资本主义城市肌理研究时所使用的列斐伏尔的"社会空间叠加与渗透原则"。正如萨森所指出的，在这样一个框架中，有可能探索尺度化向心与离心过程之间的相互作用，这可能会强化或解构历史上和地理上特定的制度组织的尺度集合，不论是国家化的或是其他的。此外，这种尺度集合的方法与制度尺度重构的视角富有成效地取代了将国家化与全球化过程视为相互排斥的流行趋势，将注意力转移到了它们在动态演化的尺度间关系结构中相互联系，甚至是共同构建的方式。[54]

[54] 从普遍的意义上来看，萨森的制度集合概念与第二章中提出的尺度修复概念产生了共鸣。尽管它们的理论谱系不同，但这两个概念都指的是历史上可变的、政治上竞争的尺度秩序强化的方式，同时也强调了政治上有竞争性的，因而具有延展性的尺度结构维度。但在当代城市理论中，集合概念充满了一系列的哲学假设，这些假设与本书发展的框架截然不同。如需进一步阐述，可参阅 Neil Brenner, David J. Madden, and David Wachsmuth, "Assemblage Urbanism the Challenges of Critical Urban Theory," *CITY 15*, no. 2 (2011): 225—40; and David Wachsmuth, David J. Madden, and Neil Brenner, "Between Abstraction 以及 Complexity: Meta-Theoretical Observations on the Assemblage Debate," *CITY 15*, no. 6 (2011): 740—50.

这种萨森所说的“分析途径”提供了一个有用的方法论基础，能够克服全球城市研究中的国家消亡论与地理尺度的“零和”概念化；更为普遍的意义是，引入了一种支撑当代城市重构的模式与路径更加微妙的尺度重构过程的理论化方法。[55]从这个角度来看，全球城市不应被视为穿透其他相对不变的城市与国家权力体系的独特的全球化、跨国网络化的城市节点；而且它们也并不预示着原有政治-制度框架受到单向线性的侵蚀或解体。相反，随着世界城市群岛整体上成为一种更为广泛的基础设施架构，全球城市可能会被富有成效地重新概念化为制度与社会空间重构的地点；通过这些地点，资本主义城市肌理正在展开更加广泛的多尺度的转型。

尺度重构的后凯恩斯主义地理

城市既是资本积累的基点（全球流动中的节点），又是国家的组织-行政层级构成（国家地域权力的坐标）。作为全球流动中的节点，城市首先是产业生产的地点、分散化资本循环的指挥与控制中心，也是地方、区域、国家与全球市场的交易场所。城市的这一维度已经被大量资本主义城市化的政治经济学与历史地理学研究进行了广泛的分析。其次，作为国家地域权力的坐标，城市是每个国家组织等级中的监管机构层级。“坐标”一词不仅意味着主要城市中心在国家地域矩阵中的嵌入性，还意味着它们在多个重叠的管制网络中不断变化的结构位置；通过这些管制网络，国家权力可以在空间尺度上构建、部署与转型。这些坐标可能通过各种方式相互联系，包括法律-宪法法规、金融相互依赖性、管理劳动分工、官僚指挥等级，还有非正式的管制与协调安排、城市间政策网络以

---

[55] Sassen, *Territory*, *Authority*, *Rights*, 5 passim.

及特殊的、特定问题导向的合作模式。关于城市这一维度的分析，在地方政府、城市体制与城市治理研究中最为显著。

这一基本区分对于分析全球城市的形成与尺度重构过程的关系具有深远的解释性意义。在福特-凯恩斯主义时期（约 1950—1970 年），城市建造的这两个维度在国家地域范围内是在空间上共同延展的。作为积累的节点，城市被框定在资本主义生产、流通与再生产的大尺度地域基础设施之内，这些基础设施是国家经济的基础组成部分。特别是早期工业化世界中的城市，充当了福特制大规模生产的引擎，以及由国家化地域矩阵组成的全球经济体系中的核心大都市呈现。尽管跨国的城市间联系仍然是大西洋福特制空间经济的关键，特别是在冷战时期地缘政治与后殖民的新兴发展背景下，城市与区域通常主要被视为国家经济增长的基础，基本上是作为空间上整合的国家经济空间内最具活力的地域子单元。因此，在冷战时期国家发展主义的三个“世界”中，人们普遍认为主要大都市地区的工业化会产生一种就业、投资与增长的推动力，反过来，又会促使每个国家内部边缘地区的工业化，从而抵消地域不均衡的问题。

同样，作为国家地域权力的坐标，福特-凯恩斯主义的区域与地方管制机构主要是作为中央政府社会经济政策的传送带。它们的主要战略目标是刺激产业增长，并在国家地域范围内尽可能均衡地对其效应进行再分配。为此，世界各国广泛地推行了再分配、补偿性的区域政策，以促进各国内部边缘地区的产业发展、就业增长与基础设施投资。正是这种管制优先和空间想象的组合，使得战后的区域发展理论家如岗纳尔·缪尔达尔（Gunnar Myrdal）和阿尔伯特·赫希曼（Albert Hirschman）将国家地域视为城市核心与边缘区之间空间极化的一种基本容器；使得城市地理学者如布莱恩·贝里、阿兰·普雷德和其他许多学者，将国家城市体系视为序列-规模的城市等级组织的主要空间尺度；也导致克劳斯·奥夫(Claus Offe)等国家理论家将城市政治描述为中央政府构建的一个纯粹的“缓冲区”，使其免受不断扩散的社会冲突和合法化危机的影响。[56]

然而，自 20 世纪 70 年代以来，这些国家化倾向、以国家政府为中心的城市化与地域管制地理已经被深刻地重构为福特-凯恩斯主义发展模式全球危机的直接产物。[57]全球福特主义的危机以一种特定的地理形式进行表达，一方面是国家尺度的政府管制及其内在的国内政策传导、产业化战略与治理机制；另一方面是战后不断的资本积累的全球化推力，越来越多的多区位、扩张性的跨国公司寻求在战略性产业部门增加其全球市场份额。特别是作为支撑福特-凯恩斯主义政治-经济秩序的尺度间结构——基于国家对薪酬关系的管制与对国际货币和贸易的管制——在面对 20 世纪 70 年代初的地缘经济冲击与不断扩散的危机趋势时经历了重大调整。自 1973 年布雷顿森林体系崩溃以来，对金融市场与全球信

---

[56] 关于这些作者对这些问题的经典陈述，可参阅 Gunnar Myrdal, *Economic Theory and Under-Developed Regions* (London: Gerald Duckworth, 1957); Albert Hirschman, *The Strategy of Economic Development* (New Haven, CT: Yale University Press, 1958); Brian J. Berry, “City Size Distributions and Economic Development,” *Economic Development and Cultural Change* 9 (1961): 573—87; Allan Pred, *City-Systems in Advanced Economies* (London: Hutchinson, 1977); Claus Offe, “Zur Frage der “Identität der kommunalen Ebene,” in *Lokale Politikforschung*, ed. Rolf-Richard Grauhan (New York: Campus, 1975), 2:303—9. 关于这一时期国家管制与城市治理的全面分析，可参阅 Brenner, *New State Spaces*, chap. 4.

[57] Erik Swyngedouw, “Neither Global nor Local,” 137—66; John Agnew and Stuart Corbridge, *Mastering Space: Hegemony, Territory, and International Political Economy* (New York: Routledge, 1995); Peck and Tickell, “Searching for a New Institutional Fix.”

贷体系管制的放松，削弱了由国家组织需求管理、产业与货币政策的可行性。与此同时，在随后的几年里，生产、竞争、贸易与金融流动的加速全球化，削弱了国家作为准专制经济地带与世界经济隔离的能力。因此，正如埃里克·斯温格杜对20世纪80年代尺度化调整的典型解释：

> 在过去十年左右的时间里，国家在尺度上的相对主导性发生了变化，让位于本地/区域与跨国/全球崛起的新格局。全球公司、全球金融活动和全球政治在日常生活的结构中发挥决定性的作用，同时地方与区域的响应和重构过程也受到了更多的关注。换句话说，一方面是全球化，另一方面是权力下放、去中心化或地方化……当代重构过程的地方/全球相互作用应被视为一个结合了两个内在关联的、尽管是相互矛盾的运动的单一过程，实际上也是一个包含经济与社会生活的地理尺度关系重组的过程。[58]

这些相互交织的政治-经济转变的核心地理结果是对战后地缘经济和地缘政治秩序中最基本的地域基石——自我中心化的国家经济——的解构。这是对前一章中总结的更为广泛的尺度相对化过程的直接表达与激活。正如斯温格杜所指出的：

> “后福特主义”通常指的是……一系列激烈竞争、极度矛盾与混杂的过程，以及常常围绕尺度、对特定尺度的控制、既

---

[58] Erik Swyngedouw, “The Mammon Quest: ‘Glocalization,’ Interspatial Competition and the Monetary Order: The Construction of New Scales,” in Dunford and Kafkalas, *Cities and Regions in the New Europe*, 40.

> 有尺度的内容、新尺度的构建以及尺度间联系进行的权力斗争。[59]

显然，自20世纪80年代以来，资本主义城市肌理与国家空间的国家化“编织”之间的空间同构倾向——在之前的第二章中已经讨论过的关于亨利·列斐伏尔对一般城市化晚期福特主义预测——已经出现了明显的分离。尽管资本主义城市肌理与国家空间在所有空间尺度上仍然紧密地相互交织，然而它们的地域组织、尺度链接与演化路径不再围绕单一的主导尺度（国家或其他）连贯地结合在一起。本文的中心任务就是更加细致地审视自北大西洋福特制增长体制崩溃以来，城市化的尺度重构与国家空间性重塑之间动态变化的地理-制度界面。

首先，全球城市研究者们已经做了很多细致的探索，当代城市化的尺度重构必须被视为根深蒂固的国家城市体系多维度的重组，随之而来的是新的世界性城市等级体系的强化。为了说明城市化过程的持续性尺度重构，图4.1简要描述了自20世纪70年代初福特-凯恩斯主义体制危机以来欧洲城市等级体系的尺度重构。

在史提芬·克拉缇克（Stefan Krätke）的研究基础上，当代欧洲城市体系的图式表达首先聚焦于城市化的第一个维度，即城市作为资本积累节点的作用。[60] 克拉缇克的模型描述了当代欧洲城市等级体系的转型，主要涉及两个结构性标准——城市生产性基

---

[59] Swyngedouw, “Neither Global nor Local,” 156.

[60] Stefan Krätke, “Stadtsystem im internationalen Kontext und Vergleich,” in *Kommunalpolitik*, ed. Roland Roth and Hellmut Wollmann (Opladen: Leske Verlag, 1993), 176—93.

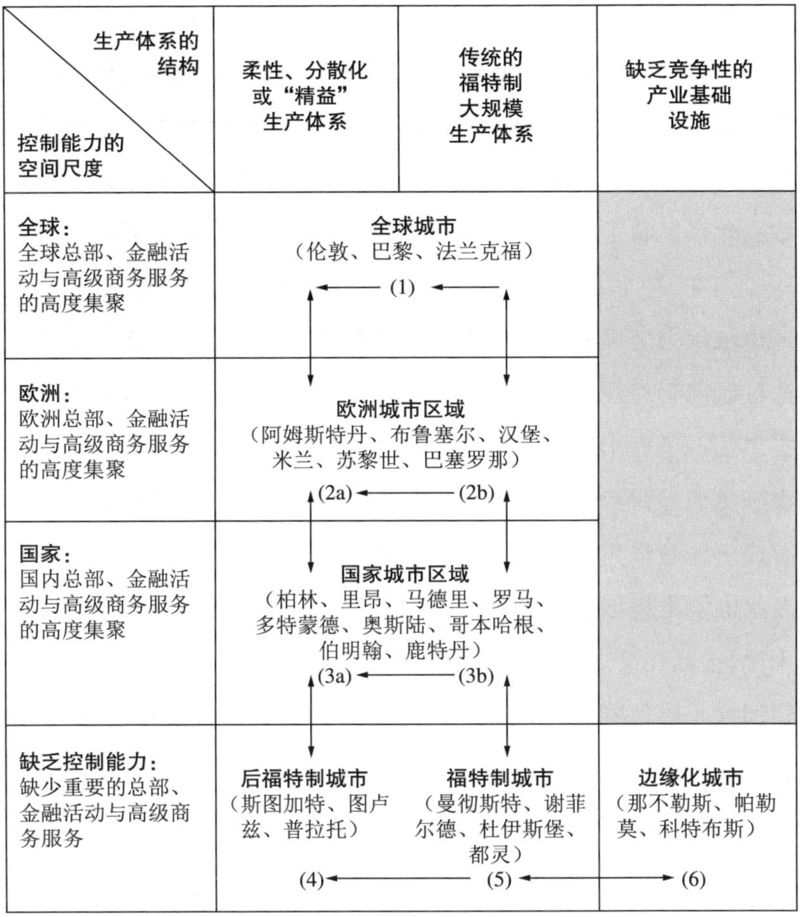

图 4.1　欧洲城市等级体系的尺度重构（来源：Stefan Krätke, *Stadt*, *Raum*, *Ökonomie* [Basel: Birkhäuser Verlag, 1995], 141.）

础的产业结构（福特制 VS 后福特制）和指挥与控制功能的空间尺度（全球、欧洲、国家、区域、可忽略的）。图中的箭头表示欧洲城市等级体系中各个城市位置可能发生的变化，并且列出了不同的城市来例证每一个等级。如图所示，全球城市的形成已经导致一种新的全球城市等级结构的出现，这种结构是通过城市的指挥与控制功能、城市间交换关系与城市间竞争不断扩大的尺度进行定义的。因此，作为积累的节点，城市不再封闭在相对自我中心的国家经济中，而是更加直接地嵌入跨国城市等级体系、城市间网络与资本循环中。虽然位于全球、欧洲、北美、东亚城市等级体系顶点的城市是反映这一转型最为明显的例证，其在全球城市体系中的位置变化也反映了城市空间在世界经济中更为普遍的尺度重构。[61]

其次，20 世纪 70 年代之后的全球重构浪潮也对城市作为国家地域权力坐标的作用产生了重要影响。尽管全球城市研究的方法论倾向于忽视全国尺度的政治-经济动态，但它为调查这些问题提供了一个有用的出发点。与基于地方的全球城市社会技术基础设施类似，后福利社会、后凯恩斯主义时代新兴的国家空间可以富有成效地解释为资本主义城市肌理的基本战略性层级，因此也是新兴的资本积累的后福特制形式的关键地域基础。从这个意义上来说，正如在第二章中所论述的，国家空间代表了一种与固定性/运动性矛盾紧密啮合的资本主义地域组织的关键基础设施，正如城市、区域和社会技术网络一样，资本直接依赖它进行基于利润增长的不断的代谢。爱德华·苏贾提出的富有影响力的“外都市”概念，最初是为了解释后福特制资本主义背景下城市形态的混乱重构，他提供了一个具有启发性的空间隐喻来探索国家空间重构的这一方面。[62] 就像外都市一样，产业集聚的后福特主义矩阵使得原有的城市主义空间同时发生“由内向外”与“由外向内”的变化，

---

[61] 正如彼得·泰勒与他在 GaWC（全球化与世界城市）研究组的合作者所证明的，这些尺度重构已经在世界经济的各个空间尺度上与城市间网络的新地理格局紧密地交织在一起。有关这一方面的概述和理论探索，可参阅 Taylor, *World City Network*.

[62] Edward W. Soja, “Inside Exopolis: Scenes from Orange County,” in Variations on a Theme Park: The New American City and the End of Public Space, ed. Michael Sorkin (New York: Noonday Press, 1994), 94—122.

因此后凯恩斯主义城市治理的地理同样被全面地重新编织：一方面是由内向外，不同空间尺度的国家机构尝试更直接地增强次国家战略性空间如城市与区域在全球的结构性竞争力；另一方面是由外向内，超国家治理机构、跨国管制联盟，以及跨国公司与金融组织如今在各国的国家地域经济重组中发挥着更加积极且多方面的作用，这往往会对城市和区域的命运产生深远的影响。

在这些条件下，城市治理不再只是被国家权力的中央集权等级体系整齐划一地框定，也不再以产业基础设施与集体消费设施在国家范围内的均衡分配为主要导向。相反，城市发展的过程越来越多地通过国家与非国家机构的多尺度架构来调解，正如阿兰·利皮茨所说，这些机构的首要目标是促进战略性的地方空间成为"新生产力的孕育地"[63]。城市治理形式的尺度重构不是主要聚焦于国家行政管理框架内的政策协调与官僚指令问题，而是更直接地面向建立超国家与横向的联系，这将有助于推动大都市区域在图 4.1 所示的城市等级体系中向上攀升。这种管制架构还将有关城市规划、基础设施投资与土地使用的重大决策能力转移给某些特权性的企业主体，包括跨国公司、银行与房地产开发商。因此，正如大卫·哈维在这些广泛的政治制度重组的初始阶段所预见的那样，城市治理企业化形式的强化已经不可避免地与所有空间尺度上的国家地域管制的根本性重构交织在一起。[64]

这些后凯恩斯主义的城市治理尺度重构不仅导致原有的国家

---

[63] Alain Lipietz, "The National and the Regional: Their Autonomy Vis-à-Vis the Capitalist World Crisis," in *Transcending the State-Global Divide*, ed. Ronen P. Palan and Barry K. Gills (Boulder, CO: Lynne Rienner Publishers, 1994), 37.

[64] David Harvey, "From Managerialism to Entrepreneurialism: The Transformation in Urban Governance in Late Capitalism," *Geografska Annaler Series B Human Geography 71*, no. 1 (1989): 3—17.

政治地理的重构；它们还和国家与资本代谢所依赖的城市地域基础设施之间关系的深刻转型有关。正如第二章所讨论的，地域组织长期以来作为资本主义背景下的一种生产性动力，通过其基础设施组织（生产能力、土地利用系统、劳动力、社会技术网络与社会环境关系）、管制-制度结构与其他地方特定外部性的集合而运行。[65] 正如我在第一章中通过解读亨利·列斐伏尔的著作时所论证的那样，国家机构在这些地域结构的生产、管理、再生产与重新组织中占据了核心位置，这些地域结构也与资本主义城市肌理历史上的特定形态相关。在福特-凯恩斯主义时期，大多数早期工业化国家采取间接的国家空间干预方式，主要涉及劳动力的再生产（如再分配的社会福利政策）、产业迁移（如企业补贴与税收优惠）和其他集体消费要素（如住房、教育、交通与城市发展等空间设施的大规模投资）。尽管福特-凯恩斯主义管制体制的过时削弱了国家作为社会经济活动地域自我封闭的容器的统一性，然而这种发展似乎强化而不是削弱了地域组织作为积累战略的基础以及作为经济治理特定尺度媒介的重要性。正如法国地理学家皮埃尔·维尔茨（Pierre Veltz）所论：

> 尽管在泰勒-福特制的大规模生产体系中，地域主要呈现为一系列通用的资源集合（原材料、劳动力），然而现在它越来越多地支撑着专门化资源创造的过程。国家、区域与城市之间的竞争力不再像经典的比较优势理论那样来自静态的资源

[65] 也可参阅 Erik Swyngedouw, "Territorial Organization and the Space/Technology Nexus," *Transactions of the Institute of British Geographers* 17 (1992): 417—33; and Mark Gottdiener, "Space as a Force of Production," *International Journal of Urban and Regional Research* 11 (1987): 405—16.

禀赋，而是来自它们生产新资源（不一定是物质资源）的能力，以及在成本、商品或服务质量、速度与创新方面建立有效配置的能力。[66]

我在这里的假设是在后福利社会、后凯恩斯主义时代，尺度重构的国家空间已经在生产、协调与维护维尔茨所分析的后福特制资本积累过程越来越依赖的城市发展的“特殊资源”与“有效配置”中发挥着战略性的重要作用。特别是在 20 世纪 80 年代和 90 年代，全球城市成为一系列国家空间战略的管制前沿，并寻求构建、管理与维持这种后福特主义的资本主义地域组织形式。与福特-凯恩斯时代各种强调基于激励、不加引导及空间再分配的政策相比，后凯恩斯主义的国家干预模式要求国家机构更加直接地参与提升“地域组织的生产力”。[67]通过一系列空间选择性的政策、干预与政治-组织转型，后凯恩斯主义国家一直在试图增强战略指定经济空间的地域特定生产能力，从而促进新城市空间的生产。当面对 20 世纪 70 年代之后资本、货币与商品跨国界流动性的明显增加时，后凯恩斯主义国家空间战略的重要举措之一就是生产和管理与资本地域固定性相关的关键非移动要素，尤其是在全球城市以及其他被指定的地域——它们被认为是跨国投资、技术创新、产业活力与促进增长的战略性空间。[68]这种地域化的国家空间战

---

[66] Pierre Veltz, “The Dynamics of Production Systems, Territories and Cities,” in *Cities, Enterprises and Society on the Eve of the 21st Century*, ed. Frank Moulaert and Allen J. Scott (London: Pinter, 1997), 79, italics added.

[67] Swyngedouw, “Territorial Organization.”

[68] 关于这种“分区技术”在当代东亚情境中扩散的相关分析，可参阅 Aihwa Ong, “Graduated Sovereignty in South-East Asia,” *Theory, Culture & Society* 17, no. 4 (2000): 55—75; and Aihwa Ong, “The Chinese Axis: Zoning Technologies and Variegated Sovereignty,” *Journal of East Asian Studies* 4 (2004): 69—96.

略——我在其他地方称之为“城市区位政策”——的首要目标是在具有战略重要性的地方与区域增长地带内建立“根植于地域的固定资产”与“非贸易相互依赖”。[69]

即使当这些地域嵌入资产不是由国家直接生产时，一系列政府与准政府机构也会变得更加积极地参与这些资产的融资、监督、协调与维护。更为普遍的是，通过采用以增长为导向、市场规制的城市发展战略，后福利国家机构也在推动其地域范围内的战略地带成为世界市场中独特、创新且富有竞争力的区位产品——如金融中心、产业区、技术极、企业区、科技园区、创新中心、自由贸易区，等等——方面具有更加核心的作用。通过这种方式，正如菲利普·塞尔尼(Phillip Cerny)所说：“国家本身成为一个集体性的、区

---

[69] 关于城市区位政策，可参阅 Brenner, *New State Spaces*，第五章。关于地域内嵌的社会经济资产与非贸易相互依赖，参阅 Amin and Nigel Thrift, “Territoriality in the Global Political Economy,” *Nordisk Samheallgeografsk Tidskrift* 20 (1995): 10; and Storper, Regional World. 除了少数例外，20 世纪 80 年代和 90 年代关于新产业区的产业地理文献都聚焦于联合主义、高度信任的实践与合作网络在产生这些非贸易相互依赖关系中的作用。然而，这些调查往往忽视了许多主要城市区域在这一时期正在采取积极的新自由主义和放松管制的政策，作为促进特定地区竞争优势的手段。这样的解读忽视了即使是联合主义的区域经济本身也可能周期性地受到新自由主义政策体制推动的成本削减与竞争压力的影响；同时，也忽视了联合主义与新自由主义的管制转型计划在更广泛的尺度化的劳动分工中相互制约的可能性。杰米·高夫(Jamie Gough)和阿拉姆·艾森希茨(Aram Eisenschitz)详细阐述了这一论点，他们卓有成效地将联合主义的再管制与新自由主义的放松管制解释为管理资本危机倾向这一相互对立但又辩证交织的战略，部分是通过管制空间的尺度重构。重点参阅 Aram Eisenschitz and Jamie Gough, “The Contradictions of Neo-Keynesian Local Economic Strategy,” *Review of International Political Economy* 3, no. 3 (1996): 434—58; Jamie Gough and Aram Eisenschitz, “The Construction of Mainstream Local Economic Initiatives: Mobility, Socialization and Class Relations,” *Economic Geography* 72, no. 2 (1996): 178—95; and Jamie Gough, “Changing Scale as Changing Class Relations: Variety and Contradiction in the Politics of Scale,” *Political Geography* 23, no. 2 (2004): 185—211.

位广阔的、市场主导的竞技场的商品化代理人。”[70]因此，国家在经济治理中的作用不再仅仅是地方生产综合体的再生产，还要不断地保护和强化它们作为地域特定生产动力的能力。[71]

正是在这一背景下，我们才能理解次国家的机构形式在后凯恩斯主义经济治理中显著增强的作用。整个欧盟、地方与区域政府通过为跨国资本提供各种地域基础条件，包括定制化的运输与通信联系、高档的办公空间、合适的劳动力市场、数字基础设施以及其他地方特定的外部性，共同致力于振兴衰退的工业地区、促进全球竞争性领域的产业增长，并在世界经济中获得新的指挥和控制功能。因此，最为重要的是，通过增强动员能力，促进、保障与维持一系列为资本投资服务的地方与区域特定条件，地方与区域政府在新兴的后福利竞争性国家的管制(与去管制)运作中的结构重要性得到了强化。[72]

---

[70] Philip Cerny “Globalization and the Changing Logic of Collective Action,” *International Organization* 49, no. 4 (1995): 620.

[71] 这种地域管制的尺度重构方法的主要结果之一是加剧了国家诱导的空间不均衡发展，因为它推动了主要大都市区域精心划定的地域内相对临时性的增长“爆发”。这与空间凯恩斯主义的计划形成了鲜明的对比，该计划提倡在整个国家经济中进行大尺度、长期的地域“均衡”发展模式。尼克斯·波兰萨斯(Nicos Poulantzas)在20世纪70年代末就预见到这种国家尺度重构的趋势及其对空间不均衡发展模式的深刻影响：“国家对外国或跨国资本的支持，加剧了每个资本再生产得以发生的国家内部的资本主义不均衡发展。其最典型的做法就是将特定区域指定为‘开发区’，因此损害其他区域的利益——这一过程……使支撑资产阶级国家的国家统一性出现裂痕。”可参阅 Nicos Poulantzas, *State, Power, Socialism*, trans. Patrick Camiller (London: New Left Books, 1978), 213.

[72] 关于竞争性国家的概念，可参阅 Jessop, *Future of the Capitalist State*; and Cerny, “Globalization.” 关于地方与区域经济倡议的扩散，可参阅 Margit Mayer, “The Shifting Local Political System in European Cities,” in Dunford and Kafkalas, *Cities and Regions in the New Europe*, 255—76; Alan Harding, “Urban Regimes in a Europe of the Cities?,” *European Urban and Regional Studies* 4, no. 4 (1997): 291—314; Paul Cheshire and Ian Gordon, “Territorial Competition and the Predictability of Collective (In)ac-tion,” *International Journal of Urban*

在20世纪70年代初，亨利·列斐伏尔开始勾勒出一种新兴的、高度生产主义的国家形式的大致轮廓，即一种新的"空间政治"——通过动员以空间为导向的管制战略来加速与强化资本的积累。[73]正如列斐伏尔在《空间的生产》最后一章中所指出的：

> （国家与空间之间的）关系……正变得越来越紧密——国家在空间上的作用……更加明显。国家管理机构与政治机构不再满足于（如果它们曾经满足过的话）仅仅以抽象的方式干预资本投资……如今，国家及其官僚与政治机构持续地对空间进行干预，并将空间作为一种可利用的工具，以便在所有层面通过经济领域中的每一个机构进行干预。[74]

关于这种趋势的反思大概发生在20年后的20世纪90年代初，埃里克·斯温格杜得出了完全相同的结论："国家在发展地域生产力与生产新的空间结构方面的作用实际上变得越来越重要，而不是越来越不重要。"[75]国家尺度重构战略使得国家机构与资本空间之间变得更加直接地相互交织，新兴的后凯恩斯主义竞争性

---

and Regional Research 20, no. 3 (1996): 383—99; Tim Hall and Phil Hubbard, "The Entrepreneurial City: New Politics, New Urban Geographies," Progress in *Human Geography* 20, no. 2 (1996): 153—74; and Swyngedouw, "Heart of the Place." 关于地方经济治理的后凯恩斯主义方法中的再管制化与去管制化之间的相互作用，可参阅 Peck and Tickell, "Searching for a New Institutional Fix"; Gough and Eisenschitz, "Construction of Mainstream Local Economic Initiatives"; and Brenner, *New State Spaces*.

[73] Henri Lefebvre, "Reflections on the Politics of Space," in *State, Space, World: Selected Essays*, ed. Neil Brenner and Stuart Elden (Minneapolis: University of Minnesota Press, 2009 [1970]), 167—84.

[74] Lefebvre, *Production of Space*, 378.

[75] Swyngedouw, "Territorial Organization," 431.

国家体制的核心机构与管制工具可以更加积极地塑造与重塑城市化的不均衡图景，通常以一种基于地方、区域与特定尺度的定制化方式。

总而言之，后凯恩斯主义的国家尺度重构过程与新城市空间的生产之间似乎存在着直接的联系。一方面，20 世纪 70 年代初全球经济危机引发的这一轮城市重构的加速为后凯恩斯主义国家尺度重构战略提供了很大的推动力。这种战略先是作为在危机影响下衰退的许多福特制制造型区域的一种危机管理与“内生发展”的响应形式，之后成为全球化城市-区域和其他后福特制经济体新兴产业空间城市区位政策的一种更加全面的推动机制。[76]另一方面，后凯恩斯主义时期尺度重构的国家机构动员了新的城市治理形式，以此吸引跨国资本并将其嵌入其地域范围内。为此，后凯恩斯主义国家不仅引入了一种新的地域分化的与区位定制化相关的空间干预、经济发展和基础设施规划模式，而且也通过对其内部尺度架构的重新组织，促进资本投资流向其地域范围内的战略性城市增长地带。正是由于这一原因，国家尺度重构与城市重构之间的关联性在快速全球化的城市空间——世界城市群岛的战略性节点——中变得特别重要，这也吸引了众多批判性城市研究者的关注。

图 4.2 通过示意图的方式总结了这些关联性，同时强调了世界经济的全球化、后凯恩斯主义国家空间的尺度重构，以及这些变化对城市作为积累节点与国家地域权力坐标双重尺度重构的影响。

---

[76] Brenner, *New State Spaces*, chap. 5.

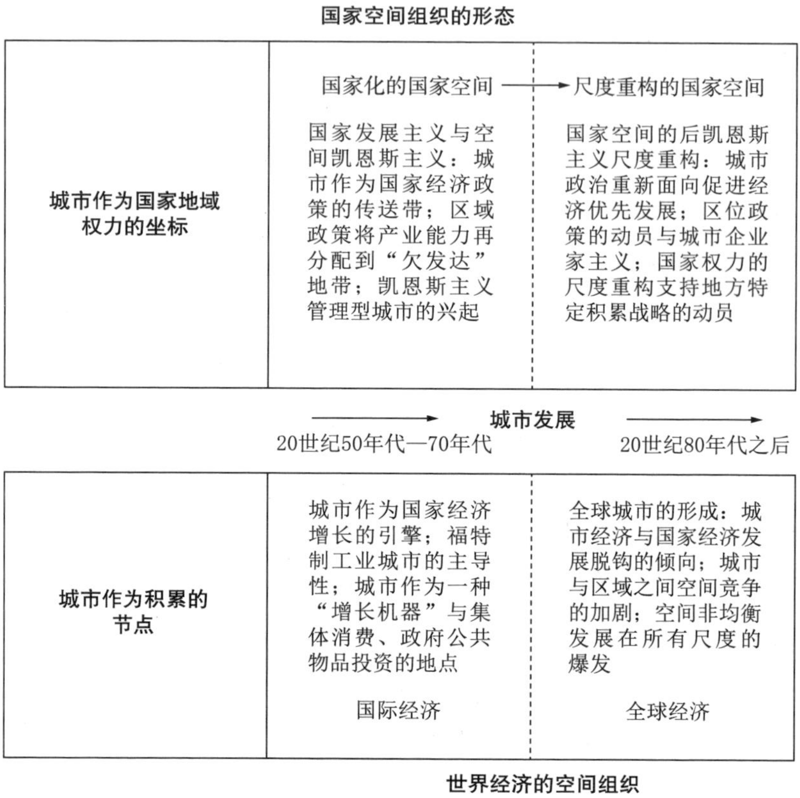

图 4.2　1950—2000 年城市发展、国家空间与世界经济

后凯恩斯主义时期欧洲的全球化城市与新尺度政治

现在，我们可以通过对 20 世纪 70 年代之后欧洲的全球城市形成、国家空间与城市治理尺度地理格局变化的分析，将前面的研究进行具体阐释。大卫·巴森斯与米歇尔·范·米特仁认为，在 20 世纪 80 年代和 90 年代，企业-产业重构过程的深化、劳动密集型制造业的持续外包、金融自由化的加速以及新国际金融体制的强化，增强了全球城市-区域的重要性，形成了一个世界性的“地方经济网络”，高级生产性服务业企业在这些地点的集聚可以帮助跨国资本降低交易成本、优化剩余投资、加快技术创新、适应市场的不确定性并管理过度积累的危机。[77]因此，巴森斯与范·米特仁认为正是在这一时期，世界城市群岛的主要节点城市——包括主要的欧洲金融中心，如伦敦、巴黎、法兰克福、阿姆斯特丹和米兰——成为后福特资本主义背景下实现全球价值循环的“要塞”。[78]

接下来的分析主要侧重于 20 世纪 80 年代和 90 年代在欧洲主要全球化城市-区域及其周边地区出现的新尺度政治，这与欧洲货币与金融一体化进程的加速密切相关。与那些限定在相对固定、地方或区域尺度框架内的城市治理主流研究方法相反，这里的讨论将重点指向：(1) 欧洲福特-凯恩斯资本主义危机发生以来城市治理的尺度重构动态；(2) 国家机构与其他政治-地域力量试图在主要大都市区域内外塑造这些持续的尺度重构过程的政治战略。在这里，我将重点放在欧洲一些主要的全球化城市，正如之前讨论的文献中所定义的，即在 20 世纪最后几十年中被跨国管理与

---

[77] Bassens and van Meeteren, “World Cities,” 758 passim.

[78] 同上。根据巴森斯与范·米特仁的观点，随着在 21 世纪初金融化过程的普遍化与随之而来的危机倾向的爆发，强化并转变了世界城市群岛内高级生产性服务业公司产生的“阶级垄断租金”。他们认为这些发展进一步扩大了高级生产性服务业综合体的作用，远远超出了 20 世纪最后几十年中主导这些部门的全球城市设定，同时每个治理尺度也产生了新的管制挑战与矛盾（参阅 Bassens and van Meeteren, “World Cities,” 756—58.）。关于 20 世纪后期欧洲一体化加速与全球产业重组浪潮中欧洲全球城市的形成，可参阅 Krätke, “Stadtsystem im internationalen Kontext und Vergleich”; Peter J. Taylor and Michael Hoyler, “The Spatial Order of European Cities under Conditions of Contemporary Globalization,” *Tijdschrift voor Economische en Sociale Geografie* 91, no. 2 (2000): 176—89; and Peter J. Taylor and Ben Derudder, “Porous Europe: European Cities in Global Urban Arenas,” *Tijdschrift voor Economische en Sociale Geografie* 95, no. 2 (2004): 527—38.

控制强化的新产业区。[79]然而，这种分析将这种跨国网络化的城市节点嵌入了世界城市群岛、(欧洲)国家空间与资本主义城市肌理混杂且越来越多变的尺度间地理之中。

全球化城市与欧洲一体化的地缘政治

20 世纪 90 年代，全球化城市的区位在欧洲国家之间围绕欧盟总部办公室的竞争中扮演着重要角色。这种空间竞争的形式直接由全球城市的东道国调解，因为它们在协调欧洲一体化的条款与节奏。这种选址的决策在一定程度上来自欧洲核心大国之间的战略妥协，最终选择布鲁塞尔作为欧盟的行政总部就证明了这一点。但 1998 年将欧洲中央银行设在法兰克福的决定是英国和德意志联邦共和国之间地缘政治与经济斗争的一个重大转折点。英国和德意志联邦共和国试图将欧洲的地理重心拉向各自的领土；而伦敦只获得了一个微不足道的安慰奖——欧洲专利局。20 世纪 90 年代，欧洲货币一体化的加速也对欧盟内部金融中心的等级体系产生了重大影响。在此期间，伦敦一直是欧盟最重要的金融服务中心。然而，1999 年欧元的引入为法兰克福和巴黎带来新的机遇，它们推出了新的管制与技术基础设施以支持全球金融市场，

---

[79] 这句话摘自詹妮弗·罗宾逊对第一波全球城市研究的经典批判，"Global and World Cities: A View from off the Map," *International Journal of Urban and Regional Research* 26, no. 3 (2002): 536.罗宾逊对全球城市研究者与全球城市推崇者的狂热提出了质疑，他们将国际金融中心视为一个独特而强大的城市阶层，忽视了影响世界各地其他城市包括全球南方城市全球重构的混杂动态。在这种背景下，罗宾逊倾向于使用"跨国管理与控制的新产业区"，而不是通用的缩写"全球城市"概念，并对这种普遍的趋势提出了立场鲜明的警告，其主要问题包括：(1) 夸大了全球城市经济功能对更广泛的城市生活肌理的影响；(2) 忽略了不同类型的跨国关系早已介入那些不作为重要的资本指挥与控制中心城市的发展进程。

而它们周边的地域经济体当时都已经加入了欧洲单一货币体系。[80] 因此，这一时期，在欧盟内部形成的国家尺度重构的超国家地理格局似乎有利于最终形成一个统一的法兰克福—巴黎—伦敦轴心，将欧盟区域与世界经济联系起来。[81]显然，在 20 世纪的最后几十年，欧盟各国都在追求后凯恩斯主义的国家空间尺度重构，这对欧洲城市发展的尺度地理产生了一系列直接的影响。

全球化城市与政府间关系

自 20 世纪 80 年代初以来，在欧洲一体化加速以及各国为地域管制、基础设施投资与经济发展的适当框架进行具体斗争的压力背景下，整个西欧国家地域内的中央-地方关系发生了显著的转型。中央或国家政府一般将其地域次单元视为功能上相同的行政层级，而不是社会经济生活在地理上具有差异性的区域，因此在关于政府间关系的国家政策辩论中很少讨论全球城市形成与城市重构的过程。但政府间关系的重新配置可能会对城市区域治理产生深刻而长远的影响，它们将地方政府的行政、组织与金融传导重新安排给中央或国家政府，从而影响其管制能力与战略导向。[82]

在 20 世纪 80 年代直到 90 年代的进程中，欧盟成员国之间形成了几条政府间关系转型的路径，这对欧洲几个主要的金融中心

---

[80] "Financial Centres Survey," *The Economist*, May 1998, 17.

[81] Peter J. Taylor, "Is the UK Big Enough for Both London and England?," *Environment and Planning A* 29, no. 5 (1997): 766—70.

[82] 关于这些议题的讨论，可参阅"Territorial Structures of the State: Some Conceptual Issues," *Tijdschrift voor Economische en Sociale Geografe* 81 (1990): 251—66; Stefan Krätke and Fritz Schmoll, "Der lokale Staat—'Ausführungsorgan' oder 'Gegenmacht'?," Prokla 68 (1987): 30—72; and Simon Duncan and Mark Goodwin, *The Local State and Uneven Development* (London: Polity Press, 1988).

与全球化城市-区域的城市发展产生了直接的影响。[83]一个极端的例子是在英国，撒切尔式的中央-地方重构浪潮导致大伦敦委员会的废除与中央强制地方治理的新专制形式在伦敦区域的强化。[84]其主要目标之一是推动伦敦与英格兰东南部地区成为全球城市，同时压制地方与区域的反对，包括伦敦自身内部的反对。由此产生的中央强化的城市治理形式导致"次国家政府职能被转移到非选举产生的地方政府，而选举产生的地方政府只是保留了正式的位置，但权力被大大削弱"[85]。

相比之下，德国在同一时期的国家重构过程中，国家与市政当局在制定和实施一系列与产业发展、基础设施规划与城市增长相关的政策方面的作用日益分散化。这些新的管制地理使德国最重要的金融中心法兰克福政府推出了一个积极促进本地发展、地方营销与经济发展政策的新计划，深刻地重塑了城市的建成环境、发展路径与社会经济景观。[86]更为普遍地说，德国联邦体系中的这些权力下放倾向于帮助建立一种转型的管制环境，在这种环境中，"所有的州政府……像管理商业一样行动，试图将所有政策都指向把州作为后福特主义世界资本主义的一个产业区位的需要"[87]。

---

[83] Mayer, "Shifting Local Political System," 255—76.

[84] Duncan and Goodwin, *Local State*.

[85] 同上，249。

[86] 参阅 Roger Keil and Peter Lieser, "Frankfurt: Global City—Local Politics," in *After Modernism: Global Restructuring and the Changing Boundaries of City Life*, *ed*. Michael Peter Smith (New Brunswick, NJ: Transaction Publishers, 1992), 39—69; Klaus Ronneberger and Roger Keil, "Ausser Atem—Frankfurt nach der Postmoderne," in *Capitales Fatales: Urbanisierung und Politik in den Finanzmetropolen*, ed. Hansruedi Hitz (Zürich: Rotpunktverlag, 1995), 208—84.

[87] Josef Esser and Joachim Hirsch, "The Crisis of Fordism and the Dimensions of a 'Postfordist' Regional and Urban Structure," *International Journal of Urban and Regional Research* 13, no. 3 (1989): 430.

在这两个极端之间的是荷兰，其政府间关系重新校准的路径结合了加强国家地域管理与地方化和区域化改革的要素。特别是自 20 世纪 80 年代中期以来，中央-地方重构的辩论在荷兰的所有层次扩散，导致国家政府、省、市政府促进西兰斯塔德大都市带（由阿姆斯特丹、鹿特丹、乌得勒支和海牙组成）全球城市的形成，并将其作为国家社会经济政策、地域规划与基础设施投资共享的优先选择。[88]在这些条件下，兰斯塔德的四个省（北荷兰、南荷兰、乌得勒支与弗莱佛兰）在协调区域与地方经济发展方面扮演着新的主要角色。与此同时，荷兰国家政府推出了一套新的政策与规划工具，旨在将投资引导到兰斯塔德的四个城市，并更加有效地疏通这个多中心大都市区域的城市地域扩张。实际上，国家、省与地方政府管制框架的尺度重构被视为保护与强化兰斯塔德地区作为欧盟与全球经济中主要大都市枢纽与流通平台的战略地位重要的先决管制条件。

当然，之前描绘的国家尺度重构的每一条路径都受到原有的制度、行政与法律安排的强烈制约，也通过特定情境下的地域联盟与所有国家权力空间尺度上的政治战略进行强有力的调解。但正如这一简要的概述所指出的，在 20 世纪 80 年代和 90 年代期间，城市治理的形式、功能与战略方向发生了质的转变，这与国家特定的政府间重新组织路径直接关联。虽然这些机构的尺度重构过程在整个管制图景中产生了广泛的、也许是不均衡的结果，但它们似乎在国家权力的各种尺度为政府机构、政治力量与地域联盟提供

---

[88] 参阅 Frans Dieleman and Sako Musterd, eds., *The Randstad: A Research and Policy Laboratory* (Dordrecht: Kluwer, 1992); and Gertjan Dijkink, "Metropolitan Government as Political Pet? Realism and Tradition in Administrative Reform in the Netherlands," *Political Geography* 14, no. 4 (1995): 329—41.

了新的战略能力，以此促进欧盟最为全球化的网络化大都市区域的经济发展。正是从这个意义上来讲，政府间重新组织的战略决定性地影响了全球城市形成的过程。

全球化城市与地域政治

正如约翰·弗里德曼与葛茨·沃尔夫在20世纪80年代初所预见的："全球城市对跨国资本和国家政治利益都至关重要，可能会在随后的斗争中成为讨价还价的筹码。"[89]十年之后，彼得·泰勒也提出了同样的问题："美国由民众反抗而产生的强有力的保护主义政策，会对纽约作为世界城市的角色产生什么影响？资本会转移到仍然'自由'的东京市场吗？"[90]泰勒在20世纪90年代中期提出的问题可以很容易地以2016年6月英国脱欧公投为参考，从而在框架上重新定义：英国退出欧盟是否标志着伦敦长期作为欧洲主导性的全球金融中心地位的终结？那些总部位于伦敦的银行与高级生产性服务业企业将如何在英国脱欧后的世界中发展？[91]然后，关键问题是，如何在不同情境与尺度下对全球化城市与其所在国家地域经济之间的经济脱节问题进行政治上的应对？

在20世纪的最后几十年中，英国是欧洲这种脱嵌以及相关的地域政治极化最引人注目的案例。自20世纪70年代中期以来，英格兰东南部地区作为全球城市-区域的发展动力主要建立在离岸经济的基础之上，而离岸经济又源自这座城市作为全球金融中

---

[89] Friedmann and Wolff, "World City Formation," 312.

[90] Taylor, "World Cities and Territorial States," 59.

[91] Emma Dunkley, "Six Cities in Search of London's Business after Brexit," *Financial Times*, June 8, 2017; Howard Davies, "Will London Survive as a Financial Centre After Brexit?," *The Guardian*, April 26, 2017; Sarah Lyall, "Will London Fall?," *New York Times*, April 11, 2017.

心的角色，且几乎完全脱离了英国其他地方的产业发展。特别是在1979年取消外汇管制与1986年10月去管制化的“金融大爆炸”之后，伦敦作为全球银行与金融中心的地位得到进一步巩固。撒切尔时代的“两个国家”积累战略加剧了大伦敦都市区与其他国家地域之间历史性的根深蒂固的空间极化形式，这意味着新自由主义中央国家与全球金融资本和伦敦高级生产性服务业企业的结合，以及英格兰北部和苏格兰制造业城市与区域的衰退。事实上，20世纪80年代撒切尔主义的兴起被解释为“英格兰南部地区的独立宣言，这个地区依赖伦敦这一世界城市”[92]。在整个20世纪90年代，围绕国家首都打造全球城市仍然是梅杰政府和1997年之后新工党的优先事项之一。因为英国仍然是一个民族国家，而不是一个集聚在东南部的城市-国家，在伦敦形成的全球城市与英国发展不均衡加剧的地域经济之间的紧张关系仍然是英国国家政治中强烈政治冲突反复出现的根源。在随后几轮的金融危机、紧缩政策以及最具爆炸性的2016年英国脱欧公投之后，这种地域紧张局势进一步加剧。[93]

而在德国，由于其分散的联邦制度、多中心的城市结构、多元化的国际网络化的城市区域，还没有出现这种通过全球城市形成的国家政治高度极化的情况。在这样的制度与地理架构中，联邦政府单方面将任何一个单一的大都市区域作为社会经济、产业或空间政策的优先选项，在政治上都是行不通的。法兰克福是一个例外，源于它作为德国央行与欧洲央行所在地的角色。但即使这

[92] Taylor, “World Cities and Territorial States,” 59.

[93] Taylor, “Is the UK Big Enough”; Danny Dorling, “Brexit: The Decision of a Divided Country,” *British Medical Journal*, July 6, 2016. 更为普遍的研究也可参阅 Glenn Morgan, “Supporting the City: Economic Patriotism in Financial Markets,” *Journal of European Public Policy* 19, no. 3 (2012): 373—87.

样，城市发展也已经由一个地方政府与区域性机构的组合进行管理了，它们之间互相竞争，同时也与其他地区争夺联邦资源。这与伦敦金融城形成了鲜明对比，其金融运作在很大程度上是与英国其他地方的产业发展脱钩的，而德国最为全球化的网络化大都市区域是作为国家与区域嵌入型产业的主要接合点，因此仍与更广泛的地域经济的产业肌理相互交织在一起。因此，在 20 世纪 90 年代期间，法兰克福的地域政治主要是在区域内部的尺度进行构建。在法兰克福城市核心区中全球城市的形成，在行政组织、财政负担、生活条件、交通、生态和增长模式等方面与周边莱茵-美茵地区的城镇之间产生了一个有冲突的螺旋，从而导致关于黑森州——特别是在城市化最密集的南部区域——进行地域治理改革的激烈辩论。[94] 因此，在这里，全球城市形成的地域政治比在伦敦/英国的情况会受到更多的区域限制。

20 世纪 90 年代，荷兰的兰斯塔德地区围绕全球城市的形成，还出现了一种特定形式的地域政治。尽管在这一时期，区域范围内的核心-外围极化、空间之间的竞争与中央-地方冲突持续存在，然而兰斯塔德的全球城市形成几乎成为荷兰国家规划的一个坚定不移的目标。后续的国家与地方政策将全球城市的形成作为首要任务，构建了“国家城市发展联盟”，渴望将荷兰中心城市从公共服务的提供者转变为经济增长的新“先锋”，尤其是在兰斯塔德地区。[95]就像在法兰克福一样，兰斯塔德地区关于全球城市发展的政

---

[94] Lorenz Rautenstrauch, "Frankfurt und sein Umland: Planung, Politik, Perspektiven im Bereich des Umlandverbandes Frankfurt," in *Verdichtungsregionen im Umbruch*, ed. Manfred Streit and Hans-Arthur Haasis (Baden-Baden: Nomos, 1990), 233—98; Ronneberger and Keil, "Ausser Atem," 208—84.

[95] Pieter Terhorst and Jacques van de Ven, "The National Urban Growth Coalition in the Netherlands," *Political Geography* 14, no. 4 (1995): 343—61.

治在一系列行政单元之间、城市核心与郊区边缘之间、追求不同管制议程的社会政治派别与地域联盟之间，产生了强烈的冲突。但在其他方面，荷兰的地域政治格局更接近于英国模式，因为兰斯塔德的城市治理是由国家政府协调、协商与实施的。在此期间，在兰斯塔德城市化路径形成的众多尺度中，全国性的政治联盟被证明对政策体制与发展战略的强化起到了决定性的作用。

因此，即使是那些位于欧洲城市等级体系顶端的全球城市，它们对 20 世纪 80 年代之后的地缘经济重构的政治响应也存在很大的差异；这主要取决于国家与区域特定的制度框架、管制试验、地域竞争路线与政治战略。尽管如此，在整个 20 世纪 90 年代，全球城市形成的过程在欧盟产生了新的政治-地域斗争格局，这既推动了城市采取全球导向的积累战略，同时又把它们拉回了根深蒂固的、多尺度的国家权力漩涡。正如泰勒所解释的："尽管全球城市的技术能力可以超越国家边界，但它们仍然属于国家内部的地方，这从表征政治层面来看具有至关重要的影响。"[96]

空间规划的尺度重构

如前所述，自 20 世纪 80 年代以来，推动城市与区域成为国家地域发展主要"引擎"的经济治理新方法在整个欧盟地区得到了强化。在大多数欧盟国家，空间规划是国家经济发展政策尺度重构的主要制度领域之一，也是促进国家大都市区中心向全球网络化城市区域转变的重要手段。正如科林·克劳奇(Colin Crouch)与帕特里克·勒·盖尔(Patrick Le Galès)所解释的，这是因为"推进本国地域范围内优势地区的发展，已成为留给欧洲与全球竞争体

---

[96] Taylor, "Is the UK Big Enough," 70.

制内的国家政府为数不多的实质性经济政策形式之一”[97]。

关于这一趋势，有一个特别值得关注的案例就是统一后的德国。在那里，1965 年颁布的《空间规划法》在 20 世纪 90 年代初被彻底地重新定义。战后在全国范围内推行的“生活条件均等化”计划已经被一个新的优先事项所取代，即促进德国主要大都市区域作为空间干预最重要的战略层次。[98]与此类似的是荷兰，战后的分权化计划试图推动位于兰斯塔德核心区以外的城市更加均衡地发展，然而到 20 世纪 80 年代末实际上是被新的“紧凑城市”政策取代了。随后，荷兰推出了一个国家空间规划尺度重构的框架，寻求在兰斯塔德地区集中布局先进的流通基础设施与相关的高科技投资以及高级生产性服务业活动。[99]在同一时期，从芬兰、瑞典，到法国和意大利，大多数其他欧盟成员国都对原有的国家空间规划体系进行了类似的尺度重构。大都市区域与大都市间网络越来越多地取代国家经济，成为地域发展长期愿景的关键地理参考点。[100]相对于嵌入国家配置的劳动空间分工与地域管制的国家化形式而言，这些“国家冠军城市”以及连接它们的跨国基础设施布局，如今在各种面向提升其在欧洲与全球资本循环结构内地位的空间政策

---

[97] Colin Crouch and Patrick Le Galès, “Cities as National Champions?,” *Journal of European Public Policy* 19, no. 3 (2012): 417.

[98] Neil Brenner, “Building Euro-Regions: Locational Politics and the Political Geography of Neoliberalism in Post-Unification Germany,” *European Urban and Regional Studies* 7, no. 4 (2000): 319—45.

[99] Ingeborg Tömmel, “Decentralization of Regional Development Policies in the Netherlands — A New Type of State Intervention?,” *West European Politics* 15, no. 2 (1992): 107—25; Andreas Faludi and Arnold Van der Valk, *Rule and Order: Dutch Planning Doctrine in the Twentieth Century* (Dordrecht: Kluwer Academic Publishers, 1994).

[100] Louis Albrechts, ed., *Regional Policy at the Crossroads: European Perspectives* (London: Jessica Kingsley, 1989).

中都被优先考虑了。[101]

与此同时，在欧盟层面，原先通过再分配的区域结构性政策来调解地域极化的目标同样被抛弃了，取而代之的是一系列明显的后凯恩斯主义、大都市化倾向的空间政策框架，其中包括提升本地与区域经济竞争力；鼓励地方与区域政府吸引外来资本投资，特别是跨国公司的投资；增强跨国大都市之间的物流与通信系统。[102]进入 21 世纪之后，随着欧盟新一轮的扩张与欧洲结构性基金计划被重新定义，这些空间政策的改革获得了新的动力。这就导致欧盟内部地区收入转移显著增强，特别是对东欧新成员国的转移，同时在整个欧盟范围内更为广泛的竞争性、增长优先的地区政策议程也得到了强化。

欧盟及其大部分成员国在 20 世纪 90 年代空间规划的核心目标不再是支持通过区际再分配促进国家"均衡化"发展，而是更强调"优势"城市与区域在跨国劳动空间分工与基础设施循环中的战略地位。这样一来，空间规划就从一种广泛的再分配地域管理的凯恩斯主义工具转变为一种积极促进欧洲与国家尺度社会空间极化的地方与区域经济发展的战略工具。[103]

大都市区治理改革的尺度政治

虽然在历史上曾经有过几轮大都市区制度改革的尝试，但是欧洲城市区域原有的政治地理长期以来一直被多个机构、部门与管辖范围相对狭窄的政府机构分割开来。但到了 20 世纪 90 年

[101] Crouch and Le Galès, "Cities as National Champions?"

[102] Ingeborg Tömmel, "Internationale Regulation und lokale Modernisierung," *Zeitschrift für Wirtschaftsgeographie* 40, no. 1—2 (1996): 44—58.

[103] Brenner, "Building Euro-Regions"; Brenner, *New State Spaces*, chap. 5.

代，随着欧洲城市-区域的经济“绩效”成为关于宏观经济增长与产业重构的国家辩论的主要焦点，大都市区地域发展的治理成为前所未有的（地缘）政治的紧迫要求。[104]在这种情况下，特别是在欧洲最为全球化的网络化大都市区域，城市治理的区域尺度升级经常被作为协调经济发展议程、创新项目、地方营销策略、土地利用规划与大型基础设施投资的一种重要手段，并在此基础上增强嵌入地域的竞争优势。因此，在面临日益强化的地缘经济重构与欧洲一体化加速推进的情况下，一种全新的或显著增强的大都市管理机构被广泛认为是维持全球城市-区域竞争优势的必要先决条件。

这种企业家式的以增长为导向的城市-区域主义方法受到了国家与地方政治家的广泛追捧，尤其是那些在大都市区经济中投入相对较大规模固定投资的资本集团。克劳斯·罗尼伯格（Klaus Ronneberger）认为，欧洲这些新兴的城市-区域合作形式依赖一个独特的“空间团结”的后福特制变体，其关注的是促使地域分隔的大都市区“战斗单元”竞争力最大化的经济逻辑，而不是在地域整合的国家“社会”中进行剩余再分配的社会逻辑。[105]然而，至关重要的是，这些新兴的竞争性全球城市-区域主义计划常常遭到寻求保护既有管制地理的政治-地域联盟的强烈反对。在一些欧洲的全

---

[104] 参阅 Christian Lefèvre, “Metropolitan Government and Governance in Western Countries: A Critical Overview,” *International Journal of Urban and Regional Research* 22, no. 1 (1988): 9—25; Willem Salet, Andy Thornley, and Anton Kreukels, eds., *Metropolitan Governance and Spatial Planning* (London: Spon Press, 2003); Susanne Heeg, Britte Klagge, and Jürgen Ossenbrügge, “Metropolitan Cooperation in Europe: Theoretical Issues and Perspectives for Urban Networking,” *European Planning Studies* 11, no. 2 (2003): 139—53; 以及第六章。

[105] Klaus Ronneberger, “Kontrollierte Autonomie und rigide Norm: zur neoliberalen Restrukturierung des Sozialen,” *Widersprüche* 69 (1998): 129—50.

球城市中，大都市区治理改革遭到了反增长联盟的强烈抵制，他们试图保护地方投资、保持居住便利设施、维持对地方税收的控制、提高房地产价值，并/或将城市增长的负面生态影响转移到其他地方。在其他地方，大都市区改革提案成为关于城市民主制度框架斗争的焦点。[106]因此，1986 年被撒切尔夫人废除之前的工党主导的大伦敦议会就是个典型例子，大都市管理机构被视为地方控制力的堡垒，可以抵御外部引发的官僚、财政和经济限制。更常见的是，大都市区治理新方法的强化被视为技术官僚或新自由主义的"特洛伊木马"，它会侵蚀地方民主的活力。这一观点在 20 世纪 90 年代荷兰关于城市-省的辩论中得到了验证。在这场辩论中，国家政府提出的在兰斯塔德地区以竞争力为导向的大都市区治理全面改革的建议，在阿姆斯特丹和鹿特丹的地方公投中遭到了压倒性的反对。在这里，扩大城市管理的尺度被广泛地认为会导致民主政治问责制的严重削弱以及对市政自治的直接攻击。

当这些关于大都市区制度改革的对立观点在欧洲全球化的城市-区域内发生冲突时，对城市化过程管制控制的斗争主要呈现为关于地域管制尺度激烈的社会政治竞争。很明显，在这一时期，大都市区尺度重构计划的扩散为全球城市及其周边地区的居民带来了威胁也带来了机遇；问题是如何发展连贯性的政治战略与地域联盟，以此塑造城市生活的混杂结果。在后凯恩斯主义的欧洲，国家尺度重构的大都市区战略清晰地建构并经常是加剧了全球城市形成中的许多社会、政治与生态方面的矛盾，以及更为普遍的后福

---

[106] Klaus Ronneberger and Christian Schmid, "Globalisierung und Metropolenpolitik: Überlegungen zum Urbanisierungsprozess der neunziger Jahre," in *Capitales Fatales: Urbanisierung und Politik in den Finanzmetropolen Frankfurt und Zürich*, ed. Hansruedi Hitz et al. (Zurich: Rotpunktverlag, 1995), 354—78.

特主义城市重构的矛盾。在这样做的过程中，他们引发了一系列关于国家空间与城市肌理尺度组织的复杂斗争，并一直持续到了21世纪。

全球化城市的地域组织

地域组织的生产力最终在本地尺度得到了最直接的动员。因此，许多国家尺度重构与城市重构最为重要的地点是在后凯恩斯主义时代得以形成的。在20世纪90年代，随着整个欧盟城市治理企业家主义方式的强化，许多欧洲全球城市-区域的市政当局帮助规划、资助与实施各种各样的"旗舰"巨型项目，从而引发了资本主义城市肌理的显著重组，以及新地点、尺度与城市治理模式的构建。[107]这些具有战略意义的城市巨型项目包括许多新自由主义城市主义的标志性场所、企业办公大楼、高科技创新区、先进的物流终端（包括机场、火车站和海港），以及各种类型的零售、娱乐与文化设施（城市购物中心、博物馆、体育场、展览中心、音乐会场地）。在许多情况下，这些旗舰性的巨型项目还包括政府支持的豪华住宅区与酒店投资，并通过壮观的建筑与景观设计进行营造，目的是进一步对城市战略性区位的潜在地租进行资本化。伦敦道克兰码头区的再开发是欧洲最早也最引人注目的城市治理新自由主义方法的案例之一，但它很快就成为整个欧盟，事实上是世界大部分经济体全球城市的一种更加普遍趋势的象征。在20世

[107] Erik Swyngedouw, Frank Moulaert, and Arantxa Rodriguez, "Neoliberal Urbanization in Europe: Large-Scale Urban Development Projects and the New Urban Policy," in *Spaces of Neoliberalism*, ed. Neil Brenner and Nik Theodore (Cambridge, MA: Blackwell, 2002), 195—229; Gilles Pinson, *Gouverner la ville par project: urbanisme et gouvernance de villes europÉenes* (Paris: Presses de Sciences Po, 2009).

纪 90 年代，巨型项目似乎成为欧盟最为全球化的网络化城市区域以及其他许多同样寻求提升它们在跨国资本循环结构中地位的欧洲主要城市中心无处不在的城市再开发与地方营销的工具。

正如大卫·哈维的著名观点所述，20 世纪末国家资助的巨型项目主要是为了提高全球价值的创造能力与相对受限的地方投机潜力，而不是直接改善城市人口的社会条件。[108]因此，与战后时期福特-凯恩斯主义城市治理形式下的社会与地域整合主义项目形成鲜明对比，20 世纪 80 年代后期的战略性城市巨型项目创造了一种“新的建成环境及其租金增长的马赛克”与“界限日益明显的离散空间的拼合图”。[109] 为那些严格分隔的、由私人管理的飞地配备高度定制化的建成环境、先进的基础设施、建筑装饰模式，是为了支撑特定的经济、商业、文化或住宅功能，同时也越来越多地在运作与美学层面从更广泛的城市社会空间肌理中脱离。通过这种方式，20 世纪晚期那些引人注目的城市巨型项目极大地促进了这一时期日益普遍的城市空间更广泛的分裂、私有化与极化。[110]

后凯恩斯主义时代的城市巨型项目实际上是基于城市治理的尺度重构，它们暂停了标准的规划程序，并建立了一系列的“例外措施”，允许它们相对不受阻碍地审批、建设以及进行后续的运作。这种准威权式的例外管制中最为明显的是“冻结常规的规划工具，

---

[108] Harvey, “From Managerialism to Entrepreneurialism.”

[109] Swyngedouw, Moulaert, and Rodriguez, “Neoliberal Urbanization in Europe,” 224.

[110] 参阅 Graham and Marvin, *Splintering Urbanism*; Soja, *Postmetropolis*; Martin J. Murray, *The Urbanism of Exception: The Dynamics of Global City Building in the Twenty-First Century* (New York: Cambridge University Press, 2016).

绕过法定的规章与制度主体，创建具有特殊或例外干预和决策权力的项目机构，与/或国家或区域法规的变化”[111]。这种强化的“例外城市主义”的主要效应之一是鼓励“不断扩散的仅适用于微型空间的自由裁量、针对特定地点的例外与规则”，以及“隐藏了深思熟虑的战略、服务于公众监督之外狭隘利益的一系列特殊津贴”[112]。的确，其中与战略性城市巨型项目相关的管制尺度重构最为退步性的政治后果之一是赋予私营主体、企业组织、食利者精英、一系列准政府/半公共的机构（如公共/私人“伙伴关系”和城市发展公司）与其他直接的“利益相关者”制定战略土地利用与规划决策的权力，同时严格限制关于构想、建立与强化城市发展路径的公共知识、民主参与及公众影响。[113]

在欧洲的全球化城市-区域中，国家空间的尺度重构促进了城市巨型项目的扩散，这反过来又进一步拓展了尺度重构的过程。资本主义城市肌理的分裂、高度本地化的管制区域的扩散、特定地点的公共-私营伙伴关系、城市治理的新专制主义碎片化与当地民众的系统性权力剥夺，彼此之间不断相互强化，而且不只是发生在城市巨型项目被构建的资本投资与管制重组的战略性尺度重构地区。

* * *

这一分析仅仅提供了关于 20 世纪末欧盟尺度重构过程复杂性的一瞥，主要涉及在欧洲全球化城市及其周边地区所形成的城市治理重塑，以及与之密切相关的尺度政治的重塑。在当代地缘

---

[111] Swyngedouw, Moulaert, and Rodriguez, “Neoliberal Urbanization in Europe,” 195, 196 passim.

[112] Murray, *Urbanism of Exception*, 65.

[113] 这一论点在 Murray, *Urbanism of Exception* 中被有效并详尽地展开。

经济重构混乱、动荡且矛盾的地理格局中，全球化城市呈现出一种尤为错综复杂的社会空间重叠；在这种社会空间中，资本主义城市肌理的原有结构受到了挑战、动摇与重塑。城市化的尺度重构还与其相关联的国家空间尺度重构紧密交织，通过这一过程，(1)城市与大都市区域被动员为全球资本循环中地域内嵌的生产动力；(2)试验性地推出独特的后凯恩斯主义城市治理框架，并最终在整个欧盟地区得到强化。这些国家空间与城市治理尺度重构结构的构建和政治战略的扩散紧密结合，被用于管理新兴的城市危机倾向，支撑城市增长的地方特定路径，而且在许多情况下，使城市发展的关键维度免受大众民主的影响；因此，它们也深刻地重塑了构成、激活并促使资本主义城市肌理转型的社会空间关系、战略与斗争，不论是在全球化城市-区域的世界群岛内部还是外部。这些欧洲的主要城市及其周边地区杂乱的战略与尺度间转型的路径是否可能最终为一些未来的资本主义城市化形态建立新的尺度修复？这一问题只能通过尺度政治本身来解决——也就是说，通过持续的斗争重建城市生活得以展开的尺度结构。

从城市问题到尺度问题

本章主张在全球城市形成的研究中更加持续地探索国家空间重构的过程。我在前面已经论述过，如果不考察整个全球化大都市区域群岛(世界城市群岛)所嵌入的变化的国家空间组织矩阵，全球城市的形成就不可能被充分地理解。如今的城市越来越多地作为全球城市等级体系内经济活动的本地化节点而运作，与此同时，后凯恩斯主义国家也在自我重构，建立本地化、地域定制化的制度能力，以增强主要大都市区域的全球结构性竞争力。在这种背景下，地方、大都市区与区域的国家权力坐标通过增强特定于地方、地域内嵌的生产力战略，使其在运作与地缘政治层面的重要性显著增强。在20世纪的最后几十年中，国家权力的尺度化结构已经成为城市治理重构的关键筹码，同时也是为重塑资本主义城市肌理而持续斗争的关键筹码。

本章中所审视的尺度间转型促成了国家空间与资本主义城市肌理之间极其错综复杂的相互啮合。然而，相对于进一步强化的更广泛的国家化、空间同构的政治-经济组织模式——亨利·列斐伏尔在20世纪70年代中期将其定义为新兴的"国家生产模式"——而言，国家空间与城市空间之间日益紧密的相互交织通过本章探讨的更为广泛的尺度重构过程而被更加精确地强化了。其中关于后者最深远的空间后果之一是瓦解了福特-凯恩斯主义、国家发展主义资本主义背景下被想象的、显得自然而然的与积极推动的国家管制体系、国家经济体与国家城市等级体系之间的"结构化连贯性"倾向。因此，正如斯温格杜所指出的：

> 制度-管制体系制定与实施的地理尺度……既定义了，同时也限定了资本支配空间的权力……管制-制度组织尺度的缩小，可以增加资本对空间的控制力，同时也限制了地域利益群体对地域组织的控制。因此，尺度的缩小重新划定了地域组织的边界，也加剧了地域间的斗争。关于尺度及其实质定义的斗争，其本身最终成为对空间与地域控制权的斗争。[114]

---

[114] Swyngedouw, "Territorial Organization," 61.

国家权力与地域管制模式的尺度重构只是在过去40年危机诱导加速地缘经济重构中爆发的尺度政治众多强有力的表现之一。时至今日，无论是资本积累、国家管制、城市化还是经济治理，都不能赋予任何单一的地域限制的空间尺度特权，而尺度间关系的结构已成为社会政治竞争的一种主要筹码。实际上，尺度相对化与新的尺度政治一直在相互激发，促使资本主义城市肌理进一步发生尺度变异，并大幅度地重新校准尺度间结构与政治管制安排。在密集组织化的社会空间动力场域中，跨国资本、民族国家与多元化的、地域内嵌的社会政治力量之间相互交织，而且经常会直接发生冲突，因此，全球化城市成为这种尺度政治利害关系相互争夺的战略地点。

在考虑通过这种尺度重构过程研究方法所开启的巨大、广泛的研究问题域时，很显然会回想起布罗代尔曾经将早期现代世界经济生动地描述为由多元化、多尺度形式叠合的地域组织所组成的“拼图游戏”，包括城市、地域国家、准国家、帝国、准帝国、市场交换地带、经济核心、边缘、前沿与外围地区。[115]在布罗代尔的历史研究中，拼图游戏的隐喻为研究早期现代欧洲广泛的以城市为中心的经济体与其所嵌入的扩展的基础设施结构和政治-地域体系之间的关系提供了卓有成效的基础。在他的研究中，现代早期混杂的政治-经济地理被理解为不仅是基于城市商业中心与贸易网络，而且也是通过与国家和帝国相关联的地域化的多元模式（经济、基础设施与军事）得以组织的。

布罗代尔的拼图游戏隐喻是否可以被有效地重新用于描述新兴的城市化、国家空间与尺度相对化的一些地理特征？正如约

---

[115] Braudel, *Perspective of the World*, 39.

翰·鲁吉(John Ruggie)经典的论述所指出的,威斯特伐利亚-现代主义的全球政治经济秩序构想是以严格边界化、相互排斥、形式上统一的地域与模式对称的、精确嵌套的尺度等级体系为前提的。[116]在很大程度上,这种地缘政治空间的构想在世界资本主义发展的福特-凯恩斯主义与国家发展主义时期达到了顶峰,而在20世纪80年代之后则显然被动摇并被取代。随着那些熟悉的现代主义的国家化地理日益被取代与重新编织,布罗代尔式的拼图图像及其不规则形状的碎片化、不均衡的轮廓与锯齿状的界面,是否可以提供另一种隐喻的参考,并通过它来构想新兴的社会空间转型?在皮埃尔·维尔茨对当代"群岛经济"的奠基性分析中,他精确地提出了这样一种针对我们当前重构时刻的新布罗代尔方法论视角:

> 像布罗代尔那样向人们展示一个划分成清晰层次的经济世界的时代已经结束,彼时大型城市中心可以通过自身的力量,将相邻的"发展滞后"的经济体通过快节奏的大尺度贸易与金融联系在一起。而在今天,就像这些叠加层(几乎)在所有地方都是混合的和相互渗透的一样,短距离与长距离之间的相互依存关系再也不能彼此分离了。[117]

至关重要的是,维尔茨的观点不仅认为原有的城市主义、地域边界化与尺度塑造形式正在被重新构建,而且长期相互交织在一起的最基本的地域组织单元之间的网络关系也同样在以令人深感

[116] John Gerard Ruggie, "Territoriality and Beyond: Problematizing Modernity in International Relations," *International Organization* 47, no. 1 (1993): 139—74.

[117] Veltz, "Dynamics of Production Systems," 84.

不安的方式被重新组织。从这一特定意义上来看，维尔茨提出当代社会空间的加速重构不仅表现在地缘经济相互依赖性的普遍强化上；也许更为重要的是，它还产生了对支持资本日常代谢的地域框架、尺度间结构与社会生态循环划时代的创造性破坏。因此，维尔茨认为，传统的关于地方营造、城市/腹地关系、城市间网络、经济地域与嵌套的尺度等级体系的现代主义观念越来越显得不够充分，因此需要一种创造性的重新概念化。

就我在本书中的目的而言，引用这样大胆的主张不是为了夸大新兴的后福特主义、后凯恩斯主义、后福利主义、后殖民主义或后现代地理的"复杂性"；暗示所有原有的社会空间范畴都应该以某种方式被抛弃；或者是盲目崇拜新兴的地方发展路径的情境特异性或假定例外论。更确切地说，这只是为了强调，任何试图解读资本主义城市化与城市治理重构的当代地理的尝试，都存在巨大的认识论和概念化方面的挑战。当今世界，社会空间组织的最基本单元正在从根本上被重新塑造，因此发展一种可以用于开展城市研究的适当的概念语汇与批判性地图呈现的任务比以往任何时候都更为紧迫。在许多情况下，就像我自己还在继续使用一些常规的、通常被认为是理所当然的概念，如城市、地方、区域、地域和尺度——事实上，包括城市（urban）本身——即使我们努力超越与重新创造这些充斥着越来越多的存在问题的社会空间假设的分析词汇，但目前还是有必要在此基础上开展工作。因此，不论是在城市研究还是在其他领域，都需要对任何当代社会空间重构的研究进行深入的概念性反思。面对这一挑战，我们的任务不仅是构建新的社会空间概念，而且还要对城市研究原有的范畴、地图呈现与方法进行再运用，以便更加有效地阐明我们所处的变化无常的、不断变异的城市化世界。

在20世纪70年代初，亨利·列斐伏尔、曼纽尔·卡斯特尔与大卫·哈维将“城市问题”作为批判性研究资本主义时空动态、矛盾与危机倾向的关键分析窗口，从而使城市理论领域转向激进化研究。在那十年期间，列斐伏尔随后提出的“尺度问题”语汇对其早期的资本主义城市肌理自反性多尺度研究进行了重要的拓展与基于国家理论的构建。[118]本章将基于列斐伏尔城市问题的国家理论、尺度化理论衍生出来的一些见解与最近欧洲背景下全球城市形成的学术辩论相结合。显然，这些针对全球化城市的研究提供了充足的证据，表明城市问题可以持续地为了解资本主义混杂、不均衡与不断变异的政治经济地理提供一个重要的窗口。然而，这一分析也通过多种方式表明，当代的城市问题也在以尺度问题的形式被建构出来。

从这个角度来看，城市是各种尺度化与尺度重构过程的媒介、调解与表达，以此资本主义的地域组织形成被生产，并被创造性破坏。在后凯恩斯主义时期的欧洲，这种尺度重构过程已经通过一系列试验性的且日益普遍化的国家空间战略来激活，它们旨在重塑城市化肌理，并在这样做的同时为资本积累注入新的活力。从这个意义上来说，城市并不是一个政治-经济重构在其中展开的固定容器或是一个有边界的单元，而是通过与资本主义背景下地域组织问题相关的多尺度过程、危机倾向、战略、斗争与冲突，其自身也在积极地被建构并持续地转型。因此，当代社会空间的转型针对批判性城市研究领域提出了一个主要的方法论挑战，即如何将当代城市重构的分析与社会空间关系不断变异的尺度结构论述相

---

[118] 见第二章内容，并参阅 Henri Lefebvre, *De l'État: De Hegel à Marx par Staline*, vol. 2 (Paris: Union Generale d'Editions, 1976), 67.

结合。随着资本内在的固定性/运动性矛盾越来越多地以尺度政治的形式被建构出来,任何面向城市问题的分析都会直接地引向针对列斐伏尔恰当地将其贴上“尺度问题”标签的更加广泛的批判性审视。

第五章　城市与“新”经济的政治地理

自20世纪90年代中期以来，“新经济”的概念被广泛应用于当代资本主义的一系列转型之中。[①]然而，这个概念的内涵并不明确，并以截然不同的方式被新闻、企业、政治与学术话语所使用。尽管如此，即使是在2000—2001年的互联网泡沫与2007—2009年更具破坏性的全球金融危机之后，人们仍然会经常提及以下与新经济相关联的五个关键性发展：

1. 技术转型。在某些用法中，新经济的概念指的是各种新的信息与通信技术（ICT）的兴起及其不断增强的结构重要性。这些知识驱动型的技术被认为是为所谓的“第三次工业革命”提供了重

① 关于这一问题的批判性综述，可参阅Ron Martin，“Making Sense of the ‘New Economy’：Realities，Myths and Geographies，” in *Geographies of the New Economy: Critical Reflections*，ed. Peter Daniels，Andrew Leyshon，Michael Bradshaw，and Jonathan Beaverstock（London：Routledge，2009），15—31. 接下来的讨论建立在马丁对“新经济”话语与实践的批判性地理分析之上。

要基础。

2. *新的增长模式*。新经济的概念经常被用来描述一种新兴的宏观经济增长模式，其建立在低通胀与低失业率的基础之上，可以解决20世纪80年代的经济发展瓶颈与危机倾向。这种新的增长体制通常被认为是支撑了20世纪90年代美国“长期的克林顿繁荣”，而且还可以将其移植到其他国家与地区经济体。

3. *距离的消亡*。在许多流行的讨论中，新经济的概念是与广泛依赖信息与通信技术的资本主义公司的组织灵活性与超强流动性直接相关联。在这一观点看来，由于新经济产业技术能力的增强与空间依赖性的降低，它们不再受传统地理边界因素的制约——比如需要在物理上邻近或依赖聚集经济。

4. *资本主义的新阶段*。一些研究者以更加综合的方式来描述新经济的特征，认为它是资本主义新阶段的表现，其基础包括全球化的柔性生产体系；知识驱动的行业部门；广泛使用的信息与通信技术；日益灵活的劳动形式；重构的宏观经济体制；转型的政治-经济管制方式。

5. *治理的转型*。最后，许多关于新经济的讨论都假定原有等级制官僚化的国家管制形式的衰落，随之而来的是更加灵活的经济治理模式的强化，其主要基于企业化的公共机构与各种私营或半私营行动主体之间的网络化、非正式的相互联系。在这种观点看来，新经济的兴起不仅标志着“旧经济”制造业的过时，而且原有的国家权力与等级官僚组织形式也在过时。

本章并不认同这些在20世纪80年代之后社会空间重构、国家尺度重构与空间不均衡发展模式和路径背景之下关于“新经济”的各种假设。与这些主流的假设相反，我认为新经济的话语导致了一种针对当代科技、制度、社会空间转型过于简单化的特征描述，忽视了这些转型所产生的政治-经济矛盾与社会空间冲突，以及地域不均衡、两极分化与不稳定效应。[②]特别是新经济的概念(1) 夸大了"旧经济"制造业的过时；(2) 高估了 20 世纪 90 年代"克林顿繁荣"的稳定性、连贯性与地域间的普遍性；(3) 笼统地认为信息与通信技术在生产、制度组织与治理的具体情境条件中的持续嵌入性；(4) 低估了国家权力(的尺度重构形式)在城市治理中持续的结构性作用；(5) 掩盖了信息与通信技术发展在加剧而不是缓解城市区域内部和区域之间社会空间不平等方面的作用。

虽然新经济的话语存在以上问题，但是这一标签被广泛用来描述一种重要的政治-经济趋势，即自 20 世纪 80 年代以来资本主义尺度结构发生了更深层次的结构性变化。因此，新经济的概念不应被认为是纯粹的意识形态幻想。的确，就像新自由主义的概念一样，新经济的概念呈现为皮埃尔·布尔迪厄所说的"强势话语"，因为"在它背后是一种权力关系世界中的权力，能够帮助它成为这个样子，尤其是通过引导那些经济关系主导者的经济选择，将其自身的力量增加到那些权力关系中"[③]。从这个角度来看，针对新经济批判性研究的一个关键任务就是解读这种核心意识形态、制度和空间要素与持续动荡、发展不均衡和动态演化的资本主义城市化景观相关联的决定性的"政治运作"。[④]

---

② 参阅 Martin, "Making Sense of the 'New Economy'"；以及其他的研究如 Peter Daniels, Andrew Leyshon, Michael Bradshaw, and Jonathan Beaverstock, eds., *Geographies of the New Economy: Critical Reflections* (London: Routledge, 2009).

③ Pierre Bourdieu, *Acts of Resistance: Against the Tyranny of the Market* (New York: New Press, 1998), 95.

④ 同上。

因此，与那些将新经济与国家权力的衰退和分散化网络治理形式的构想相联系的主流话语相反，我在这里认为，尺度重构的国家制度与政策在促进资本主义城市肌理中战略性地点的信息与通信技术发展方面发挥了重要作用。因此，本章中使用的新经济概念不是描述一种不证自明的经验现实或客观趋势，而是描述 20 世纪 70 年代北大西洋地区福特主义危机及其尺度相对化以来在主要的城市区域内部和不同城市区域之间所采用的各种推动技术、管理、制度与地理转型的政治计划。具体而言，在这里，我将这些经常被归类到新经济标题之下的多样化转型解释为历史上特定的积累战略的表达，即尺度重构的国家制度一直在积极促进和推动信息与通信技术主导的产业增长，在此过程中激活并调解城市化新形式的生产。[⑤]从这个角度来看，新经济战略的扩散并没有导致距离的消亡、地理的终结、产业景观的同质化或地域管制的侵蚀。相反，伴随着以地缘经济整合、欧洲一体化、新自由主义与紧缩政策为导向的管制计划，新经济的积累战略必须被视为一种重要的政治-制度催化剂，作用于过去 40 年已经成型的空间不均衡发展的尺度重构的马赛克。[⑥]

---

⑤ 鲍勃·杰索普将积累战略定义为“一种特定的经济‘增长模式’，它包含各种额外的经济前提条件以及……与实现战略相适应的总体战略”。参阅 Bob Jessop, *State Theory: Putting the Capitalist State in Its Place* (London: Polity, 1990), 198. 在某种程度上，每一种积累战略都具有空间选择性，即赋予投资、生产、就业、交换、消费与社会再生产特定地点与尺度特权，同时依赖并帮助构建独特的空间劳动分工——它通常也涉及城市化战略。

⑥ 关于这些趋势的概述，可参阅 Philip McMichael, *Development and Social Change* (London: Sage, 1996); Jamie Peck and Adam Tickell, “Neoliberalizing Space,” in *Spaces of Neoliberalism*, ed. Neil Brenner and Nik Theodore (Oxford: Blackwell, 2002), 33—57; Ray Hudson, *Producing Places* (New York: Guilford, 2001); Ray Hudson, *Production, Places and Environment* (London: Routledge, 2014).

促进以信息与通信技术为基础的后福特主义产业在城市中形成集群的战略扩散也与地域管制本身特定的重大转型相关。20世纪80年代以来，凯恩斯主义、国家发展主义时期的社会与空间再分配的凯恩斯主义福利国家已经被尺度重构的后凯恩斯主义国家所取代，从而促进了生产能力与社会经济资产在自我依存的战略性大都市区域中的地理集聚。传统凯恩斯主义主要聚焦于充分就业、需求管理、国家补贴的集体消费与社会空间均衡，而新的地域管制重组与不均衡又和同时发生的新自由主义过程紧密交织——主要呈现为去管制化、私有化、政府间权力下放、财政紧缩、企业家主义政策试验以及地方营销等连续性浪潮，这对新兴的城市发展模式与路径产生了重大影响。[7]我认为，这种后凯恩斯主义、新自由主义倾向的国家空间管制的尺度重构是新城市空间生产的主要政治媒介。[8]尽管本章聚焦于欧盟不均衡一体化中的西欧主要地域经济体，然而从更广阔的视野来看，国家尺度重构与城市-区域转型在其他一些主要的全球化经济区域中也会以特定的地方与地域形

⑦ Neil Brenner and Nik Theodore, eds., *Spaces of Neoliberalism: Urban Restructuring in North America and Western Europe* (Oxford: Blackwell, 2002). 关于新自由主义过程的多样性，可参阅 Neil Brenner, Jamie Peck, and Nik Theodore, "Variegated Neoliberalization: Geographies, Modalities, Pathways," *Global Networks* 10, no. 2 (2010): 182—222; Neil Brenner, Jamie Peck, and Nik Theodore, "After Neoliberalization?," *Globalizations* 7, no. 3 (2010): 313—30.

⑧ Neil Brenner, *New State Spaces: Urban Governance and the Rescaling of Statehood* (New York: Oxford University Press, 2004); Erik Swyngedouw, "Neither Global nor Local: 'Glocalization' and the Politics of Scale," in *Spaces of Globalization*, ed. Kevin Cox (New York: Guilford Press, 1997), 137—66.

式出现相似的路径。[9]

为了进一步论证这一观点，下一节将讨论资本主义背景下空间发展不均衡的内在问题，以及国家在应对这一问题时所扮演的角色的变化。在此基础上，我分析了 20 世纪 70 年代末福特-凯恩斯主义与国家发展主义资本主义的"黄金时代"西欧国家在国家尺度上管制不均衡发展的主导性空间战略。随后的几节概述了通过各种尺度重构的方式——特别是通过削弱补偿性的区域政策，以及之后在主要城市与大都市区域内推动基于信息与通信技术的产业部门和其他新的产业专业化计划的发展——来阐明这种地域再分配的管制战略。在这种背景下，我的分析强调了制度竞技场、运作战略与地域管制目标对象的尺度重构及其对城市发展模式的普遍性影响。结论部分总结了这一分析对新经济以及城市问题尺度重构的学术辩论的启示。

城市化、地域组织与不均衡发展的管制

虽然资本主义的地理是多态化、多方面与多尺度的，但是城市化过程是其重要的表现形式与产物之一。自 19 世纪大规模的资

---

⑨ 参阅 Bae-Gyoon Park, Richard Child Hill, and Asato Saito, eds., *Locating Neoliberalism in East Asia: Neoliberalizing Spaces in Developmental States* (Oxford: Blackwell, 2011); Linda Lobao and Lazarus Adua, "State Rescaling and Local Governments' Austerity Policies across the USA, 2001—2008," *Cambridge Journal of Regions, Economy and Society* 4, no. 3 (2011): 419—35; Kevin Cox, "'Rescaling the State' in Question," *Cambridge Journal of Regions, Economy and Society* 2, no. 1 (2009): 107—21; Julie-Anne Boudreau, Pierre Hamel, Bernard Jouve, and Roger Keil, "New State Spaces in Canada: Metropolitanization in Montreal and Toronto Compared," *Urban Geography* 28, no. 1 (2007): 30—53; Robert Johnson and Rianne Mahon, "NAFTA, the Redesign, and Rescaling of Canada's Welfare State," *Studies in Political Economy* 76 (Autumn 2005): 7—30.

本主义工业化发生以来，资本主义的增长就直接依赖城市空间的生产与持续的重构。[10]

从世界经济格局来看，资本主义城市化的过程呈现出明显的不均衡特征；它并没有带来城市中心的线性扩张或简单扩散，而是产生了一种“高度非均衡的增长形态”，具体表现为伴随着产业兴起、扩张、成熟与衰退的地方、区域及地域财富的持续性波动。[11]虽然每个积累体制的主要推动型产业通常都聚集在专业化的地方与区域经济中，但是随着这些体制的发展成熟，呈现出企业、工人与产业流通基础设施之间地理重组与分散化的显著趋势。事实上，许多重要的新兴产业最初都是在既有的聚集经济之外的地方形成的（往往是以前被边缘化的地带），为新兴产业开展创新活动提供了重要的区位优势与机会。[12]因此，在世界各地的城市与区域经济体中，产业重构与技术变革的过程产生了巨大的影响，同时也产生了巨大的破坏性。伴随着产业的重构，其所嵌入的城市、区域与更为广泛的劳动空间分工也在发生重构。从这个意义上来说，资本主义基于连续的积累体制的演变过程不仅涉及产业部门专业化的变化，还涉及周期性的社会空间重构，包括（1）产业动态的推动性中心会周期性地发生跨区域、地域与尺度的转移；（2）城市社会、制度、基础设施的地理格局会随着更广泛的劳动力空间分工演化与资本危机倾向而被创造性破坏。[13]因此，城市化过程作为一种具有独特动态性且容易发生结构性危机的历史体系，是资本主义内

---

⑩ Henri Lefebvre, *The Urban Revolution*, trans. Robert Bononno (Minneapolis: University of Minnesota Press, 2003 [1970]).

⑪ Michael Storper and Richard Walker, *The Capitalist Imperative* (New York: Basil Blackwell, 1989), 8.

⑫ 同上，70—99。

⑬ 同上。

在“地理景观持续性重塑”的核心。[14]

由此可见，产业的城市化过程在资本主义背景下空间不均衡发展的生产中起到至关重要的作用。一般而言，不均衡发展是指资本主义背景下社会、政治、经济过程在地球表面或者在地理尺度之间的不一致分布，而且总是会在社会空间结构之间出现分化，呈现出不同的社会经济条件、基础设施设备、制度安排与发展路径特征。因此，在资本主义地缘政治经济中，不平等不仅体现在社会层面如阶级与收入的两极分化，而且还体现在空间层面，表现为不同类型的地方、区域、地域、尺度与景观之间的发展极化。虽然这些核心-边缘极化的社会生产模式总是在历史与地理特定的形式中被建构，但是它们必然会导致社会经济资产、基础设施投资与发展能力在特定核心地带的系统性集中，从而对其他地方、区域与地域产生长期的排斥、边缘化或是外围化。[15]

对空间不均衡发展的研究一直是批判性地缘政治经济学研究的基础问题之一。正如尼尔·史密斯在其关于这一主题的开创性著作中所指出的，资本主义背景下的地理不均衡发展模式不仅仅是前资本主义时代地理差异或个人、家庭与企业层面区位决策偶然性的产物；[16]相反，它们系统地呈现了资本主义背景下资本投资在空间上均衡化的动力与为了寻求特定的地方、区域、地域与尺度条件的积累而分化此类投资压力之间的内在矛盾关系。一方面，资本主义之间竞争的强制性力量迫使个体企业在分散化的地理区位上重复彼此的盈利战略，从而促进积累条件的空间均衡化。另

---

⑭ David Harvey, *The Urban Experience* (Baltimore: Johns Hopkins University Press, 1989), 192.

⑮ Storper and Walker, *Capitalist Imperative*.

⑯ Neil Smith, *Uneven Development* (New York: Blackwell, 1984).

一方面，资本主义之间竞争的力量产生了一个同样强有力的地理分化过程，在这个过程中，个体企业不断地寻找可以保护、维持或增强其竞争优势的地方特定的区位资产。因此，每一种资本主义增长体制都建立在地理不均衡发展的历史特定模式之上；在这种模式中，均衡化和分化的矛盾相互作用并得以具体化。由此产生的社会空间极化模式不仅发生在水平层面的不同类型的地方、区域与地域之间，也发生在各种地理尺度——从地方、区域、国家到大洲与全球——之间形成垂直层面的社会空间极化模式。因此，这种不均衡的地理轮廓从来不会被永久地铭刻在资本主义的混杂景观上，而是通过资本不断的内在危机发展动态以及一系列旨在对其进行某种管理控制的政治战略不断地得到重塑。

不均衡发展不仅是资本投资分化模式的综合性地理效应，而且也在资本环路内外部产生一系列反复出现的管制问题，这可能会严重破坏积累过程的稳定性。事实上，任何地理不均衡发展的特定历史格局不仅可能成为积累过程的基础，也可能成为后者的严重障碍。[17]例如，在富有活力的城市核心区与边缘地区之间的地域发展极化可能使某些资本获得规模经济与其他外部效应的益处，但是它也可能产生破坏性的政治-经济效应，威胁到整个经济空间的稳定性。由于边缘化的区域经济体被迫采取以成本为基础的防御性调整战略，从而导致当地基础设施在成熟之前就降低了等级，并使许多当地居民的生活条件恶化，因此国家整体的产业能

---

⑰ Jamie Peck and Adam Tickell, "The Social Regulation of Uneven Development: 'Regulatory Deficit', England's South East, and the Collapse of Thatcherism," *Environment and Planning A* 27 (1995): 15—40.

力也可能会受到侵蚀。[18]即使在经济最具活力的城市集聚区内部，发展不均衡的问题也可能会“产生恶果”，如社会极化、过度积累、持续的资本外逃威胁与各种负外部性(如基础设施压力、住房短缺、交通拥堵、环境破坏)，扰乱既有的产业发展模式。[19]如果社会空间不平等的程度不能维持在政治上可接受的范围内，随后可能会出现破坏性的社会政治冲突——在不同阶层、阶级派别、增长联盟、社会运动与其他基于地方的联盟之间——经常会产生掌权政治联盟的合法性危机。因此，地理不均衡发展不仅可能为资本带来新的盈利机会，也可能造成不稳定、破坏性的社会与政治后果；在缺乏有效管制的情况下，这可能会严重削弱资本持续性积累所需的制度先决条件。

虽然大多数关于地理不均衡发展的研究都聚焦于资本投资模式与地域不平等演化之间的相互作用上，但是上述考虑将注意力转向了不同空间尺度上的国家制度在调解、塑造与应对这些过程中的作用。这样的研究相当重要，尤其是自 20 世纪初组织化的资本主义强化之后，国家动员各种空间政策精确地影响资本投资的地理格局，以此管理其地域边界内形成的多变的不均衡发展模式。例如，在第二次世界大战之后，为了促进国家范围内的产业均衡化发展，许多国家采取了地域再分配战略和其他补偿性区域政策，因此缓解了国家内部不均衡发展导致的致命性的极化效应。在大多数西欧国家，这种管理型、再分配与连贯性导向的管制战略在 20 世纪 30 年代被许多国家政府密集地动员，并于 20 世纪 70 年代福

---

[18] Danièle Leborgne and Alain Lipietz, “Two Social Strategies in the Production of New Industrial Spaces,” in *Industrial Change and Regional Development*, ed. Georges Benko and Michael Dunford (London: Belhaven, 1992), 27—49.

[19] Harvey, *Urban Experience*, 144.

特制积累体制在北大西洋地区被废除之时达到了历史顶峰。之后，他们推出了地域发展、区域化与地方营销的尺度重构战略，将社会经济能力与大规模基础设施投资引向各个国家地域范围内最具全球竞争力的地点。自20世纪80年代初以来，这种以企业家精神、竞争力驱动、以增长为导向的新自由主义化的空间管制方法已经在很大程度上取代了原有的空间凯恩斯主义形式。其主要后果之一是在整个欧盟地区加剧了国家内部的空间分化与地域不平等，从而产生了更加分裂的城市化模式。[20]

正是在这样的背景下，我们开始分析20世纪80年代之后新经济积累战略与地域管制演化之间的相互作用。在接下来的部分，我将追溯自20世纪50年代末以来西欧国家试图调整其地域内发展不均衡问题持续变化的政治战略。自福特主义鼎盛时期以来，已经连续形成了四种针对空间不均衡发展的管制方法，每一种方法都是基于历史上特定的城市与区域治理形式。20世纪80年代之后发生的国家权力动荡、广泛而持续的尺度重构不仅与促进主要大都市区域以信息与通信技术为导向的后福特制产业增长形式相互交织，更为普遍的是，还推出了一种新的在日益增长的尺度相对化的地缘经济结构中针对空间不均衡发展的尺度重构管制方法。这些尺度重构的国家空间战略深刻地塑造了后凯恩斯时代的新城市空间。

---

⑳ David Harvey, "From Managerialism to Entrepreneurialism: The Transformation in Urban Governance in Late Capitalism," *Geografiska Annaler: Series B Human Geography* 71, no. 1 (1989): 3—17; Stephen Graham and Simon Marvin, *Splintering Urbanism* (New York: Routledge, 2001); Michael Dunford and Diane Perrons, "Regional Inequality, Regimes of Accumulation and Economic Development in Contemporary Europe," *Transactions of the Institute of British Geographers* 19 (1994): 163—82; Peter Marcuse and Ronald van Kempen, eds., *Globalizing Cities: A New Spatial Order?* (Cambridge, MA: Blackwell, 2001).

空间凯恩斯主义巅峰时期的地域管制地理

西欧战后福特主义时期的经济地理格局是由一种分散化但层次分明的拓扑结构组成的，并在各种地理尺度对空间进行功能划分。[21] 各个国家的地域劳动空间分工以等级关系的形式呈现，其中推动福特制产业的领导企业主要集聚在大尺度的大都市区域，而分支机构、输入品和服务提供商以及其他附属经济功能大多分布在小城市、城镇与外围地带。在西欧，福特制积累体制的地理中心地带从意大利北部的工业三角延伸到德国鲁尔地区，再到法国北部与英国中部地区；但是每一个区域生产综合体反过来也都嵌入其全国性的特定生产体系之中。在整个战后时期，这些区域与许多其他欧洲主要的城市区域及其周围的工业卫星城呈现出人口持续增长与产业扩张的特征。随着福特制积累体制的发展成熟，大企业开始更广泛地将其分支工厂从核心区域迁移到外围地区，促使资本投资出现了大规模的分散化趋势。[22]在这些条件下，城市与区域治理开始变得更加国家化，西欧国家试图建立中央集权的官僚等级体系，为资本主义生产与集体消费建立国家化的标准框架，为城市与区域产业增长提供保障，并缓解国家地域内部的空间不均衡发展。

为了推进福利服务提供的标准化并协调国家经济政策，国家通过将管制城市发展的工具集中化，使得地方政府转变为中央决

---

[21] Alain Lipietz, "The National and the Regional: Their Autonomy Vis-à-Vis the Capitalist World Crisis," in *Transcending the State-Global Divide*, ed. Ronen P. Palan and Barry K. Gills (Boulder, CO: Lynne Rienner Publishers, 1994), 23—44.

[22] Andrés Rodriguez-Pose, *The Dynamics of Regional Growth in Europe* (Oxford: Clarendon Press, 1998).

策体制的传输带。[23]在这一城市治理的管理框架内，国家在城市尺度的主要职能是通过住房、交通、社会服务与其他公共物品的公共投资促进劳动力的再生产，所有这些都是为了复制整个国家地域中的社会福利与基础设施供应的基本标准。[24]通过这种方式，地方政府被作为一种工具来"执行基于区域均衡与增长承诺的国家战略"[25]。其中，国家经济体被视为国家行动的主要领域，地方和区域经济则被视为由大型企业主导的相对自我中心的国家经济空间的次级单元。这些受中央资助的地方福利政策也提供了社会薪酬的重要元素，从而极大地促进了福特主义增长模式所依存的大众消费实践的普遍化。[26] 正如二元国家理论家们随后认识到的，战后时期国家集体消费功能普遍的地方化是更为广泛的管制尺度分工中的一个关键制度特征；在这种分工中，以生产为导向的国家政策通常是在国家尺度进行组织的。[27]因此，在这一时期，管理城市经济发展的国家战略主要是在全国尺度，而不是通过独立的区域或地方倡议进行动员。在这种背景下，一系列国家社会与经济政策倡议——包括需求管理政策、关键行业（煤炭、造船、电力、航空）所有权的国家化、扩张的公共部门就业、军费开支与住房、交通、公用事业的主要支出——为主要城市与区域经济的增长

---

[23] Margit Mayer, "The Shifting Local Political System in European Cities," in *Cities and Regions in the New Europe*, ed. Mick Dunford and Grigoris Kafkalas (London: Belhaven Press, 1992), 255—76.

[24] Manuel Castells, *The Urban Question* (Cambridge, MA: MIT Press, 1977 [1972]).

[25] Mark Goodwin and Joe Painter, "Local Governance, the Crises of Fordism and the Changing Geographies of Regulation," *Transactions of the Institute of British Geographers* 21 (1996): 646.

[26] 同上，641。

[27] Peter Saunders, *Urban Politics: A Sociological Interpretation* (London: Heinemann, 1979).

提供了支撑。[28]

虽然主要城市与大都市区域在福特-凯恩斯时代获得了大量的大规模公共基础设施投资与社会福利服务，但是这种以城市为中心的政策会被旨在将增长扩散到国家地域范围内的不发达区域与农村外围地带的各种国家支出、贷款项目、补偿性区域援助政策抵消。从意大利的梅佐乔诺、西班牙的安达卢西亚到法国西部和南部、西德的农业外围与边境地区、比利时北部的林堡煤炭矿区、荷兰东北部的外围地区、丹麦的西北部地区和岛屿、斯堪的纳维亚北部、爱尔兰西部，以及英格兰北部、威尔士南部、苏格兰部分地区、北爱尔兰大部分地区衰退的工业地带，每一个欧洲国家都有其所谓的问题地区或落后区域，它们通常是一些在前几轮产业发展中被边缘化的或是锁定于日益过时的技术-产业基础设施的经济地带。[29]因此，在整个战后时期直到 20 世纪 70 年代末，政府推出了一系列明确针对这些边缘空间的区域政策。这些再分配的空间规划通常以“国家均衡发展”与“空间均衡化”的名义，提供各种形式的财政资助、区位优惠政策与转移支付，促进主要核心城市以外地区的产业增长与经济振兴，而且它们经常会将主要的公共基础设施投资引向这些地区。这种资源转移似乎对战后时期发展不均衡的国家内部地理格局产生了重大影响，使得大多数西欧国家的人均可支配收入出现了前所未有的趋同。[30]这种由国家引导的产业去中心化、城市去中心化与空间均衡化的计划可以说是盛行于西

---

[28] Ron Martin and Peter Sunley, “The Post-Keynesian State and the Space Economy,” in *Geographies of Economies*, ed. Roger Lee and Jane Wills (London: Arnold, 1997), 280.

[29] Hugh Clout, ed., *Regional Development in Western Europe*, 2nd ed. (New York: John Wiley & Sons, 1981).

[30] Dunford and Perrons, “Regional Inequality.”

欧福特-凯恩斯主义资本主义整个发展时期的空间凯恩斯主义国家地域管制体系的关键政治举措。[31]

在这种国家化的城市治理体系中,大都市区政治机构在管理型地方政府与中央组织的再分配空间规划形式之间获得了重要的媒介作用。特别是在20世纪60年代中期与70年代初,西欧许多主要的城市-区域建立了统一的大都市区管理机构。[32]这些区域范围的行政管理机构被广泛地认为是在迅速扩张的大都市集聚区中促使福利服务供给合理化与减少行政效率低下的重要机制。因此,在凯恩斯主义福利国家制度中盛行的集权化政府间关系等级体系中,大都市区管理机构充当了一个关键的、协调性的行政层级。随着郊区化与产业分散化的快速推进,大都市区管理机构越来越有理由作为一种在政府管辖范围与功能地域之间建立更紧密空间协同关系的手段。[33]到20世纪70年代初,大都市区管理机构在引导产业扩张、基础设施投资与人口聚居方面发挥了重要作用,主要是通过部署综合性的土地利用规划与其他旨在影响大都市内部区位格局的机制。从这个意义上来说,大都市区机构似乎对福特主义巅峰时期的城市化地理格局产生了重大影响。

总而言之,空间凯恩斯主义最好被理解为一种通过缓解每个国家地域范围内的地理不均衡发展,促进资本主义产业增长的国家战略的广泛集合。空间凯恩斯主义在两个方面强化了国家空间

---

[31] Martin and Sunley, "Post-Keynesian State"; 也可以参阅 Brenner, *New State Spaces*, chap. 4.

[32] Michael Keating, "The Invention of Regions: Political Restructuring and Territorial Government in Western Europe," *Environment and Planning C: Government and Policy* 15 (1997): 383—98.

[33] Christian Lefèvre, "Metropolitan Government and Governance in Western Countries: A Critical Overview," *International Journal of Urban and Regional Research* 22, no. 1 (1998): 9—25.

与城市空间的国家化：一是它要求建立一个协调良好的城市发展地域管制的次国家机构体系；二是它需要将主要的地方与区域经济嵌入一个等级化配置的、以国家为中心的政治-经济地理格局之中。因此，在整个战后时期，地方政府被纳入了国家组织的制度矩阵，其主要表现为针对地方社会经济政策、大都市区治理的技术官僚框架、广泛的区域间资源转移与国家空间规划再分配形式的相对集中化控制。综上所述，这种国家机构与管制运作的多尺度集合促进了资本主义产业增长的结构连贯性，主要是(1)通过将城市空间转化为国家经济发展的地方组成部分；(2)通过在全国地域范围内尽可能均衡地推广城市化(图 5.1)。

地缘经济与地缘政治情境 · 20 世纪 50 年代到 20 世纪 70 年代中期：福特主义巅峰、冷战、全球范围内的去殖民化 · 在嵌入式自由主义背景下全球经济活动在不同国家经济体系的分化
优先的空间发展目标 · 国家经济
主要目标 · 将人口、产业与基础设施投资从主要的城市中心分散化到外围农村地区与“欠发达”“落后”“退步”的地带 · 标准化的经济资产、投资与公共物品在整个国家地域中的复制 · 在整个国家经济中建立国家化的基础设施标准体系 · 缓解国家经济内部的不均衡发展：空间不均衡发展被视为产业稳定增长的制约或障碍
主导性的政策机制 · 针对大企业的区位补贴 · 地方社会福利政策与集体消费投资 · 再分配的区域政策 · 国家空间规划体系与公共基础设施投资
经济发展的时空性 · 国家发展主义：将整个国家经济作为在线性发展路径上前行的相对整合的、自我封闭的地域单元进行管理

图 5.1　空间凯恩斯主义与对不均衡发展的政治管制

到20世纪70年代初，想要在一个相对封闭的国家地域范围内超越空间不均衡发展的渴求，似乎就像福特制积累体制本身一样短命。

危机管理与内生增长的新政治

20世纪70年代初，随着福特主义发展体制的瓦解，空间不均衡发展的政治管制新方法开始逐渐形成。[34] 在这一时期发生的一系列主要的地缘经济转型促使国家尺度在政治-经济协调中的主导作用发生变化，导致管制责任一方面上升到超国家的制度层级如欧盟，另一方面下沉到区域与地方层级的政府组织。

这些国家空间的尺度重构是通过一系列相对特别的、反复试验的管制响应、危机管理战略与政治试验来调解的。在国家尺度，不同的政治联盟通过动员危机管理战略，捍卫福特-凯恩斯秩序下的制度基础设施。从1973年第一次石油危机开始直到1979年左右，国家需求管理的传统做法在经济合作与发展组织（OECD）地区开始盛行，中央政府拼命地为实现福特制的良性增长循环重新创造条件。然而，正如鲍勃·杰索普在英国案例的评论中所言，这种反周期策略最终不过是"由国家支持的福特制现代化的最后时刻"，因为它们无法同时解决不断加剧的通胀与大规模的失业这两大问题。[35]与此同时，随着福特主义的繁荣区域面临持续的经济危机，空间凯恩斯主义的政策框架进一步分化，明确地将去工业化

---

[34] Lipietz, "National and the Regional."

[35] Bob Jessop, "Conservative Regimes and the Transition to Post-Fordism: The Cases of Great Britain and West Germany," in *Capitalist Development and Crisis Theory*, ed. Mark Gottdiener and Nicos Komninos (New York: St. Martin's Press, 1989), 269.

的、受经济困扰的城市与制造业中心作为各种形式的国家援助与财政资助的目标。与传统的凯恩斯主义形式的空间政策几乎完全聚焦于欠发达区域与边缘地带相比，一些西欧国家如今提出了明确的城市政策，旨在解决大城市的特定社会经济问题，如大规模失业、技能退化、资本外逃与基础设施衰败。通过这种方式，许多与空间凯恩斯主义相关的再分配政策传导都被明显地扩大了。但至关重要的是，尽管区域政策的空间目标如今已出现分化，城市地区被纳入国家支持的关键对象，然而政府对国家尺度的空间均衡化计划的坚持在整个20世纪70年代仍然得到了强化。

随着这些受国家支持的城市发展新形式的不断拓展，一系列国家施加的政策倡议与政府间关系的重新调整开始动摇在整个战后时期盛行的根深蒂固的管理型-福利主义框架。因此，特别是在20世纪70年代末，国家尺度成为政治计划的重要制度焦点，旨在废除许多与凯恩斯主义福利国家相关的再分配政策。在20世纪70年代之后的经济衰退期间，国家政府迫于压力对政府支出进行合理化调整，削减了中央对包括区域与地方在内的各级行政部门的财政拨款。在整个西欧地区，这些财政紧缩的新形式导致地方政府更加依赖地方征收的税收与非税收收入，如政府性收费和使用费。[36] 这些转变的直接后果是，许多地方政府试图通过推迟资本支出、动用流动资产与赤字支出以适应新的财政状况；但事实证明，这些不过是短期的权宜之计。后来，地方政府除其他来源之外，还设法从经济发展项目中获得更多的地方财政收入。[37]虽然在

---

[36] Poul E. Mouritzen, *Managing Cities in Austerity* (London: Sage, 1992).

[37] Joanne Fox-Przeworski, "Changing Intergovernmental Relations and Urban Economic Development," *Environment and Planning C: Government and Policy* 4, no. 4 (1986): 423—39.

此期间实施的新的国家城市政策使一些老工业城市获得了补充性的公共资源，但大多数地方政府仍然面临着国家财政紧缩与地方社会经济问题加剧双重影响下产生的新的预算约束问题。因此，20 世纪 70 年代国家财政紧缩最重要的制度结果之一是，迫使地方政府通过积极动员经济发展计划与外来投资计划来寻求新的财政收入来源。[38]

在这种条件下，旨在促进地方经济增长而不广泛依赖国家补贴的各种“自下而上”的战略在主要城市和区域中开始扩散。[39] 与此前聚焦于福利主义再分配相反，地方政府如今开始采取一系列旨在振兴本地经济的战略，由土地整理计划与土地利用规划方案开始，随后扩展到多元化的企业、地区、行业部门与就业岗位创造措施。[40]虽然这种城市经济发展的新政治随后会以多元化的政治形式扩散到整个西欧城市体系，但是在 20 世纪 70 年代仍然主要盛行于以制造业为基础的所谓的“旧经济”城市与区域，它们因为产业重构产生了特别严重的社会经济问题与基础设施危机。[41]因此，尽管各国政府继续在国家尺度推动经济一体化与地域均衡化发展，然而在从德国鲁尔地区到英格兰中部地区等锈带城市与区

㊳ Margit Mayer, “Post-Fordist City Politics,” in *Post-Fordism: A Reader*, ed. Ash Amin (Cambridge, MA: Blackwell, 1994), 316—37.

㊴ Udo Bullmann, *Kommunale Strategien gegen Massenarbeitslosigkeit: Ein Einstieg in die sozialökologische Erneuerung* (Opladen: Leske and Budrich, 1991).

㊵ Aram Eisenschitz and Jamie Gough, *The Politics of Local Economic Development* (New York: Macmillan, 1993); Tim Hall and Phil Hubbard, eds., *The Entrepreneurial City: Geographies of Politics, Regime and Representation* (London: Wiley, 1998).

㊶ Michael Parkinson, “The Rise of the Entrepreneurial European City: Strategic Responses to Economic Changes in the 1980s,” *Ekistics* 350 (1991): 299—307.

域中，由国家机构、贸易联盟与其他社区组织组建的新公司主义联盟构建了区域特定的产业、技术与就业政策，促进后来被贴上流行标签的“内生增长”。[42]这些左派的新社团主义与社会民主联盟的目标是建立产业重构的协商战略，使经济振兴可以直接与社会优先事项联系起来，例如区域内部再分配、就业机会创造、职业再培训计划与阶级协调。福特-凯恩斯主义的社会再分配、地域均衡化与阶级协调等基本优先事项因此得以保留，但主要是在区域与/或地方经济的地理范围内，而不是作为一个将在全国范围内推广的计划。

因此，20 世纪 70 年代最好被视为一个政治联盟之间进行激烈尺度间斗争的过渡时期，一方是主张保持空间凯恩斯主义的国家化制度基础设施，另一方是新形成的政治联盟，努力引入更多分散化的方法以促进“自下而上”的经济振兴。虽然这些现代化联盟所寻求的新管制框架仍然相对不成熟，但是此时他们都明确反对无所不包的国家化地域发展模式，并广泛地坚持促进地方特定的社会经济发展路径的目标。从这个意义上来说，这一时期地方与区域经济倡议的扩散，动摇了战后“黄金时代”盛行的针对空间不均衡发展的国家化管制方法。尽管中央政府在整个 20 世纪 70 年代都在持续推进这种国家化空间再分配议程，但与此同时，这种新的自主发展战略的扩散似乎在事实上已经对原有的空间凯恩斯主义制度架构进行了剧烈修正。而且，它还开辟了一种新的政治-制

---

[42] Ulf Hahne, *Regionalentwicklung durch Aktivierung intraregionaler Potentiale*, Schriften des Instituts für Regionalforschung der Universität Kiel, Band 8 (Munich: Florenz, 1985); Walter Stöhr and David R. Taylor, *Development from Above or Below? The Dialectics of Regional Planning in Developing Countries* (New York: Wiley, 1981).

度空间，（国家、区域与地方）政府机构可以在随后的几十年中，在具有战略性地位的城市与大都市区域推动以培育基于信息与通信技术的后福特主义产业增长为导向的新积累战略。

国家空间的尺度重构以及对“新”城市经济的探索

福特主义发展模式的危机在 20 世纪 80 年代的加剧导致了尺度相对化加速条件下新一轮国家空间重构与城市产业转型。20 世纪 70 年代实施的危机管理战略既没有为新积累体制的建立提供条件，也没有成功地解决日益加剧的经济停滞、失业率上升与产业衰退等问题。因此，在 20 世纪 80 年代，大多数欧洲国家政府放弃了支持货币主义的传统凯恩斯主义宏观经济政策；而且，竞争性的收支平衡取代了充分就业，成为货币和财政政策的首要目标。[43]到 20 世纪 80 年代末，不仅是英国的撒切尔政府与西德的科尔政府采用了新自由主义政治议程，如福利国家弱化、贸易自由化、私有化与放松管制，而且在许多传统的社会民主党或基督教/社会民主国家如荷兰、比利时、法国、西班牙、丹麦与瑞典也采用了社会影响相对温和的混合形式。[44]

这种地缘政治的剧变使得大多数城市与大都市区政府面临额外的财政限制，而这些政府的财政收入在过去十年中已经大为减少。对大规模的战略规划项目的政治支持也在不断减少，包括大都市区层级与城市层级在内的福利国家的官僚机构越来越多地解

---

[43] Fritz W. Scharpf, *Crisis and Choice in European Social Democracy* (Ithaca, NY: Cornell University Press, 1991).

[44] Martin Rhodes, "'Subversive Liberalism': Market Integration, Globalization and the European Welfare State," *Journal of European Public Policy* 2, no. 3 (1995): 384—406.

体、缩小或重构。事实上，在 20 世纪 80 年代中期，大伦敦委员会和鹿特丹的雷杰蒙德等主要大都市区管理机构就被仓促地废除了。在其他地方，由于中央施加的预算压力以及城市核心区与郊区边缘地区之间在资本投资与公共补贴方面的竞争加剧，大都市区管理机构尽管在形式上得以保留，但是在实践中的作用已被大大削弱。[45]因此，城市公共支出的财政紧缩与大都市区治理机构的剧烈削弱是 20 世纪 80 年代西欧后凯恩斯主义国家收缩过程在地方的重要表现形式。在这十年中，国家为城市凯恩斯主义提供的先决条件受到了系统性的侵蚀。地方与大都市区政府如今被迫要“自谋生路”，以建立保障其管制活动与公共投资的财政基础。[46]

在同一时期，尺度相对化倾向下的欧洲地缘经济群体开始形成一种新的城市与区域发展马赛克。在整个西欧的城市体系中，北大西洋福特主义的危机引发了许多大型制造业区域的动荡与衰落，它们之前主要是建立在福特制大规模生产体系的产业基础之上。与此同时，一些之前落后的区域正在转型为以信息与通信技术投资和柔性生产体系为特征的活力地带。[47]在这种跷跷板式的空间不均衡发展过程中，既有的大都市区核心如伦敦、阿姆斯特丹、巴黎、法兰克福、米兰与苏黎世，正在经历重大的社会经济、基础设施与制度重组，它们作为全球与欧洲金融网络的战略性节点变得更加重要。这样一来，正如皮埃尔·维尔茨所认为的，欧洲的

---

[45] Max Barlow, *Metropolitan Government* (New York: Routledge, 1991).

[46] Mayer, “Post-Fordist City Politics.”

[47] Allen J. Scott and Michael Storper, “Industrialization and Regional Development,” in *Pathways to Industrialization and Regional Development*, ed. Michael Storper and Allen J. Scott (New York: Routledge, 1992).

"群岛经济"在20世纪70年代之后得以强化,公司总部、主要决策中心与许多高附加值的经济活动都集中在这些具有战略地位的大都市区域。[48] 在维尔茨看来,这种"大都市区化"的趋势体现了整个欧洲地域分割的加剧——包括欧洲内部"优胜"与"失败"区域之间的分割;国家内部在蓬勃发展的城市核心区与衰退的制造业地区或萧条的农村边缘区之间的分割;区域内部在中心城市的核心区与周边腹地之间的分割;大都市区内部在富有的绅士化地区与弱势、被排斥的社区或城郊地区之间的分割。[49]伴随着单一欧洲市场的强化、欧元的推出以及随后的各种东扩浪潮,这些极化的趋势在欧洲与国家尺度变得更加根深蒂固。[50]

罗杰·布鲁内(Roger Brunet)在20世纪80年代末为法国国家空间规划机构"地方发展与地域整治局(DATAR)"编写的一份富有影响力的报告中,将欧洲城市发展的中央走廊描述为"蓝色香蕉",认为随着全球化和欧洲经济一体化的发展,其战略重要性将进一步加强。[51] 布鲁内预测,经济活动、技术能力与先进基础设施投资将越来越集中在一条"重要的轴线"上,这条轴线从英格兰东

---

[48] Pierre Veltz, *Mondialisation, villes et territoires: L'économie d'archipel* (Paris: Presses Universitaires de France, 1993).

[49] Pierre Veltz, "European Cities in the World Economy," in *Cities in Contemporary Europe*, ed. Arnaldo Bagnasco and Patrick Le Galés (New York: Cambridge University Press, 2000), 33—34; 也可参阅 Stefan Krätke, *Stadt, Raum, Ökonomie* (Basel: Birkhäuser Verlag, 1995); Stefan Krätke, "Stadtsystem im internationalen Kontext und Vergleich," in *Kommunalpolitik*, ed. Roland Roth and Hellmut Wollmann (Opladen: Leske Verlag, 1993), 176—93.

[50] Peter J. Taylor and Michael Hoyler, "The Spatial Order of European Cities under Conditions of Contemporary Globalization," *Tijdschrift voor Economische en Sociale Geografie* 91, no. 2 (2000): 176—89; Dunford and Perrons, "Regional Inequality."

[51] Roger Brunet, *Les villes 'europeennes'* (Paris: DATAR, 1989).

南部、布鲁塞尔、巴黎与荷兰的兰斯塔德，穿过德国的莱茵地区，向南延伸至苏黎世与意大利北部环绕米兰的工业三角地带。值得注意的是，布鲁内对西欧城市化繁荣地区这一著名的呈现，几乎完全颠覆了空间凯恩斯主义时代通过补偿性区域政策干预获得支持的发展地带的政治地理格局。支撑之前区域政策的因果累积关系概念认为增长潜力在空间上的扩散会使核心与外围地区都受益，然而与之形成鲜明对比的是，布鲁内的“蓝色香蕉”模型意味着最为全球化的网络化大都市区域会与一个由先进基础设施、高附加值活动与新经济产业主导的强大的、相对独立的城市网络相互啮合。布鲁内还预测，欧洲核心大都市带的强化将使其他欧洲城市、区域与腹地基本上只能自保，否则将面临在新的地缘经济背景下被进一步边缘化的风险。

正如布鲁内的模型呈现所示，20 世纪 80 年代动荡的政治-经济转型导致战后空间凯恩斯主义的地理格局实际上已经被彻底颠覆。在这十年中，产业增长不再是从每个国家经济发达的、密集的城市核心区向外扩散到边缘地带，而是被系统性地引向欧洲与全球劳动力空间分工中最具战略性地位的大都市区域。值得注意的是，布鲁内将这些城市核心区描述为基于信息与通信技术、先进生产性与金融服务业以及其他高科技部门新经济产业地域一体化的中心地带。在他的模型中，欧洲的核心大都市带被一种混杂的宏观景观所包围，但如今越来越与之脱钩，这些景观包括衰退的制造业区域、被边缘化的腹地与被锁定在“旧经济”技术、产业、土地利用系统与制度形式中的外围地带。

虽然布鲁内的“蓝色香蕉”模型作为对 20 世纪末欧洲政治-经济空间的社会科学描述存在严重的局限性，但是其广泛影响意味着贯穿整个20世纪80年代西欧所发生的地域管制的重大尺度重构。[52]伴随着全球化、欧洲一体化以及城市经济重构的加速，西欧各国政府开始更加明确地将主要城市与大都市区域定位为国家经济竞争力的关键地点。[53]"由区域组成的欧洲"——在这一时期欧盟、国家与区域层面政策讨论中成为越来越重要的一个标语，城市不再仅仅被视为衰退型产业与社会经济问题的容器，而越来越被视为可以培育地域内嵌的、以信息与通信技术为基础的后福特制产业的动态增长引擎。到20世纪80年代末，随着国家与地方政府为引入单一欧洲市场做好了准备，这种认为城市是新经济孵化器，并且作为国家重要经济资产的观点在主流的政策圈中日益占据主导地位。

当西欧国家试图将其最具经济实力的城市与大都市区域转型为以信息与通信技术为基础的后福特主义产业增长引擎时，它们也发展了新的尺度重构的方法来解决空间不均衡发展问题。最初，随着新自由主义改革倡议与财政紧缩新形式的实施，原有的地域再分配计划被缩减，从而使得地方与区域经济体更加直接地暴露于欧洲与全球经济竞争的压力之下。[54]这些政策倡议的主要目的是减少公共开支，并摧毁传统的统制式中央经济管理形式。[55]正如我们前面所看到的，20世纪70年代的地方经济倡议是在特定

---

[52] 关于布鲁内模型的启发性批判，可参阅 Stefan Krätke, Susanne Heeg, and Rolf Stein, *Regionen im Umbruch* (Frankfurt: Campus, 1997).

[53] Helga Leitner and Eric Sheppard, "Economic Uncertainty, Inter-Urban Competition and the Efficacy of Entrepreneurialism," in Hall and Hubbard, *The Entrepreneurial City*, 285—308.

[54] Martin and Sunley, "Post-Keynesian State."

[55] Chris Ansell, "The Networked Polity: Regional Development in Western Europe," *Governance* 13, no. 3 (2000) 303—33.

的政治体制背景下出现的，中央政府仍然广泛地坚持新凯恩斯主义计划，以促进国家地域的均衡发展。与此形成鲜明对比的是，20世纪80年代的地方经济倡议是在欧洲与国家层面的地缘政治条件下提出的，新自由主义政策取得了正统地位并产生了前所未有的影响，从而导致原有的补偿性区域政策议程被系统性地边缘化或抛弃。在这一地缘政治转型的背景下，促使整个国家地域经济发展能力均衡化的目标越来越被认为与新的优先事项不相符，新的优先事项是优化主要大都市区域内特定地点的区位资产并支持信息与通信技术产业的内生发展。因此，国家政府除了努力弱化原有的再分配区域政策传导之外，如今也开始寻求一系列的制度改革，旨在建立适当的管制基础设施，以刺激其地域范围内后福特主义形式的产业增长。

• 由于国家对地方一级财政转移的缩减，地方政府被赋予获得新的财政收入的权力以及在决定地方税率与使用费方面的职权。[56]这种财政紧缩、机构精简的地方政府体制被广泛地认为是支撑新经济产业蓬勃发展在管制环境方面的关键因素。

• 规划、经济发展、社会服务与空间规划的新职责被下放到次国家层面的（区域与地方）政府。[57]这种政策能力分散化、区域化或地方化的新框架经常被认为是促进基于信息与通信技术的产业部门与其他新经济产业所需的地方特定的生产与管制条件的重要支撑。

---

[56] Fox-Przeworski，"Changing Intergovernmental Relations"；Mayer，"Post-Fordist City Politics."

[57] Alan Harding，"Urban Regimes and Growth Machines：Towards a Cross-National Research Agenda，" *Urban Affairs Quarterly* 29，no. 3 (1994)：356—82.

· 重新定义国家空间规划体系。增强结构性竞争力的经济优先事项，尤其是提升基于信息与通信技术的后福特主义产业部门的竞争力，取代了福利主义再分配优先事项，如促进空间发展均衡化。在许多欧洲国家，由最为全球化的网络化大都市区域取代了国家经济体，成为主要空间规划倡议、基础设施投资与经济发展计划的优先目标。尽管许多边缘化的城市、区域与腹地同样试图扩大全球联系并吸引高技术投资，然而大多数国家政策制定者认为，新经济产业集群应该主要布局在这些大都市区域，因为它们已经拥有先进的基础设施、物流设施、富有活力的劳动力市场以及高技术企业投资的重要资产。

· 国家、区域与地方政府出台了一系列地域与地方特定的制度与政策——包括从开发区、城市发展公司与机场发展机构到培训机构与企业委员会、招商引资机构与发展规划委员会——目标是在战略性城市空间中强化社会经济资产与先进的基础设施，将其置于跨国资本循环中具有竞争力的位置。[58]这些措施被视为刺激与引导新经济集群发展的一种重要手段，而且还可以从西欧地区内外部的其他潜在地点吸引信息与通信技术的投资。

· 重新定义地方政府的形式与职能。尽管战后西欧地区的地方政府主要致力于提供各种形式的福利服务与国家资助的集体消费，然而这些机构如今开始优先考虑促进地方经济发展以及在其管辖范围内维持"良好的营商环境"的目标。[59]这种地方经济倡议往往伴随着对跨国资本的重大税收优惠与其他财政激励，这被广泛地认为是吸引高技术投资的重要先决条件。

---

[58] Alan Harding, "Urban Regimes in a Europe of the Cities?," *European Urban and Regional Studies* 4, no. 4 (1997): 291—314.

[59] Mayer, "Shifting Local Political System in European Cities"; Harvey, "From Managerialism to Entrepreneurialism."

面对这些不均衡的组合性制度重构，原有的不均衡发展的政治管制框架也发生了深刻的尺度重构。曾经针对福特-凯恩斯主义结构的地域不均衡管制所采用的国家化方法，如今被所谓的后凯恩斯主义尺度重构战略所取代，其核心目标是优化城市空间在大洲或全球范围内资本循环中的位置。[60]与战后时期曾经致力于缓解国家内部不均衡发展趋势的空间凯恩斯主义战略相反，这些后凯恩斯主义尺度重构战略主动地加剧了空间不均衡发展，主要是通过：(1) 促进高技术产业在每一个国家地域范围内最为全球化的网络化城市空间中形成专业化集聚；(2) 鼓励日益多样化的、针对特定地方的经济治理、福利供给与地域管理形式；(3) 将主要次国家行政单元之间的竞争关系制度化，不论是针对公共补贴还是私人投资的竞争。因此，国家与地方空间政策宣扬的目标不再是为了缓解地理不均衡发展，而是通过强化跨国网络化城市区域独特的、地方特定的社会经济资产与基础设施的政策设计，主动地加剧这种不均衡发展格局。[61] 图 5.2 总结了这些后凯恩斯主义尺度重构战略的关键要素。

---

[60] Brenner, *New State Spaces*, Chap. 5.

[61] 关于相似的论述，可参阅 Jamie Peck, "Political Economies of Scale: Fast Policy, Interscalar Relations and Neoliberal Workfare," *Economic Geography* 78, no. 3 (July 2002): 356. 派克对新自由主义劳动福利主义不均衡地理特征的描述可以有效地应用于西欧新兴的空间、区域与城市政策模式：

> 地理不均衡发展被确立为劳动福利计划实施的一种有意而非偶然的特征，而地方试验与模仿似乎正成为政策制定过程的持久特征……与期望福利体制下的公平与平等待遇形成鲜明对比的是，在空间不均衡、地方自由裁量和非典型事例的情况下……待遇通常是由其本身的权利构成的政策问题或至少是反常现象，工作福利促使地理分化、次国家竞争与……特定情况下的干预……尽管无序与变化持续占据主导地位，但越来越明显的是，这些变化——以及支撑这些变化的独特尺度动态——不仅是短暂的，还涉及管制体制的深远(如果不是系统性的话)重组。

地缘经济与地缘政治情境 • 20 世纪 70 年代晚期至今：北大西洋地区福特主义危机及后续的重构诱导的危机周期下持续的管制试验过程 • 新的全球-地方矛盾关系：全球经济一体化的推进，同时大型公司越来越依赖集聚经济 • 在由混杂的、不均衡的新自由主义趋势定义的地缘经济情境中寻求所有空间尺度新的制度修复
优先的空间目标 • 位于全球或超国家资本循环中的主要城市与区域经济体
主要目标 • 将人口、产业与基础设施投资重新集中到战略性的城市与区域经济体 • 国家经济空间在专业化城市与区域空间之间的分化 • 促进面向全球与欧洲经济流的定制化的、地方特定的基础设施投资形式 • 强化所有尺度的空间竞争：非均衡发展如今被视为经济增长的基础而不是作为限制或障碍
主导性的政策机制 • 去管制化与福利国家紧缩 • 去中心化或政府间安排、社会经济政策与财政职责的分解 • 先进基础设施的空间选择性投资，主要是位于战略性城市空间内 • 地方特定的区域与本地政策 • 地方经济倡议；地方营销战略的扩散
经济发展的时空性 • 尺度重构的发展主义方法：将国家空间分为独特的城市-区域经济体，有其自身地方特定的区位特征与全球化导向的发展路径

图 5.2　后凯恩斯主义尺度重构战略与不均衡发展的新政治

综上所述，这些福特-凯恩斯主义管制架构的大范围尺度重构可以被视为一种手段，以此建立一个“精益”的政府管制新框架，促进特定高技术产业与金融部门的增长，同时赋予承载这些产业集群的战略性城市空间特权。与福特主义时期盛行的国家空间的标准化地理格局——政府试图在整个国家地域范围内维持最低水平的服务供给——形成鲜明对比的是，20 世纪 80 年代围绕政治-经济治理建立的企业家主义、以竞争力为导向的制度基础设施促使政府管制活动在尺度之间更加分化、分裂与极化，并对其核心空间目标进行更细粒度的划分。一方面，企业家主义城市治理形式的强化是基于次国家层级政府与准政府机构的建立，因此战略性城市空间可以被作为全球与欧洲劳动空间分工中承载关键经济功能的定制化及竞争性区位进行营销。[62]另一方面，前面提到的权力下放倡议重构了根深蒂固的政府间等级体系以及管制的尺度划分，对所有次国家层级的政治-行政单元施加了强大的压力，要求它们在日益变化无常、竞争激烈的地缘经济环境中“自谋生路”。[63] 这样一来，通过后凯恩斯主义国家尺度重构与企业家主义城市政策改革的连续性层级化，在群岛欧洲业已日益极化、尺度相对化的经济地理格局中建立了一种“管制空间分化的平行马赛克”。[64]

当然，这些后凯恩斯主义尺度重构战略的形成来自过去 40 年中一系列的经济、政治与地理动态、重构与斗争。即使在更为广泛的后凯恩斯主义地缘政治背景下，国家尺度重构战略在新自由主义、社会民主主义、基督教/社会民主主义与其他混合形式中也呈现出强烈的多元化特征。[65]然而，在各种地域情境与空间尺度中，这些战略已经成为一种重要的政治-制度媒介，城市空间因此而发生质的重塑，同时持续的尺度相对化过程得以强化、深化与加速。国家、区域与地方政府机构通过推动后凯恩斯主义尺度重构战略，试图刺激与引导其地域范围内的新经济产业增长，从而有力地促进新城市空间、新城市化模式与空间不均衡发展新形态的生产。

---

[62] Harvey, “From Managerialism to Entrepreneurialism.”

[63] Gordon MacLeod, “The Learning Region in an Age of Austerity: Capitalizing on Knowledge, Entrepreneurialism and Reflexive Capitalism,” *Geoforum* 31 (2000): 219—36.

[64] Goodwin and Painter, “Local Governance,” 646.

[65] Eisenschitz and Gough, *Politics of Local Economic Development*; Brenner and Theodore, *Spaces of Neoliberalism*.

20 世纪 90 年代大都市区域主义模糊的复兴

已有的一些批判性分析强调以信息与通信技术为基础的城市再开发方法具有长期不稳定的特点。[66]第一，由于这种方法片面地聚焦于以信息与通信技术为基础的产业与其他新经济部门，可能会忽视在特定地域内培育或振兴既有的社会经济的能力。第二，虽然基于信息与通信技术的城市发展方式可能会成功地推动一小群被赋予特权的本地与区域经济"先行者"中短期迸发式经济增长，但是这种假定的"范式"所隐含的基础条件在其他地方复制或推广是极其困难的，因为不同地理情境的产业历史、基础设施配置、劳动力市场与管制安排等特征都会有所差别。第三，以新经济产业为导向的城市发展政策，由于其相对受局限的产业部门、劳动力市场与空间影响，往往加剧了跨越空间尺度的发展不均衡、社会空间排斥与地域差异。这样一来，它们也可能会产生显著的负外部性与社会成本，从而影响产业可持续增长普遍依赖的社会地域条件。

此外，后凯恩斯主义地域治理本身的分裂架构还会产生更多的脆弱性与危机倾向。如前所述，后凯恩斯主义国家尺度重构的主要影响之一是增强了次国家行政单元之间的竞争压力，从而加剧了地理不均衡发展。虽然这些制度调整可能暂时有利于一些强大的、全球化的网络化城市区域，能够促进基于信息与通信技术的产业在此形成集群，但是它们通常会对所有本地与区域经济所嵌入的更加广泛的地域发展体系造成一种管制弱化的影响。总体而言，这一趋势可能会严重地侵蚀整个空间经济的地域连贯性，并破

---

[66] Martin, "Making Sense of the 'New Economy.'" 关于这些问题的批判性案例研究，可参阅 Stefan Krätke and Renate Borst, *Berlin: Metropole im Wandel* (Berlin: Leske + Budrich, 1999).

坏宏观经济的稳定性。此外，通过这种后凯恩斯主义尺度重构战略，国家管制活动的地理分化会变得越来越严重，从而导致国家机构本身内部以及涉及经济治理的形形色色的私有与半私有组织之间反复地出现尺度间协调的困境。事实上，这种尺度重构在实践中"既有助于管制，同时也阻碍了管制"，而不是像许多支持者所预言的那样促进了公共资源与投资在各地的更有效分配。[67]因此，如果缺乏能够协调地方管制举措与经济发展战略的元治理体制机制，国家自身的组织连贯性与职能统一性可能会受到侵蚀，从而导致明显的治理失灵、政治冲突与合法性不足。[68]

因此，20 世纪 80 年代之后的城市-产业重构、城市政策改革与国家尺度重构的浪潮所释放出的破坏性与矛盾倾向，对随后的后凯恩斯主义地域管制方法的演变产生了一些重要的影响。特别是 20 世纪 90 年代，面对无处不在的自身主导性的政治-经济治理战略所存在的管制缺陷，许多西欧国家开始寻求进一步的尺度重构、机构重组与政策试验，试图对之前城市更新计划产生的破坏性社会经济后果进行管理。20 世纪 70 年代与 80 年代政治-经济治理尺度重构的主要战略是为了管理直接面临的福特主义危机，恢复城市-产业的增长，并促进与引导信息与通信技术导向的城市再开发；而 20 世纪 90 年代之后的尺度重构计划主要用于管理早些时候的几轮管制重构导致的普遍的治理失灵问题。从这一时期开始，尺度重构的政治不仅越来越多地包含刺激城市经济发展并将其地域化的新方法，而且还包括针对克劳斯·奥夫将其称为"危机

---

[67] Painter and Goodwin, "Local Governance," 646.

[68] Bob Jessop, "The Narrative of Enterprise and the Enterprise of Narrative: Place-Marketing and the Entrepreneurial City," in Hall and Hubbard, *The Entrepreneurial City*, 77—102.

管理所产生的危机”等一系列政治-制度响应。[69]这种尺度重构计划的目标是建立新的地方与超地方的“侧翼机制与支撑举措”，从而更有效地管理早期社会空间与制度重构过程中城市景观所产生的广泛的紧张关系、冲突与矛盾。[70]

在这种背景下，我们必须对自20世纪90年代以来以区域为重点的管制计划的广泛扩散进行理解。如前所述，第一波后凯恩斯主义尺度重构战略主要聚焦于将之前国家化的行政能力与管制安排尺度下沉到地方一级的政府权力。正是在这些条件下，许多从福特-凯恩斯主义时期继承下来的大都市区制度形式被废除或降级。然而，自20世纪90年代以来，大都市区与区域尺度已经成为新一轮机构重组的重要战略场所。从德国、意大利、法国与荷兰的大都市区制度改革试验与去中心化的区域产业政策，到布莱尔在英国建立的区域发展机构（RDA）计划，这些发展使许多评论家预言，“新区域主义”正在取代被快速侵蚀的凯恩斯主义地理格局以及20世纪70年代与80年代所施行的地方经济发展方法。[71]

针对这些观点，这里的分析从危机理论出发，将所谓的新区域主义解释为针对早期尺度重构战略的重要演进修正，以应对主要由它们自身所造成的治理失灵、混乱与危机倾向。尽管当前大都市区化与区域化战略的政治-制度内容在持续地发生变异，尤其是通过持续不断的政治-意识形态竞争，但这些战略通常会将两种相

---

[69] Claus Offe, "'Crisis of Crisis Management': Elements of a Political Crisis Theory," in *Contradictions of the Welfare State*, ed. John B. Keane (Cambridge, MA: MIT Press, 1984), 35—64.

[70] Jessop, "Narrative of Enterprise," 97—98.

[71] 关于这些讨论的有用的批判性综述，可参阅 Gordon MacLeod, "New Regionalism Reconsidered: Globalization, Regulation and the Recasting of Political Economic Space," *International Journal of Urban and Regional Research* 25, no. 4 (2001) 804—29.

互交织的管制计划整合在一起：

· 大都市区企业家主义。这使得以信息与通信技术为基础的地方经济发展战略向上升级到大都市区或区域尺度，导致每个国家地域范围内的空间不均衡发展进一步加剧。因此，信息与通信技术导向增长的矛盾主要通过将地方经济尺度升级为更大的区域地域单元来解决，而这些地方又反过来作为整合的、具有竞争力的区位吸引全球的信息与通信技术投资。尽管地域管制的尺度结构被调整为以区域为主，而非以地方为主，然而促进信息与通信技术发展、空间再集聚、空间竞争与不均衡发展的加剧等基本政治格局仍未改变。

· 大都市区的均衡化。通过在划定的大都市区或区域空间内部推进一些特定的社会再分配、地域凝聚力、空间均衡化方式，以此缓解不受约束的地区间竞争所产生的破坏性影响。尽管这些举措通常不会显著地影响区域间的空间不均衡发展格局，然而它们试图修正一些早期基于信息与通信技术的尺度重构战略在区域内部产生的最具破坏性的影响，特别是涉及加剧的城市-郊区冲突、资本投资的“零和”空间竞争与管制的碎片化。这里的目标是引入一种尺度下沉的空间凯恩斯主义形式，将其作为广泛的后凯恩斯主义国家权力结构中的一种次国家层面的“异域领土”。虽然后凯恩斯主义地域管制的激烈竞争逻辑并未被中断，但是其地域与尺度轮廓现在被重新塑造，即在边界分明的次国家地带内建立部分割离的管制协调与空间再分配强化的“飞地”。

因此，在最新一轮的尺度重构中，基于信息与通信技术的后福特制产业增长、地域竞争力、危机管理与社会空间凝聚力等优先事项在日益碎片化的城市与区域治理制度矩阵中相互啮合。然而，目前几乎没有证据可以表明大都市区或区域化的尺度重构战略比本地化的经济发展战略能够更有效地管理分散化、尺度相对化、极化、易变与危机易发的后凯恩斯主义城市化景观。相反，最新一轮的尺度重构似乎最有可能进一步强化资本的不均衡发展、尺度的相对化、社会空间关系的极化与国家权力的地理分化，这反过来又会导致群岛欧洲的“精益”(lean and mean)地理转向宏观经济不稳定、危机形成、临时管制试验的新一轮周期。

新经济、管制的新图景

本章探索了在欧洲大都市区域促进基于信息与通信技术的后福特主义经济发展的新兴政治战略与在20世纪70年代末空间凯恩斯主义瓦解后逐渐展开的国家空间更为广泛的尺度重构之间的联系。正如我在前面已经论述过的，如果不考察国家、区域与地方政府权力所处的尺度重构矩阵以及它们所形成的协调一致的政治战略，就无法充分理解主要的大都市区域中基于信息与通信技术的高技术产业的发展。在这种尺度重构的后凯恩斯主义国家权力结构中，各国政府并没有简单地将权力向下转移，而是试图将主要次国家行政单元之间的竞争关系制度化，以此作为提升主要地方与区域经济在欧洲与全球资本循环中地位的手段。从这个意义上来说，正如传统以国家为重点的管制安排在尺度相对化深化的条件下已经去中心化一样，国家也试图通过将它们整合到可操作的尺度重构，但仍然是由国家协调的地域发展方法中，从而保持对战略性城市与区域空间的控制。

特别是20世纪90年代以来，新经济的话语在新国家空间与新城市空间的构建中扮演了重要的角色，因为它同时服务于：(1) 使假定的当代“全球化”局限性显得自然而然；(2) 使原有的福特-凯恩斯主义国家机构与再分配区域政策的收缩合理化；(3) 促进将重要的公共资源引向特定的产业部门（尤其是信息与通信技术、高技术与金融领域）与地方（尤其是全球城市与跨国网络化的大都市区域），而不是其他领域；(4) 进一步强化、深化与加速正在进行的尺度相对化；(5) 将地域不平等与社会空间排斥呈现为全球化、知识驱动和信息资本主义的必然产物。从这个意义上来说，新经济的概念必须被构建为一个基础性的政治概念：最好不只是被理解为对不存在问题的经验现实的一种不证自明的描述，而应该被理解为一种面向特定的城市空间构想以及如何被（重新）组织的竞争性政治战略的意识形态折射的产物。

与其他批判性地理学者一样，我已经论述过新经济战略的扩散并没有导致距离的消失、地理的终结或产业景观的同质化。相反，我将新经济积累战略解释为产生于过去 40 年中一直在形成的不均衡的城市化尺度重构马赛克的重要催化剂。然而，我们已经看到，以信息与通信技术为导向的积累与城市化战略具有长期的不稳定性，因为它们造成了持久的宏观经济不稳定、不受约束的空间不均衡发展，以及跨地方、地域与尺度的广泛的危机倾向。只有在这种背景下，自 20 世纪 90 年代以来产生的新的、倾向于大都市区尺度的国家空间管制才能被理解。这些大都市区管制试验既是作为地方营销战略的更大尺度的制度领域，同时也是作为一种危机管理的框架，通过它，至少有一些与后凯恩斯主义资本主义相关的危机倾向、冲突与矛盾可以被制度化地解决，尽管还处于早期阶段而且经常是无效的方式。图 5.3 提供了一个从这条论证线索出发的阶段示意图。

空间凯恩斯主义:20 世纪 50 年代晚期—20 世纪 70 年代早期 · 国家政府通过在国家地域范围内均衡地布局产业、人口与基础设施投资来推动经济发展 · 城市管理主义:地方政府与大都市区机构主要作为福利服务与集体消费的供给地点
福特主义危机(转型阶段):20 世纪 70 年代早期—20 世纪 80 年代早期 · 一种新的"内生"增长政治在受危机冲击的工业化区域兴起:其目标是推进定制化的政策来应对地方特定的经济衰退与产业重构 · 各种国家再分配政策传导被削减,迫使次国家地域行政机构在经济不确定性增强与产业重构加速的条件下"自谋生路"
后凯恩斯主义尺度重构战略,第一轮:20 世纪 80 年代 · 推进后凯恩斯主义尺度重构战略:国家政府促进经济能力与基础设施投资向其地域范围内最为全球化的网络化城市空间再集中 · 通过政府间体系的分散化,增强次国家层级机构优化地方特定的产业发展条件的能力 · 地方经济发展战略的扩散,应对欧洲范围内新的空间竞争
后凯恩斯主义尺度重构战略,第二轮:20 世纪 90 年代至今 · "大都市区化"与/或早期尺度重构战略的重新组织:国家政府越来越聚焦于大尺度的大都市区域而非城市或地方,作为经济振兴的最合适尺度 · 竞争性区域主义的成型:大都市区机构得以复兴,并伴随着促进地方间合作与区域经济发展战略的计划 · 大都市区域越来越被视为围绕经济发展与危机管理的新管制试验开展的战略性的制度领域

图 5.3　国家战略与不均衡发展的政治管制:西欧案例的阶段划分示意图

根据这一分析,似乎很清楚地看到,城市与大都市区域等次国家空间是培育基于信息与通信技术的新经济产业并将其地域化的关键场所。然而,这种次国家空间不仅是新经济企业集群的地点,也是实施一系列尺度重构管制试验的重要制度场域,并以此促进产业更新,引导新的资本投资形式,同时管理与最近几轮社会空间重构相关的某些市场失灵与治理失灵。因此,作为结论来讲,关于因地域发展战略普遍性的尺度重构而产生的一些主要管制问题的概述可能是有用的。在缺乏针对这些问题的可行且可推广的解决方案的情况下，基于信息与通信技术的新经济产业不太可能为欧盟内外部任何空间尺度上的城市化提供稳定的基础。

1. *跨产业部门的协调*。新经济积累战略忽视了原有的或振兴的制造业以及与之相关联的社会再生产基础设施（包括住房、交通和教育）长期存在的问题。这种积累战略基于一种有瑕疵的假设——新经济本身可以提供稳定的宏观经济增长的支撑，涵盖了当代资本主义背景下的就业、土地利用与产业动力等重要来源。然而，由于缺乏可以促进原有制造业及其相关社会空间的再投资与升级，并将它们与信息与通信技术的增长潜力联系起来的政策机制，新经济产业部门不太可能为长期的经济振兴提供基础。

2. *尺度间的协调*。新经济积累战略会加剧不同机构、行政辖区与尺度之间管制安排的碎片化。因此，它们会破坏超地方制度安排的连贯性，并产生分散化、日益脱节的组织、政策体制、联盟与行动者之间尺度间协调的主要问题。在缺乏这种协调的情况下，各种治理问题——包括不受约束的地区间竞争，区域与地方政府之间的破坏性、抢夺性的竞标战与互挖墙脚，以及激烈的地域间冲突——可能会扩散。这种管制危机倾向可能会破坏城市产业的长期发展所依赖的社会、制度与地域先决条件，不论是在新经济部门还是在社会经济生活的其他领域。

3. *地域不均衡性与社会空间排斥*。新经济积累战略不仅倾向于将投资与公共产品引向特定的产业部门，而且还会指向那些被认为具备信息与通信技术产业发展最佳条件的特定地方与区域。这样一来，新经济积累战略强化且加快了与 20 世纪 80 年代之后群岛经济相关联的空间再集聚、大都市区化与地域间极化的趋势。[72]实际上，即使不是有意为之，新经济积累战略也会显著地加剧空间不均衡发展与地域极化，从根本上抛弃边缘化的区域与人口，让他们在世界资本主义的激烈竞争格局中“自谋生路”。然而，在缺乏政治-制度机制对这种日益加剧的社会地域不平等进行管制的情况下，信息与通信技术导向的城市发展战略在宏观经济可持续性与政治可接受性方面受到了严重的质疑。

信息与通信技术导向的城市增长是否能够以一种促进团结、政治上协商、地域上均衡与社会公平的方式推行，仍然是一个有待于通过跨越地域、地点与尺度——包括在战略性城市空间内部，其社会、基础设施与制度地理通过对“新”经济秩序的不懈追逐已经发生了最为全面的转型——的政治斗争与管制试验来解决的问题。

---

[72] Veltz, *Mondialisation, villes et territoires*.

第六章　竞争性城市-区域主义与尺度政治

在整个西欧地区，大都市区域主义又回到了议程上。自20世纪90年代初以来，在西欧的主要城市区域推行了一系列促进城市-郊区合作、城市间协调、大都市区体制改革与区域空间规划的新形式。福特-凯恩斯主义时期盛行的大都市区域主义强调行政管理的理性化、地域间均衡与有效率的公共服务供给；与此相反，最新一轮的大都市区管制重构主要聚焦于增强城市的社会经济资产，吸引外部资本投资与提升城市区域在跨国经济循环中的竞争性地位。在这种强烈的后凯恩斯主义城市与管制重构中，大都市区域主义首先被作为一种"区位政策"动员起来，不论是生产、金融、交换还是消费，城市区域都被作为资本积累的战略性地点。[①] 从伦

---

① 正如这里所使用的，区位政策的概念指的是国家空间战略，旨在(1) 增强特定地域管辖范围内的结构性竞争力；(2) 将这些管辖区置于超国家资本循环中的战略性地位。"区位政策"一词是基于德语"*Standortpolitik*"一词更为宽松的译法，该词在20世纪80年代后关于"德国作为投资地点"(*Standort Deutschland*)的政策辩论中流行起来。就当前的目的而言，区位政策的概念被用于从更具体的社会科学意

敦、格拉斯哥、曼彻斯特、兰斯塔德、布鲁塞尔、哥本哈根—厄勒海峡—马尔默、里尔、里昂、巴黎，到柏林、鲁尔区、汉诺威、法兰克福/莱茵-美茵、斯图加特、慕尼黑、维也纳、苏黎世、日内瓦、马德里、巴塞罗那、博洛尼亚与米兰，这些城市的地方经济发展政策更多与大都市区的地方营销、管制协调、基础设施投资、空间规划与地域预测等新形式直接关联。在这些城市-区域以及其他的许多地方，城市增长联盟正在倡导将大都市区域主义的形式再造为针对经济全球化、欧洲一体化与加剧的空间竞争等不可避免的趋势所带来的广泛挑战的制度响应。因此，出现了被批判性地理学者凯文·沃德（Kevin Ward）与安德鲁·乔纳斯（Andrew Jonas）简洁地称为“竞争性城市-区域主义”的现象。②

在某些情况下，与这些竞争性的、以增长为导向的大都市区计划相关的一些集体行动问题、制度阻碍与政治障碍几乎是不可克服的。③事实上，许多雄心勃勃的、政治上引人注目的大都市区管制计划只是以一种相对“软性”的形式实施，而其他一些计划则在激烈的谈判、争论与反对之后已经被冲淡得面目全非。尽管如此，自 20 世纪 90 年代以来，新的大都市区域主义战略的扩散已经从

义上描述在任何空间尺度上以促进划定的地域范围内的经济发展为导向的国家战略。要了解更多，请参阅 Neil Brenner, *New State Spaces: Urban Governance and the Rescaling of Statehood* (New York: Oxford University Press, 2004); Neil Brenner, "Building 'Euro-Regions': Locational Politics and the Political Geography of Neoliberalism in Post-unification Germany," *European Urban and Regional Studies* 7, no. 4 (2000): 319—45.

② Kevin Ward and Andrew E. G. Jonas, "Competitive City-Regionalism as a Politics of Space: A Critical Reinterpretation of the New Regionalism," *Environment and Planning A* 36 (2004): 2119—39.

③ Paul Cheshire and Ian Gordon, "Territorial Competition and the Predictability of Collective (In) action," *International Journal of Urban and Regional Research* 20, no. 3 (1996): 383—99.

本质上改变了整个西欧城市体系中原有的地域管制的尺度。即使可能会面临失败，这些战略在重新定义政治-意识形态框架方面发挥了重要作用；在此框架中，城市治理的问题得到了阐述、协商与争论，使得促进大都市区尺度经济发展的优先事项前所未有地凸显出来。在许多情况下，更加全面的大都市区改革计划的失败实际上为替代性的尺度重构战略带来了新的动力，通过非正式的伙伴关系、组织间协调、多边网络与公私合作来解决大都市区经济发展的问题。面对这些调整，不同的政治联盟、政策制定者、企业精英、规划师与学者开始接受这样一个基本假设，即是大都市区域而不是地方或国家经济，再现了可能是最有效地刺激、引导、协调与保持经济增长的自然空间单元。在这些假设的基础上，一些当代杰出的城市思想家们将这种新兴的“新区域主义”解释为全球资本主义工业化复兴与稳定的地域发展的潜在制度支柱。[4]

在这样的大都市区制度重组、管制试验、政治斗争以及相关的学术辩论的背景下，本章主要涉及两个具体的任务，尤其关注后凯恩斯主义欧洲竞争性城市-区域主义的新兴模式和路径。首先，我将新的竞争性城市-区域主义置于历史地理背景之下，强调其与前几轮大都市区制度改革在性质上的差异。其次，我将当代的大都市区改革举措解释为新的尺度政治的表达，即在加速的地缘经济

---

④ 参阅 Allen J. Scott, *Regions and the World Economy* (London: Oxford University Press, 1998); Philip Cooke and Kevin Morgan, *The Associational Economy* (New York: Oxford University Press, 1998)；以及 Allen J. Scott, ed., *Global City-Regions: Trends, Theory, Policy* (New York: Oxford University Press, 2001)一书中的各种文章。关于系统性的批判性评价，可参阅 Gordon MacLeod, "The Learning Region in an Age of Austerity: Capitalizing on Knowledge, Entrepreneurialism and Reflexive Capitalism," *Geoforum* 31 (2000): 219—36; Gordon MacLeod, "New Regionalism Reconsidered: Globalization, Regulation and the Recasting of Political Economic Space," *International Journal of Urban and Regional Research* 25, no. 4 (2001) 804—29.

一体化、危机诱导的城市产业重构与深化的尺度相对化的条件下，不同的国家机构、地域联盟、政治联盟正在努力重构城市空间与管制空间的尺度组织。然而，本章不是简单地将当代大都市区尺度重构归类到“新区域主义”的单一标题之下，而是认为它们源于混杂的、相对不协调的政治战略组合，旨在管理后凯恩斯主义时期整个城市图景中形成的一些主要的社会空间混乱、治理失灵与管制危机倾向。与新区域主义学者们自信的预测不同，本章针对城市-区域在不均衡的、分裂的、尺度相对化的、内在多变的当代资本主义政治-经济地理中明显增强的战略重要性，提出了更为谨慎的解释。

大都市区域主义与资本主义的历史地理

我在这里要表达的是，大都市区域主义指的是在接近城市地域范围内主要社会经济关系相互依存的地理尺度上建立管制、政策、制度或协调模式的所有战略。因此，大都市区域主义包括多种管制议程、治理调整与制度重组——包括修改管辖边界的尝试；提议建立超越市级或跨市级的机构、行政区或规划主体；上级政府为管制城市扩张而采取的法律措施；以及旨在加强组织之间与公私部门协调的各种政府间机制。因此，大都市区域主义的政治地理在不同的情境下可能存在较大的差异，而且随着变化的国家机构组织形式、地域管制模式、政治联盟运作和社会运动斗争而发生历史性的演变。

大尺度城市区域内的行政管理碎片化问题长期以来一直是城市学者们激烈辩论的话题，特别是从公共选择理论、自由主义方法、激进的或马克思主义等不同的方法论视角，对地方行政单元与大都市区域功能经济地域之间的空间失配问题进行分析。[5] 正如大卫·哈维对这一问题的简要描述：

> [地方政府]的边界不一定与流动的城市劳动力和商品市场或基础设施区域相一致；通过合并、地方政府重组与大都市范围的合作等方式进行的调整，虽然通常具有长期的重要性，但其过程十分复杂。地方行政管辖区经常是分割的，而不是统一的城市区域，它会导致(如城市与郊区之间)割裂而不是趋于结构上的连贯性与阶级联盟的形成。[6]

虽然与西欧地区相比，北美主要城市区域的大都市区管辖权碎片化更加明显，但是学者们有效地证明了这些地域安排对跨越国家情境的城市化模式与路径的深远影响，尤其是与集体消费地理相关的影响。[7]

大都市区制度结构的历史演变与资本主义城市化连续的浪潮是紧密交织在一起的。随着资本的再生产变得更加直接依赖产业的城市化过程、城市的地域结构、城市-区域，其腹地成为密集的管

---

⑤ Michael Keating, "Size, Efficiency, and Democracy: Consolidation, Fragmentation and Public Choice," in *Theories of Urban Politics*, ed. David Judge, Gerry Stoker, and Harold Wolman (London: Sage, 1995), 117—34.

⑥ David Harvey, *The Urban Experience* (Baltimore: Johns Hopkins University Press, 1989), 153.

⑦ 参阅 Max Barlow, *Metropolitan Government* (New York: Routledge, 1991); L. J. Sharpe, ed., *The Government of World Cities: The Future of the Metro Model* (New York: John Wiley & Sons, 1995); Michael Goldsmith, "Urban Governance," in *Handbook of Urban Studies*, ed. Ronan Paddison (London: Sage, 2001), 325—35; Pieter Terhorst and Jacques van de Ven, *Fragmented Brussels and Consolidated Amsterdam: A Comparative Study of the Spatial Organization of Property Rights*, *Netherlands Geographical Studies* 223 (Amsterdam: Netherlands Geographical Society, 1997).

制竞争、地方阶级联盟、阶层割裂以及其他依赖地方的社会力量不断努力实现一系列与生产、流通和社会再生产相关的矛盾性目标的焦点。与此同时，随着城市化进程的加速、加剧与扩张，资本主义城市肌理的地理也在不断地被重新编织。正如爱德华·苏贾所述，在第二次世界大战之后资本主义发展的竞争性工业化阶段，广泛的单中心城市区域被福特-凯恩斯主义、国家发展主义与后殖民资本主义日趋多中心的大都市区域、城市场域与大都市带所取代。[8]随后，尤其是自20世纪80年代全球范围内新自由主义城市化的内爆与外爆发生以来，战后时代相对标准化的地域拓展的城市-区域矩阵已经被进一步修正，形成了更为巨大，也许是内部分裂的地域发展结构，它们被描述为外都市、百英里城市、银河大都市、巨型城市区域、巨型都市地域，以及苏贾经典的构想——后大都市空间。[9]反过来，资本主义城市化的每一种结构又产生了具体的管制困境、治理战略、地域冲突，以及在主要城市区域内部、周围以及不同城市区域之间的社会政治斗争。正是这种不断演变的城市空间马赛克以及由此产生的地域管制问题，使我们能够开始解读现代资本主义背景下一轮又一轮的大都市区改革。

尽管在19世纪晚期与20世纪早期欧美大都市区(其中值得注意的是纽约、伦敦和柏林)就已经引入大都市区机构，然而20世纪60年代与70年代北美和西欧的城市化图景展开了新一轮更为广泛的大都市区制度构建。[10]这一时期与福特-凯恩斯主义社会工程项目、福利政策与空间规划体系的扩张密切相关，围绕大都市区

---

⑧ Edward Soja, *Postmetropolis* (Cambridge, MA: Blackwell, 2000).

⑨ 同上。

⑩ Michael Keating, *The New Regionalism in Western Europe: Territorial Restructuring and Political Change* (Cheltenham, UK: Edward Elgar, 1998).

域主义的辩论主要聚焦于行政效率、本地服务供给、土地利用规划、基础设施标准化与地域再分配的问题。一般而言,更大的城市地域管理单元通常被视为类似于福特式的大规模生产方式,因为它们能够在公共服务供给领域产生规模经济效应。[11]随着现代主义地域规划方法的影响不断扩大,强化的大都市区机构还被广泛地动员,并对城市-区域的生产、住房、交通、休闲等功能地带进行区分。在这一时期,西欧建立的主要大都市区机构包括大伦敦议会(1963 年),马德里大都市区规划与协调委员会(1963 年)、雷杰蒙德或大鹿特丹港务局(1964 年),法国波尔多、里尔、里昂、斯特拉斯堡等城市的都市联盟(1966 年),斯图加特区域(1972 年),英国城市的大都市郡如曼彻斯特、伯明翰、利物浦、利兹、谢菲尔德和纽卡斯尔(1974 年),巴塞罗那大都会区(1974 年),大哥本哈根委员会(1974 年),法兰克福地区联盟(1974 年)以及鲁尔共同地带(1975 年)。[12]正如前一章中所讨论的,在 20 世纪 50 年代至 70 年代末盛行于西欧的空间凯恩斯主义国家化体系中,这些大尺度的、技术官僚主义的、高度机构化的大都市区政治组织形式充当了关键的制度层级。

然而,到 20 世纪 80 年代初,这种城市-区域主义的管理形式被广泛地质疑,而且在许多情况下受到了连续的政治攻击。在 20 世纪 70 年代福特-凯恩斯主义跨尺度统治体制的危机之后,伴随着大规模生产体系的衰退、新福特主义与柔性积累战略的动员、新劳动力空间分工的强化、地缘经济和欧洲一体化的加速,城市空间

---

⑪ 例如,雷德克里夫-莫德皇家委员会在 1969 年提交给英国政府的一份报告中认为,25 万居民是有效、高效的地方政府的最优规模“门槛”。可参阅 Keating, “Size, Efficiency, and Democracy,” 118.

⑫ Sharpe, *Government of World Cities*.

经历了剧烈的重构。[13]在这些条件下，空间凯恩斯主义的政治-管制基础设施被废除，地方政府开始积极动员新的内生经济发展战略来管理地方特定的社会经济危机，同时适应新施加的财政约束，刺激城市产业更新，并吸引新的投资来源。在国家财政紧缩、城市企业家主义扩散、积极的地方营销与深化的尺度相对化的背景下，强化的大都市区机构越来越被视为过时的、过度官僚主义与笨拙累赘的“大政府”残留。[14]结果，正如迈克尔·基廷(Michael Keating)所解释的：“大尺度的地方政府，就像其他大尺度的组织一样，因各种各样的问题而受到指责，于是政治和智识的潮流又回到了‘小即是美’的哲学。”[15]

因此，原有的大都市区机构如大伦敦议会、英格兰大都市郡、马德里大都市区规划与协调委员会、巴塞罗那大都会区、大哥本哈根委员会与鹿特丹的雷杰蒙德很快就被废除了。虽然在欧洲其他主要的城市区域保留了原来的大都市区域主义体制，但是其在运作方面也大大降级。到20世纪80年代末，许多研究公共管理的学者总结道：原有的城市-区域主义管理模式正处于终极的意识形态危机之中。[16]

从20世纪80年代大都市区治理低潮的成因来看，不仅包括危机诱导的地缘经济重构与国家紧缩所带来的外部冲击，还源于战后城市地域管理的一些内部政治矛盾。在这一时期建立的大多数大都市区机构都相对较为弱小；他们的规划议程很容易被城市

---

⑬ Mick Dunford and Grigoris Kafkalas, eds., *Cities and Regions in the New Europe: The Global-Local Interplay and Spatial Development Strategies* (London: Belhaven Press, 1992).

⑭ Barlow, *Metropolitan Government*, 289—98.

⑮ Keating, "Size, Efficiency, and Democracy," 122.

⑯ Barlow, *Metropolitan Government*; Sharpe, *Government of World Cities*.

区域(包括城市核心区与郊区)的市政府、区域或中央国家机构影响或阻碍。同时,由于这些管理型城市-区域主义通常是“自上而下”强行施加的,而且通常是根据纯粹的功能标准如行政的效率进行组织,往往缺乏普遍的合法性。因此这样的大都市区机构为潜在的地域冲突表达——例如中心城市核心地区与富裕的郊区边缘地带之间,以及主要城市区域与上一层级的政府之间——提供了一个相当明显的标靶。[17]战后时期的管理型城市-区域主义在面对政治化的危险时会显得十分脆弱,在城市区域内部及其外围地区,它们可能会从一个中立性的政府服务机构转变成为一个相互抗衡的社会政治力量之间政治-意识形态直接对抗的竞技场。正如撒切尔领导的中央政府在 1986 年废除工党主导的大伦敦议会那样,这一案例经典地证明了大都市区机构在调解此类斗争方面所发挥的核心作用可能不仅会让他们面临激烈的公众批评,而且还会导致他们被对手彻底摧毁。

迈向竞争性城市-区域主义?

在 20 世纪 80 年代大伦敦议会与鹿特丹的雷杰蒙德被废除之后不久,重建大都市区政治机构的提议开始在欧洲许多主要的城市区域引发相当广泛的讨论。特别是在 20 世纪 90 年代中期,关于重塑大都市区域主义形式必要性的辩论开始扩散,在许多情况下导致了区域范围内制度组织、空间规划与经济治理的显著变化。在一些城市如伦敦、博洛尼亚、斯图加特、汉诺威与哥本哈根,建立了全新的大都市区机构,可以集中重要的行政管理与规划能力。更为常见的是,将大都市区协调发展的新框架叠加在原有的区域

---

⑰ Sharpe, *Government of World Cities*, 20—27.

政治地理之上，为关于城市发展重大问题的政治协商、管制合作、战略干预与公共讨论创造尺度重构的制度平台。面对这些扩散的制度调整与管制试验，许多评论者开始宣称大都市区域主义正在开启重大的复兴。[18]

20 世纪 90 年代之后的西欧大都市区域主义复兴涉及多个方面。正如克里斯蒂安·列斐伏尔(Christian Lefèvre)所观察到的那样，这段时间以来建立的大都市区制度框架没有根据一个单一的公共管理模式设计与实施，而是通过情境嵌入式的管制试验、谈判与斗争而呈现，“作为一个随着(制度变迁)过程产生的行动者系

---

[18] 参阅 Susanne Heeg, Britte Klagge, and Jürgen Ossenbrügge, "Metropolitan Cooperation in Europe: Theoretical Issues and Perspectives for Urban Networking," *European Planning Studies* 11, no. 2 (2003): 139—53; Christian Lefèvre, "Metropolitan Government and Governance in Western Countries: A Critical Overview," *International Journal of Urban and Regional Research* 22, no. 1 (1988): 9—25; Tassilo Herrschel and Peter Newman, *Governance of Europe's City Regions* (London: Routledge, 2002); Willem Salet, Andy Thornley, and Anton Kreukels, eds., *Metropolitan Governance and Spatial Planning* (London: Spon Press, 2003); Birgit Aigner and Miosga Manfred, *Stadtregionale Kooperationsstrategien*, Münchener Geographische Heft Nr. 71 (Regensburg: Verlag Michael Laßleben, 1994); Werner Heinz, ed., *Stadt & Region—Kooperation oder Koordination? Ein internationaler Vergleich*, Schriften des Deutschen Instituts für Urbanistik, Band 93 (Stuttgart: Verlag W. Kohlhammer, 2000); Bernard Jouve and Christian Lefèvre, *Villes, métropoles: les nouveaux territoires du politique* (Paris: Anthropos, 1999); Guy Saez, Jean-Philippe Leresche, and Michel Bassand, eds., *Gouvernance métropolitaine et transfrontaliére: action publique territorial* (Paris: Editions L'Harmattan, 1997); Raymond Saller, "Kommunale Kooperation innerhalb westdeutscher Stadtregionen zwischen Anspruch und politischer Realität," *Raumforschung und Raumordnung* 2, no. 58 (2000): 211—21; Special Edition of STANDORT, "Neubau der Region," *STANDORT—Zeitschrift für Angewandte Geographie* 24, no. 2 (2000); Sabine Weck, *Neue Kooperationsformen in Stadtregionen—Eine regulationstheoretische Einordnung*, Dortmunder Beiträge zur Raumplanung Nr. 74 (Dortmund: Universität Dortmund, 1995).

统的产物”[19]。因此，每一个大都市区改革计划都受到多尺度行政管理体系、地域管制框架、积累体制与城市发展形式的强烈影响。特别是在整个欧洲城市体系中，危机诱导的城市重构过程以不可预测的、地方特定的方式与原有的制度结构和管制地理相互作用，导致“市政府、区域行政组织与机构，以及不同行动主体、职能与管辖区的公共、私人或非正式合作方式之间更加令人困惑的混乱局面”的产生。[20]这种新兴的大都市区管制空间的“混乱局面”也受到社会政治竞争重新组织的地理格局的调解，反过来也会影响这种格局的形成；其中，行动主体、组织、联盟与运动在不同的空间尺度运作，对制度重组与城市重构的双重路径进行重塑。

尽管自20世纪90年代以来提出的、经过辩论并倾向于实施的大都市区管制调整存在着多样性的特征，然而至少有几个泛欧洲化的趋势可以被察觉到：

1. *作为区位政策的大都市区改革*。当代大都市区域主义计划的特点是具有一种进取的企业家主义导向：它们主要被作为强化地方经济发展战略的手段，将经济发展战略转移到大都市区尺度。在福特-凯恩斯主义的城市化结构中，关于大都市区管制的辩论主要集中在一个相对连贯的国家政治-经济地域内的行政效率、地方服务供给与地域间平等的问题上；与之形成鲜明对比的是，在城市产业重构、欧洲空间竞争与地缘经济一体化不断加剧的背景下，20世纪90年代之后的大都市区管制改革一直以促进城市-区域经济增长为总体目标。从这个意义上来说，当代大都市区改革计划呈

[19] Lefèvre, “Metropolitan Government and Governance,” 18.

[20] Heinz, *Stadt & Region*, 27.

现为一种明显的区位政策的尺度升级形式，增长联盟试图以此在不同的空间尺度上提升主要的城市区域在超国家资本循环中的战略地位。简而言之，在20世纪70年代与80年代危机诱导的跨尺度调整与尺度重构计划扩散之后，空间凯恩斯主义下盛行的大都市区域主义管理形式实际上已经被竞争性城市-区域主义取代，而后者的核心优先事项是大都市区经济发展与地方营销。

2. 全球化、超移动性的资本与空间竞争的叙事。自20世纪90年代初欧洲单一市场建立以来，在竞争性城市-区域主义的倡导者中，一些核心的离散化意识形态的说法被广泛地重复：

· 地缘经济一体化加剧了地方之间针对跨空间尺度的超移动性资本投资的相互竞争

· 城市区域而不是城市或国家经济是这场竞争的核心引擎

· 城市区域内不同地方之间关于投资与土地使用的激烈竞争削弱了其总体社会经济能力

· 需要新的区域协调形式，以提升区域在全球与欧洲资本循环中的战略地位

· 有效的大都市区经济治理需要将重要的经济利益相关者——包括商业协会、商会、机场发展机构、交通局与其他地方的推动性组织——纳入新建立的规划、指导与协调城市空间发展的制度平台

· 原有的行政结构、管辖边界与空间规划模式会削弱城市-区域促进经济发展的制度能力，从而削弱大都市区的地域竞争力

· 大都市区管制的尺度重构空间将有助于提升区域社会经济资产，整合区域生产能力，增强区域竞争优势，并刺激区域范围内的报酬递增效应

在整个欧洲城市体系中，以及全球范围内的其他主要区域，这

些主张已经在不同的政治屈折变化中得到了体现，包括新自由主义、中间派、社会民主主义与生态现代主义。总体而言，它们似乎代表了一种共同的，在很大程度上被认为是理所当然的意识形态部署，在此基础上，竞争性城市-区域主义的新空间政治正在被建构与斗争。[21]

3. 新的管制地理。与 20 世纪 60 年代与 70 年代强调大都市区服务传导的等级-官僚主义框架不同，20 世纪 90 年代的竞争性城市-区域主义通常建立在经济治理的新模式之上，“强调新结构组织中的协商、伙伴关系、自愿参与和柔性的价值观”[22]。然而引人注目的是，在整个西欧地区，这种强调“精益”的公共管理形式——来自新公共管理与公共选择理论的新自由主义话语——取代了原来的福特-凯恩斯主义大尺度官僚等级化结构可以提供最有效的公共服务分配的假设。因此，“在行政等级化结构背景下的区域政府主要是强调垂直关系的问题，而如今的重点是同等重要的区域之间的水平关系，以及一种超越国家的垂直关系”[23]。这样一来，大都市区管制正在被重新定义，从一种国家行政等级结构中垂直的、再分配与地域封闭的关系，转向次国家经济联盟之间在超国家的资本循环中彼此对抗，吸引投资流动水平的、企业家型与网络化的关系。同样重要的是，与 20 世纪 80 年代的地方经济倡议推行欧洲城市体系中以邻为壑的“零和”竞争政治不同，20 世纪 90

---

[21] 关于地方经济发展政策的各种政治与意识形态模式及其相关的矛盾，可参阅 Aram Eisenschitz and Jamie Gough, *The Politics of Local Economic Development* (New York: Macmillan, 1993). 关于美国案例的相关论述，可参阅 Neil Brenner, “Decoding the Newest ‘Metropolitan Regionalism’ in the USA: A Critical Overview,” *Cities* 19, no. 1 (2002): 3—21.

[22] Lefèvre, “Metropolitan Government,” 18.

[23] Max Barlow, “Administrative Systems and Metropolitan Regions,” *Environment and Planning C: Government and Policy* 15 (1997): 410.

年代之后的竞争性城市-区域主义包含有选择性的大都市区内部的协调、合作与结网模式，将其作为更加进取、区域尺度升级的地方营销战略的制度基础。[24]

4. 城市增长的尺度重构政治。在整个欧洲，最近的大都市区改革倡议主要是由新兴的尺度重构的增长联盟与地域联盟发起的，其中最积极的参与者通常包括：(a) 现代化的国家政府；(b) 在财政压力下的和/或企业家主义导向的中心城市中以增长为导向的政治精英，包括市长与市议会成员；(c) 地方与区域商业代表、房地产开发商、企业家；(d) 区域内中小型城市的政治代表，它们往往靠近城市核心区或主要的区域基础设施如机场、产业集群、办公园区或购物中心。竞争性城市-区域主义计划最直言不讳的反对者通常包括：(a) 中间层级或省级政府的代表，他们认为更强大的大都市区机构会威胁到他们的政治或行政权力机构；(b) 大城市的居民，他们害怕失去民主问责制与地方的政治控制权；以及 (c) 富裕郊区或邻近城镇的政治代表，他们反对中心城市的主导地位，寻求地方税基最小化的"外部"主张，拒绝区域层面对地方土地使用决策的影响，和/或支持排外性的地方主义与空间意识形态。[25]自 20 世纪 90 年代以来，这些相互对立的政治-经济联盟之间的对抗显著地重塑了城市增长的空间政治，并因此影响了西欧大

---

[24] 关于"新地方主义"的空间政治，参阅 Jamie Peck and Adam Tickell, "Searching for a New Institutional Fix," in Amin, *Post-Fordism: A Reader*, 280—315. 关于区域企业家主义精神的强化，可参阅 Walter Prigge and Klaus Ronneberger, "Globalisierung und Regionalisierung—Zur Auflösung Frankfurts in die Region," *Österreichische Zeitschrift für Soziologie* 21, no. 2 (1996): 129—38; Klaus Ronneberger and Christian Schmid, "Globalisierung und Metropolenpolitik: Überlegungen zum Urbanisierungsprozess der neunziger Jahre," in *Capitales Fatales*, ed. Hansruedi Hitz, Roger Keil, Ute Lehrer, Klaus Ronneberger, Christian Schmid, and Richard Wolff (Zürich: Rotpunktverlag, 1995), 354—78.

[25] Heinz, *Stadt & Region*, 21—28.

多数主要城市-区域的大都市区管理改革的动力。

总之，尽管在许多当代城市-区域面向全面制度改革的需求与实际上已经实施的更加温和的管制协调类型之间存在着显著的差异，然而这一普遍性的概述表明，在过去的20年中，大都市管制空间的显著尺度重构正在不同的政治-制度情境中发生。㉖

"新区域主义者"解释的局限性

近年来，"新区域主义"概念被广泛应用于当代地缘政治经济的两大分析方向。㉗第一，它经常被用来指代全球化、后福特主义资本主义背景下区域经济复苏与新产业区的研究。㉘从这个角度来看，新区域主义指代的是大都市区的集聚经济——及其拓展的区域企业间关系网络、创新环境、组织联系、高技术基础设施、非贸易相互依赖关系、制度厚度等形式——作为全球化资本主义背景下经济发展引擎的战略性角色。这一流派的新区域主义者的讨论聚焦于某些典型的产业区如艾米利亚-罗马格纳、巴登-符腾堡、波士顿128号公路、硅谷与洛杉矶/橘郡，这种网络被认为是这些地方形成后福特主义产业化的独特制度条件。然而，这种新区域主

㉖ Peter Newman, "Changing Patterns of Regional Governance in the EU," *Urban Studies* 37, no. 5—6 (2000): 895—908.

㉗ 参阅 John Lovering, "Theory Led by Policy: The Inadequacies of the 'New Regionalism,'" International Journal of Urban and Regional Research 23, no. 2 (1999): 379—96; MacLeod, "New Regionalism Reconsidered."

㉘ 关于这些辩论的关键论述，可参阅 Ash Amin, "An Institutionalist Perspective on Regional Economic Development," *International Journal of Urban and Regional Research* 23, no. 3 (1999): 365—78; Michael Storper and Allen J. Scott, "The Wealth of Regions: Market Forces and Policy Imperatives in Local and Global Context," Futures 27, no. 5 (1995): 505—26; Scott, *Regions and the World Economy*; and Cooke and Morgan, *Associational Economy*.

义的论述也被国家、区域与地方政策制定者们广泛地追捧，以此来寻求促进不同地域与空间尺度的产业更新的适当战略。[29]

第二，新区域主义的概念也被用来描述在快速一体化的欧盟中出现的新的次国家政治-经济景观——用乌多·布尔曼（Udo Bullmann）的话来说就是“第三层次的政治”[30]。从这个角度看，新区域主义是指通过对原有的国家化政治-经济空间形态同时进行向上与向下的尺度重构，从而构建一个“由区域组成的欧洲”。“由区域组成的欧洲”概念最初是在一个政治上与正统自由主义的“由公司组成的欧洲”概念相对立的出发点这一基础上进行构建的，最近则更多地被用来表达：(1) 欧洲多层次治理框架的强化，其中国家政府作为许多政治-制度层级之一，参与集体绑定政策的制定与实施；(2) 在地缘经济一体化与欧洲一体化加速的情况下，次国家经济空间促进内生区域发展的地缘政治战略。[31]因此，在围绕第二个方向展开的新区域主义者讨论中，学者们主要关注探索在欧盟多尺度的管理等级结构中明显“空心化”的国家政治空间，以及日益强化的次国家机构，包括区域与地方政府在单一欧洲市场内部建立经济治理与地方营销的管制基础设施中扮演的角色。正如迈克尔·基廷所解释的那样，新区域主义的空间政治“使各个区域在一种竞争性的模式中相互竞争，而不是促进它们在国家劳动力分工中形成互补关系”[32]。

㉙ 关于这些内容的讨论与批判性分析，可参阅 Scott, *Global City-Regions* 一书中的各个章节。

㉚ Udo Bullmann, ed., *Die Politik der dritten Ebene. Regionen im Europa der Union* (Baden-Baden: Nomos, 1994); Patrick Le Galès and Christian Lequesne, eds., *Regions in Europe: The Politics of Power* (New York: Routledge, 1998); Keating, *New Regionalism*.

㉛ Ronneberger and Schmid, "Globalisierung und Metropolenpolitik."

㉜ Keating, *New Regionalism*, 73.

综上所述，新区域主义分析的主要论述表明：在当前时期，次国家政治-经济空间的制度架构正在被系统性地改造，从而对城市发展的模式与路径产生了重大影响。不论他们在方法论、解释、规范导向与经验焦点方面存在什么差异，新区域主义学者们似乎都同意区域——尤其是大都市区域——已经成为当代资本主义广泛的制度重组、管制试验与政治战略的主要竞技场。

在这种背景下，20 世纪 90 年代之后欧洲竞争性城市-区域主义的扩散似乎可以初步被认为是对新区域主义学者们的分析与预测的明确验证。正如我们之前已经讨论过的，最近的大都市区改革倡议在很大程度上是在动荡、危机与激烈竞争的地缘经济背景下促进区域经济复兴的恰当手段。此外，此类倡议的框架往往涉及各国政府可能无力提供定制化的、特定于地方的管制基础设施，这些管制基础设施被认为是在这些条件下最适用于激发、引导与保持区域产业的增长。从这个角度来看，用阿兰·利皮茨的术语来说就是，可能将那些大都市区制度改革推进程度最高的城市区域解释为“为了自身的空间”，其中，霸权式的地域联盟(1) 根据自我意识构建区域发展愿景或“预期空间”；(2) 将那种空间愿景置于一个特定的政治-组织框架或“区域电枢”之中；(3) 调动这些新创建的以区域为尺度的治理能力来激发、强化与管理城市经济发展，导致(4) 区域特定的增长模式与积累战略的强化。[33]最后，鉴于大都市区管制改革的支持者们关注“用一种区域层级的‘想象的竞争单元’来取代国家层级的‘想象的共同体’”的程度[34]，由此产生

㉝ Alain Lipietz, “The National and the Regional: Their Autonomy Vis-a-Vis the Capitalist World Crisis,” in *Transcending the State-Global Divide*, ed. Ronen P. Palan and Barry K. Gills (Boulder, CO: Lynne Rienner Publishers), 27.

㉞ Lovering, “Theory Led by Policy,” 392.

的次国家管制调整也许可以解释为——如艾伦·斯科特所提议的——一种后威斯特伐利亚政治空间形态的制度基石，其中城邦、“区域理事会”与超国家贸易联盟将倾向于取代拥有地域主权的国家，成为集体政治、经济与社会秩序的统治性基础。[35]

然而，从本书所发展的尺度重构过程的理论方法来看，这种关于大都市区复兴的新区域主义观点似乎存在严重的不足。可以肯定的是，新区域主义的学术探讨产生了许多重要的理论见解、研究假设与经验观察，其与批判性城市研究领域有相当大的关联性。尽管如此，这些文献仍包含了一些主要的分析盲点，弱化了它们在阐明欧洲和其他地方的当代尺度政治方面的有用性。

例如，一些新区域主义的方法假设区域管制变化的官方正当性与其在经济治理与地域发展领域的实际后果之间存在直接的对应关系。因此，它们倾向于将几乎所有主要的区域政治话语或制度调整解释为证实新区域主义理论所假定的区域复兴一般化模式的证据。[36]然而，正如一些更具批判性的论述所指出的，大多数当代区域制度改革计划都未能系统性地建立增强地方创新能力、防止技术锁定与支持长期社会经济活力的经济治理模式。[37]事实上，

㉟ Scott, *Regions and the World Economy*. 与之紧密关联的论述，可参阅 Kenichi Ohmae, *The End of the Nation State: The Rise of Regional Economies* (New York: Free Press, 1995).

㊱ 类似的方法论倾向支撑了法国管制理论在地方政治研究中的早期应用。在这种背景下，地方制度变化通常是从假定的宏观经济变化中“解读”出来的，例如假定的向后福特主义的“过渡”。关于这一讨论，请参阅 Jamie Peck, “Doing Regulation,” in *The Oxford Handbook of Economic Geography*, ed. Gordon Clark, Maryann Feldman, and Meric Gertler (New York: Oxford University Press, 2000), 61—82.

㊲ 参阅 Amin, “Institutionalist Perspective”; and Ray Hudson, “Developing Regional Strategies for Economic Success: Lessons from Europe's Economically Successful Regions?,” *European Urban and Regional Studies* 4, no. 4 (1997): 365—73.

许多与竞争性城市-区域主义相关的制度尺度重构，在实践中主要促进了新重商主义的地方营销活动，这些活动助长了浪费的、“零和”形式的投资争夺、管制降级与企业福利。正如杰米·派克所言，这种掠夺性的以邻为壑的区域政策是“在经济燃烧时玩弄治理的普遍倾向”的重要表现。[38]它们也与高度信任的协作性创新网络非常不一致，而新区域主义学者通常将这种网络与当代区域复兴形式联系在一起。

与此同时，由于新区域主义关于集聚经济、创新环境、区域学习、关联网络、区域竞争力以及作为全球化必要条件的论述如今已经在政策制定者中广泛传播，使用这些论述来证明次国家管制的尺度重构不能简单地将其视为一种针对与全球资本主义或欧洲一体化相关联的新治理要求内生的、“自下而上”的响应。相反，新区域主义术语的扩散必须被理解为持续的、跨国形式的政策转移与意识形态竞争的政治调解结果，而这些趋势正在动荡的、被危机撕裂的地缘经济格局中显现出来。目前，我们对新区域主义的关键词、政策处方与空间想象得以传播的特定政治-意识形态机制与混杂的空间循环只有初步的了解。然而，正如约翰·洛弗林(John Lovering)所强调的，对这种趋势的任何解释都必须要考虑“(这些概念)对强大的产业、国家与社会群体的工具性效用”[39]。更普遍的是，延续洛弗林的批判性论述，可以认为与新区域主义相关联的一些主要的离散性比喻在去政治化、规范由危机诱导的地缘经济重构产生的极度不均衡、排斥性且经常是破坏性的社会空间后果中发挥了重要作用，而这些社会空间后果主要代表了主导阶级、增长

---

[38] Peck, “Doing Regulation,” 74.

[39] Lovering, “Theory Led by Policy,” 399.

联盟和政治精英的利益。

这些考虑指向了一个更加广泛但几乎完全被大多数新区域主义方法所掩盖的问题：当代正在进行的区域管制尺度重构辩论所处的新自由主义化宏观政治背景。虽然新区域主义学者通常承认凯恩斯主义福利国家及其再分配政府间政策传导已经受到了侵蚀，但是大多数人都忽略了对这种主要大都市区域内的次国家经济治理架构政治-制度转型的广泛影响进行具体的理论化。在这种新区域主义研究中存在的国家理论空缺状态的问题尤其严重，正如戈登·麦克劳德(Gordon MacLeod)所解释的："许多与新区域主义相关的政策创新，同时还伴随着一种更深层次的政治努力，旨在弱化建立在为生活而工作、以大企业为核心的产业劳动力市场与整合的福利权利基础之上的凯恩斯福利国家制度。"[40]麦克劳德认为，这种普遍倾向于新自由主义的国家政治空间的尺度重构是"积极塑造一种由'精明的'创新空间与信任的社会资本(主义)组成的新兴区域世界的主要决定因素"[41]。

显然，将区域经济治理的所有方面都纳入国家空间战略的范畴是错误的，无论它们是否面向新自由主义的议程。[42] 然而，如果将尺度重构的后凯恩斯主义国家在塑造当代条件下城市化主要方面——包括促进刺激、管理与引导城市发展过程新的区域性尺度管制架构的建设——的巨大作用混为一谈也同样存在问题。[43]

---

[40] MacLeod, "Learning Region," 221.

[41] 同上。

[42] 关于这一危险，可参阅 Stefan Krätke, "A Regulationist Approach to Regional Studies," *Environment and Planning A* 31 (1999): 683—704.

[43] 例如，在荷兰、法国、意大利与英国的情境中，中央政府实际上一直在推动建立大都市区治理新框架的提议背后的政治与法律力量。与此同时，在德国联邦政府内部，在动员法兰克福/莱茵-美茵、慕尼黑、汉诺威、斯图加特与鲁尔区等几个主要的城市区域的大都市区机构改革方面，国家发挥了最重要的作用。在几乎所有的

简而言之，正是通过废除原有的空间凯恩斯主义方法以及随之而来的管制空间的尺度重构，去国家化的“全球经济中的区域发动机”构想才能取代之前针对地域发展的补偿性、再分配性与均衡化方法。[44]自20世纪90年代以来，欧洲竞争性城市-区域主义的强化必须被理解为与广泛的国家空间尺度重构与尺度政治的激烈竞争直接相关，这种尺度重构与政治竞争激活了竞争性城市-区域主义政策，同时也是由竞争性城市-区域主义政策所产生。

国家尺度重构与城市化的管制

因此，正如在这里所构想的，当代大都市区制度改革计划不仅必须通过它们对地方与区域经济发展的直接影响来解释，还必须考虑它们对地域管制基础设施可能产生的更为持久的后果。从这个角度来看，竞争性城市-区域主义的兴起可能被视为一种路径塑造式的政治战略的表达，通过这一战略，多元化的社会政治行动者、组织与联盟正试图“重新设计他们推动与改变游戏规划的‘底板’”，以此对城市化过程进行管理。[45]然而，这些战略不仅针对城

欧盟国家，广泛的城市、地方与县级机构仍然是新提议或实施的大都市区管制框架内的关键支柱。从这个意义上来说，竞争性城市-区域主义的空间政治直接受到原有的国家权力架构的激活与调解，即使后者在新的地缘经济背景下被重新设计与尺度重构。

[44] 前面这个词语来自 Allen J. Scott, “Regional Motors of the Global Economy,” *Futures* 28, no. 5 (1996): 391—411.

[45] Klaus Nielsen, Bob Jessop, and Jerzy Hausner, “Institutional Change in Post-Socialism,” in *Strategic Choice and Path-Dependency in Post-Socialism*, ed. Jerzy Hausner, Bob Jessop, and Klaus Nielsen (Brookfield, VT: Edward Elgar, 1995), 6—7. 关于制度重构过程中的路径依赖性与路径塑造的相互作用，也可参阅 Jacob Torfing, “Towards a Schumpeterian Workfare Postnational Regime: Path-Shaping and Path-Dependency in Danish Welfare State Reform,” *Economy and Society* 28, no. 1 (1999): 369—402.

市化过程本身，也针对由政治塑造的城市化过程的尺度间规则体制与制度结构。因此，管制的地理——尤其是国家管制的地理——不仅成为当代大都市区尺度重构计划的媒介，而且还是其发生的地点与目标。一旦它们能够成熟运作，这些尺度重构的管制空间（或者用利皮茨生动的术语来说是“区域电枢”）有望产生新的重要的政治-制度能力，以此来刺激、管制与引导新城市空间的生产。[46]

从这些考虑中可以产生的核心问题是：为什么大都市区尺度成为这些国家尺度重构战略的一个如此重要的动力场域？正如在前一章中所述，20 世纪 90 年代之后竞争性城市-区域主义的强化，必须与 20 世纪 70 年代北大西洋地区福特主义崩溃以来的前几轮危机引发的城市产业重构、国家尺度重构与城市政策改革相联系来进行理解。就像我们所看到的，正是在这种背景下，原有的国家政府间体系与空间再分配传导在整个欧洲范围内进行了重新调整。这反过来又限制了地方政府更加直接地参与市场驱动的地方经济计划，以此解决财政收入短缺，促进城市-产业更新并管理扩散的社会经济危机等问题。在这些条件下，欧洲国家也采用了新的区位政策，将战略性的城市空间作为经济增长、以市场为导向的地域规划、割裂的基础设施配置以及政府补贴企业投资的场所。因此，随着经济增长、地域竞争力与地方营销的优先级取代了先前对集体消费、基础设施标准化与社会空间均衡的关注，企业家主义城市治理形式在欧洲地域范围内变得更为普遍化。[47]

---

[46] Lipietz, “National and the Regional.”

[47] David Harvey, “From Managerialism to Entrepreneurialism: The Transformation of Urban Governance in Late Capitalism,” *Geografiska Annaler: Series B Human Geography* 71, no. 1 (1989): 3—17.

在20世纪80年代以及之后的发展过程中，这些企业家主义城市治理模式对原有的地域管理与城市发展图景产生了显著但也许是不稳定的影响。正如海尔格·莱特纳(Helga Leitner)和埃里克·谢泼德(Eric Sheppard)在其开创性的评价中所解释的，地方经济计划的扩散促成了这样一种趋势，即“以社会支出的减少为代价，将公共资源转向支持私人资本的积累，以及以更为重要的对城市健康和居民福祉的长期投资减少为代价，转向鼓励寻求短期收益”[48]。因此，20世纪80年代的企业家型地方主义倾向于强化空间不均衡发展，鼓励社会服务供给领域的“逐底竞争”，从而加剧国家地域经济体内部根深蒂固的不平等，并在国家权力的不同尺度生成新的政治-地域冲突的断层带。[49]尽管一些欧洲城市通过相对较早地采用企业家主义城市政策激活短期的投资，然而这种先发优势被证明是短暂的：随着城市企业家主义类似的政策处方在劳动空间分工中扩散，它们的优势几乎总是会被削弱。[50]此外，伴随着这种假定是地方特定的但通常是相对通用的地方经济发展方法的推广，往往会加剧一些后凯恩斯国家空间尺度重构架构中的内在管制缺陷、治理失灵与协调问题。例如，因为企业家主义城市政策促使国家管制活动在地理上的分化，但并没有将次国家经济发展计划有效地嵌入总体性的地域管制框架中，所以它们倾向于弱化国家机构的组织连贯性，影响政策体制的整合运作。此外，鉴于空间不均衡发展的加剧会显著地导致人口社会性割裂等社会经济

[48] Helga Leitner and Eric Sheppard, "Economic Uncertainty, Inter-Urban Competition and the Efficacy of Entrepreneurialism," in *The Entrepreneurial City*, ed. Tim Hall and Phil Hubbard (London: Wiley, 1998), 305.

[49] 关于地方经济倡议的各种后果及其影响，可参阅 Eisenschitz and Gough, *Politics of Local Economic Development*.

[50] Leitner and Sheppard, "Economic Uncertainty," 303.

发展前景的恶化，城市发展企业家主义方法的推广会导致国家与地方政府反复出现合法性危机。

20 世纪 90 年代之后竞争性城市-区域主义的强化只有与这些广泛的制度尺度重构、管制调整以及随之而来的危机倾向相关联，才有可能被很好地解读。正如我在本章中所选用的术语所强调的，竞争性城市-区域主义的方法可以持续地将促进城市经济发展的目标置于优先地位，并稳固欧洲与全球范围内大都市区域之间激烈的地域竞争的政治格局。然而，与竞争性城市-区域主义相关联的尺度升级计划也是建立在对纯粹的城市经济发展本地化方法批评的基础之上，并且坚决地肯定了大都市区域，而非城市或地方，是代表区位政策的最佳地域单元。因此，正如前面所述，20 世纪 90 年代的竞争性城市-区域主义促进了各种制度的重新调整并支持了一系列的管制战略，其目的是在大都市区域的尺度上(1) 尽量减少行政单元(通常是城市政府)之间具有破坏性的竞争形式；(2) 更有效地协调规划、政策与治理议程；(3) 为刺激、管理和引导经济发展创造新的框架。

从这个角度来看，当代大都市区改革举措是建立在一种“双刃剑”的计划基础之上，一方面为了增强区域制度操控能力、社会经济资产与竞争优势；另一方面也建立了一系列的管制辅助机制，旨在减轻城市经济发展的地方尺度方法所产生的一些最有害的影响。实际上，城市-区域的尺度被动员为一种管制中枢，可以链接以紧密合作、行政协调、嵌入性企业间关系以及地域凝聚力为特征的区域内部领域和以激烈的地域竞争、政府间财政紧缩、超移动性的资本流动以及不受约束的市场关系为特征的区域外部空间。在面对明显加剧的地缘经济压力时，竞争性城市-区域主义通过重新校准城市发展关键地域内竞争与合作关系之间的尺度相互作用，寻求提升其战略地位。与此同时,“针对城市问题的大都市区解决方案”的假定需求已经被感知、政治化并发生作用,这与后凯恩斯资本主义分裂的制度格局中前几轮市场导向的地方管制试验所存在的内在局限具有直接的、高度自反性的关联性。因此,竞争性城市-区域主义尺度重构的管制体系也被认为是一种可以缓解或至少是可以管理由 20 世纪 80 年代无限制的城市企业家主义推广而引发的一些主要冲突、混乱与危机倾向的手段。

然而,与宣称包容、智慧、协调、灵活与可持续区域发展的官方话语相反,在实践中,竞争性城市-区域主义实际上的空间政治与它们表面上试图取代的以邻为壑的企业家主义城市治理方式一样是无效的。如前所述,竞争性城市-区域主义倡议的共同特点就是促使大都市区尺度成为新的区位政策形式的优先舞台与目标。然而,在整个欧盟内部,这种以区域为重点的国家制度结构与管制结构的尺度重构充满了许多具有自我破坏性的紧张关系、冲突与矛盾。

首先,特别是当强大的政治-经济利益与既有的国家地域组织层级密切相关时,竞争性城市-区域主义的计划会在反对阶级派系、政治联盟与地域联盟之间,围绕管辖权界限、制度能力、民主问责、财政传导与政府间联系等问题产生强烈的斗争。与此相关联的是,即使已经成功地建立了新的大都市区机构,他们制定(更不用说执行)可行的区域经济发展战略的能力仍然是存在问题的。在大多数欧洲城市-区域,通过技术标准化、管制权力下沉、对资本的直接补贴以及其他支持“良好商业环境”的政策将投资成本降到最低,这无疑会影响对增强区域独特性的关注。与此同时,下放经济治理权力和增强区域制度灵活性的优先事项与包括国家与区域政府在内的上层级政府持续的政治操控、行政协调与财政支持的需求之间——在法律-宪法层面与实际操作层面——存在着强烈的紧张关系。因此，在任何一个城市区域，如何平衡这种截然相反的管制议程同样是一个激烈的社会政治竞争问题。大都市区制度尺度重构的过程并没有解决这些冲突，而只是重新引导与部分地重新构建了它们。从这个角度来看，将当代的竞争性城市-区域主义形式解释为正统新自由主义城市治理的替代品的做法在政治上是幼稚的，在分析上是不精确的，而且在经验上也是不准确的。相反，即使尺度重构的当代大都市区域主义管制空间已经形成若干相互抵消的政治-意识形态动力，它们也已经完全被融入了新自由主义的制度议程、管制导向与空间愿景，并在很大程度上是被其激活的。

其次，竞争性城市-区域主义的空间政治不仅未能解决早期的经济复兴地方主义方法存在的局限性，而且还将其扩展到大都市区域的更大空间尺度。这是因为，当前新自由主义化倾向的大都市区的区位政策方法形式同样倾向于加剧空间不均衡发展、空间竞争的"零和"形式，以及在城市-区域内外部的地域管制的分裂。这样一来，通过导致经济不稳定性、区域极化、城市社会空间碎片化、管制分裂化与尺度间组织无序化的进一步螺旋式上升，这种后凯恩斯主义尺度重构计划往往会破坏持续性的区域产业增长与地域发展的许多关键性社会制度的先决条件。因此，尽管经常持有团结主义的论调、现代化的制度愿景以及对跨部门协调问题的明确关注，竞争性城市-区域主义似乎仍然进一步加剧而不是缓解与前几轮后凯恩斯主义城市重构与国家尺度重构相关联的管制缺陷。

大都市区管制空间与尺度的政治

> 也许现在城市与区域发展理论的关键分析问题不是“谁统治城市”？而应是“在多大的空间尺度下地域治理才得以成型？”[51]

罗杰·凯尔在对20世纪90年代洛杉矶与多伦多的大都市区治理重构的调查中，强调了当代城市空间尺度重构战略中的一个关键的模糊性。[52] 正如凯尔的分析所证明的，广泛结盟的政治-意识形态议程——新自由主义、社会民主主义、生态主义等——可能会通过完全对立的尺度重构方式来实现。凯尔通过展示20世纪90年代洛杉矶与多伦多的新保守主义政治联盟运用城市空间尺度重构的不同方法所推行的非常类似的新自由主义计划，来说明这一明显存在的悖论。在洛杉矶，保守的分离主义运动采取了一种地域分裂化的战略，这可能会将圣费尔南多谷以及其他几个邻近地区从城市中心分离出来。相比而言，在多伦多，新自由主义的省政府采取了一种整合主义的方式，试图将六个市政府合并成一个单一的区域巨型城市。在此基础上，凯尔提出：

> 城市中真正的政治分裂从根本上看不是发生在分裂主义者与整合主义者之间，而是发生在那些支持民主化、社会正义

---

[51] Andrew E. G. Jonas and Kevin Ward, “Cities' Regionalisms: Some Critical Reflections on Transatlantic Urban Policy Convergence” (Working Paper Series, Economic Geography Research Group, 2001), 21.

[52] Roger Keil, “Governance Restructuring in Los Angeles and Toronto: Amalgamation or Secession?,” *International Journal of Urban and Regional Research* 24, no. 4 (2000): 758—81.

和生态完整性的人们与那些希望保护市场经济(以及与其相关联的特权和不平等的自由)免受他们认为不合理的强加性社会控制的影响的人们之间。[53]

回到本章中我们探索新兴的大都市区政治战略的语境,凯尔的分析提供了一个重要的警告,提醒人们不要在任何城市研究领域中将特定尺度具体化。地域管理的尺度不能以单个政治计划或意识形态愿景来永久地定义。相反,在大都市区或区域治理尺度范围内,并不存在任何固有的进步或内在反动的事物。事实上,除非通过政府间的传导赋予它们实质性的管理能力,并通过具体区域的动员激活并赋予它们政治内容,否则大都市区管理机构只不过是一个空洞的组织躯壳。同时,正如凯尔进一步解释的:"整合与分裂都可能导致更封闭或更开放的政治进程,不同程度的公平与再分配公正性,以及更好或更坏的城市社会与自然环境。"[54]从这个意义上来说,这种大都市区尺度重构的倡议必须被理解为更为广泛的"旨在建立不同尺度的区域治理的兼容性战略选择"[55]。大都市区尺度重构战略可能由只朝向部分兼容或甚至直接对立的城市空间愿景的不同社会政治联盟来寻求。反过来,大都市区治理的尺度重构只是再现了资本主义城市化地理可能被塑造与重塑的一种政治-制度路径。

前面关于当代欧洲后凯恩斯主义大都市区政治改革的讨论进一步证明了凯尔的洞见。正如我们所看到的,竞争性城市-区域主义新的尺度政治必须被概念化为多元化的社会政治力量之间持续

---

[53] Keil, "Governance Restructuring," 760.

[54] 同上,759。

[55] 同上,775。

斗争的增长，以此管理北大西洋地区福特主义瓦解以来整个城市图景中形成的管制混乱、冲突、失灵与危机，而不是作为单一的、内部连贯的政治-意识形态计划的体现。虽然这些斗争促成了原有城市地理显著的尺度重构，但它们并没有在任何空间尺度上为经济复兴或地域发展建立一个新的、连贯稳定的尺度间规则体制。事实上，大多数在尺度相对化深化的后凯恩斯时代成型的大都市区改革倡议，只不过是“对它们假装要解决的问题做出了部分与暂时的响应”。[56]因此，当代竞争性城市-区域主义模式与路径也许可以被最为合理地解释为一种持续的危机诱导的“寻找新的制度修复”的表达，通过一系列激烈而又特别的尺度（重新）配置的城市化试验得以实现。[57] 在这些条件之下，大都市区管制空间从分析上看必须被视为一个动态演化的空间多态化的政治力量场域，而且渗透着反复发生的协商、操纵、冲突、危机与斗争。

然而，虽然具有与当代大都市区尺度重构计划相关联的政治-制度流动性，但是如果将当代城市空间的尺度组织的斗争只是理解为关于更为基本的问题如经济发展、集体消费、地域再分配、民主、社会正义、生态等冲突性的表达，那必然是短视的。正如埃里克·斯温格杜所说：“空间尺度持续的重新安排与重组是社会战略的内在组成部分，也是围绕控制与赋权的斗争。”[58]正如我在前面几章中所论述的，这一命题可能被卓有成效地应用于阐明后凯恩斯主义、全球化资本主义背景下对新城市空间的生产具有重要贡献的政治、制度与管制的尺度重构。而且，正如本章所证明的，斯

---

[56] 同上，777。

[57] Peck and Tickell, “Searching for a New Institutional Fix.”

[58] Erik Swyngedouw, “Neither Global nor Local: ‘Glocalization’ and the Politics of Scale,” in *Spaces of Globalization*, ed. Kevin R. Cox (New York: Guilford Press, 1997), 141.

温格杜的尺度政治概念对新兴的竞争性城市-区域主义形式的研究也具有同样重要的方法论启示。显然,创建大都市区域主义尺度重构的新方法为新自由主义的政治联盟提供了新的制度能力,通过推行尺度升级的区位政策形式,施行市场规制的城市化形式,保持城市化过程免受民主控制,并促使后凯恩斯主义时代释放的不断强化的空间不均衡发展模式、地域圈地与地缘经济波动规范化。从这个意义上来说,竞争性城市-区域主义的尺度政治显然有助于强化、普遍化、合法化新自由主义的城市化空间,并使之显得自然而然。

然而,这些城市管制尺度空间的尺度重构同时也可以(至少有可能)通过一种暴露于公众监督,接受政治管制,纳入民主控制投机的、利润驱动的城市发展形式,打开新的制度领域,甚至通过一种可替代的、更加包容的城市化愿景将其取代。正因为如此,当代关于大都市区制度改革的辩论仍然围绕着未来城市化模式与路径更广泛斗争的重要聚焦点。城市空间的尺度结构不仅是新兴大都市区管制试验的一种设置,而且也是其筹码之一。在这些条件下,随着地缘经济重构、尺度间管制竞争与尺度相对化的过程继续向前推进,对于进步社会政治力量而言的紧迫任务包括:探索利用大都市区机构的新方式激发围绕新兴城市转型的开放式公众辩论;加强民主问责与社区参与;遏制短期的掠夺性城市投资方式;保护城市公地不受私有化与圈地的影响;促进地域均衡化与生态健全的城市发展方式;并在所有空间尺度上促进更平等、更公平的公共产品分配。这样做的结果是反过来又可能有助于促成一种可替代的新城市空间的想象——最终可能是新城市空间的生产——它们将取代近年来通过竞争性城市-区域主义与新自由主义的尺度政治而形成的城市空间。

第七章　城市增长机器——在何种尺度?

就像资本主义背景下的所有商品一样，不论是在学术分析中还是在日常生活中，城市经常都被认为是一种自然而然的存在，而生产它们所需的社会过程却被遗忘或隐藏了。因此，建成环境似乎获得了一种预先给定的物质性光环，神秘地脱离了促使其产生的社会关系。①

在关于城市治理的研究中，这种对城市的“迷恋”经常会使用“方法论上的地方主义”形式——学者们倾向于关注本地的政治过程，而缺乏对这些过程所嵌入的超本地的国家空间、管制框架、产业景观、劳动空间分工与社会经济流动的研究。在某种程度上，这些“方法论上的地方主义”倾向源于许多城市社会科学家的一种可以被理解的关注点，即他们希望在长期以来一直被“方法论上的国

① 关于自然而然的城市“光环”，可参阅 Maria Kaika and Erik Swyngedouw, “Fetishizing the Modern City: The Phantasmagoria of Urban Technological Networks,” *International Journal of Urban and Regional Research* 24, no. 1 (2000): 120—38.

家主义”——这同样是一种存在问题的使政治生活的国家尺度显得自然而然的倾向——所主导的学科环境中使自己的分支领域正当化。[②]然而，即使这种地方主义倾向源于对规避“方法论上的国家主义”盲点的充分关注，但是其本身也包含着严重的方法论局限。鉴于城市政治学者们主要或专门关注地方治理机构、政治联盟或管制程序，他们的研究也存在陷入“方法论上的地方主义”类似陷阱的危险。在这样的认识论框架内，地方或城市尺度被认为是理所当然的、预先给定的、相对离散化的容器；它们的可能性、发展情境与后果的超本地条件都被混为一谈。然而，城市政治在某种程度上影响着（或被影响）超本地的政治-经济条件、动态与发展，关于政治行动离散的“城市”尺度仍是一个令人迷惑不解的概念：它再现了产生于城市之外的各种过程，这些过程彼此之间有效地相互作用，在其辖区边界内部被生成或是被圈占。

批判性城市理论的主要政治-认识论议程之一就是通过阐明混杂的、历史特定的、政治竞争的社会空间过程来解构对城市的这种“迷恋”，而这些社会空间过程又支撑着城市景观的创造与持续转型，包括城市治理所依赖的那些城市景观。[③]这一“去迷恋化”计划的实施需要采用一种动态的多尺度方法论框架，用于研究、解读那些通常被描述为“城市”或“地方”的管制空间，并使其变得不是一种自然而然的存在。在这样的框架之下，城市可能仍然是被作为研究的中心对象与领域，但是需要通过将其在分析上定位于更

② 关于“方法论上的国家主义”，可参阅 Andreas Wimmer and Nina Glick-Schiller, “Methodological Nationalism and Beyond: Nation-State Building, Migration and the Social Sciences,” *Global Networks* 2, no. 4 (2002): 301—34; John Agnew, “The Territorial Trap: The Geographical Assumptions of International Relations Theory,” *Review of International Political Economy* 1, no. 1 (1994): 53—80.

③ Neil Brenner, *Critique of Urbanization: Selected Essays* (Basel: Bauwelt Fundamente/Birkhäuser Verlag, 2016).

为广泛的超城市的政治-经济结构之中——例如资本积累、地域管制、社会环境代谢与社会政治竞争——进行把握。一方面，这种假定的城市过程本身往往是多尺度的，需要将任何单一的城市延伸到一个由大都市区、区域、国家或跨国城市网络和世界范围内的空间劳动分工组成的复杂拼图。与此同时，城市反过来又会受到不同的超本地过程、制度与结构的塑造，包括从世界范围内的投资、贸易、物资流动与移民，到国家管辖边界、政府间的区划、各种类型的空间政策与星球尺度的能量、物质和生态流的循环。这种多尺度的方法论导向明确地承认城市与城市尺度在现代资本主义中的重要战略作用，但也强调了它们在更为广泛的政治-经济活动、地域组织、管制干预、代谢转型与社会斗争景观中的嵌入性。从这个角度来看，城市不应被视为一个预先给定的社会事实，而要被理解为一个离散化的竞技场、地域或政治-经济生活单元，再现了建立这种结构的历史权变和竞争性战略的产物。用大卫·哈维的话来说，这种战略需要在资本、基础设施、人口、治理与生态等相对不成熟的多尺度结构中构建一种城市化的“结构化连贯性”，即一种相对持久的本地配置的制度与社会空间组织框架。④

本章探索了这种方法论导向对解读美国城市发展政治的启示。首先，我考虑了地方主义的问题，它在美国城市政治研究的两大理论(城市政体理论和城市增长机器理论)方法中反复出现。⑤与“方法论上的地方主义”解释相反，美国城市政治以增长为导向

---

④ David Harvey, *The Urban Experience* (Baltimore: Johns Hopkins University Press, 1989).

⑤ 关于这些研究的综述，可参阅 Mickey Lauria, ed., *Reconstructing Urban Regime Theory: Regulating Urban Politics in a Global Economy* (New York: Sage, 1997); Andrew E. G. Jonas and David Wilson, eds., *The Urban Growth Machine, Critical Perspectives, Two Decades Later* (Albany: State University of New York Press, 1999).

的特征在这里被解释为(历史上根深蒂固但不断发展的)国家机构与多尺度管制战略的产物。在此基础上,我详细解读了约翰·洛根与哈维·莫洛奇(Harvey Molotch)1987 年的经典著作《城市财富》(*Urban Fortunes*)。这一批判性的重新解读揭示了"地方"或"城市"增长机器再现的是国家化的尺度间建构,而不是基于地方的动员、利益共同体或联盟的内生产物。⑥更普遍地说,这一分析表明不论是在美国还是在其他地方,增长机器表面上的"城市"特征都必须经过仔细的调查与解释,而不是作为一种预先的假定。结论部分总结了上述针对城市治理研究发展自反性多尺度方法的讨论对认识论、方法论与比较研究的启示。

地方主义的质疑

城市政体理论与增长机器理论是美国政治科学与政治社会学在城市发展研究中使用的最具影响力的分析框架,它们对城市地理与城市规划领域也产生了相当大的影响。⑦作为 20 世纪 80 年代对传统的生态学与结构主义马克思主义城市研究方法的批判,这两种理论在城市尺度上对特定行动者、联盟和组织进行解析,并审视了它们促进经济增长的各种推动性活动。正如安德鲁·乔纳斯所解释的,这些研究的目标是"揭示而不只是断言政治在城市理论中的作用"⑧。从这个意义上说,这两种理论都再现了在城市政治

⑥ John Logan and Harvey Molotch, *Urban Fortunes: The Political Economy of Place* (Berkeley: University of California Press, 1987). 关于荷兰案例的相似论述,可参阅 Pieter Terhorst and Jacques van de Ven, "The National Urban Growth Coalition in the Netherlands," *Political Geography* 14, no. 4 (1995): 343—61.

⑦ Lauria, *Reconstructing Urban Regime Theory*; Jonas and Wilson, *Urban Growth Machine*.

⑧ Andrew E. G. Jonas, "A Place for Politics in Urban Theory: The Organization and Strategies of Urban Coalitions," *Urban Geography* 13, no. 3 (1993): 282.

背景下对传统精英理论的批判性重塑。[9]

由斯蒂芬·埃尔金(Stephen Elkin)、克拉伦斯·斯通(Clarence Stone)与海伍德·桑德斯(Heywood Sanders)等政治学家发展起来的城市政体理论强调:(1) 商业利益在城市社会经济政策形成中的特权地位;(2) 城市发展过程中市场与国家机构之间不断变化的劳动分工。[10]城市政体框架下的实证研究探讨了公共与私人利益通过特定类型的城市增长联盟或政体(例如埃尔金定义的多元、联邦或企业家类型,或斯通框架中的看守、进步或企业型)中一系列正式与非正式的市政安排、合作联盟与伙伴关系而交织在一起的方式。[11]

城市增长机器理论是由社会学家约翰·洛根与哈维·莫洛奇的经典作品发展而来,它更关注城市发展过程本身,而不是政策的结果。[12]洛根与莫洛奇认为,城市作为一个增长机器,是一个地方联盟——通常由地产所有者("食利者")与其他辅助性的、基于地方的支持者(开发商、大学、当地媒体与报纸、公用事业公司、工会、小型零售商等)组成——试图通过推进土地使用,提升当地房地产的交换价值。尽管增长导向议程与"价值自由"发展的意识形态可能会受到由邻里组织、慢增长与其他邻避主义地方运动的挑战,然

---

⑨ Alan Harding, "Elite Theory and Growth Machines," in *Theories of Urban Politics*, ed. David Judge, Gerry Stoker, and Hal Wolman (London: Sage, 1995), 35—53.

⑩ Stephen Elkin, *City and Regime in the American Republic* (Chicago: University of Chicago Press, 1987); Clarence Stone, *Regime Politics: The Governing of Atlanta*, 1946—1988 (Lawrence: University Press of Kansas, 1989); Clarence Stone and Heywood Sanders, eds., The Politics of Urban Development (Lawrence: University Press of Kansas, 1987).

⑪ Elkin, *City and Regime*; Stone, *Regime Politics*.

⑫ Logan and Molotch, *Urban Fortunes*.

而洛根与莫洛奇强调了“地方企业家”的强大力量，他们通常是在市政府的支持下规避这种反对势力。在此基础上，洛根与莫洛奇提出了一个著名的观点，即城市增长机器在塑造整个美国历史上的城市化景观方面发挥了关键作用。他们认为，虽然在整个城市产业的发展过程中，增长机器在地方内部与地方之间造成了严重的极化，而且往往会对社会与环境造成破坏性影响，但是城市增长机器的情况仍然存在。

自 20 世纪 80 年代中期以来，城市政体理论与增长机器理论在地方经济发展的政治层面产生了大量令人印象深刻的研究，尤其是针对美国的研究以及其他一些国际比较视角的研究。[13]与他们规避传统结构主义方法局限性的目标一致，这两种理论都聚焦于城市内部地方政治-经济精英的活动、联盟与议程。因此，这种内部主义导向的分析与经验研究，导致了一些评论家开始关注这些研究中存在的“地方主义”问题。例如，艾伦·哈丁(Alan Harding)认为，政体理论与增长机器研究“在根本上都是地方主义的”，因为它们过分强调地方内部的政治动态：“它们经常低估外部结构影响本地行动者产生特定行为形式方面的重要性，以及影响城市发展更加多样化的非本地因素所起的作用，例如更高层次的政府或外部投资者不断变化的需求。”[14]同样，鲍勃·杰索普、杰

---

[13] Lauria, *Reconstructing Urban Regime Theory*; Jonas and Wilson, *Urban Growth Machine*; Stone and Sanders, *Politics of Urban Development*. 关于比较性的应用，可参阅 John Logan and Todd Swanstrom, eds., *Beyond the City Limits: Urban Policy and Economic Restructuring in Comparative Perspective* (Philadelphia: Temple University Press, 1990); Harvey Molotch and Serena Vicari, "Three Ways to Build: The Development Process in the United States, Japan and Italy," *Urban Affairs Quarterly* 24, no. 2 (1988): 188—214.

[14] Alan Harding, "Urban Regimes in a Europe of the Cities?," *European Urban and Regional Studies* 4, no. 4 (1997): 294.

米·派克与亚当·蒂克尔(Adam Tickell)认为,对城市增长机器的研究倾向于将"因果力量归因于地方政治网络,从而表明……城市财富的空间差异仅仅是具有魅力的城市领导力或有效的城市结网的地理衍生物"[15]。安德鲁·伍德(Andrew Wood)在一篇类似的评论中提出:"政体与联盟的方法……主张城市或地方政治的自主性作为一个正当合理的研究重点,但是并没有为那种政治提供适当的理论基础。城市政治只是简单地发生在城市中的政治,而不是城市的政治。"[16]

鉴于本书中发展的关于城市化的多尺度方法,这些评论家们对城市发展的超本地制度参数的共同关注似乎是很有道理的。然而,他们对"地方主义"的批判还需要进一步的理论阐释。若将"城市"分析描述为地方主义,至少可以有三种截然不同的分析方法:

1. "本体论上的地方主义",主张地方实体、机构或过程在某种意义上是一种自主的形式,或者比在超地方尺度上组织的实体、机构或过程更具因果显著性。

2. "方法论上的地方主义",其前提假设是尽管地方可能与超地方实体、机构或过程相互交织并受其制约,但为了便于分析,它可以而且必须从后者中分离出来,作为一种解释其假定的"内部"结构与决定因素的方式。如前所述,由于这种分析策略是在没有明确的理由或解释的情况下完成的,"方法论上的地方主义"也可

---

⑮ Bob Jessop, Jamie Peck, and Adam Tickell, "Retooling the Machine: Economic Crisis, State Restructuring and Urban Politics," in Jonas and Wilson, *The Urban Growth Machine*, 144.

⑯ Andrew Wood, "Questions of Scale in the Entrepreneurial City," in *The Entrepreneurial City*, ed. Tim Hall and Phil Hubbard (London: Wiley, 1998), 277.

能使地方尺度变得自然而然，也就是说，作为社会科学研究的预先给定或不证自明的地点而呈现。

3.“经验上的地方主义”，要求选择地方尺度的实体、机构或过程，例如城市，作为研究的焦点。它可能，但并不一定，产生潜在的关于地方的本质，使本地尺度变得自然而然的本体论主张，或关于如何最恰当地开展地方研究的具体方法论主张。

在这些层面中，大多数城市政体理论与城市增长机器理论的推崇者被认为是规避了“本体论上的地方主义”形式。从本质上看，这两种理论都没有与将城市过程视为一种本体论上自主的形式，或直接凌驾于任何其他政治-经济生活尺度的主张联系在一起。同样可以清楚地看到，这两种理论都是“经验上的地方主义”形式的例证，原因很简单，因为它们关注的是城市或地方化的治理模式。这种“经验上的地方主义”似乎是站得住脚的，因为正如一些研究美国城市政治发展的文献所证明的，城市确实是管制活动、制度试验与政治竞争的重要地点。因此，在他们的调查中投入智力资源是有意义的。

这就为“方法论上的地方主义”留下一个相当棘手的问题，而且也是前面引用的作者们提出的批评的核心。城市政体理论家与城市增长机器理论家在多大程度上忽视了阐释城市发展的超地方背景与决定性因素？这些采用传统研究方法的学者在多大程度上将地方与更为广泛的政治-经济制度、条件、动力与转型割裂开来？在多大程度上，他们认为地方是理所当然的，是一个预先给定的或不证自明的地点？简而言之，城市政体理论与城市增长机器理论的(似是而非的)“经验上的地方主义”在多大程度上导向了(有问题的)“方法论上的地方主义”？在这种情况下，研究者们很可能发现自己陷入了萨斯基娅·萨森所说的城市研究“内生性陷阱”中，将调查地点或尺度解释为一种假定是排他性的内部的或与之共延的过程。[17]

与前面引用的段落中提出的那些批判不同，通过进一步阅读相关文献可以揭示出一种更加复杂的情况，这些采用传统方法的研究者们以不同的方式设定了他们的调查对象与分析尺度的框架。例如，许多以案例研究为基础的文献应用了政体理论和增长机器理论，它们确实倾向于“方法论上的地方主义”，因此陷入了“内生性陷阱”。这些分析主要聚焦于某一特定城市内部的地方联盟与制度安排，因此超地方的政治-经济参数通常只是一种一般化的假设条件。相比之下，采用宏观历史方法或比较主义方法更有可能规避“方法论上的地方主义”的局限性，或仅以一种相对有限的方式去使用它。通过关注多个城市、长时段框架或多个国家情境，学者们似乎开始更明确地指向构成城市政治更广泛的社会空间与制度领域。在此，可能会有一些针对内生因果联系的探索，但是后者被谨慎地嵌入一个更为广泛的多尺度的解释性框架中，这一框架阐明了能够调解并可能直接塑造地方结果的超本地(经济、政治和制度)参数。

然而，无论他们的研究议程或方法论导向如何，城市政体与增长机器理论家们似乎普遍地认可——或多或少在细节上，也或多或少具有自反性——国家特定的“制度外壳”，而地方联盟是在这

---

⑰ Saskia Sassen, *Territory, Authority, Rights: From Medieval to Global Assemblages* (Princeton, NJ: Princeton University Press, 2006). 在萨森的著作中，对“内生性陷阱”的批判主要集中在“方法论上的国家主义”与“方法论上的全球主义”局限性上。但她所诊断的方法论问题被认为是相当有力的，并且涉及了其他尺度的调查。

种结构内部形成的。[18]关键问题是，在他们关于城市政治-经济动态的具体论述的语境中，这种分析在多大程度上强调了这一重要经验观察的理论意义。对"方法论上的地方主义"的指责只有在以下情况才有道理：地方是一种不具自反性的假定前提条件，并将国家制度结构与尺度间的传导归为一种外部的"背景"结构。

城市发展的国家制度参数

城市研究领域对规避"方法论上的地方主义"与"内生性陷阱"的关注源于一个相对直接的命题：与其他地方一样，美国城市中增长型政治的"地方性"不是一种有问题的、预先给定的或内生的联盟经验属性，而是一种国家制度结构、管制规章体制与政治地理调解的结果。更为确切地说，它为城市增长机器的建立创造了一种空间。确实，城市增长机器被认为是一种（国家）政府的建构，因为国家政治-制度框架：(1) 在界定增长联盟形成的空间单元中扮演重要角色；(2) 建立了一个土地使用管制与约束的体系，可以影响本地行动者坚持增长议程以及对其依赖的程度。因此，从根本上看，不仅要将城市增长联盟置于与资本主义生产和流通体系相关的不断变化的世界范围内的劳动力空间分工之中，还要将其置于与国家机构、政府间体系和政策体制相关的不断演变的管制空间分工中。[19]

---

⑱ 关于"制度外壳"的概念及其对重新思考增长机器理论的启示，可参阅 Murray Low, "Growth Machines and Regulation Theory: The Institutional Dimension of the Regulation of Space in Australia," *International Journal of Urban and Regional Research* 18 (1999): 451—69.

⑲ Kevin Cox and Andrew Mair, "Locality and Community in the Politics of Local Economic Development," *Annals of the Association of American Geographers* 78, no. 2 (1988): 307—25.

这些主张可以通过美国联邦政府在长期调解城市发展政治方面所起的作用加以证明。就当前的目的而言，这一讨论涵盖了美国城市在地缘经济劳动分工与基础设施供应链中地位的变化，这对城市增长机器动力具有重要影响。[20]这里的核心关注点是探索自19世纪以来最直接地促进美国地域范围内城市增长机器扩散与强化的国家特定制度安排：

· 私营资本的制度化权力。在美国的管制体系中，私营房地产开发商在土地利用、资本投资与就业区位方面被赋予了过度的权力。这种城市私有主义的传统反映了一种根深蒂固的体制信念，即私营部门最有能力评估投资机会与区位，对经济发展所需的技术专门知识与管理技能进行组织，并最大限度地提高经济运作的效率。这种情况体现在美国缺乏一个主要的非商业政党——类似于在欧洲城市政治中发挥重要作用的社会民主、以工会为基础的政党——并因此被进一步地加剧。[21] 所以，美国的政府政策长期以来都被用来为城市中的私营组织资本投资创造新的路径，无论是通过城市更新计划、住房计划、城市发展行动拨款，还是其他联邦、州与地方的激励措施。此类政策通过将私人风险降至最低，并覆盖关键的间接成本，直接对资本投资进行补贴，而且通常不会让企业受到广泛的管制限制。此外，美国的城市更新计划将资本

---

[20] 关于这些问题，可参阅 David Wachsmuth, "Competitive Multi-City Regionalism: Growth Politics beyond the Growth Machine," *Regional Studies* 51, no. 4 (2017): 643—53; David Wachsmuth, "Infrastructure Alliances: Supply-Chain Expansion and Multi-City Growth Coalitions," *Economic Geography* 93, no. 1 (2017): 44—65.

[21] Alan Harding, "Review Article: North American Urban Political Economy, Urban Theory and British Research," *British Journal of Political Science* 29 (1999): 687.

主导的促进(再)投资的举措置于以劳动力为导向的政策优先级之上,通过在公共机构与商业组织之间建立“伙伴关系”与其他合作安排得以实施。[22]在美国政府的各个层级,这种制度化的以市场为导向的经济治理形式优先地位是形成与推广城市增长机器的必要先决条件。城市增长机器不太可能在对地方土地市场与地方投资决策施加更严格管制约束的国家中得以成型。

· 美国联邦主义的制度结构。美国政府的联邦结构决定了政治权力与责任在多个行政层级之间的共享。因此,州与城市等地方政治单元在公共卫生、福利、教育与经济发展等政策领域被分配了重要的管制权力,使得它们能够影响工业、基础设施投资与人口的区位格局。尽管自罗斯福新政以来联邦政府的城市政策就已经存在,但这些政策的实施在很大程度上还是留给了州与市政府。[23]与大多数西欧国家不同,美国没有全国性的空间规划体系,也很少有促进资本向衰退或欠发达地区转移的联邦均衡化计划。[24]在这种权力分散化的政治体系中,最能直接对国家内部的区位模式施加影响的公共机构就是州与市。[25]在第二次世界大战之后,伴随着一波寻求降低生产成本与非工会化劳动力市场的国家内部产业资本迁移,这些次国家层级权力主导的经济发展倡议明显得到强化。

---

[22] Peter Eisinger, “City Politics in an Era of Devolution,” *Urban Affairs Review* 33, no. 3 (1988): 308—25.

[23] John Mollenkopf, *The Contested City* (Princeton, NJ: Princeton University Press, 1983).

[24] John Friedmann and Robin Bloch, “American Exceptionalism in Regional Planning, 1933—2000,” *International Journal of Urban and Regional Research* 14, no. 4 (1990): 576—601.

[25] Peter Eisinger, *The Rise of the Entrepreneurial State* (Madison: University of Wisconsin Press, 1988); Alberta Sbragia, *Debt Wish: Entrepreneurial Cities, U.S. Federalism, and Economic Development* (Pittsburgh, PA: University of Pittsburgh Press, 1996).

随后，20世纪70年代的全球经济衰退与去工业化的加速使得特别是在受到危机打击的区域与城市内吸引外来资本投资的需求变得更加迫切。在这一时期，国家与地方的经济发展倡议得到显著增强，并在之后成为次国家政府的标准化政策工具。[26] 因此，美国的联邦地域结构必须被视为一个关键的制度参数，使城市增长机器不断受到刺激。城市增长机器不太可能在城市政府缺乏这种影响资本投资与促进经济发展的广泛自治权力的国家形成。

• 分散化的地方财政。美国的城市政府严重依赖地方征收的税收——特别是财产税——来资助地方公共产品。[27]尽管政府在税收方面对资本的结构性依赖是资本主义社会形态的普遍特征[28]，但由于地方政府财政的分散化特征，这种依赖在美国政府间体系中以一种深度地方化的空间形式被明确地建构。由于房地产投资是地方房地产税收的一个重要来源，美国城市政府在结构上已被"预先计划"，以支持房地产开发的增长机器战略。地产税对于地方政府收入的战略性作用长期以来一直支撑着一种"城市重商主义"模式。在这种模式下，美国各个城市竞相鼓励自己辖区范围内的土地利用，以此产生更多的税收收入。[29]由于战后的政府间转移计划以及20世纪70年代之后税收反抗等因素的影响，财产税在城市财政总收入中的比例在20世纪下半叶稳步下降。[30]然而，

---

[26] Robert Goodman, *The Last Entrepreneurs: America's Regional Wars for Jobs and Dollars* (New York: Simon and Schuster, 1979); Susan Clarke and Gary Gaile, *The Work of Cities* (Minneapolis: University of Minnesota Press, 1998); and Eisinger, *Rise of the Entrepreneurial State*.

[27] Dennis Judd and Todd Swanstrom, *City Politics: Private Power and Public Policy* (New York: Longman, 1998).

[28] Claus Offe, *Contradictions of the Welfare State*, ed. John B. Keane (Cambridge, MA: MIT Press, 1984).

[29] Sbragia, *Debt Wish*.

[30] Judd and Swanstrom, *City Politics*.

与其他国家相比，这一百分比仍然是相当高的。城市增长机器不太可能在那些城市财政收入不直接取决于当地房地产价值与地方经济增长的国家形成。

· 债券市场与城市信用评级。自19世纪中期以来，美国城市政府广泛依赖私人债券市场为改善公共基础设施（学校、高速公路、桥梁、医院、娱乐设施等）等重大投入筹集信贷资本。截至20世纪末，美国城市大约四分之一的地方支出来自城市债券市场，因此直接依赖私人对地方公共产品的投资。[31]这种安排赋予了私人债券评级机构重要权力，如穆迪投资者服务公司与标准普尔公司，它们可以决定不同地区城市债券的利差利率。正如阿尔伯塔·斯布拉吉亚（Alberta Sbragia）所说："（城市债券）贷款人在评估风险时使用的逻辑——以及他们认为重要的标准——往往是由一些团体（尤其是企业与纳税人团体）表达的，这些团体更多地将城市视为一个金融企业，而不是服务提供者。"[32]鉴于评级机构对地方商业环境的评估会直接影响城市债券的成本，地方政客有重要的激励机制来促进地方经济发展，从而支持、刺激和参与城市增长机器系统。[33]城市增长机器不太可能出现在那些私人债券市场不能作为城市信贷重要来源，并对预算优先事项造成如此明显限制的国家。

· 郊区化、大都市区管辖的碎片化与地方自治。长期以来，美国的城市发展一直与大规模的郊区化过程同步进行，不断促使工

---

[31] 同上，338。

[32] Alberta Sbragia, "Politics, Local Government and the Municipal Bond Market," in *The Municipal Money Chase: The Politics of Local Government Finance*, ed. Alberta Sbragia (Boulder, CO: Westview Press, 1983), 102.

[33] 同上。

业、基础设施与人口空间分布的分散化。[34]直到19世纪晚期，美国郊区发展都是通过城市兼并战略来管理的，郊区通过城市边界的扩展被纳入城市核心区。然而，在20世纪的前25年，郊区自治或"地方自治"的法则越来越占据主导地位。[35]这使得富裕的财产所有者与寻求非工会化劳动力的企业家可以在郊区化区域内创建新的城市单元，采用各种地方管制手段（如区划）来影响这些辖区内的土地使用，从而保护其财产投资的价值。战后时期，伴随着联邦交通政策、住房计划与抵押贷款补贴，大都市区管辖的碎片化趋势加剧，从而加深了城市区域在多个地方政府单元之间争夺资本投资与财政资源的极化。不论公共选择理论家与整合主义论者对于这些制度安排的相对优点有何分歧，两种观点之间也存在一致的观察，即大都市区管辖的分裂可能会使政府单元之间的税基竞争本地化。的确，在一个管制能力相对分散的国家政治体系中，城市财政收入在很大程度上取决于本地收取的税收，以及大都市区在管辖权上的碎片化，使得地方政府似乎别无选择，只能在区域之间与区域内部尺度争夺税基。在不允许对大都市区进行如此极端的管辖分割的国家，尤其是伴随着如此广泛的财政分权，城市增长机器不太可能得到强化。

因此，从这个角度来看，城市增长机器的政治既来自地方企业家们的"人类能动主义"，也来自美国国家机器内部根深蒂固的，也

---

[34] Kenneth Jackson, *Crabgrass Frontier: The Suburbanization of the United States* (New York: Oxford University Press, 1985); and Robert Fishman, *Bourgeois Utopias: The Rise and Fall of Suburbia* (New York: Basic Books, 1987).

[35] Ann Markusen, "Class and Urban Social Expenditure: A Marxist Theory," in *Marxism and the Metropolis*, ed. William Tabb and Larry Sawers (New York: Oxford University Press, 1979), 90—112.

许在历史上不断演变的制度结构与统治体制。[36]无论美国城市增长机器中的食利者在寻求提高其土地交换价值的新方法方面多么精明，政府空间组织的国家特定结构仍然一直是其运作的可能性与积极动力的基本条件。因此，美国城市政府的发展方向必须被视为一种国家空间与地域管制特殊形式的关键表达与体现，其支撑了自 19 世纪以来工业城市化连续性的历史周期。这一国家政府权力的框架对地方政治行动者施加了各种各样的“铁笼”，只有国家政治制度的根本改革与国家统治体制的彻底重塑，才有可能中断美国城市发展一直以来所基于的积极增长的政治逻辑。[37]

增长机器与城市发展的政治地理

基于之前提出的多尺度分析模式来重温约翰·洛根与哈维·莫洛奇 1987 年出版的《城市财富》这一城市增长机器的开创性著作是很有意义的。[38]洛根与莫洛奇关注的核心是地方的政治经济，他们将其理解为地方化的土地使用联结体，其发展模式与路径受到租金食利者、有大量沉没投资于建成环境的资本派系以及他们的政治盟友的控制。[39]为了开展这样的分析，洛根与莫洛奇将广泛的注意力放在了不同的地方代理人之间——包括增长机器联盟的成员与他们的对手——为控制城市土地使用的斗争上。在这种背

---

[36] Logan and Molotch, *Urban Fortunes*, 11.

[37] 当代这种改革的支持者包括 David Rusk, *Inside Game/Outside Game: Winning Strategies for Saving Urban America* (Washington, DC: Brookings Institution Press, 1998); Bruce Katz, "Enough of the Small Stuff: Toward a New Urban Agenda," *Brookings Review* 18, no. 3 (2000): 6—11; Peter Dreier, John Mollenkopf, and Todd Swanstrom, *Place Matters: Metropolitics for the 21st Century*, 2nd ed. (Lawrence: University Press of Kansas, 2004).

[38] Logan and Molotch, *Urban Fortunes*.

[39] 同上，12。

景下，国家制度结构主要是为了强调更为广泛的政治、法律与地方权力在其中展开斗争的政府间环境。因此，大多数评论家从“方法论上的地方主义”层面来解读与引用洛根与莫洛奇的研究，作为对基于地方的制度组织形式、政治联盟形成与管制干预研究的贡献。

然而，通过进一步的审视可以明显地看出洛根与莫洛奇的分析规避了“内生性陷阱”：它不仅关注地方营造的变迁，而且还充满着关于土地使用管制的国家制度容器、城市发展混杂的国家制度框架与广泛的城市增长机器活动跨尺度结果的敏锐观察。[40]因此，与通常将城市增长机器理论归因于地方主义或内生性方法论导向不同，《城市财富》一书可以被批判性地重新解读为历史与当代视角下国家空间与城市发展政治之间相互作用的多尺度论述。[41]对洛根与莫洛奇研究的尺度化审视可以呈现美国城市历史进程中相互作用的三种截然不同的维度：(1) 国家空间与地域管制的深层次结构；(2) 城市空间政策的历史特定体制；(3) 城市空间发展的交合式斗争(见图 7.1)。

1. 国家空间与地域管制的深层次结构特征。在许多场合中，洛根与莫洛奇都会提到前一节中阐述的美国联邦政府间体系根深蒂固的特征。这些国家空间与制度组织的结构性特征——特别是地方财政与行政自主权、大都市区管辖权的碎片化与地方自治的原则——被认为在导致贯穿整个美国历史中城市增长机器的形成与地方间不断的税基竞争方面发挥了关键作用。[42]

---

[40] 这一问题在《城市财富》一书的“政府如何起作用”章节中进行了相当详细的审视。Logan and Molotch, *Urban Fortunes*, 147—99.

[41] 国家空间的概念在《新国家空间》一书中有比较长篇幅的构建。Neil Brenner, *New State Spaces: Urban Governance and the Rescaling of Statehood* (New York: Oxford University Press, 2004).

[42] Logan and Molotch, *Urban Fortunes*, 2, 27, 147—51, 178—80.

国家空间与地域管制的深层次结构 美国国家空间组织激活、引导与调解增长机器活动的根深蒂固特征	· 城市私有主义根深蒂固的制度传统为商业利益提供城市土地利用的主要决策制定权力 · 美国联邦主义的制度结构为州与城市提供参与经济发展倡议与其他影响资本与人口区位战略的相对自主能力 · 地方政府财政的分权体系为城市广泛依赖地方征收财产税与私人债券市场提供支撑 · 大都市区空间在行政上的碎片化以及地方自治原则进一步强化了地方之间的税基竞争
城市空间政策的历史特定体制 联邦与城市政策的历史形式，影响城市土地利用的地理，进而提升地方的交换价值	19 世纪工业城市化 · 增长机器通过对联邦补贴的竞争，建设大规模的交通与通信基础设施 20 世纪城市扩张与大都市区碎片化 · 增长机器动员一系列限制性政策（例如区划、增长管控与环境管制）影响其辖区内的地方土地利用 · 联邦政府动员各种激励政策，刺激城市增长机器的形成与城市空间发展路径的分层 20 世纪 80 年代之后 · 联邦政府试图通过增强地方财政压力以及降低福利、就业保障、环境保护等方面的联邦政策标准，规避反增长的抵抗力量
城市空间发展的交合式斗争 提升特定地方使用价值或交换价值的战略与斗争，经常是通过改变既有的国家空间组织与城市空间政策形式	· 支持增长与反对增长的力量围绕各种空间尺度的城市/郊区行政边界的竞争 · 支持增长与反对增长的力量围绕各种空间尺度的区划与增长控制管制的形式、导向与地理分布的竞争 · 支持增长与反对增长的力量围绕各种空间尺度的城市政策的形式、导向与地理分布的竞争

图 7.1　美国城市增长机器的多尺度历史政治地理

2. 城市空间政策的历史特定体制。洛根与莫洛奇还探索了自 19 世纪工业化城市发展成熟以来，联邦与地方政府政策对城市发展地理的各种影响方式。[43]由此产生的国家空间管制制度，通过将

[43] 同上，147—199。

某些类型的发展引导到大都市区域内部以及大都市区域之间的特定区位，决定性地塑造了城市增长机器活动的政治地理。虽然洛根与莫洛奇没有使用政体的概念性词汇，但他们的论述隐含地追溯了自 19 世纪以来联邦与地方土地利用政策的三种主要历史形式：

• 19 世纪的工业化城市化。在早期工业化时代，城市增长机器被用来吸引关键的联邦基础设施投资（铁路、运河、港口等），从而提升它们在国家经济中的战略重要性。[44]

• 20 世纪的城市扩张与大都市区碎片化。在组织化的福特-凯恩斯资本主义时期，伴随着全面的规划改革运动、城市肌理的拓展、郊区化住宅区的扩散与大都市区域日益严重的管辖碎片化，出现了一种新的城市空间政策。在此，洛根与莫洛奇追溯了限制性地方政策（包括区划、增长管控与环境政策）与联邦激励政策（包括住房与城市更新、城市发展行动拨款、社区拨款与增加税收的再开发）在影响土地利用的地理格局以及创建高度分层化的城市与郊区等级体系中的作用。[45]这一城市空间政策体制在战后时期得到了彻底巩固，从而为国家与地方政客们提供了一系列广泛的政策工具，以此影响地方辖区内土地使用的分布，以及"服务于地方精英的利益交换"[46]。

• 20 世纪 80 年代之后。更为简单地说，鉴于洛根与莫洛奇的著作书写所处的历史交合点，他们提及了 20 世纪 80 年代里根新联邦体制下所建立的城市空间政策的新兴历史形式。在里根时期，联邦政府引入了各种旨在推动地方促进本地经济发展计划的

---

[44] 同上，52—57。

[45] 同上，153—199。

[46] 同上，178。

新政策战略——例如，通过减少联邦政府对城市的补贴，从而收紧地方财政预算约束；通过降低福利、就业保障与环境保护的联邦标准；通过在面临困境的内城地区建立去管制化的企业政策区。洛根与莫洛奇将这些尺度重构的制度安排解释为联邦政府的战略，用来规避过去20年中强化的反增长的地方抵抗力量。[47]

尽管上述的联邦与地方政府的城市土地利用政策促进与强化了城市增长机器的活动，然而洛根和莫洛奇认为第二阶段与第三阶段的体制也遇到了来自不断扩张的反增长力量的顽强抵抗。因此，他们的论述暗示了国家机构长期以来构成了一个战略性的核心竞技场，影响着关于城市发展地理格局的政治斗争。洛根与莫洛奇认为，在美国的语境下，首先是通过国家机构与政策体制，建立、执行与定期修改土地利用管制的本地结构。只有在这样的政治-制度参数范围内，城市增长联盟才得以形成，并塑造城市发展的模式与路径。

3. 城市空间发展的交合式斗争。最后，洛根与莫洛奇强调了前面总结的在更加根深蒂固的国家政府空间结构的背景下，地方性斗争在影响管辖边界和土地利用管制方面的作用。[48]增长机器可能会试图在国家、大都市区与地方的尺度上重新组织国家空间与地域管制，从而提高战略性城市地方的交换价值。与此同时，反增长联盟可能会试图动员联邦与州的资源、管制与限制来对抗这种行动，从而维护基于地方的使用价值。这些斗争总是以地方特定的模式开展，而独特的管制战略与主要行动者参与形成的政治-地域联盟在塑造这些模式方面起到决定性的作用。因此，诸如管

---

[47] 同上，244—247。

[48] 同上，37。

辖边界的结构、区划与增长管制的结构，以及联邦城市补贴的形式与分配等问题，就成为跨越不同地方与各种空间尺度的城市化地理政治斗争的核心利害关系。从这个意义上来说，国家空间与地域管制的形式不仅支撑、激活了城市增长机器的活动，而且可能通过这些活动引发的斗争而重塑其自身。

总而言之，国家空间的结构长期以来一直把城市尺度放在美国政治经济景观里增长机器活动的战略制度地点形成过程中的核心地位。虽然洛根与莫洛奇的研究直接聚焦于解释城市如何以及为什么成为增长机器，但这一分析表明，他们也因此提供了城市为什么成为增长机器的解释。所以，在这里想表达的重点不仅是"国家在积极地维持土地的商品状态"，而且其空间与制度结构也可以用于：(1) 国家、区域与地方尺度土地利用的分配；(2) 推动形成影响深远的本地化、以增长为导向的地域联盟。[49]莫洛奇在之后的比较研究中有力地强化了这些论点，呈现了美国、英国、法国、意大利与日本等国家特定的政府间结构、财政安排与土地利用管制如何为租金食利者参与地方发展制定明显不同的规则，进而导致城市发展的政治地理在国家之间的显著差异。[50]这类比较调查使《城市财富》整本著作中的一个微妙交织的分析命题变得更加明确：城市增长机器的存在及其特定的政治-制度形式，取决于影响围绕城市

---

[49] 同上，27。

[50] 参阅 Molotch and Vicari, "Three Ways to Build"; and Harvey Molotch, "Urban Deals in Comparative Perspective," in Logan and Swanstrom, *Beyond the City Limits*, 175—98.

发展过程的特定管制参数的国家法规体制。[51]这种解释并不是要弱化嵌入地方的政治战略与斗争的重要作用，它们显然会影响地方特定的治理安排与发展路径。相反，这种分析模式主要是作为一种基础，将这些战略与斗争置于影响城市空间独特能力的多尺度的制度容器之中。

城市增长机器作为一种多尺度的政治战略

正如城市政体理论与城市增长机器理论已经帮助阐明了与城市空间生产相关的一些关键的地方政治动力，它们致力于揭开现代资本主义背景下城市生活的神秘面纱。然而，鉴于至少有一些传统的研究具有“方法论上的地方主义”倾向，它们只是部分成功地解除了对通常被称为“城市政治”的城市维度的迷恋。正如这一讨论所揭示的，城市增长机器的运作不能简单地理解为在本地产生的或自给自足的；它们也是国家空间管制多尺度过程中的关键时刻，由此资本主义城市化模式与路径得以塑造。因此，只有通过自反性地阐明所有空间尺度上生产条件的分析模式——从全球劳动力空间分工、资源流动与代谢影响，到国家制度结构与地域管制体制、次国家治理安排与本地嵌入的政治斗争——才能揭开“城市迷恋”的神秘面纱。

超越“城市迷恋”特征的任务是非常复杂的，它涉及对产生不均衡、混杂的城市化景观的多样化、多尺度的政治-经济、制度与社

---

[51] 法规体制的概念由杰米·派克提出，可参阅 Jamie Peck, “Political Economies of Scale: Fast Policy, Interscalar Relations and Neoliberal Workfare,” *Economic Geography* 78, no. 3 (July 2002): 332—60. 进一步的论述可见本书第二、三章，另可参阅 Neil Brenner, Jamie Peck, and Nik Theodore, “Variegated Neoliberalization: Geographies, Modalities, Pathways,” *Global Networks* 10, no. 2 (2010): 182—222.

会技术过程的自反性思考。在本章中，我只是触及了这一广泛研究议程中的一个维度——国家空间与地域管制的多尺度体制在产生美国地域发展过程中高度地方化的、以城市为中心的增长政治形式中所起的作用。如前所述，许多城市增长机器的追随者倾向于陷入“内生性陷阱”：他们理所当然地把地方尺度作为这种增长政治的地点与目标。相反，基于对洛根与莫洛奇《城市财富》的批判性阅读，这一分析通过界定一些影响城市尺度以增长为导向的地域联盟形成的更广泛的政治-制度条件可能性，批判性地审视了这种将其视为自然而然的假设。洛根与莫洛奇的研究贡献在于构建了(1) 国家空间结构如何影响城市空间发展模式三个层次的概念化，(2) 美国工业城市化历史中国家空间与城市增长机器动力之间关系的基本阶段划分。这样一来，他们的研究通过一种自反性的非地方主义分析模式，阐明了美国地方主义的模式与路径：它既规避了“内生性陷阱”，同时又认识到地方主义在城市治理空间政治中的结构与战略重要性。

针对美国城市发展的国家结构化的讨论主要建立在关于这一议题的新兴文献基础之上，包括历史性的调查与对当代的分析。[52]在此引用这些研究的核心目的不只是为了提供一个关于美国语境下不断演变的、制度混杂的国家/城市界面的全面概述，同时也强调了“城市政治”作为一个离散的、比较-历史的以及越来越多的跨国性研究领域在认识论上的关联性。事实上，前面的分析已经表明，“城市政治”这一次层级规制的标签从根本上是具有误导性的，它意味着将城市理解为一种独特的、自治的或预先给定的制度地

---

[52] 参阅 Gerald Frug, *City-Making: Building Cities without Building Walls* (Princeton, NJ: Princeton University Press, 2002); Dreier, Mollenkopf, and Swanstrom, *Place Matters*; Clarke and Gaile, *Work of Cities*; and Eisinger, *Rise of the Entrepreneurial State*.

域。与这一构建思路不同，城市在这里被概念化为一种多元化、多尺度的政治-经济过程——包括资本积累、国家管制、地域联盟形成与社会政治斗争战略——的媒介、地点与表达。基于此，亨利·列斐伏尔提出的城市作为“调解”地点的观念可以得到理解。[53] 从这个角度来看，城市保持其“结构连贯性”及其在社会科学、管制斗争与日常生活中的可理解性，主要归因于那些试图将其变成这样的政治战略。城市增长机器就是再现这种政治战略的一个经典例证。

这些认识论与方法论考虑对于理解当代强化的尺度相对化结构而言尤其重要。伴随着地缘经济加速一体化、新自由主义化地域管制强化、后凯恩斯主义国家紧缩的过程，以及区域性与地方性的产业危机和管制响应的扩散，城市化过程的国家制度结构正在被深刻地重新校准。在美国的情境中，企业家主义的城市政策形式已经被置于工业化、公司垄断与福特-凯恩斯积累体制中盛行的土地利用体制、国家标准化的基础设施配置与管理型治理安排之上。美国城市中的地方经济发展战略的强化在很大程度上是通过国家空间的尺度重构推动的——从 20 世纪 80 年代里根的新联邦主义到 20 世纪 90 年代以及之后的各种福利下放与财政紧缩的后联邦主义计划。[54]在过去的十年中，伴随着渴望构建区域供应链与物流能力的定制化基础设施的多个城市增长联盟的扩散，这种假

---

[53] Lefebvre, *Urban Revolution*；以及 as Stefan Kipfer, "Why the Urban Question Still Matters: Reflections on Rescaling and the Promise of the Urban," in *Leviathan Undone? Towards a Political Economy of Scale*, ed. Rianne Mahon and Roger Keil (Vancouver and Toronto: UBC Press, 2009), 67—86.

[54] Clarke and Gaile, *Work of Cities*; and Eisinger, *Rise of the Entrepreneurial State*. 也可参阅更新的研究，Paul Kantor, "The End of American Urban Policy—Or a Beginning," *Urban Affairs Review* 52, no. 6 (2016): 887—916.

定的"新城市政治"的尺度地理正在持续地发生变异。[55]因此,"城市"增长机器运作的尺度结构再一次因新的积累战略、劳动力空间分工的新模式、各种多尺度的政治-制度重组以及调解城市化过程的新兴政治战略而发生质的变化。

正如在前几章中所讨论的,自 20 世纪 80 年代初以来,在整个欧盟范围内,类似的地方经济倡议的扩散同样也通过地缘经济一体化、后凯恩斯主义国家尺度重构与产业重构的过程而活跃起来。鉴于欧洲福利国家长期坚持实施补偿性的区域政策,试图将地方经济整合到地域开发与基础设施供给的国家化体系中,这种以增长为导向的"新城市政治"再现了一种相当惊人的发展上的突破。面对这些转型,以及它们相互交织的尺度相对化过程,城市增长机器似乎在塑造欧洲大部分后凯恩斯主义图景中扮演着日益明显的角色。[56]但是在欧洲的情境中,"城市"增长政治的尺度结构同样通过新兴的城市区域主义、城市间网络与新的区域或区域间基础设施联盟的战略而被显著地重塑。事实上,尽管财产价值在这种以增长为导向的地域联盟中仍然扮演着重要角色,然而通过地方土地利用的密集化促进租金增长的计划如今与构建定制化基础设施配置的多尺度政治倡议紧密交织在一起,在地缘经济不确定性增强的条件下促进创新性、柔性与连接性。[57]

因此,在这里呈现的分析表明,"新城市政治"在北大西洋地区

---

[55] Wachsmuth, "Competitive Multi-City Regionalism"; Wachsmuth, "Infrastructure Alliances."

[56] Alan Harding, "Urban Regimes and Growth Machines: Towards a Cross-national Research Agenda," *Urban Affairs Quarterly* 29, no. 3 (1994): 356—82.

[57] 从这个意义上来说,洛根与莫洛奇所强调的以地方为基础的交换价值不再能够单纯地从财产价值来理解;如今,它们涵盖了影响全球网络中地方位置更广泛的空间条件与基础设施。参阅 Jessop, Peck, and Tickell, "Retooling the Machine."

及其以外地区的强化，首先必须与正在演变的国家制度容器及其嵌入的地域管制的多尺度体制联系起来进行理解。“城市”发展的政治竞技场是通过跨越地方、地域与尺度的国家空间的不断创造与重塑而组成的。的确存在一种城市增长的政治，它经常包含特定尺度的地方化制度、法律、政策、联盟、战略与斗争的机制——但是使其产生可能的条件位于其他地方。

第八章　千层糕：不均衡发展的地理

近来关于“全球化”性质与后果的辩论重新引起了社会科学领域对世界范围内社会与空间不平等问题的研究兴趣。有一些评论家声称，在当代条件下，随着新的信息技术、跨国公司战略、自由市场政治与文化帝国主义使世界各地的日常生活景观变得同质化，地理上的差异正在被消除。大多数批判性地理学者都强烈反对这种说法，认为即使资本、商品和人口的流动性在增强，但晚期现代资本主义实际上是以地方、区域与地域之间差异的加剧为前提的。[①] 事实上，当代的地缘经济一体化进程并没有取代地理分化与社会空间不平等，而是出现了针对长期以来支撑并源于资本主义发展过程的全球极化模式显著的重塑、分化与强化。与此同时，在一个有时会令人不安且变化无常的世界中，围绕地方感、地域根植性与独特的地理利基的斗争仍然像往常一样强烈。[②]正是由于

① 参阅 Kevin Cox, ed., *Spaces of Globalization* (New York: Guilford Press, 1997); Roger Lee and Jane Wills, eds., *Geographies of Economies* (London: Arnold, 1997).

② Doreen Massey, *Space, Place and Gender* (Minneapolis: University of Minnesota Press, 1996).

全球范围内分散化空间之间的相互联系不断增厚，地理差异在日常生活以及社会、政治与经济权力的运作中变得越来越深刻。简而言之，空间不均衡仍然是当代全球资本主义的一种内在秩序(或者说是失序)。[3]

尤其是自20世纪80年代以来，批判性地理学者开始以一种系统性的、理论自反性的方式来分析地理差异问题。空间不均衡发展的概念在这些分析中处于核心位置。这一概念源于马克思在《资本论》中对资本循环的基础性论述。在《资本论》中，不均衡发展的概念被用来描述资本主义经济中各个产业(或“部门”)之间存在的增长率差异。[4] 这一概念在20世纪早期被列宁、卢森堡、布哈林、托洛茨基以及(几十年后的)曼德尔等社会主义知识分子重新创造，他们主要是通过帝国主义与殖民主义来理解资本主义生产方式在全球范围内的扩张。[5]空间不均衡发展的概念是由激进地理学者们在20世纪70年代后期与80年代初提出与构建的。[6]通过对空间不均衡发展及其一系列密切相关问题的研究——包括劳动力空间分工、产业重构、危机形成、城市化、区域化与绅士化，激进社会空间理论家们针对现代资本主义背景下地理差异的生产与

③ Neil Smith, “The Satanic Geographies of Globalization: Uneven Development in the 1990s,” *Public Culture* 10, no. 1 (1997): 169—92.

④ Karl Marx, *Capital*, trans. Ben Fowkes (New York: Penguin, 1976 [1867]).

⑤ Anthony Brewer, *Marxist Theories of Imperialism*, 2nd ed. (London: Routledge, 1990).

⑥ 参阅 Henri Lefebvre, *The Production of Space*, trans. Donald Nicholson (Cambridge: Blackwell, 1991 [1974]); David Harvey, *The Limits to Capital* (Chicago: University of Chicago Press, 1982); Doreen Massey, *Spatial Divisions of Labour* (London: Macmillan, 1985); Neil Smith, *Uneven Development: Nature, Capital and the Production of Space* (New York: Blackwell, 1984); Edward W. Soja, “Regions in Context: Spatiality, Periodicity, and the Historical Geography of the Regional Question,” *Environment and Planning D: Society and Space* 3 (1985): 175—90.

持续重组发展了一种新的概念化方式。这一时期形成的理论基础也被证明可以有助于学者们分析不能完全从资本积累(非)逻辑中推导出来的地理差异的各个方面。[7]

本章基于大量的文献，并以本书中的尺度生产与尺度重构分析为背景，考虑了一个具体的问题：如何将空间不均衡发展的地理概念化？在尼尔·史密斯围绕这个话题的经典论述中，他认为空间不均衡发展深深地嵌入地理尺度的生产之中。[8]确实，史密斯试图解读现代资本主义背景下空间不均衡发展的跷跷板式运动，这似乎让他以一种路径突破式的智识策略，将地理尺度按其自身的方式进行理论化，而不是将其置于其他地理概念如地域或地方之下。史密斯提出，全球、国家、区域与城市尺度的分化，必须被理解为资本主义背景下空间不均衡发展过程的媒介与产物。

史密斯的概念化颇具影响力，他不仅启发了研究空间不均衡发展的一代批判性地理学者，更为普遍的是，他还启发了研究尺度生产及其相关政治的地理学者。在本章中，我将重新审视史密斯最初的空间不均衡发展理论化的知识领域，并将其置于近来所尝试的对现代资本主义背景下尺度化与尺度重构过程解读的语境之中。虽然我的分析主要建立在史密斯构建的理论基础之上，但我建议更为广泛的、多态化的尺度化与尺度重构过程的概念化，它需要结合其他几个紧密交织的资本主义背景下同样重要的社会空间

---

⑦ 参阅 Mark Goodwin and Simon Duncan, *The Local State and Uneven Development: Behind the Local Government Crisis* (London: Polity Press, 1988); Jamie Peck, *Work-Place: The Social Regulation of Labor Markets* (New York: Guilford, 1996); Neil Brenner, *New State Spaces: Urban Governance and the Rescaling of Statehood* (New York: Oxford University Press, 2004).

⑧ Smith, *Uneven Development*.

结构化动态来理解，包括地方营造、地域化与网络化。[9] 从亨利·列斐伏尔生动地将社会空间比喻为“千层糕”获得启发，我将空间不均衡发展的地理解释为“一千层”——尺度、地方、地域与网络之间动态啮合，产生极为错综复杂、持续变异的社会空间组织结构。[10]

可以确信的是，史密斯关于空间不均衡发展既存在尺度差异，又存在尺度分化的见解仍然是基础性的。然而，本章强调了我在其他地方所说的“尺度的限制”[11]。虽然现代资本主义背景下尺度化与尺度重构的过程确实是处于空间不均衡发展生产的核心位置，但是这里提出的理论是为了警示地缘政治经济研究中过度拓展尺度概念的趋势。然而，矛盾的是，正是由于过去 30 年中新的尺度政治经济学辩论的进展——已经产生了一套用于分析尺度重构过程的微妙的概念词汇——如今使我们能够重新思考空间不均衡发展的地理，以及同等重要的地方营造、地域化与网络化的时空动态。

在对激进地理学者们发展的空间不均衡理论进行一个总体的概述之后，我通过对现代资本主义长时段的地理历史过程中空间不均衡发展生产中的地方营造、地域化、尺度化与网络化过程之间相互啮合的模式分析，构建了一种社会空间理论的多态化

---

⑨ 另一个相似的论述方向可参阅 Bob Jessop, Neil Brenner, and Martin Jones, “Theorizing Socio-Spatial Relations,” *Environment and Planning D: Society and Space* 26 (2008): 389—401; Eric Sheppard, “The Spaces and Times of Globalization: Place, Scale, Networks and Positionality,” *Economic Geography* 8 (2002): 307—30.

⑩ Henri Lefebvre, *The Production of Space*, 87.

⑪ Neil Brenner, “The Limits to Scale? Methodological Reflections on Scalar Structuration,” *Progress in Human Geography* 15, no. 4 (2001): 525—48; 也可参考第三章。

方法。除了针对以尺度为中心的空间不均衡发展方法在方法论上的相对化之外，这一方法还意味着推进其他几个核心的分析主张：⑫

· 空间不均衡发展不是一个不证自明的事实，经验上的真理主义，也不是一种资本主义政治-经济生活的背景条件。它需要与资本积累、城市化、国家管制、社会再生产、生态转型以及由其产生与调解的社会政治竞争等持续变化的历史地理相联系，并进行积极的理论化与不断的再理论化。

· 空间不均衡发展的地理、制度调解、影响与矛盾会历史性地变异，它与更为广泛的资本主义发展、国家空间与社会政治斗争结构密切相关。因此，空间多态主义并不是一个跨历史的本体论原则，而是一个实用性的方法论基础。在此基础之上，可以调查地方营造、地域化、尺度化与网络化过程之间的动态历史相互作用；其混杂的社会空间影响；以及持续进行的政治斗争。

· 对特定情境下重构过程的研究有时可能需要优先关注社会空间关系的几个特定维度——尺度、地域、地方、网络或其他——至少是可以作为进一步分析的起点。然而，对社会空间调查中的理论抽象的恰当选择与组合不是基于对基础性本体论的坚持，而是来源于特定的解释性挑战、研究问题与政治-智识关注点。

最后，本章详细说明了上述分析对本书中的资本主义城市肌理概念化的一些广泛启示。通过这种方式将前面章节中构建的城

⑫ 也可参阅 Jamie Peck, "Macroeconomic Geographies," *Area Development and Policy* 1, no. 3 (2016): 305—17.

市问题作为一个尺度问题，重新定位于一个转型的、自反性多态化的分析框架之中，因此可能对新城市空间的生产进行更为精确的调查。

理论基础

针对空间不均衡发展的自反性理论始于20世纪70年代，之后在批判性地理政治经济学者们的研究中得到蓬勃发展。[13]虽然这些文献是多方面的，但它仍主要包含了几个关于现代资本主义条件下空间不均衡发展本质的核心理论命题，下面做一个简要概述。

在现代资本主义背景下，地理差异的存在不只是特定地方的离散性质、区域之间的既有差异或社会空间安排内在异质性的简单表达。伴随着产业部门专业化的劳动分工深化以及地理扩张的劳动分工拓展，世界各地的空间在均衡化/差异化的跷跷板式运动中既相互联系，又相互区分。[14] 这种同时发生的相互联系/混杂的辩证关系并没有消除地方与地域的独特性，而是重新创造了既有的地理差异，而这些差异如今只能通过关系性与跨情境的方式来理解。从此，地理差异不再是特殊性空间化的再现。取而代之的是，它界定了任何特定空间在一个不断演化的世界范围内相互依赖的网络中独特而又相互联系的位置。换句话说，情境如今被嵌

---

⑬ 关于这些大量文献的主要立场与论述的有用综述，可参阅 Jamie Peck，"Uneven Regional Development，" in *The International Encyclopedia of Geography*，ed. Douglas Richardson（Oxford：John Wiley and Sons，2017），online edition，doi：10.1002/9781118786352. wbieg0721.

⑭ Smith，*Uneven Development*.

入了元情境之中。[15]因此,以最普遍的方式来讲,空间不均衡发展再现了这些位置在全球资本主义发展的每一个连续结构中总体、宏观的地理表达。

每个空间不均衡发展的历史性框架都会产生核心与边缘的分化——中心性与边缘性、包容与排斥、赋权与失权、侵占与剥夺的空间。因此,在这一概念化过程中,社会空间的位置性不是简单地指代绝对的地理位置,而是关注更为广泛的、不对称组织化的权力框架内特定空间所处的关系位置。[16]因此,空间不均衡发展的概念主要是被用来把握社会经济资源与能力的系统性的极化组织,不仅是在不同的人群之间,也在构成资本法则的不同社会空间结构之间。

空间不均衡发展的模式是通过大尺度的制度构成(国家、国际规则体制与次国家的管制安排)与多元化的社会力量(资本主义企业、商业组织、工会、财产所有者与基于地方的社会运动)来进行调解的。这意味着,对地理差异的分析必然会产生对空间政治的探究,通过这种探究,社会空间极化的历史特定结构被生产、竞争与重塑。[17]显然,积累战略在空间不均衡发展的结构中扮演着核心角色,但是国家机构、基于地域的政治联盟、社会运动与其他特定背景的斗争也同样重要。

在资本主义的历史演进过程中,空间不均衡发展的某些深层次结构已经变得根深蒂固,主要包括国际劳动分工长期以来所基

---

⑮ Neil Brenner, Jamie Peck, and Nik Theodore, "Variegated Neoliberalization: Geographies, Modalities, Pathways," *Global Networks* 10, no. 2 (2010): 182—222.

⑯ Sheppard, "The Spaces and Times of Globalization."

⑰ Henri Lefebvre, "Reflections on the Politics of Space," in *Henri Lefebvre: State, Space, World: Selected Essays*, ed. Neil Brenner and Stuart Elden (Minneapolis: University of Minnesota Press, 2009 [1970]), 167—84.

于的核心/边缘的分工、城市/乡村的对立，以及与代谢裂痕相关的各种生态占用模式。[18] 尽管如此，空间不均衡发展仍是以历史与特定情境的形式被构建出来。全球不平等、城市/非城市的划分，以及代谢的裂痕一直是资本主义的持久性特征，但是在过去的三个世纪中，它们精确的地理、地缘政治与地缘经济轮廓已经以多种方式得到了重塑。此外，尽管资本主义背景下空间不均衡发展的某些维度已被证明是相对持久的，但在全球资本主义发展过程中，其他维度也会发生周期性变化，而且有时是相当剧烈的变化。后者主要包括城市与区域聚落模式、城市/腹地关系、产业发展的地理格局、基础设施投资的景观、政治-经济霸权的组织，以及世界范围内的劳动力空间分工结构。[19] 因此，可以说，空间不均衡发展的模式是在原有的社会空间结构与旨在改变这种结构的新兴空间战略之间的交互界面上得以成型的。

在探索这一系列广泛的问题时，大卫·哈维对资本主义背景下固定性/运动性矛盾的概念化提供了相当有力的分析与方法论支撑。正如我们在第二章中所探讨的，哈维认为，资本主义背景下空间不均衡发展的深层次结构与长期趋势是通过努力管理固定性/运行性矛盾这一特定历史与地理表达来调解的。资本积累依赖历史上特定的社会空间结构的生产，而这些社会空间结构在内部是分化的，在体系上是极化的。与此同时，在系统性危机的条件

---

⑱ Samir Amin, *Capitalism in the Age of Globalization* (London: Zed, 1997); Immanuel Wallerstein, *The Modern World-System I: Capitalist Agriculture and the Origins of the European World-Economy in the Sixteenth Century* (New York: Academic Publishers, 1974); Raymond Williams, *The Country and the City* (Oxford: Oxford University Press, 1973); Jason Moore, *Capitalism and the Web of Life: Ecology and the Accumulation of Capital* (New York: Verso, 2016).

⑲ Soja, "Regions in Context."

下，空间不均衡发展的模式会由于资本的冲动发生周期性的变化，创造性破坏已建立的地域组织框架，寻求支撑资本主义扩张的新的空间修复。此后，随着资本主义发展新的社会空间形态的临时性建立，空间不均衡发展的原有形式也同样被重新编织，通常会保留一些原有的轮廓，同时重构或破坏其他轮廓。因此，在现代资本主义背景下，空间不均衡发展的转型模式和变化路径与固定性/运动性矛盾（特定情境、空间混杂的表达）紧密交织在一起。

因此，地理差异并非社会或自然景观事先给定或不可改变的特征。在现代资本主义背景下，它们是以空间不均衡发展的方式，通过历史上特定的政治-经济过程、冲突与斗争而产生的。只有通过对这些过程的理解，促使空间不均衡发展的历史形式变化这一混杂的制度表达与持续进行的竞争才能得以解读，不论是在理解现代资本主义（非）逻辑方面的挑战，还是涉及更加具体的研究领域、问题和辩论。从这个意义上来说，空间不均衡发展不仅是资本主义的产物，也是资本主义大规模、长期再生产、密集化、扩张的基本前提与媒介。正如爱德华·苏贾所说："资本主义……本质上是建立在区域或空间不平等的基础之上，作为其继续存活的必要手段。资本主义的存在是以地理上不均衡发展的持续呈现与至关重要的媒介性为前提的。"[20]

千层糕/一千层

到目前为止的讨论中，我已经将"空间"这个术语作为一个通用范畴来描述地理差异的所有方面以及一系列广泛的社会空间构

---

⑳ Edward W. Soja, *Postmodern Geographies* (New York: Verso, 1989), 107.

成、过程、转型与条件。因此，我提及了空间、空间分化、社会空间组织、社会空间关系、社会空间极化、社会空间结构，以及最为普遍的空间不均衡发展，但是没有明确地描绘出具体的地理模式，而空间不均衡发展是在其中建构的。所以，在这一阶段的分析中，有必要更加仔细地审视社会空间的混杂肌理，特别是空间不均衡发展多方面的轮廓、维度与形态。为此，列斐伏尔对资本主义现代性过程中社会空间多态性的强调提供了一个有用的方法论导向。[21]从这一观点来看，任何社会过程的地理——城市化、资本积累、社会再生产、国家管制、社会政治竞争、不均衡发展，等等——都不能以任何单一的原则或包罗万象的形态模式来理解。相反，如图 8.1 所示，可能需要对社会空间关系的几个相互交织但在分析上截然不同的维度加以区分——包括地方、地域、尺度与网络。[22]

地方的抽象概念指的是地理上的邻近性、集群、特定区位内社会空间关系的嵌入性以及地区（水平）分化的模式。[23]因此，地方的概念抓取了上述社会空间过程中的一个重要维度，但它并不能阐明其地理的所有方面，也不能作为社会空间性的一般化隐喻。否则，就会产生地方中心主义的方法论陷阱——也就是说，将社会空间视为几乎完全统一的由地方所组成的，或者是将地方的本体论置于社会空间结构的其他模式之上。

---

[21] Lefebvre, *The Production of Space*. 也可参阅本书第二章中关于列斐伏尔的讨论。

[22] Jessop, Brenner, and Jones, "Theorizing Socio-Spatial Relations"; Sheppard, "The Spaces and Times of Globalization."

[23] Massey, *Space, Place and Gender*; Anssi Paasi, "Place and Region: Looking through the Prism of Scale," *Progress in Human Geography* 28, no. 4 (2004): 536—46; Thomas Gieryn, "A Space for Place in Sociology," *Annual Review of Sociology* 26 (2000): 463—96.

社会空间关系维度	社会空间组织模式	社会空间关系模式
地方	日常惯例与生活世界的邻近性、集群、空间嵌入性、本地化	集聚经济；不同类型区位之间社会空间关系的水平分化；劳动力空间分工；地方营造与地方转型的过程
地域	圈占、边界化、领地化、地块分割	有界地带之间的社会空间关系的地区分化；内部/外部划分；边界体制与自我盘算的政治技术；地域化与再地域化过程
尺度	全球、超国家、国家、区域与/或地方层级之间的水平分化、分层与/或等级化	尺度化劳动分工的构建；政治-经济关系的尺度化分层；尺度依赖与尺度参与；尺度化与尺度重构过程
网络	地理分散化区位或组织单元之间的横向连接性、循环与相互依赖	针对市场、治理与知识的非临近空间协调的大尺度体系构建；分散化拓扑体系内部节点之间的社会空间关系分化；网络强化、断裂与变异

图 8.1　社会空间关系的一些关键维度（来源：Bob Jessop，Neil Brenner，and Martin Jones，"Theorizing Socio-Spatial Relations，" *Environment and Planning D: Society and Space* 26 [2008]：393.）

地域的概念指的是社会空间关系的圈占、边界化与地块分割。同样，它也弱化了宏观地理发展与社会空间分化的各种基本维度。[24] 然而，如果把社会空间的所有方面都归结到这一维度，必将是一个严重的方法论错误。事实上，即使是被习惯地定义为地域权力容器的现代国家的地理，也不能排他性地仅从地域的角

㉔ 参阅 Robert Sack，*Human Territoriality: Its Theory and History*（New York：Cambridge University Press，1986）；Peter J. Taylor，"The State as Container：Territoriality in the Modern World-System，" *Progress in Human Geography* 18（1994）：151—62.

度来理解。[25] 如今，这种谬论在主流的政治研究与国际关系理论中相当普遍，其特征可能是一种“方法论上的地域主义”[26]。

正如我在本书中从始至终的论述一样，尺度的概念是解读全球、超国家、国家、区域与/或地方各层级之间社会空间关系垂直分化与分层的一个重要基础。因此，尺度同样抓取了现代社会空间关系与持续进行的社会空间转型的一个重要但并不全面的维度。若将社会空间关系作为一个整体归结为尺度的维度，就会进入尺度中心主义方法论的死胡同——将尺度概念过度拓展，超出了其恰当的应用范围。[27]

最后，网络的概念描述了跨越地理上分散化的地点或组织单元的横向联系、相互依赖、循环方式与协调模式的结构。它们同样呈现了尤其是在“信息资本主义”时代当代社会空间关系一个日益重要的维度。[28]然而，同样需要避免网络中心主义的谬论，不论是

---

[25] John Agnew, “The Territorial Trap: The Geographical Assumptions of International Relations Theory,” *Review of International Political Economy* 1, no. 1 (1994): 53—80; Neil Brenner, Bob Jessop, Martin Jones, and Gordon MacLeod, eds., *State/Space: A Reader* (Cambridge, MA: Blackwell, 2003); R. B. J. Walker, *Inside/Outside: International Relations as Political Theory* (New York: Cambridge University Press, 1993).

[26] Agnew, “The Territorial Trap”; Brenner, *New State Spaces*.

[27] Brenner, “The Limits to Scale.”

[28] 参阅 Peter Dicken, Philip Kelly, Kris Olds, and Henry Yeung, “Chains and Networks, Territories and Scales: Towards a Relational Framework for Analysing the Global Economy,” *Global Networks* 1, no. 2 (2001): 89—112; Manuel Castells, *The Rise of the Network Society* (Cambridge, MA: Blackwell, 1996); Ngai-Ling Sum, “Time-Space Embeddedness and Geo-Governance of Cross-Border Regional Modes of Growth,” in Beyond Market and Hierarchy, ed. Ash Amin and Jerzy Hausner (Cheltenham: Edward Elgar, 1997), 159—95; Sarah Whatmore and Lorraine Thorne, “Nourishing Networks: Alternative Geographies of Food,” in *Globalising Food: Agrarian Questions and Global Restructuring*, ed. David Goodman and Michael Watts (London: Routledge, 1998), 287—304.

通过新的信息技术还是其他基础设施的创新，远距离连接与循环方式的扩散并不一定会削弱地方、地域或尺度作为共同组成社会空间维度的重要性。相反，尽管“扁平化的本体论”在拉图尔式的科学与技术研究、群聚理论以及一些后结构主义城市研究的流派中经常受到追捧，但新兴的网络地理几乎总是与社会空间组织基于地方的尺度分化的地域化模式紧密交织在一起。[29]

因此，与这些简化主义、同构主义及单一维度的方法相反，在方法论上有必要将每一个社会空间关系、过程与转型视为多个相互纠缠的地理维度的结晶，并对其进行持续分析。在《空间的生产》一书中，列斐伏尔通过“社会空间的重叠与相互渗透”这一命题发展了这一观点。[30]在一个特别生动形象的构想中，列斐伏尔将社会空间的叠加维度比喻为一种错综复杂的、不对称层叠的千层糕——一种粉状的法国甜点，字面上的意思是“一千片叶子”或是“一千层”(见图 8.2)。[31]

虽然列斐伏尔这个有点奇特的比喻可能暂时让我们从批判性社会空间理论的挑战中转移注意力，但是它对当前的讨论具有直接的方法论启示。空间不均衡发展的构成像千层糕一样，是由多

---

[29] Helga Leitner, "The Politics of Scale and Networks of Spatial Connectivity," in *Scale and Geographic Inquiry*, ed. Eric Sheppard and Robert McMaster (Malden, MA: Blackwell, 2004), 236—55; Harriet Bulkeley, "Reconfiguring Environmental Governance: Towards a Politics of Scales and Networks," *Political Geography* 24 (2005): 875—902; Andrew E. G. Jonas, "Pro Scale: Further Reflections on the 'Scale Debate' within Human Geography," *Transactions of the Institute of British Geographers* 31 (2006): 399—406; Helga Leitner and Byron Miller, "Scale and the Limitations of Ontological Debate: A Commentary on Marston, Jones and Woodward," *Transactions of the Institute of British Geographers* 32 (2007): 116—25.

[30] Lefebvre, *The Production of Space*.

[31] 同上，88。

图 8.2　社会空间作为千层糕？ 千层糕是由薄片糕点与(通常是)香草或蛋奶沙司组成的。它的主要成分是由错综复杂的层叠，形成一个复杂得几乎像是地质结构一般的架构。当它被切开时，从侧面可以很容易看到它的构成。(来源：维基百科)

种模式、层、轮廓、线、褶、点、簇与边之间复杂、混乱的构建组成的。基于前面介绍的地方、地域、尺度与网络之间在分析上的区分，本章接下来将通过一系列宏观地理的概括来建构这一命题，这些概括涉及长时段的资本主义地理历史中空间不均衡发展的演化模式。图 8.3 提供了这一概念化的概要图示，它将资本主义背景下空间不均衡发展来源的主要论述与在本章其余部分对多态化地理的分析联系起来。

虽然这一分析针对上述的社会空间关系的四个维度分别进行阐述，但是需要强调的是这些维度之间是相互构建且不可分割地交织在一起的。因此，地方、地域、尺度与网络之间的区分必须被理解为一种单纯的分析工具，用来解释现代社会空间关系中错

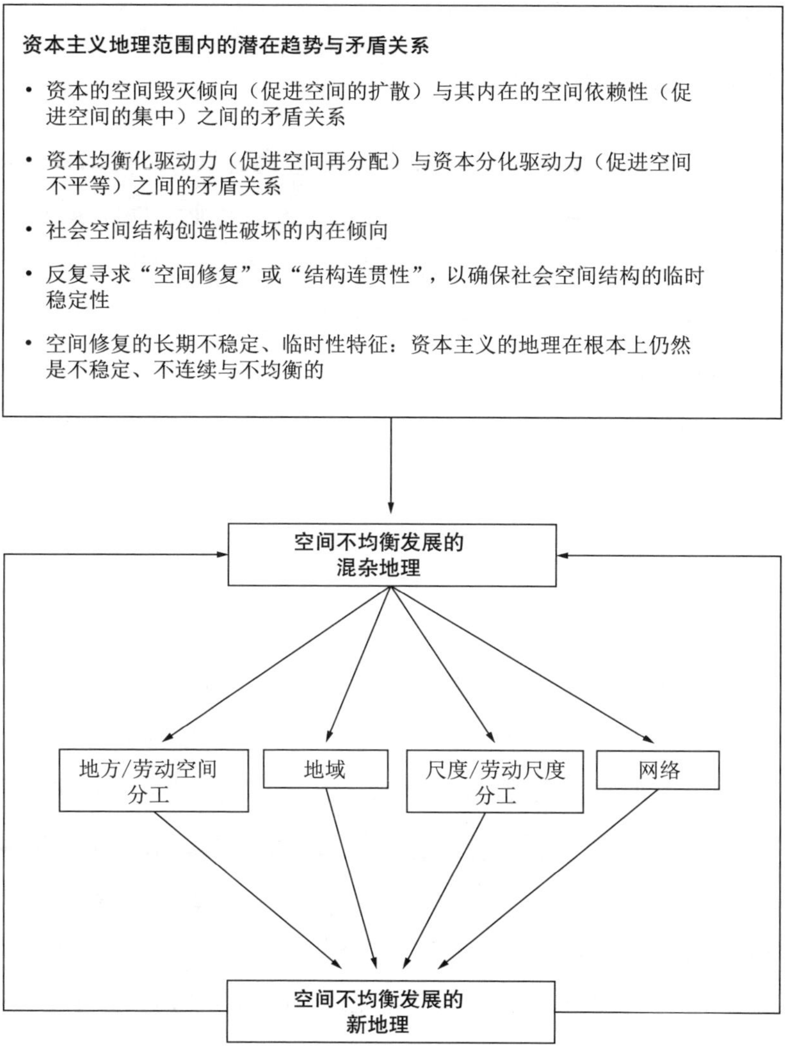

图 8.3　资本主义背景下空间不均衡发展的地理

综复杂的相互交织的层次;这不是一个本体论上的划分。[32]在相对抽象的地理历史层面上发展这一论点之后,我将阐述其对城市问题的历史与当代探索所产生的一系列广泛的影响。

地方与空间不均衡发展

资本主义是在承袭了原有的历史社会构成与生产模式分化的地理景观之中涌现的。后者的主要特征包括农业生物群落、前资本主义的城市体系、封建的土地保有与剩余价值攫取体系、专制的国家结构以及地方、区域间与远距离的贸易网络。但即使在它的初始阶段,资本主义扩张所引发的地方深刻转型,最重要的还是通过建立新的劳动力空间分工,即在一个扩张的资本主义世界市场中,在分散化的地点获得特定的功能角色,随后在这一元情境结构中相互关联,共同演化。

最初,在商业资本主义背景(1600—1750 年)下,这些劳动力空间分工与前资本主义贸易循环和既有资源禀赋的地理紧密相连——例如水路、原材料、矿产供给的区位等。然而,随着 18 世纪中期以来资本工业化的推进,以及生产过程被不断地整合进入积累循环,出现了具体的资本主义劳动力空间分工,其很大程度上基于社会性建构的经济资产:集聚经济与其他形式的资本主义地域组织,旨在增强、加速与管理剩余价值的攫取。之后,随着城市化的过程急剧加速,从西欧的核心区开始,最终扩展到整个世界经济。资本与劳动力在大规模、专业化的生产综合体内部集聚,并通

---

[32] 这一分析聚焦于地方、地域、尺度与网络,因为在我看来,这些概念抽象有效地阐明了空间不均衡发展的重要维度及其在现代资本主义背景下混杂多变的地理格局。然而,还有其他一些社会空间关系的重要维度——例如景观、社会本质与世界生态——针对它们的探索可以有效地补充这里呈现的分析(并使其复杂化)。

过强化新的大规模、长距离的通信与物流基础设施，以促进资本循环。在宏观地理层面上，这些趋势强化了由地方组成的世界网格根据其在全球积累空间中的特定功能、专业化程度与位置的分化。[33]这种不断演变的、混杂的地方营造过程通过一些紧密交织的方式建构了空间不均衡发展的模式。

第一，正如弗里德里希·恩格斯针对19世纪曼彻斯特的著名论述，新的空间划分源于扩张的大都市资本主义生产中心的居住分隔；城市空间的功能划分；新的城市生产、社会再生产与流通基础设施的强化；以及接连不断的区域化浪潮。随着资本主义城市化的加剧、加速与扩张，这些地方内部的分化通过情境特定的模式与路径持续演化。[34]

第二，随着快速的资本主义工业化过程产生大规模的城市化与非大都市地带日益严重的边缘化或“欠发达”状态，使得原有的城市/乡村分化不断加剧。因此，针对两种不同类型的地方划分——资本丰富、工业化的大都市中心与资本匮乏、农业或原材料主导的外围地区——成为资本主义空间不均衡发展的一个基本坐标。[35] 正如地方营造的模式与路径已经被进一步重新编织，即使在长时段的全球资本主义发展过程中也会出现不断演化的形式，

---

[33] Michael Storper and Richard Walker, *The Capitalist Imperative: Territory, Technology and Industrial Growth* (New York: Basil Blackwell, 1989); Dieter Läpple, "Gesellschaftlicher Reproduktionsprozeß und Stadtstrukturen," in *Stadtkrise und soziale Bewegungen*, ed. Margit Mayer, Roland Roth, and Volkhard Brandes (Frankfurt: Europäische Verlagsanstalt, 1978), 23—54.

[34] Peter Marcuse and Ronald van Kempen, eds., *Of States and Cities: The Partitioning of Urban Space* (Oxford: Oxford University Press, 2002).

[35] Gunnar Myrdal, *Rich Lands and Poor: The Road to World Prosperity* (New York: Harper, 1958); Williams, The Country and the City.

这一基本划分依然长期存在。[36]

第三，随着资本主义工业化在全球核心区的加速发展，全球外围地区的那些地方被转型为原材料攫取、加工与出口的主要地点，这通常是通过强制圈地与占用当地资源的累积战略来实现的。按照这一方式，劳动力空间分工建构了一种世界范围的空间不均衡发展模式，其中位于核心的、资本丰富的大规模工业化地区（“第一世界”与“全球北方”）与位于外围的、相对欠发达的资本匮乏地区（“第三世界”与“全球南方”）出现了分化。[37]

第四，自 19 世纪以来，伴随着产业重构与随之而来的若干轮技术创新的加速，在全球资本主义体系中出现了新的地方之间分化形式的扩散。在前几轮资本主义工业化过程中产生的劳动力空间分工受到了连续不断的创造性破坏周期的影响，并与随后的每一个由危机引发的重构阶段相结合——因此，在现代资本主义背景下，地方以及地方间相互关系的长期不稳定性日益加剧。正如迈克尔·斯多波与理查德·沃克所说：“每一波工业化浪潮都产生了新的增长中心与增长边缘地区，刺激一些地区的投资缩减与其他地区的剧烈重构，并重新调整地域收入分配和政治空间生产关系与模式。这样一来，它就赋予了资本主义新的生命。”[38]事实上，

---

[36] Philip McMichael, “Peasant Prospects in the Neoliberal Age,” *New Political Economy* 11, no. 3 (2006): 407—18; Philip McMichael, “Rethinking Globalization: The Agrarian Question Revisited,” *Review of International Political Economy* 4, no. 4 (1997): 630—62. 在本书的最后两章中，我回顾了一个存在争议的问题，即在星球城市化的当前时刻城市/乡村划分是否还能这样描述。

[37] Wallerstein, *The Modern World-System I*; Amin, *Capitalism in the Age of Globalization*. 关于剥夺性积累，可参阅 David Harvey, *The New Imperialism* (New York: Oxford University Press, 2003).

[38] Storper and Walker, *The Capitalist Imperative*, 5.

这种重构过程经常会搅乱与上述三种基于地方的空间不均衡发展形式(大都市区内部、城市/乡村与全球核心/外围)相关的社会空间划分。然而,在过去两个世纪的资本主义发展过程中,对劳动空间分工持续不断的创造性破坏并没有削弱地方作为空间不均衡发展的基本出发点的重要性。

第五,地方可能成为社会政治动员的竞技场与筹码,瓦解更加广泛的空间不均衡发展模式。这是因为,即使资本在努力地改变地方,基于地方的依恋仍然以日常惯例、既定的生活世界、社会再生产体制、制度化的政治妥协与社会文化身份的方式存在。当更为广泛的资本主义重构过程威胁到瓦解或侵蚀既有的地方营造与地方间相互关系模式时,这种基于地方的坚持经常会被清晰地建构出来。因此,资本为了寻找新的盈利机会而重塑劳动力空间分工的冲动,可能会遭到那些日常生活、生计与身份紧密嵌入特定地方的人的强烈抵制。正如哈维所说,基于地方的"厌恶与反抗"的结果可能是反动的、进步的或激进的方式,但是不论它们的政治价值是什么,这种基于地方的反叛所累积的影响是将一种强有力的摩擦元素植入资本的创造性破坏动力之中。[39]换句话说,地方不会因资本的一时兴起而被创造性地破坏;相反,它们的演变是激烈的社会政治竞争的结果。[40] 从这个意义上来说,以地方为基础的空间不均衡发展形式的具体塑造,会受到资本主义重构的形式、速度、节奏与路径等社会政治斗争的有力调解。

---

[39] David Harvey, "Money, Time, Space and the City," in *The Urban Experience* (Baltimore: Johns Hopkins University Press, 1989), 165—99.

[40] Ray Hudson, *Producing Places* (New York: Guilford, 2001).

地域与空间不均衡发展

资本主义的空间经济是在中世纪欧洲的一个碎片化、分散的政治-经济空间马赛克中产生的。这种马赛克包含了小的城邦领地、城市间网络、主教辖区、公爵领地、公国以及一个缺乏固定地域边界的专制国家结构的拼合物。[41]然而，特别是在17世纪之后，地域日益成为组织政治生活的重要基础。虽然各国之间在制度与地理上仍然存在着多样性，但如今国家被理解为占据着相互排斥、互不重叠、毗邻的与具有主权的地域空间，并因此受到自反性的监视。[42]现在的国界清晰地区分了国家的"内部"与"外部"，而且国内/国外的划分成为政治-经济活动的基本参考点。[43] 随着商业资本主义的强化，政治家与资本家都试图扩大跨境贸易、巩固国内市场，从而增加国家的财富，使得这一由国家地域组成的国际矩阵变得更加根深蒂固。[44]全球政治-经济空间的地域化在资本主义的第一波工业化中继续推进，主要是通过(1) 国际边界管制的强化；

---

[41] Hendrik Spruyt, *The Sovereign State and Its Competitors: An Analysis of Systems Change* (Princeton, NJ: Princeton University Press, 1994).

[42] John Gerard Ruggie, "Territoriality and Beyond: Problematizing Modernity in International Relations," *International Organization* 47, no. 1 (1993): 139—74. 针对国际体系中具有影响力的威斯特伐利亚地域性谱系的批判性观点，可参阅 Benno Teschke, *The Myth of 1648: Class, Geopolitics and the Making of Modern International Relations* (London: Verso, 2003); Andreas Osainder, "Sovereignty, International Relations and the Westphalian Myth," *International Organization* 55, no. 2 (2001): 251—87.另一些关于这些辩论的贡献，发展了地域与地域性之间的关键区别，可参阅 Stuart Elden's *The Birth of Territory* (Chicago: University of Chicago Press, 2014).

[43] John Agnew and Stuart Corbridge, *Mastering Space: Hegemony, Territory, and International Political Economy* (New York: Routledge, 1995).

[44] Fernand Braudel, *The Perspective of the World*, trans. Siân Reynolds (Berkeley: University of California Press, 1984).

(2) 国家空间在内部不同行政辖区的划分;(3) 基础设施能力提升与政府间传导的强化,由此国家可以尝试在其境内所有的"点"拓展他们的权力;(4) 帝国主义对世界经济主要地带的征服与地域划分。[45]

在19世纪和20世纪的几轮资本主义工业化过程中,即使在经历其他地缘经济与地缘政治不稳定的阶段时,这种地域化趋势仍得以持续。这并不是说地域一旦得到强化就会保持不变;事实上,其具体的组织和运作模式在现代国际体系中已经发生了重大的变化。在20世纪的发展进程中,早期现代地域国家的权力与财富容器被新的国家发展主义、民族主义与福利主义形式所取代,它们同样是基于独特的地域结构与战略。[46]与此同时,不论是通过战争、内部叛乱、政策创新、法律判决还是社会抗议,国际边界与国际司法管辖区的具体地理都在发生周期性的变动。正如国际关系的演变与全球资本主义更广泛的动态发展相关联一样,新的超国家地域机构与协作框架(如欧盟、北美自由贸易协定与东南亚国家联盟)也被引入,涵盖了多个管制活动的国家空间与重要的次地带。但即使在这些阶段性的宏观历史重组中,地域仍然作为现代地缘政治组织的基本模式而持续存在。针对这一讨论最为关键的是,国家地域组织分化的景观至少通过五种关键的方式来构建、调解与修正空间不均衡发展的形式。

首先,随着现代国家体系的确立与普遍化,地域已经成为一个

㊺ Henri Lefebvre, "Space and the State," in *Henri Lefebvre: State, Space, World: Selected Essays*, ed. Neil Brenner and Stuart Elden (Minneapolis: University of Minnesota Press, 2009 [1978]), 223—53; Charles Maier, *Once within Borders: Territories of Power, Wealth and Belonging since 1500* (Cambridge, MA: Harvard University Press, 2016).

㊻ Taylor, "The State as Container."

理解社会空间组织的合理范畴。[47] 因此，空间不均衡发展模式被广泛地以地域的语汇进行概念化，无论是制度化的数据采集方式（如国家人口普查、国际经济与合作组织统计表格或世界银行发展报告），还是在政治话语中（如关于欧洲、英国、英格兰的东南部或伦敦等地域划定地区内的空间不平等的辩论），或者是在日常生活中（如“非洲”“铁锈地带”或“贫民区”等流行的表达）。在每种情况之下，分析单元的定义主要是参照国家的管辖边界、地域划分的次国家地区或地域国家集团。这一分析单元由此被视为一个相对连贯、完整的整体，可以通过特定的社会经济指标（如人口、失业率、国内生产总值或犯罪率）或可感知的特征（如财富或贫穷、现代化或落后、秩序或混乱）与其他同等的正式单元进行比较。因此，尽管地域只是再现了空间不均衡发展的几个构成维度之一，然而它通常被视为社会空间不平等的最基本组织形式。

其次，在现代国际体系中，国家地域结构呈现出相当程度的僵化特点，因此经常成为资本主义转移投资活动的推动力。换句话说，由国家划定与控制的地域边界，其可塑性远不如相互渗透的资本循环的空间印记与基础设施。因此，这种边界对资本主义创造性破坏既有社会空间结构的驱动力产生了决定性的区位限制。即使资本的具体地理格局已经被重新安排，现代国际体系也为资本循环过程提供了一个相对固定、稳定与非移动的制度化社会空间划分的网格——一个分割的、具有空间边界的世界。可以确信的是，国家的地域边界与内部管辖安排在资本主义发展过程中会发生改变，而且在某些情况下变化相当显著（例如，在重大的军事冲

---

[47] Agnew, “The Territorial Trap”; Jouni Häkli, “In the Territory of Knowledge: State-Centered Discourses and the Construction of Society,” *Progress in Human Geography* 25, no. 3 (2001): 403—22.

突、内战或革命之后）。然而，一旦制度化之后，即使它们的政治-经济运作在持续地演变，由国家边界划定的具体空间区块相对变得难以修改。[48]如前所述，空间不均衡发展的模式与资本主义条件下的固定性/运动性矛盾紧密地交织在一起——资本依赖固定的社会空间安排，而它同样长期地倾向于对这些安排进行创造性破坏，以追求新的积累可能性。作为现代资本主义社会空间组织的一种深层次结构，国家地域的强化直接影响了这种矛盾的动态：它将蕴含在国家地域世界网格中且层次化的某种固定元素强加于不断变化的地理景观之上。

第三，实际存在的国家地域边界与内部管辖边界对基于地方的不平等与劳动力空间分工得以建构的具体形式具有直接、持久的影响。这是因为不同类型的国家地域结构与管制安排为资本循环创造了完全不同的条件。例如，劳动力、设备、土地与原材料的相对成本与可获得性；物流基础设施的性质；税收与关税水平，可能在国家地域之间以及国家内部（区域或地方）政治管辖范围之间存在显著的差异。这种地域之间和地域内部的差异很可能对资本的地理产生深远的影响，并由此影响更大尺度的劳动力空间分工。资本家们为了寻找具有成本竞争力的地点，最有可能投资生产与流通成本最低的地区（无论是地方、大都市区还是国家经济体的尺度）。相反，资本家们的积累战略依赖更加专业化的劳动力、企业间协调、基础设施设备、制度传导与技术配置形式，他们更有可能将资本投到提供这种区域性或地方性社会经济资产的地域。[49]从这个意义上来说，（国家）地域的地理不仅相互嵌入以地方为基础

---

[48] Kevin Cox, "Territorial Structures of the State: Some Conceptual Issues," *Tijdschrift voor Economische en Sociale Geografie* 81 (1990): 251—66.

[49] Storper and Walker, *The Capitalist Imperative*.

的空间不均衡发展模式中，而且直接地塑造了它们。因此，正如凯文·考克斯(Kevin Cox)所观察到的："地理上不均衡的发展模式与国家的地域结构之间往往存在着某种一致性。"[50]

第四，在很大程度上是由于地域上中央集权的制度结构，国家机构才有能力影响其边界内外部的空间不均衡发展模式。国家可以通过多元化的管制战略来实现这一目标，包括产业政策、经济发展计划、基础设施投资、空间规划、劳动力市场政策、区域政策、城市政策、住房政策、国际贸易协定与帝国主义式的干预措施，所有这些都会直接或间接地影响生产、再生产与流通的国家内部与超国家地理格局。例如，早期工业化国家将大量公共投资投入大规模的区域基础设施，如铁路、公路、港口和运河。这些国家空间战略最终将国家主导性倡议作为补充，以此管制城市生活与工作环境，并在大都市地区内部建立大型公共工程设施(如医院、学校、能源网络、公共交通网络与废弃物管理系统)。在 20 世纪北大西洋大部分地区的发展过程中，国家发展主义体制下的国家机构通过一系列再分配的财政、产业和基础设施政策，将各自的国家地域作为经济增长连贯的一体化框架。最近，在世界经济中的大部分地区，主要的城市和区域经济已成为一系列空间选择性政策的重要战略目标，旨在地缘经济一体化加速的背景下增强国家竞争优势。在这些阶段，国家主导的帝国主义、殖民主义和新殖民主义等多元化形式也深刻地影响了每个国家管辖边界之外的空间不均衡发展模式，不论是通过攫取原材料、建立市场，还是施加有利于外国直接投资的内部管制条件。虽然这些干预措施的具体效果各不相

---

[50] Kevin Cox, *Political Geography: Territory, State, Society* (Cambridge, MA: Blackwell, 2002), 253.

同，而且往往与官方宣布的政治目的有很大的分歧，但是这些例子表明，各个国家在尝试通过多种方式塑造与重塑其所啮合的空间不均衡发展模式。

第五，国家的地域结构提供了各种要素交叠的制度竞技场，社会运动可以通过这些竞技场尝试改变原有的空间不均衡发展形式。鉴于地方再现了资本主义创造性破坏的许多最具破坏性的后果都在此发生的最直接的地理领域，社会运动经常会采取一种基于地方的形式。然而至关重要的是，国家的"嵌套等级结构"及其地域集中、边界化与内部分化的制度形式，可能同样成为相关社会力量对抗资本主义创造性破坏脱位的重要平台。[51]鉴于以地方为基础的动员试图利用国家的机构能力来实现其议程，所以它们往往必须采用地域的形式。在这种情况下，国家机构（不论是国家的、区域的还是地方的）可能被动员起来反对资本的地方营造与地方转型战略，或者至少作为重塑后者以适应民众或派系要求的一种手段。与此同时，资本家们可能会采用他们自己的地域战略，利用国家机构来维持、改变或转型他们当前或预期的积累战略所依赖的劳动力空间分工。通过这种方式，国家的地域结构成为激烈政治竞争的领域，不同的社会力量致力于影响资本积累的地理与路径。[52]因此，国家机构通过在所有层级上的相互作用形成地域联盟的过程可能会对建构空间不均衡发展的情境特定形式产生深远的影响。

尺度与空间不均衡发展

我对空间不均衡发展的地方、地域与地理的探索，始终是以社

---

[51] Harvey, *Limits to Capital*, 430.

[52] Cox, "Territorial Structures of the State."

会空间关系第三个同样基础性的维度——地理尺度——为前提的。正如我在前一章中已经充分论述过的，尺度结构化的过程通过一个同样重要的垂直维度，基于他们在关系上相互交织且连贯的单个层次如本地、大都市区、区域、国家和全球之间的分化和分层，对地方与地域社会空间关系的水平或地区分化形成补充。由此可见，与资本主义背景下其他核心的宏观地理过程一样，空间不均衡发展也具有深刻的尺度分化特征。事实上，之前在地方与地域语境下讨论的空间不均衡发展的所有方面同样也是通过强烈的尺度分化与普遍的尺度分层的方式得以建构。就像前面讨论过的地方营造与再地域化的形式一样，空间不均衡发展的尺度分化通过连续几轮的尺度重构，同样具有历史可塑性。

资本主义工业化过程中资本主义劳动力空间分工的建立与政治权力的再地域化不仅导致了地方的生产与转型、新的地方内部与地方之间分工的强化、资本主义超越北大西洋心脏地带的地域拓展，以及整个资本主义空间经济中社会空间不平等的地域分割；而且，这些发展也与尺度分化和尺度间分层的新形式紧密交织在一起。

首先，地方与区域尺度被制度化为资本、劳动力与基础设施等特定资本主义聚集的关键空间利基，蕴含于主要的大都市区中心与城市区域。[53]这种空间不均衡发展的地方和区域尺度与前面所述的地方内部和地方之间不平等的生产相互交织在一起，但不能归结为后者。这不仅包含大都市区空间组织的内部极化、城市和城市-区域与周边腹地的进一步分化，而且也涉及其从地方、国家

---

[53] David Harvey, "The Urbanization of Capital," in *The Urban Experience* (Baltimore: Johns Hopkins University Press, 1989), 17—58.

到帝国与全球尺度社会空间关系更为广泛的分层架构中的战略性定位。

第二，全球尺度被强化为资本主义扩张的终极地理范围主要蕴含在世界市场之中。[54]这种全球化的资本循环导致了资本主义体系在迄今为止尚未被整合地带的猛烈扩张，以及新的全球核心/边缘极化形式的成型。它还有助于将全球尺度巩固与激活为一个面向资本法则时空拓展的新兴资本主义尺度间等级结构具有包含性的地理参数。

第三，国家尺度进一步强化并趋于稳定，被普遍作为日益全球化的资本主义竞争空间中的制度化调解领域。这一角色在政治-制度等级、政府间传导与现代国家体系的军事机构中得到了最强有力的体现。[55]这种世界范围内政治-经济空间的国家化（和国际化）的尺度化，之前已经通过（国家）地域的分析视角讨论过了。它还直接导致了先前概述的各种形式的地方间分化与地域不平等，并反过来被其强化。

与后面这一趋势相关联，空间不均衡发展的过程也被建构到其他的一些地理尺度，包括(1) 邻里尺度，体现在大都市区内部的社区组织与政治管辖；(2) 超国家或帝国尺度，体现在制度与/或军事划分的资本循环、殖民以及政治管制空间，包括多个民族国家与/或从属地域（例如欧盟或大英帝国）。空间不均衡发展的每一种尺度都为基于地方与地域的不平等设定了框架，并对其进行调解。鉴于上述的每一种尺度都组成了现代资本主义更为广泛的尺度间等级体系中额外的组织层次、运作领域与竞争筹码，因此它会

---

[54] Marx, *Capital*; Wallerstein, *The Modern World-System I*; Smith, *Uneven Development*.

[55] Smith, "Remaking Scale."

促使空间不均衡发展的进一步分化与分层。

由于尺度是被定义为一种关系属性，之前概述的尺度的制度与空间连贯性，只能通过分析它们在历史上地理特定的政治竞争尺度间结构独特、变化的位置与运作来进行把握。与此同时，由于尺度、尺度间关系、尺度结构的功能激活在历史上通过多元化的政治战略与斗争不断演化，尺度分化的模式不应被视为一种机械化的结构性必然，不论是与资本积累的过程，还是与任何其他强有力的行动者、联盟或组织的议程相关。尽管如此，因为邻里、地方、区域、国家、超国家甚至全球尺度的基本分化被系统性地再生产为不断被创造性破坏的劳动力空间分工、地方间关系与地域结构，所以尺度间的架构可以被视为资本主义不稳定的地理景观中一个相对深层次结构。从这个意义上来说，资本主义背景下空间不均衡发展的形成过程同时预设并且强化了尺度分化与尺度分层的独特构成，其在根本上与社会空间关系的地方与地域建构紧密交织在一起。

然而，正如基于地方与地域的空间不均衡发展模式在资本主义的地理历史中被深刻地重塑，其尺度地理的关键层面也是如此。空间不均衡发展的尺度结构超越了之前概述的资本主义尺度间关系的具体实例被强化的尺度分化的最初浪潮，在资本主义世界经济中呈现出历史特定的形式，并在资本主义发展过程中被相应地重新编织。事实上，正如我在前几章中详细论述的，不论是在历史上还是当前全球社会空间重构加速的时刻，这些连续的危机诱导的尺度重构浪潮再现了资本主义背景下空间不均衡发展的一种基本媒介与表达。

商业主义与早期工业化资本主义包含了一种普遍化的尺度相对化状况，没有一个单一的尺度可以成为主导性的政治-经济组织层次。空间不均衡发展的模式在多个空间尺度上被建构起来，从地方与国家到帝国与全球。在早期现代资本主义与帝国主义扩张的新地理中，空间尺度提供了一个相对具有可塑性的框架；在这一框架中，空间不均衡发展可以在不同类型的地方、地域与景观之间被分化。

这种尺度相对化的情况在 18 世纪开始的民族国家强化时期被重新建构，并在资本主义工业化与地域殖民化连续不断的浪潮中持续到了 20 世纪。在这整个长时期中，直到 20 世纪 70 年代国家发展主义资本主义的最终消亡，国家尺度才越来越占据主导地位，作为空间不均衡发展成型的焦点与管理空间不均衡发展政治战略的制度场所。正如彼得·泰勒所指出的，在每个国家的地域范围内，施加一种经济过程与政治组织之间空间一致性的努力，也促使社会空间关系的关键方面变得日益国家化。[56]可以确信的是，空间不均衡发展的模式也在其他空间尺度上被建构，从全球与帝国到大都市区与本地，但是这一时期政治-经济生活地域化的不断增强与社会空间不平等的普遍国家化是密不可分的。[57]因此，帝国、殖民地、国家与大都市地区内部核心/外围极化的不同形式与模式被越来越多地理解为仿佛它们可以齐整地向上聚集到或向下分解到政治-经济组织的国家尺度之中。尽管出现了重大的地缘经济危机、持续不断的产业重构浪潮、灾难性的军事冲突，以及周期性地动摇既有社会空间安排的民众暴力与反殖民叛乱，这种国

---

[56] Taylor, "State as Container." 也可参阅 Philip Cerny, "Globalization and the Changing Logic of Collective Action," *International Organization* 49, no. 4 (1995): 595—625; Michael Mann, *The Sources of Social Power*, vol. 2: *The Rise of Classes and Nation States*, 1760—1914 (New York: Cambridge University Press, 1993).

[57] Maier, *Once within Borders*.

家化的尺度间结构仍然被广泛地保留了下来，一直延续到20世纪晚期国家发展主义资本主义发生系统性的危机。

正如我在前面几章中所论述的，20世纪70年代之后的全球资本主义重构从根本上动摇了长期以来根深蒂固的国家化尺度修复，从而产生了尺度相对化的新局面。跨国公司与全球金融资本自20世纪70年代初以来的扩张、新国际劳动分工的强化、后福特式产业集聚的成型、国家地位的空间重新组织、经济治理的新自由主义化、国际离散性流动的加剧、新信息技术的强化是这些广泛的尺度重构过程最引人注目的表现。一些学者根据假定的单个空间尺度的主导作用来描述这些趋势的特征——例如，“新全球主义”“三角化”“欧洲化”“新区域主义”“新地方主义”或“地方-全球联结”的论述。[58] 相反，在这里提出的论点是资本主义的尺度架构作为一个整体——尤其是空间不均衡发展的尺度架构——正在以不可预测的、激烈竞争的、通常是随机的方式被挑战与改造。[59]目前，这种尺度相对化的地理还没有僵化地成为一种稳定的社会空间形态；它比任何一种相关的尺度修复模式更接近于尺度间波动变化的状况。这一解释主要是基于先前的观察：(1) 原先的节点、从属性或边缘空间尺度在当代政治-经济过程、战略与斗争中获得了新的重要性；(2) 由相对离散化、连贯的尺度层次——例如国家、区域、地方——组成的单独化与分化的原有模式，正在全面地被当代社会空间的转型重新建构。

当代尺度的相对化不能被错误地构建为空间不均衡发展作为

---

[58] 关于这类立场的批判性综述，可参阅 Lee and Wills, *Geographies of Economies*.

[59] 也可参阅 Bob Jessop, “The Crisis of the National Spatio-Temporal Fix and the Ecological Dominance of Globalizing Capitalism,” *International Journal of Urban and Regional Research* 24, no. 2 (2000): 323—60.

资本主义空间经济的一种内在特征的超越或弱化。相反，正如尼尔·史密斯在20多年前尖锐地指出的："20世纪80年代和90年代的全球结构调整与其说体现了全球社会与经济发展水平的均匀输出，不如说是对既有不均衡地理发展模式的深化与重新组织。"[60]因此，这里的关键主张不是国家尺度正在被消解或取代，也不是任何其他尺度如今已经获得了一种运作上的支配地位——就像资本主义地理历史发展早期阶段的国家尺度一样。更为重要的是，空间不均衡发展的模式不再围绕政治-经济组织、国家或其他主导性的尺度进行配置，而是通过先前更加连贯的、单独化的尺度层次之间日益密集的社会空间关系来生产。这些相互交织的发展再现了尺度相对化当代形式的"种差"(differentia specifica)。针对当代尺度相对化过程与新兴空间不均衡发展地理之间相互作用的解读，可以说是当代尺度研究中最为紧迫的分析任务之一。

总之，这一讨论提出了一些关键的方法。在这些方法中，尺度化和尺度重构过程可能会影响空间不均衡发展过程，并反过来被空间不均衡发展过程所塑造。

·资本主义背景下尺度的单独化与分化产生了一个等级化的、分层的但不对称配置的社会空间结构框架，并通过这一框架空间不均衡发展的过程被组织与再生产。

·尺度结构本身是内部分化与分层的，它们包含了构成层次或分层之间的具体劳动分工(尺度劳动分工)。在多元化的政治-组织情境与混杂的制度景观中，这种尺度劳动分工是空间不均衡

---

[60] Smith, "Satanic Geographies," 183. 也可参阅 Amin, *Capitalism in the Age of Globalization*.

发展的关键尺度化表达。

· 当尺度间关系围绕相对已经建立的尺度劳动分工被暂时性地稳定化时，尺度修复可能会出现。因此，它们再现了一个社会空间框架，其中，尺度建构的、尺度分层的与尺度依赖的空间不均衡发展形式可能变得可运作，并可能被进一步巩固。

· 当尺度修复被瓦解、尺度间关系变得不稳定时，尺度重构就会产生新的尺度分化形式、政治-经济组织的新尺度、新的尺度间结构与尺度分层的新模式。因此，尺度重构过程可能会瓦解空间不均衡发展的既定结构，并产生新的社会空间分化、分层与不平等。

· 鉴于尺度间安排是具有竞争性的，尺度政治可能会出现，不同的社会力量与政治联盟在其中相互斗争，重新校准既有尺度层次的运作导向、组织体系与社会空间参数及其关系性嵌入的更广泛的尺度化等级体系。从这个意义上来说，如同地方与地域一样，尺度可以作为挑战既有空间不均衡发展模式的社会运动的战略性基点。因此，基于尺度的空间不均衡发展模式的具体结构成为社会政治竞争的竞技场与筹码。

网络与空间不均衡发展

这些考虑将我们进一步引向了近年来吸引相当多关注的空间不均衡发展的另一维度，即将网络视为一种可替代的、基于"链接的点与流动的线，而不是固定的表面与边界"的社会空间组织拓扑模式的基础。[61] 在萨拉·沃特摩尔(Sarah Whatmore)与洛瑞恩·索恩(Lorraine Thorne)看来，网络再现了一种"有序链接

---

[61] Whatmore and Thorne, "Nourishing Networks," 289.

的模式”;在这种模式中,不同的社会空间跨越地方、地域与尺度相互链接在一起。[62] 与此类似,海尔格·雷特纳认为,网络通过在地理上分散化的节点之间建立水平的、毛细管状的或根状的相互联系而“跨越空间”。[63]因此,“网络跨越的空间表面是流动的与不稳定的”:(1) 网络节点之间的链接程度可能会波动;(2) 网络成员的组成模式可能会变动;(3) 多个网络彼此之间可能会相互重叠、渗透与交叉。[64]

网络的地理长期以来在资本主义的地理历史中占据着核心地位,它们几乎与所有具体形式的地方、地域与尺度的混杂、不均衡的地理紧密结合在一起。事实上,企业间网络、人员流动网络、地方之间的网络、基础设施网络、国际网络与基于网络的社会运动彼此之间完全地相互渗透,共同构成了之前所述的基于地方、地域与尺度的商业、工业、国家发展主义、全球化/新自由主义化资本主义的地理。下面用三个例子简要地说明网络在调解与激活空间不均衡发展模式中的作用。

第一,资本积累的过程长期依赖企业之间的网络关系。尽管同一产业部门的许多企业会拼命地争夺利润份额,然而也有一些企业会通过分包、信息共享、技术转让与各种“非贸易相互依赖”形式建立合作关系。[65] 虽然这种企业间协同的精确属性在资本主义工业化的每一波浪潮中都在不停地演化,但在资本主义发展的地理历史中,其通常有助于强化聚集的过程,并因此加固了更为广泛

---

[62] 同上,295。

[63] Leitner, “The Politics of Scale and Networks of Spatial Connectivity,” 248.

[64] 同上,248—249。

[65] Michael Storper, *The Regional World: Territorial Development in a Global Economy* (New York: Guilford, 1997).

的基于地方的空间不均衡发展矩阵。[66]

第二,现代国际体系的强化与普遍化同样也产生了国家内部与国家之间各种类型的网络关系。通过国际组织、国际条约、国际协议与其他类型的管制安排、司法协议与治理实践,网络在世界范围内的国际体系中发挥了重要的调解作用。[67]网络长期以来也在每个国家的政府间关系中发挥着核心的作用,一般被用于协调政府各机构、部门与各层级之间的活动,并越来越多地协调公民社会中多元化的行动者与组织的活动。鉴于这些政府间网络与管制战略会影响资本投资、国家活动、公共服务供给与社会政治斗争的地理,它们也必然会影响更为广泛的基于地方与地域的空间不均衡发展模式。

第三,除了以地方为基础、根植于地域、尺度分化的形式之外,社会运动还采用了网络化的组织模式来实现其目标。从国际社会主义与女权运动,到艾滋病联盟、全球正义运动、阿拉伯之春、占领华尔街运动与黑人生命也重要等,社会运动的活动一直依赖网络联系,将其作为跨地方、尺度与地域沟通、协调与动员的基础。通过当代新的信息技术与相关的社会媒体的普遍化,这种根茎式的网络运作的尺度与影响已经有力地得到强化,同时新技术与新媒体也被基于地域的机构如国家积极并经常秘密地用于增强监控、扩大宣传以及加强专制政治控制的形式。[68] 社会运动的网络通常

---

[66] Allen J. Scott, *Regions and the World Economy* (Oxford: Oxford University Press), 1998.

[67] James N. Rosenau and Ernst Otto Czempiel, eds., *Governance without Government: Order and Change in World Politics* (Cambridge: Cambridge University Press, 1992).

[68] Manuel Castells, *Networks of Outrage and Hope: Social Movements in the Internet Age*, 2nd ed. (Cambridge: Polity, 2015).

嵌入地方与地域，并相互交织，它们总是以尺度分化的形式被建构。然而，其地理特征不能被归结为社会空间关系的任何一个维度。鉴于网络化战略可能会增强社会运动的能力进而影响社会空间的重构过程，它们也可能会影响历史特定的空间不均衡发展的形成。

总而言之，网络可以通过以下几种基本方式来建构、调解与影响空间不均衡发展模式：

· 网络通常对基于地方、地域与尺度的空间不均衡发展模式进行横切。通过这样做，网络构成可能会增强、中断或破坏地方内部分工、劳动力空间分工、地域边界、地域间关系或尺度结构。同时，网络也可能加强而不是缓解既有的社会空间不平等地理，无论是基于地方的、地域的或是尺度的属性。[69]

· 与网络无等级化、平等化与民主化的那些流行表述相反，大多数实际存在的网络是内部分层的与外部排斥的。它们包含了权力等级与分层体系，以损害网络内外部的其他力量为代价，使一些社会行动者、组织与力量边缘化。[70]这可以通过参与者影响网络运作的不同能力；通过在网络内建立分层化的劳动分工，在参与者之间差异化地分配资源、任务与责任；与/或通过建立独特的封闭规则，限制特定的个人、行动者或组织实体参与网络等方式呈现出来。虽然这些基于网络的权力关系可能以相当混杂的社会、政治与组织形式表现出来，但它们通常会对空间不均衡发展的形成及

---

[69] Sheppard, "The Spaces and Times of Globalization"; Helga Leitner and Eric Sheppard, "'The City Is Dead, Long Live the Net': Harnessing European Interurban Networks for a Neoliberal Agenda," in *Spaces of Neoliberalism*, ed. Neil Brenner and Nik Theodore (Oxford: Blackwell, 2002), 148—71.

[70] Leitner and Sheppard, " 'The City Is Dead, Long Live the Net.' "

其独特的地理产生强有力且广泛的影响。

新兴的网络地理如何改变空间不均衡发展的原有模式，是当代社会理论中的一个相当有争议的问题。一些研究当代地缘经济重构与新信息技术的著名学者指出，当前的网络正在取代作为资本主义长期地理历史基础的根深蒂固的地方、地域与尺度的地理。与地域将被瓦解或侵蚀的预测相似，这一观点也通过一些富有影响力的论述得到进一步的发展，包括曼纽尔·卡斯特尔的"流动空间"概念、阿什·阿明对"无尺度"与"拓扑式"的全球化解释的提议，以及萨利·马斯顿（Sallie Marston）、琼斯（J. P. Jones）与基思·伍德沃德（Keith Woodward）关于"扁平化的本体论"的激进解构。[71] 这些作者多元化的理论、经验与政治关注点不能简单地被归结为特定的空间不均衡发展的问题域，但是它们通常暗含着正在通过一个全新的社会空间关系结构超越原来的地域不平等格局——一个基于拓扑、根茎状的网络本体的结构正在取代所有其他的社会空间安排。

然而，这里还有一个不可能解决的存在争议的问题：就基础设施、信息、技术、社会、金融还是政治方面的特征而言，空间不均衡发展的原有模式是如何被新兴网络拓扑重塑的？前面的论述可能为这一问题的调查提供了一些方法论的导向，因为它们突出了任何过度强调或迷恋社会空间关系这一单一维度方法的局限性。因

---

[71] 参阅 Richard O'Brien, *Global Financial Integration: The End of Geography* (London: Pinter, 1990); Castells, *The Rise of the Network Society*; Ash Amin, "Spatialities of Globalization," *Environment and Planning* A 34 (2002): 385—99; Sallie Marston, John Paul Jones, and Keith Woodward, "Human Geography without Scale," *Transactions of the Institute of British Geographers* 30 (2005): 416—32.

此，相较于追求一种单纯的网络拓扑分析——或者一个排他性的关于尺度结构与尺度重构的尺度分析，关于地域化的地域主义分析方法论，还是基于地方营造的地方中心主义分析——在这里提出的多态化方法的分析更加想要阐明与分辨特定历史地理情境中混杂的、流动的、不断变异的社会空间关系维度。在这样一个框架中，地方、地域、尺度与网络的确可以在一个抽象的方法论层面上进行划分，作为社会空间关系的关键研究焦点与分析的独特维度。然而，在初始构建之后，对这些地域的具体经验调查还需要这些概念抽象的自反性组合，以便解读社会空间关系事实上的多维度特征。[72]

显然，关于网络化、拓扑形式的社会空间组织正在获得新的重要性的观察已经产生了巨大的影响力——就像尼尔·史密斯在20世纪80年代关于尺度的初步反思——它引导学术界开始关注以前被忽视的社会空间关系维度，如今在当代社会空间实践的重要领域中被更多地系统性地运作与制度化。然而，这一有用的观察结果并不能从逻辑上解释为地方、地域与尺度不复存在，不再与网络地理相互交织，或者不再被用来调解社会空间关系。相反，正如埃里克·谢泼德所说，探索"网络内部的空间结构与权力等级及其相当程度的韧性与路径依赖"是至关重要的。[73] 谢泼德进一步

---

[72] 参阅 Jessop，Brenner，and Jones，"Theorizing Socio-Spatial Relations，" 图 1。正如我们在那篇文章(第 382—383 页)中所论证的："单一维度主义源于一个抽象的、简单的切入点，然后通过合并、本质主义或迷恋主义，仍然坚持这个领域。因此，无论分析可能变得多么具体，在单一维度框架内仍然是混乱的。"因此，关键不是要拒绝社会空间研究抽象、简单切入点的有用性——无论是与地方、地域、尺度、网络还是其他理论的关系。这里的论点是这种抽象的切入点仍然是研究议程与调查领域的初始构架，从更具体、复杂的层面来看，通常会要求各种抽象概念的独特组合，以及采用一些补充性、情境定制的分析范畴与方法论策略。

[73] Sheppard，"The Spaces and Times of Globalization，" 318.

解释，面对这一任务时，我们不仅需要对“一个地方参与的网络”进行拓扑学的论述，而且同样需要对“（地方）如何在这些网络空间中定位”构建一种地域化、尺度分化的分析。[74]简而言之，对网络进行严谨的多态化分析需要使用拓扑学导向的范畴，以及自反性的基于地方的尺度化与地域化的分析。否则，就会陷入网络中心主义的方法论谬误：它会导致将资本主义社会空间关系根本上多态化的千层糕形态归结为一种单一的、过度概括的，甚至是拜物教式的拓扑网络形式。

我们只是刚开始解读最新一轮资本主义创造性破坏所产生的新兴的社会空间动态、轮廓、矛盾与结果，以及它对空间不均衡发展模式与路径的广泛影响。本章中提出的概念集合旨在通过提供一种方法上的唯名主义，来对抗已经在当代社会空间理论中具有影响力的准本体论立场。从这个角度来看，这里的关键议题不是将地方、地域与尺度非线性地由新兴的网络拓扑取代，而是通过对塑造当前与未来空间不均衡发展的持续战略与斗争，将其视为社会空间实践彼此关联的维度之间的共同再构、相互纠缠与密集交织。

资本主义城市肌理的多态化研究方法

里奇·豪威特（Richie Howitt）在20世纪90年代末发表的一篇关于尺度理论的精辟文章中，反对将地理尺度视为相对于社会空间关系其他方面而言的“首要概念或独立概念”[75]。同样强有力

---

[74] 同上，317。

[75] Richard Howitt, "Scale as Relation: Musical Metaphors of Geographical Scale," *Area* 30, no. 1 (1998): 51.

的是,豪威特也拒绝将尺度仅仅视为其他更为基础性的社会空间过程的一种效应。在豪威特提出这些观点之时,这种倾向也正受到蓬勃发展的尺度生产研究的强烈批判。然而,与此同时,由于学者们过度拓展了尺度概念,涵盖了社会空间关系的其他各种不同维度,导致前一个问题——在此用"尺度中心主义"的标题来描述——已经变得非常普遍。豪威特很有预见性地反对这两种观念,他坚持认为在"地理整体性的构建与动态"中,尺度应该与其他的核心地理概念(如地方与地域)一样,享有"同等重要"的地位。[76]

本文所呈现的分析与豪威特的概念化紧密关联:在这里,从较高的抽象层面,构建了一种对地方营造、地域化、尺度化与网络化过程同等重要的理解,涉及如何解释资本主义长期运行的地理历史中空间不均衡发展地理的问题。与豪威特一样,我也坚持认为,尺度虽然对资本主义发展的历史地理不均衡至关重要,但它只是其中最重要的一个方面。此外,同样重要的是,这里构建的社会空间理论方法要求我们不仅将尺度化过程概念化为与相关联的地方营造、地域化、尺度化与网络化过程具有同等地位,而且还要探索后者在特定情境中的相互纠葛,以及建立、再生产、调解社会空间关系混杂的多态化肌理和反复的转型。[77]图 8.4 总结了这一论证思路的一些关键要素。

---

[76] 同上,56。

[77] 在这个意义上,我的观点也与海尔格·雷特纳、埃里克·谢泼德、乔·平特最近的作品产生了共鸣,他们也同样关注探索关键社会空间的相互交叠过程——尤其是地域化、尺度化与网络化——产生了不均衡的资本主义政治-经济地理。参阅 Leitner, "The Politics of Scale and Networks of Spatial Connectivity"; Sheppard, "The Spaces and Times of Globalization"; Joe Painter, "Rethinking Territory," *Antipode* 42, no. 5 (2010): 1090—118.

社会空间关系的维度	空间不均衡发展的建构与成型
地方/ 地方营造	· 地方内部的划分/地方之间的划分 · 不同类型地方之间的分化：城市/非城市、生产/再生产、工作/休闲、积极的/不活跃的 · 劳动力空间分工：在更为广阔的地方体系中对不同地方或不同类型的地方进行特定功能的分配 · 基于地方的社会运动与斗争可能改变空间不均衡发展的模式
地域/地域化	· 地域作为衡量空间不平等的自然化单元 · 地域内部的不平等/地域之间的不平等 · 不同地域类型之间的分化：核心与边缘、大都市与腹地或殖民地 · 国家地域可能对资本创造性破坏的动力施加摩擦的元素：他们在不断变化的空间不均衡发展景观之上引入与强化一种(临时性)固定的元素 · 国家地域通过多元化的管制战略在其辖区内部创造资本投资与移动的分化条件 · 基于地域的社会运动可能会改变社会空间不平等的模式
尺度/尺度化	· 基于地方与地域的不平等总是会在特定的空间尺度形成(邻里、地方、区域、国家、超国家和/或全球)。因此，空间不均衡发展总是尺度建构与尺度分化的 · 尺度劳动分工：在更为广阔的尺度间结构中针对不同尺度或尺度类型的特定功能的分配 · 不同类型尺度之间单独化、分化与分层：主导尺度与节点或从属尺度 · 尺度重构：社会空间不平等的模式可能会通过更为广阔的尺度组织的变化而发生重构 · 尺度的政治：尺度组织原有框架的竞争；创造新的尺度组织形式与相关联的尺度间关系的分层 · 特别指出：尺度内部的划分与分化不能通过单纯的尺度语汇进行完全的把握；它们通常是基于地方的、地域化的和/或网络化的社会空间关系模式的表达
网络/ 网络构成	· 基于网络的空间不平等与基于地方的、地域的和/或尺度划分之间紧密相互交织；诉诸“纯粹”的网络空间通常是一种意识形态上的神秘化 · 网络内部的不平等与不同类型网络之间的不平等 · 网络劳动分工：在更为广阔的循环结构中不同节点之间的特定功能分配；网络内的节点通过权力关系的内部分层

图 8.4　资本主义背景下空间不均衡发展的关键维度

这些考虑对本书中提出的资本主义城市肌理的概念化具有重要的启示，并且与空间不均衡发展的问题域密切相关。从第二章中对资本的固定性/运动性矛盾的分析开始，我一直在强调资本主义城市肌理的多态化特征——它通过多元化社会空间过程的建构与转型，包含地方营造、地域化、尺度化与网络化之间相互啮合的战略。通过这样做，我的主要分析议程一直在致力于探索现代资本主义背景下的城市化过程是如何被尺度分化与尺度分层的，尤其是与连续几轮的国家空间管制之间的关系，其地域与尺度地理反过来又深刻地影响了城市肌理。通过提出将(当代)城市问题重新框定为尺度问题，这一调查必然会特别关注城市化的历史性尺度化，特别是正在进行的尺度重构过程在新城市空间生产中的作用。因此，尽管我围绕全球城市的形成、世界城市群岛、城市治理的企业家主义形式、基于信息与通信技术的城市经济发展战略、竞争性城市-区域主义与城市增长机器的探索涉及与这些过程相关联的基于地方、地域与网络地理，但我最为关注的还是它们在以尺度相对化加剧为特征的地缘经济与地缘政治情境中如何发挥尺度化的激活者、调解者、表达与产物的作用。实际上，我在这里的研究议程并没有聚焦于阐明当代城市社会空间重构的多态化特征，而是更为关注对这些过程独特的，也许是动态变化的尺度维度的追踪、分析与理论化。

这一程序看起来是恰当的，因为它使一个被忽视的、理论化不足的与日益具有战略重要性的城市重构维度得到了体现。然而，即使这样的概念化做法在当代城市研究的多元化领域被证明是引人注目的，但它的实质性贡献与未来的分析潜力也必须以相当谨慎的态度来看待。特别是涉及本章前面概述的单一维度主义的方法论危害，必须避免尺度化分析模式向各种形式的尺度中心主义、尺度还原主义与尺度迷恋主义发展的趋势。因此，任何将城市问题作为尺度问题进行理论性反思的方法都必须采用能够阐明城市空间尺度化与尺度重构的方法论战略，而不能过度地概括尺度化概念，将城市社会空间重构的其他不同维度都涵盖在内。简而言之，城市问题今天很可能已经变成了一个尺度问题，但是绝对不只是这样而已。不论是作为一个理论化概念，还是作为一个研究工具，或是作为社会空间实践、战略与斗争的一个维度，尺度都存在着决定性的局限性。矛盾性的社会空间关系构成、激活并不断地转变资本主义城市肌理，其本身是具有多个维度的；其多态化地理在持续地超越任何与所有可能被用来解读它们的概念抽象的参数。

因此，我对资本主义背景下空间不均衡发展的千层糕模式的探索如今产生了一种与我在前几章中构建的分析模式相对立的自我批判方法论。我的主张不是认为当代城市问题的尺度视角有误导性，而是认为它可能是单方面的，除非它自反性地与其他关键分析范畴相结合，进而阐明城市空间的多态化性质与城市社会空间重构的多个维度。不论是资本主义城市肌理、国家空间、社会再生产、社会政治动员、生态代谢还是其他的过程，都可能与基于地方的、地域的和/或网络化的社会空间重构动态错综复杂地纠缠在一起，这同样需要抽象理论化与具体整合的分析模式。确实，正如亨利·列斐伏尔在《空间的生产》中坚持的那样，对于社会空间分析的批判性方法而言，避免过早对社会空间关系进行整体化的解释是至关重要的，不论是迷恋其中的一个元素，还是暗示它们可以通过“空间科学”被全面地再现。[78] 社会空间可能从

---

[78] Lefebvre, *Production of Space*, 27—30, 90—91, 104. 关于这种辩证社会空间理论反对整体化方法的进一步构建，可参阅 Gillian Hart, “Relational Comparison Revisited: Marxist Postcolonial Geographies in Practice,” *Progress in Human Geography* 42, no. 3 (2018): 371—94；以及更为普遍的研究，可参阅 Bertell Ollman, Dance of the Dialectic (Urbana: University of Illinois Press, 2003).

某些角度来看是单一的、一维的、透明的、完全可知的、可塑的，因而是易于操纵的，这通常是一种政治-意识形态战略的结构化效应，它寻求对社会空间关系不稳定的、政治上竞争的变化施加威权式的控制。[79] 这种政治-意识形态的整体性战略及其相关的结构化效应可能会产生一系列基于地方的、地域的、尺度的或网络化的形式，这取决于它们寻求将社会空间关系的哪个维度或哪个组合进行工具化。

因此，单一维度主义不仅仅是社会空间研究中一种武断的认知错误或是权变性的方法论盲点；它产生于特定历史的政治战略、意识形态计划与再现技术，试图掩盖并化解社会空间结构中存在的有争议的、矛盾的权力关系。从这个意义上来说，强调多态主义不仅是一种解读资本主义城市肌理产生、竞争与转型的多重社会空间决定性的手段；也许更为重要的是，它还可以被用来作为一种颠覆霸权性空间意识形态——尤其是针对那些使城市化所依赖的激烈竞争的空间政治显得自然而然的意识形态——的批判性方法论工具。因此，社会空间分析的多态化方法是批判性城市理论概念与方法武器库中的重要组成部分。在 21 世纪初新自由主义资本主义城市化日益“后政治化”的时刻，它们可能会在再政治化城

---

[79] 在一个具有影响力的分析中，詹姆士·斯科特将这种结构化效应称为“国家简单化”——但是这种效应可能也是由非政府行动者与制度生产的，特别是那些与资本相关联的主体。可参阅 James C. Scott, “State Simplifications: Nature, Space and People,” *Journal of Political Philosophy* 3, no. 3 (1995): 191—233. 与此紧密关联的聚焦于与资本供应链相关联的尺度简单化（包括人类与非人类世界）的分析，可参阅 Anna Lowenhaupt Tsing, “Supply Chains and the Human Condition,” *Rethinking Marxism* 21, no. 2 (2009): 148—76. 也可参阅 Anna Lowenhaupt Tsing, “On Nonscalability: The Living World Is Not Amenable to Precision-Nested Scales,” *Common Knowledge* 18, no. 3 (2012): 505—24.

市知识构成的计划中发挥关键作用。[80]

除了对批判性城市理论研究的普遍性贡献之外，本章构建的概念化框架还为后续的城市问题调查提供了一些方法论上的思路。大多数 20 世纪主要的传统城市理论都是基于对城市空间单一维度的理解。例如，许多城市社会科学——从芝加哥学派的城市社会学到马克思主义的集聚分析——都倾向于以地方为中心的分析模式，即使这些分析模式通常会与对地方内部网络的探索相结合，不论是本地嵌入的社区组织、资本主义企业、工人还是其他方面。与此同时，最近对全球城市理论的构建倾向于奉行各种形式的网络中心主义，即使它们也经常会探索新兴的全球城市网络如何激活尤其是后福特主义的地方营造路径，以及如何反过来又被其塑造。在此背景之下，本文提出的论点提供了一个批判性的分析视角，对这些研究以及其他主要的传统城市研究的地理想象进行重新评价。

社会空间理论的自反性多态化方法如何颠覆传统城市社会科学针对其理论构建、方法论实验和具体研究地点的概念化方式？如何系统性地思考地方营造、地域化、尺度化与网络化过程之间的相互纠缠，并对支撑这些传统的框架性问题、概念语法、方法论策略与调查逻辑进行重新定位？例如，对 20 世纪早期到中期（再）地域化与尺度（重构）过程的探究将如何对受芝加哥学派启发的将邻里作为城市生活、社区组织与人文生态场所的方法框架进行重新

---

[80] Erik Swyngedouw, "The Antinomies of the Post-Political City," *International Journal of Urban and Regional Research* 33, no. 3 (2009): 601—20; Japhy Wilson and Erik Swyngedouw, eds., *The Post-Political and Its Discontents* (Edinburgh: Edinburgh University Press, 2014). 关于批判性城市理论与空间意识形态批判之间的联系，可参阅 Neil Brenner, *Critique of Urbanization: Selected Essays* (Basel: Bauwelt Fundamente/Birkhäuser Verlag, 2016).

设定？这样的探究将如何重塑资本主义工业发展过程中的马克思主义城市集聚理论与地方的政治？[81] 在第四章中呈现的全球城市理论的尺度化解读已经探索了尺度重构过程如何共同构建、调解与重塑这些文献主要关注的地方/网络关系的方法。这一分析也必然是以各种地域化和再地域化形式与全球城市的形成以及随之而来的全球化与新自由主义化的大都市区域中城市治理的尺度重构相互纠缠的论述为前提的。

范·米特仁与巴森斯在他们最近对世界城市群岛的研究中，发展了一种与本章中所提出的非常相似的批判思路。[82] 值得注意的是，他们的研究表明20世纪80年代之后欧洲全球城市形成的过程不仅涉及网络化与地方营造的动态，而且还与地域化、尺度分层的社会空间安排的生产与转型紧密交织在一起。他们认为，这种再地域化与尺度重构的过程并不是世界城市群岛的次要副产品，而是对于后福特主义、后凯恩斯主义与后发展主义时代的核心政治-制度与地理运作至关重要。范·米特仁与巴森斯认为，除非系统性地对社会空间关系的这些维度进行考虑，否则就无法充分理解高级生产性服务业企业的变迁；投资、金融、基础设施与劳动

---

[81] 由英国开放大学的多琳·马西、约翰·艾伦、艾伦·科克伦及其他人发展的社会空间理论的关系性方法，为这种理论探索提供了强有力的精准向导，可参阅他们关于伦敦区域化与地方营造过程出色的多态化研究。John Allen, Allan Cochrane, and Doreen Massey, *Rethinking the Region* (London: Routledge, 1998).

[82] David Bassens and Michiel van Meeteren, "World Cities and the Uneven Geographies of Financialization: Unveiling Stratification and Hierarchy in the World City Archipelago," *International Journal of Urban and Regional Research* 40, no. 1 (2016): 62—81. 也可参阅 David Bassens and Michiel van Meeteren, "World Cities under Conditions of Financialized Globalization: Towards an Augmented World City Hypothesis," *Progress in Human Geography* 39, no. 6 (2015): 752—75.

力的混杂循环;以及它们对新兴城市化过程的广泛影响。这反过来又会让整个全球城市研究"受制于那些针对全球城市形成必然性的批评",而在表面上它又是渴望颠覆这一论点。[83]然而,全球城市理论只是当代城市研究的众多重要领域之一,这种自反性的多态化方法论可能为与当代新自由主义、金融化资本主义相关联的空间整体化霸权计划提供强有力的批判。范·米特仁与巴森斯解释道:

> 分析跨越空间尺度的正当化与规范化过程是至关重要的,通过这一过程,它们(金融化的实践与循环)可以作为一种看似良性的"后工业化"增长战略持续下去。因此,揭示金融化积累的地方、地域与尺度层面的计划似乎超出了批判性城市研究方法本身,包含了对占主导性积累体制的社会性批判。[84]

这些论述并不意味着有一个先验的前提——将与城市研究相关联的所有地点、领域与问题域中社会空间关系的所有维度视为同等重要。正如我在前面已经强调过的,城市社会空间分析范畴的恰当组合是一个具有相对权变性的问题,需要在此基础上做出实用且在理论上有依据的决定。这样的决定很可能取决于具体研究所处的情境、地点与目的;随着调查过程的展开,这些问题也可能经常会需要重新思考。因此,我在这里想表达的要点是:相较于支撑 20 世纪主要的传统城市研究单一(或两个)维度社会空间关

[83] Van Meeteren and Bassens, "World Cities and the Uneven Geographies," 77.
[84] 同上,77—78。

系概念化方法来说，对于城市空间自反性的多态化理解可能为分析这些问题提供一个具有建设性的基础。所以，这里提出的方法也可能对正在进行的关于城市问题本身恰当的，也许是持续变化的且本质上还存在争议的空间参数的辩论有所贡献。

关于城市问题的多态化框架也可能为特定历史地理背景下的城市化模式与路径提供一些潜在的卓有成效的研究思路。城市研究者们长期以来一直强调城市发展的路径依赖特征：既有的建成环境、制度安排、生长机制与代谢循环的历史构成会强烈地影响重构的新兴路径。这种路径依赖性的社会空间结构与社会空间创造性破坏的新兴战略之间的碰撞产生了城市转型的特定过程。这种冲突的结果从来都不是结构上预先设定的，而是由情境嵌入的危机倾向、冲突、战略与斗争，以及与地方、行政管辖、生态相关联的权变性造成的。在某些时空背景下，既有的社会空间安排可能表现出强烈的顽固性，甚至是僵化的特性；而在其他的一些地方，它们可能会以相当惊人的速度与广度发生转型。因此，固定性/运动性的矛盾总是在特定的历史-地理景观中被清晰地建构出来，这些历史地理景观决定性地塑造了它的空间表达、时间节奏，以及它对城市发展路径的混杂影响。[85]

本文所提出的社会空间理论方法可能会对这种路径依赖性的城市重构历史地理的具体研究提供有益的启示。从这个角度来看，不论是从总体层面还是从世界历史发展的主要结构来看，都不存在与资本主义城市化相关联的单一"城市"形态。[86]更为确切地

---

[85] Christian Schmid, "Specificity and Urbanization: A Theoretical Outlook," in *The Inevitable Specificity of Cities*, ed. ETH Studio Basel (Zurich: Lars Müller Publishers, 2014), 282—97.

[86] Neil Brenner and Christian Schmid, "Towards a New Epistemology of the Urban?," CITY 19, no. 2—3 (2015): 151—82.

说，主要任务是调查通过特定情境下地方营造、地域化、尺度化与网络化过程之间的相互啮合而形成的资本主义城市肌理的多态混杂性。这种方法论上的指引可以有效地应用于相对熟悉的城市条件的呈现（例如大都市聚集区或多核心城市区域），从而为这些空间在时空中的生产与转型的混杂过程提供新的视角。这种方法也可以帮助开展针对世界上许多其他资本主义城市肌理成型的地理比较调查，不是将其简单地视为某些假定的基于通用模式的"偏离"，而是将其视为在混杂的世界城市化过程中基于独特情境的、理论显著的、相互关联的时刻。[87] 正是这些历史与地理特定的地方营造、地域化、尺度化与网络化过程相互纠缠的长时段路径依赖性的扩散，从总体上构成了并不断地重新编织资本主义城市肌理。

因此，资本主义的城市化不是一个单纯的波动变化过程。正如我在整本书中已经论述过的，对社会空间创造性破坏的驱动只是一种辩证法的时刻，资本依赖并寻求构建相对固定与非移动性

---

[87] 关于一些概念层面上对这种调查提供卓有成效的引导，且与我在这里的提议紧密关联的相关成果，可参阅 Roger Diener，Jacques Herzog，Marcel Meili，Pierre de Meuron，and Christian Schmid，*Switzerland: An Urban Portrait*，4 vols.（Zurich：Birkhäuser，2001）；ETH Studio Basel，ed.，*The Inevitable Specificity of Cities*（Zurich：Lars Müller Publishers，2014）；and ETH Studio Basel/Contemporary City Institute，ed.，*Territory: On the Development of Landscape and City*（Zurich：Park Books，2016）；以及 Alessandro Balducci，Valeria Fedeli，and Franceso Curci，eds.，*Post-Metropolitan Territories: Looking for a New Urbanity*（London：Routledge，2017）. 与这些探索具有高度关联性的另一些研究，可参阅 Alan Berger，*Drosscape: Wasting Land in Urban America*（New York：Princeton Architectural Press，2006）；Patrick Barron and Manuela Mariani，eds.，*Terrain Vague: Interstices and the Edge of the Pale*（New York：Routledge，2013）；Thomas Sieverts，*Cities without Cities: An Interpretation of the Zwischenstadt*（New York：Spon Press，2003）；François Ascher，*Métapolis ou l'avenir des villes*（Paris：Editions Odile Jacob，1995）；Lars Lerup，*After the City*（Cambridge，MA：MIT Press，2001）；Norton Ginsburg，Bruce Koppel，and T. G. McGee，eds.，*The Extended Metropolis: Settlement Transition in Asia*（Honolulu：University of Hawaii Press，1991）.

的社会空间结构，又以此支持其贪婪追求的剩余价值最大化攫取。当这种社会空间安排的稳定性在某种程度上趋于恒定时，城市化过程获得了一种连贯的模式化、管制化的结构——用哈维的经典术语来说，就是“结构化的连贯性”[88]。在第二章关于资本主义背景下固定性/运动性的矛盾分析中，我强调了这种结构化连贯性独特的尺度维度：资本的空间修复通常也需要进行尺度修复，它们同时生产且依赖特定情境社会空间关系的尺度化（与周期性的尺度重构）。在某种程度上，这一论证思路为哈维在20世纪80年代作品中大体上是地方中心主义的空间修复论述补充了一个更加自反性的尺度化分析模式，可以将资本主义城市化连续发展阶段中资本区域化的循环基础设施链接到社会空间的尺度化与尺度重构过程。因此，哈维的研究中所发展的地方中心主义的结构化连贯性概念可以有效地转变为一种二维的分析工具，它能够更系统性地探索：(1) 地方营造过程的尺度化；(2) 尺度间结构的地方嵌入性；(3) 地方营造与尺度分层的特定历史形态的共同构建；(4) 尺度分层在形成历史与地理特定的城市化模式与路径方面的作用；以及(5) 当代的尺度相对化过程对瓦解地方营造原有结构的大规模影响。

本章中呈现的社会空间理论的多态化方法能够促使一种分析模式变得相对化，并将其进一步拓展：它提供了一个扩展的概念集合，可以用于探索城市化社会空间结构生产过程中的路径依赖性与创造性破坏之间的相互作用。从这个角度来看，空间修复通常

---

[88] David Harvey, “The Geopolitics of Capitalism,” in *Social Relations and Spatial Structures*, ed. Derek Gregory and John Urry (New York: Palgrave, 1985), 128—63; David Harvey, *The Urban Experience* (Baltimore: Johns Hopkins University Press, 1989).

是基于地方与尺度分化的，但是它们也可能基于历史特定的地域化与网络化模式。因此，固定性/运动性矛盾的历史地理——以及资本主义城市肌理的历史地理——都必须使用严谨的多态化分析方法。资本的固定性时刻究竟是如何在混杂的城市化情境与结构中得到确立的呢？在某种程度上，资本主义城市化的结构化连贯性是暂时建立起来的，它主要是通过地方营造、尺度化、地域化或网络化战略形成的吗？或者更有可能的是，它是否涉及社会空间转型基于地方、尺度分化、地域化与网络化战略之间特定情境的相互作用？全球资本主义城市化的主要浪潮本身是否与这些社会空间关系维度之间的独特建构和相互纠缠有关？当代的尺度相对化过程在多大程度上从根本上，或者也许只是次要地，与去地域化的平行动态和/或地方营造的变异和/或网络化过程交织在一起？在前几章中，我通过对资本主义城市肌理及其尺度的调查，初步提出了北大西洋地区在福特-凯恩斯主义与后凯恩斯主义城市化浪潮中的此类问题，但是在方法论上主要强调了它们的尺度参数。然而，这里呈现的分析表明，对这些或许还有其他的城市社会空间发展的历史-地理周期进行更多的自反性多态化分析，可能会被证明具有更多的参考意义。[89]

---

[89] 在这里可能也需要提及一些关于经常破坏既有城市化地理危机构成的动态问题。正如大卫·哈维在其《资本的限度》一书中关于危机的“三次剖析”理论中所提出的经典观点，资本的内在危机倾向很可能呈现出一种独特的空间形式，特别是由于特定地点的贬值以及由此产生的在投资地点之间的资本转移战略。参阅《资本的限度》(Chicago: University of Chicago Press, 1982)，424—430。这一理论化也可以根据这里提出的社会空间分析的多态化方法进一步分化。在资本主义发展的连续性阶段中，危机的空间化及其战略响应可能不仅通过基于地方的、地方之间或尺度间的动态被建构，而且还通过(再)地域化与网络形成或重组的独特计划来加以明确。换句话说，塑造城市化进程危机构成的动态与社会空间创造性破坏的路径，很可能涉及地方营造、尺度化、地域化与网络化战略之间错综复杂的历史与地理特定的相互纠缠。

这些反思将我们带回到第三章，这一章中把城市问题作为尺度问题的核心论点之一：我认为“城市重构”调查的关键解释主要在于需要将这一过程中的城市组成要素与重构过程视为同等重要。正如这里所理解的，城市不只是一个表明重构过程在物理-区位意义上展开的描述性标签；相反，它指出了这一问题域本身，即需要调查的核心问题：城市不仅是城市重构展开的区位或竞技场，也是其媒介、产物与筹码。基于我在本章中的论述，这一命题如今获得了一种扩展的、概念上更为错综复杂且更具潜在生成性的内涵。正如这里所构想的，对城市重构的调查需要探索资本主义城市化的多形态结构本身是如何被编织的，并通过地方转型、尺度重构、再地域化与网络化的特定情境、路径依赖的过程而不断地被重新编织。这些过程之间不停息的、变化无常的相互啮合促使了原有城市化地理的创造性破坏，同时也预见了未来可能的社会空间结构，从而可能会建立一种新的城市空间生产的结构连贯性。这是一个多态化、系统性模式化但长期非稳定的社会空间地域，其中资本主义城市化的未来地理与路径正在被塑造并相互斗争。

第九章　星球城市化：城市问题的变异

在20世纪70年代早期，一位名为曼纽尔·卡斯特尔的年轻马克思主义社会学者（他后来流亡到了巴黎），在其经典著作《城市问题》中声称：他对于"城市问题"正在成为"政府政策、大众媒体以及大部分人日常生活中颇为关注的一个重要元素"的辩论感到"惊讶"。[①] 在卡斯特尔看来，这种惊讶源于他对城市问题的关注在意识形态上带有正统的马克思主义假设。他相信社会变革的真正动力来自其他地方，即工人阶级的行动与反帝国主义的动员。在此基础之上，卡斯特尔开始解构战后时期管理型资本主义背景下广泛流行的"城市意识形态"：他的理论严谨地使用了学术与政治话语对城市现象进行社会性的建构，但最终这一呈现来源于与资本主义和国家在劳动力再生产中所扮演的角色相关联的更加基础性的过程。

① Manuel Castells, *The Urban Question: A Marxist Approach* (Cambridge, MA: MIT Press, 1977 [1972]), 1.

在卡斯特尔出版这一经典著作近半个世纪之后，人们很容易会觉得21世纪早期关于城市问题的话语有一种相似的惊讶感——不是因为它掩盖了资本主义的运作，而是因为它已经成为一种占据主导地位的元叙事，不论是在学术圈还是在公共领域，都在通过城市问题来解释我们当前的星球状况。如今，城市社会科学、规划与设计领域的跨学科高等教育在主要的大学里蓬勃发展，历史学家、文学评论家、媒体理论家以及环境人文等新兴学科方法都在积极地探讨城市问题。同时，生物地球物理、计算科学家与生态学家也在通过探索新的基于卫星的数据源、地理参考分析与地理信息系统技术为城市研究做出贡献，他们为跨尺度、跨地域与跨生态的城市化地理分析提供了新的视角。[②] 还有一些经典的著作如简·雅各布斯(Jane Jacobs)的《美国大城市的死与生》(*The Death and Life of Great American Cities*)和迈克·戴维斯(Mike Davis)的《石英城市》(*City of Quartz*)，持续地引发关于当代城市主义的辩论。最近流行的一些关于城市的书籍，如爱德华·格莱泽(Edward Glaeser)的《城市的胜利》(*Triumph of the City*)、杰布·布鲁格曼(Jeb Brugmann)的《欢迎城市革命的到来》(*Welcome to the Urban Revolution*)与理查德·佛罗里达(Richard Florida)的《谁是你的城市?》(*Who's Your City?*)，以及格雷·哈斯推特(Gary Hustwit)的《城市化》(*Urbanized*)与迈克尔·格拉沃格(Michael Glawogger)的《巨型城市》(*Megacities*)等纪录片，

② David Potere and Annemarie Schneider, "A Critical Look at Representations of Urban Areas in Global Maps," *GeoJournal* 69 (2007): 55—80; Shlomo Angel, *Making Room for a Planet of Cities*, *Policy Focus Report* (Cambridge, MA: Lincoln Institute of Land Policy, 2011); Paolo Gamba and Martin Herold, eds., *Global Mapping of Human Settlement* (New York: Taylor & Francis, 2009).

都在公共领域中被广泛地讨论。[③]从纽约、芝加哥、威尼斯、瓦尔帕莱索，到基督城、首尔、深圳与上海，各大博物馆、博览会与双年展也都在广泛地关注城市文化、建筑、设计与发展问题。[④] 20 世纪 60 年代末，亨利·列斐伏尔提出了“城市的权利”概念，如今已成为不论是主流的还是激进的社会运动、联盟与改革者的大众集会宣言，同时也作为各类全球非政府组织、联合国教科文组织与世界城市论坛活动广泛使用的框架。[⑤]更为普遍的是，大都市区域已经成为不同形式的反叛动员的基地与竞技场，涉及政治权利与民主、财产关系与公地、不平等与社会再生产的基础设施、反紧缩政治与移

③ Jane Jacobs, *The Death and Life of Great American Cities* (New York: Modern Library, 1965); Mike Davis, *City of Quartz* (New York: Vintage, 1991); Edward Glaeser, *Triumph of the City* (New York: Tantor, 2011); Jeb Brugmann, *Welcome to the Urban Revolution* (New York: Bloomsbury, 2010); Richard Florida, *Who's Your City?* (New York: Basic, 2008); *Urbanized*, directed by Gary Hustwit (2011; London: Swiss Dots, 2011), DVD; and *Megacities*, directed by Michael Glawogger (1998; Vienna: Lotus-Film GmbH, 2006), DVD. 针对格雷泽尔、布鲁格曼、佛罗里达的强烈批判，可参阅 Brendan Gleeson, "The Urban Age: Paradox and Prospect," *Urban Studies* 49, no. 5 (2012): 931—43.

④ David Madden, "City Becoming World: Nancy, Lefebvre and the Global-Urban Imagination," *Environment and Planning D: Society and Space* 30, no. 5 (2012): 772—87; Gavin Kroeber, "Experience Economies: Event in the Cultural Economies of Capital" (master's thesis, Harvard University Graduate School of Design, 2012); Jorinde Seijdel and Pascal Gielen, eds., "The Art Biennial as a Global Phenomenon: Strategies in Neoliberal Times," *Cahier on Art and the Public Domain* 16 (2009), https://www.onlineopen.org/the-art-biennial-as-a-global-phenomenon.

⑤ Margit Mayer, "The 'Right to the City' in Urban Social Movements," in *Cities for People, Not for Profit*, ed. Neil Brenner, Margit Mayer, and Peter Marcuse (New York: Routledge, 2011), 63—85; David Harvey, *Rebel Cities: From the Right to the City to the Urban Revolution* (London: Verso, 2012); Christian Schmid, "Henri Lefebvre, the Right to the City and the New Metropolitan Mainstream," in *Cities for People, Not for Profit*, ed. Neil Brenner, Margit Mayer, and Peter Marcuse (New York: Routledge, 2011), 42—62.

民、气候韧性与环境危机以及其他许多政治竞争性的领域。⑥最后，关于全球气候变化的辩论越来越强调城市聚落的战略重要性，它既是环境恶化的主要来源，也是生态现代化、可持续性与韧性的潜在引擎。⑦

这些政治-文化发展趋势涉及多个方面，它们所累积的重要性当然是一个与社会空间重构的特定区域情境相关联的，需要持续解释、调查与辩论的问题。然而，它们似乎至少意味着城市空间在战略层面上对于世界各地的政治-经济与社会文化生活，以及对星球未来可能出现的愿景具有至关重要的作用。对于那些长期关注城市问题的人来说，不论是在理论、经验还是实践领域，这些显然都是令人振奋的发展。但是，它们也伴随着新的挑战与危险，至少关于城市本身既作为社会研究的分析范畴，同时又作为政治、日常

---

⑥ 参阅 Michael Hardt and Antonio Negri, *Commonwealth* (Cambridge, MA: Harvard University Press, 2009); Andy Merrifield, "The Politics of the Encounter and the Urbanization of the World," CITY 16, no. 2 (2012): 265—79; Andy Merrifield, "The Urban Question under Planetary Urbanization," *International Journal of Urban and Regional Research* 37, no. 3 (2013): 909—22; Margit Mayer, Catharina Thörn, and Håkan Thörn, *Urban Uprisings: Challenging Neoliberal Urbanism in Europe* (London: Palgrave, 2016).

⑦ 关于这些辩论有用的综述，可参阅 David Wachsmuth, Daniel Aldana Cohen, and Hillary Angelo, "Expand the Frontiers of Urban Sustainability," *Nature* 536 (August 25, 2016): 391—93; Maria Kaika, "Don't Call Me Resilient Again! The New Urban Agenda as Immunology," *Environment and Urbanization* 29, no. 1 (2017): 89—102. 更普遍的论述，可参阅 Nathan Sayre, "Climate Change, Scale, and Devaluation: The Challenge of Our Built Environment," *Washington and Lee Journal of Energy, Climate and Environment* 1, no. 1 (2010): 92—105; Timothy Luke, "At the End of Nature: Cyborgs, 'Humachines' and Environments in Postmodernity," *Environment and Planning A* 29, no. 8 (1997): 1367—80.

生活与斗争的实践范畴这一独特性的深度混淆在加剧。[8]

一方面，当代关于全球城市主义的主要话语都是以城市为中心的，用斯蒂芬·凯恩斯(Stephen Cairns)的话来说，他们“将城市视为城市化定义上的终点与因果引擎”[9]。这种观念最权威的来源就是联合国人居署，由于世界城市人口的迅速增长，据说在21世纪初已经超过了城市化的门槛值，因此他们宣称已经进入历史上前所未有的“城市时代”。[10] 由伦敦政治经济学院和德意志银行联合倡议组织和资助的一系列引人瞩目的城市时代会议，围绕

---

⑧ 关于分析范畴与实践范畴之间差异的论述，可参阅 Rogers Brubaker and Frederick Cooper, "Beyond Identity," *Theory & Society* 29 (2000): 1—47. 关于将其应用于城市问题的强有力反思，可参阅 Hillary Angelo, "From the City Lens toward Urbanisation as a Way of Seeing: Country/City Binaries on an Urbanising Planet," *Urban Studies* 54, no. 1 (2016): 158—78; David Wachsmuth, "City as Ideology," *Environment and Planning D: Society and Space* 32, no. 1 (2014): 75—90; 以及更早语境下的研究 Andrew Sayer, "Defining the Urban," *GeoJournal* 9, no. 3 (1984): 279—85.

⑨ Stephen Cairns, "Debilitating City-Centricity: Urbanization and Urban-Rural Hybridity in Southeast Asia," in *Routledge Handbook on Urbanisation in Southeast Asia*, ed. Rita Padawangi (London: Routledge, 2019): 115—130.

⑩ 一些关键性的联合国文件包括：United Nations Department of Economic and Social Affairs, Population Division, 2001 *Revision of World Urbanization Prospects* (New York: United Nations, 2002); United Nations Department of Economic and Social Affairs, Population Division, 2011 *Revision of World Urbanization Prospects* (New York: United Nations, 2012); United Nations Centre for Human Settlements, *An Urbanizing World: Global Report on Human Settlements* (Oxford: Oxford University Press for the United Nations Centre for Human Settlements [HABITAT], 1996); United Nations Human Settlement Programme, *The State of the World's Cities Report 2006/2007—30 Years of Shaping the Habitat Agenda* (London: Earthscan for UN-Habitat, 2007); United Nations Human Settlement Programme, *The State of the World's Cities Report 2010/2011—Cities for All: Bridging the Urban Divide* (London: Earthscan for UN-Habitat, 2011). 关于“城市时代”假设的详细分析、历史情境化与批判，可参阅 Neil Brenner and Christian Schmid, "The 'Urban Age' in Question," *International Journal of Urban and Regional Research* 38, no. 3 (2013): 731—55.

一些世界主要城市的城市设计、规划与政策问题进行探讨，进一步促进了关于当前地理历史时刻城市中心主义构想的流行。[11]最近，关于城市化的城市中心主义观念通过一些主流的全球城市政策框架得到进一步确立，如2016年在基多提出的可持续发展目标(SDGs)与新城市议程(Habitat Ⅲ)、联合国气候变化公约《巴黎协定》(IPCC)，以及诸多旨在实施或应对《巴黎协定》的国家与地方政策创新。[12]这种以城市为中心的话语和政策项目也得到了国际商业组织(包括世界经济论坛和麦肯锡全球研究院)与一系列公司和房地产开发商的推广，在他们看来，“全球城市”“智慧城市”“创意城市”“可持续城市”“韧性城市”“生态城市”的建设被认为是在不破坏当前新自由主义、金融化积累霸权形式的前提下确保可持续经济增长的最佳途径。[13]因此，正如凯恩斯观察到的：

> 这种以城市为中心的城市化视角已经明显地达成共识，而且往往构成了长期可持续发展的基础。例如，每一个由联合国推动的政策框架……都成为各个尺度的政府机构，以及多边开发银行、民间社会团体和产业界的优先考虑事项。虽然它们是各自独立的倡议，但是会相互参照，并使用相互能够

---

⑪ Ricky Burdett and Deyan Sudjic, eds., *The Endless City* (London: Phaidon, 2006); Ricky Burdett and Deyan Sudjic, eds., *Living in the Endless City* (London: Phaidon, 2010).

⑫ 关于这一问题的概述与批判性情境化，可参阅 Susan Parnell, "Defining a Global Urban Development Agenda," *World Development* 78 (2016): 529—40; Clive Barnett and Susan Parnell, " Ideals, Implementation and Indicators: Epistemologies of the Post—2015 Urban Agenda," *Environment and Urbanization* 28, no. 1 (2016): 87—98; and Kaika, "Don't Call Me Resilient Again!"

⑬ Susanne Soederberg and Alan Walks, "Producing and Governing Inequalities under Planetary Urbanization: From Urban Age to Urban Revolution?," *Geoforum* 89 (2018): 107—13.

识别的词汇，基于共同的人口、经济与环境条件，建构互补性和交叉重叠的议程……根据这些趋同的框架内容，确保城市化的好处与减少城市化的威胁是支撑各种集中化城市聚落类型效应的关键。在这种以城市为中心的城市化理解下的政策导向通常是城市聚落的密集化，即高密度、紧凑、可达性与混合利用的城市类型。[14]

在这种以城市为中心的观念似乎已经形成一种前所未有的全球公共话语影响的地理历史时刻，其矛盾之处在于原有的资本主义城市肌理正在被重新编织，使得原来将城市化在定义上等同于城市增长的问题剧烈凸显。事实上，与密集的基础设施、投资与人口空间集聚作为新兴城市化过程的地点、表达与动力同等重要的是，新兴的城市化过程也在越来越多地取代原有的城市空间，生产出新的资本主义城市肌理。用希拉里・安吉洛(Hillary Angelo)的话来说，这是无法通过"城市的镜头"来理解的。[15]正如我和克里斯蒂安・施密德在其他地方所论述的那样，在过去的40年中，我们不仅见证了主要巨型城市区域深入其毗邻腹地的空间剧烈扩张，而且还见证了许多在所有空间尺度上同样影响深远的城市内爆与外爆。[16] 主要包括：

・创造城市化的新尺度。在世界各地极其庞大、迅速扩张的多核大都市区域内，城市化广泛的相互依存关系正在得到强化，从

---

⑭ Cairns, "Debilitating City-Centricity," 1—2.

⑮ Angelo, "From the City Lens toward Urbanisation as a Way of Seeing."

⑯ 这一探讨直接基于 Neil Brenner and Christian Schmid, "Planetary Urbanization," in *Urban Constellations*, ed. Matthew Gandy (Berlin: Jovis, 2012), 10—13. 关于内爆/外爆的比喻，可参阅第二章，以及 Neil Brenner, ed., *Implosions/ Explosions: Towards a Study of Planetary Urbanization* (Berlin: Jovis, 2014).

而创造出蔓延的城市星系，它延伸到世界任何一个大都市区域，并经常跨越多个国家边界。许多研究以不同的方式对这种超大尺度的城市星系进行概念化，其中关于它们的轮廓和边界的呈现仍然是大量研究和辩论的焦点。[17] 最典型的案例包括戈特曼提出的经典的大都市带概念，包括"波士华地区"（波士顿-华盛顿特区）、包含西欧主要城市化地区的"蓝色香蕉"与亚洲的几个巨型城市-区域，也包括一些快速扩张的城市空间，如加利福尼亚的"圣-圣地区"（旧金山-圣地亚哥）、中国南部的珠江三角洲、西非的拉各斯沿海地带，以及拉丁美洲与南亚刚刚开始城市化的地区。

• 城市地域的模糊化与重新建构。城市化过程正在被区域化与再地域化。原先的中心功能如购物设施、企业总部、多模式的物流中心、研究机构、文化场馆以及壮观的建筑和其他主要基础设施，越来越多地从中心城市的历史核心区沿着主要的交通廊道如高速公路和高铁，向外散布到昔日的郊区化空间与广阔的中小型城镇。[18]

---

⑰ 让·戈特曼在其二战后的著作中对这一趋势进行了最为著名的预测，最初是关于美国东北部沿海的密集城市化区域，最终成为一种全球性的现象、挑战与威胁。关于他对这些问题的反思演变的概述，可参阅 Jean Gottmann, *Since Megalopolis: The Urban Writings of Jean Gottmann* (Baltimore: Johns Hopkins University Press, 1990). 最近关于城市地域扩张与巨型区域形成的分析，可参阅 Richard Florida, Tim Gulden, and Charlotta Mellander, "The Rise of the Mega-Region," *Cambridge Journal of Regions, Economy and Society* 1 (2008): 459—76; Shlomo Angel, Jason Parent, Daniel Civco, and Alejandro M. Blei, *Atlas of Urban Expansion* (Cambridge, MA: Lincoln Institute of Land Policy, 2012); Peter Hall and Kathryn Pain, eds., *The Polycentric Metropolis* (London: Earthscan, 2006).

⑱ Edward Soja, "Regional Urbanization and the End of the Metropolis Era," in The New Blackwell Companion to the City, ed. Gary Bridge and Sophie Watson (Oxford: Blackwell, 2011), 679—89; Thomas Sieverts, *Cities without Cities: An Interpretation of the Zwischenstadt* (London: Spon Press, 2003); Joel Garreau, *Edge City* (New York: Anchor, 1992); Roger Keil, *Suburban Planet: Making the World Urban from the Outside In* (London: Polity, 2017).

·腹地的工业化。世界范围内的主要城市、大都市区域与城市产业走廊的腹地都在被重新改造，作为世界供应链与信息资本主义中的新角色——办公室后台和仓库、全球血汗工厂、农业-工业土地利用系统、数据存储设施、能源网络、资源开采区域、物流中心与交通廊道、燃料库或废物处理区——而被运作、基础设施化与圈占。[19]

·荒野的瓦解。在全球各地，昔日的"荒野"空间正在被碎片化与改造，并因不受约束的世界城市化所造成的累积的社会生态后果而发生退化，或者正在被转型为提供"生态系统服务"的生物飞地，以抵消其他地方产生的具有破坏性的环境影响。这样一来，世界上的海洋、高山地区、赤道雨林、主要沙漠、北极与极地地区，甚至地球的大气层本身，都越来越多地与星球城市化的代谢循环与时空节奏相互联系在一起。[20]

---

⑲ 参阅 Martín Arboleda, "Financialization, Totality and Planetary Urbanization in the Chilean Andes," *Geoforum* 67 (2015): 4—13; Mazen Labban, "Deterritorializing Extraction: Bioaccumulation and the Planetary Mine," *Annals of the Association of American Geographers* 104, no. 3 (2014): 560—76; Nikos Katsikis, "*The Composite Fabric of Urbanization: Agglomeration Landscapes and Operational Landscapes; From Hinterland to Hinterglobe: Urbanization as Geographical Organization*" (doctoral diss., Harvard University Graduate School of Design, 2016); Roger Diener, Jacques Herzog, Marcel Meili, Pierre de Meuron, and Christian Schmid, *Switzerland: An Urban Portrait*, 4 vols. (Zurich: Birkhäuser, 2001); Alan Berger, *Drosscapes* (New York: Princeton Architectural Press, 2007); A. Haroon Akram-Lodhi and Cristóbal Kay, eds., *Peasants and Globalization* (New York: Routledge, 2009); Frederick Buttel, Fred Magdoff, and John Bellamy Foster, eds., *Hungry for Profit: The Agri-Business Threat to Famers, Food and the Environment* (New York: Monthly Review Press, 2000); Swarnabh Ghosh, "Notes on Rurality or the Theoretical Usefulness of the Not-Urban," *Avery Review* 27 (November 2017), http://averyreview. com/issues/27/notes-on-rurality.

⑳ 参阅 Martín Arboleda, "In the Nature of the Non-City: Expanded Infrastructural Networks and the Political Ecology of Planetary Urbanisation," *Antipode* 48, no. 2 (2016): 233—51; Japhy Wilson and Manuel Bayón, "Concrete Jungle: The Planetary Urbanization of the Ecuadorian Amazon," *Human Geography* 8, no. 3

这些资本主义重构的内爆/外爆动力正在产生一种密集混杂的城市肌理，它们在世界的广阔区域中不均匀地被编织，而不是简单地集中在某些节点或局限在有限的城市地域范围内。一方面，这种资本主义城市肌理的尺度化、再地域化与重新建构的整合方式，不能简单地被理解为世界上那些大型城市的人口增长趋势，也不能被理解为类似的城市聚落类型在地球表面的复制。另一方面，传统的腹地、乡野或农村概念也无法充分阐释人口、社会空间、基础设施、法律、金融与生态转型的新兴模式与路径，许多以前边缘化的或偏远的空间如今正是通过这些模式与路径被包含进来并进行工业化运作，支撑着全球大都市网络的动态代谢。

从这个角度来看，原有以城市为中心的研究方法，不论是基于人口、经济还是形态的指标，似乎只是为解释星球城市化的新兴形态提供了一个极其有限的基础：它们被锁定在一种本质上非历史性的尺度与地域本体论中，一种将城市视为地方化（或者在某些情况下是区域化的）与有边界的构想，阻碍了对这种尺度化与地域个性化的“城市构成”模式和一系列密切相关的、也许同样是城市化必要（而不仅仅是次要或衍生）表达的社会空间转型动态之间不断演变的关联性探索。在这些条件下，批判性城市理论的研究领域

(2015): 1—23; William Boyd, W. Scott Prudham, and Rachel Shurman, “Industrial Dynamics and the Problem of Nature,” *Society and Natural Resources* 14 (2001): 555—70; Neil Smith “Nature as Accumulation Strategy,” *Socialist Register* 43 (2007): 1—21; Bill McKibben, *The End of Nature* (New York: Random House, 2006); Jessica Dempey and Morgan Robertson, “Ecosystem Services: Tensions, Impurities and Points of Engagement within Neoliberalism,” *Progress in Human Geography* 36, no. 6 (2012): 758—79. 这一命题在城市理论实验室的“运作景观”展览(Melbourne: Melbourne School of Design, 2015)中得到进一步发展. 详细内容可参阅“Operational Landscapes Exhibition at Melbourne School of Design,” Urban Theory Lab, http://urbantheorylab.net/news/operational-landscapes-exhibition-in-melbourne; 以及 Louise Dorignon, “And the Urban Exploded,” *Society and Space*, https://societyandspace.org/2015/09/21/and-the-urban-exploded-by-louise-dorignon/.

就像是继承了20世纪主流与激进学术的重要传统一样，处于一种混乱的状态（如果不把这看作是彻底的危机的话）。如果城市可以不再被理解为一种特定类型的地方——也就是说，作为特定类型的社会关系可以在其中获得的一种严谨的、独特的、本地化的和相对有边界的单元或聚落类型——那么有什么可以用来证明致力于这一调查的学术领域？

在本书中，我对城市问题作为一个尺度问题的探索涉及一系列挑战原有城市认识论的理论响应。在20世纪后期关于全球化、尺度相对化以及国家发展主义资本主义危机交织的问题域的辩论中，它们已经在批判性城市研究领域形成强有力的反响。[21] 正如我在之前的章节中已经论述过的，自反性尺度化方法的构建需要对原有的城市中心主义方法的持续批判与超越，并在当代全球城市社会空间重构辩论中构建独特的尺度分析自反性的批判性审视。一个历史性动态的、关系性的多尺度分析框架将资本主义城市肌理的周期性内爆/外爆，而非城市（或者说是城市集聚区、大都市或大都市区域）的增长，作为城市研究的核心焦点与问题域。然而，正如前面概述中所强调的，城市研究的认识论危机只是在最近几年有所加剧，尽管其表达经常会被那些推崇当代城市"科学"与将城市刻画为经济增长、创新、技术政治管理和/或生态现代化最优尺度的"必胜主义"话语所掩盖。在这样的背景下，本章考虑了在持续的尺度相对化、社会空间加速重构、危机撕裂仍在深化的新

---

[21] 关于20世纪70年代批判性城市研究的认知危机，可参阅 Manuel Castells, "Is There an Urban Sociology?," in *Urban Sociology: Critical Essays*, ed. C. G. Pickvance (New York: St. Martin's Press, 1976), 33—59; Janet Abu-Lughod, *The City Is Dead—Long Live the City* (Berkeley: Center for Planning and Development Research, University of California, 1969); and Sharon Zukin, "A Decade of the New Urban Sociology," *Theory & Society* 9 (1980): 575—601. 更为普遍的论述，可参阅 Edward W. Soja, *Postmetropolis* (Cambridge, MA: Blackwell, 2000).

自由主义地缘经济背景下，解读 21 世纪早期资本主义城市肌理的新兴变异的前景。

为此，我在前面章节中提出的资本主义城市肌理的尺度化分析方法基础上，展现一种反对当代“城市时代”话语以及“弱化城市中心性”的解释。[22]在此基础上，我反思了批判性城市研究领域的当代认识论危机与未来可能的路径。虽然自反性的多尺度视角对于研究星球城市化的新兴地理仍然非常重要，但是我认为，当面对这一挑战时，我们也需要重新审视，至少是部分地修正，支撑 20 世纪城市理论的一些基本空间假设。随着资本主义城市肌理空间性的不断变化，我们也必须不断重新再造概念、方法与地图呈现方式，进而研究其不均衡的模式、多样化的路径、危机趋势与矛盾。

“城市时代”及其局限性

所有的知识与行动形式都是以解释性框架为前提的，这可以让我们对社会空间关系进行概念化与评估，使我们在生活网络中的位置变得可理解，并解释我们遭遇的变化流动以及我们所做出的贡献。这些框架中的一些要素是具有自反性的：我们会意识到它们在构建价值、经验与行动方面的作用，我们有时可能对它们进行批判性的审视、调整，甚至重新创造，尤其是在重构不断加速、社会冲突分化与政治动荡的时期。然而，这些框架中的某些方面通常是隐匿的；它们直接构成了我们日常的假设、解释与实践，但是其本身却无法被自反性地审视。只有通过回溯，当它们被颠覆或被取代时，我们才能更充分地把握这种显得自然而然的部署在构建我们社会生活模式中的普遍性作用。

尽管它的源头可以追溯到 19 世纪欧美的“古技术城市”（刘易斯・芒福德）以及之后由美国社会学家金斯利・戴维斯（Kingsley

---

[22] Cairns, “Debilitating City-Centricity.”

Davis)牵头的冷战时代的人口“现代化”研究，他们致力于解读加速的资本工业化、劳动的无产阶级化与景观的基础设施化，然而“以城市为主体的世界”概念如今似乎已经变成了这样一种非自反性的预先假定的解释性假设的部署。[23]的确，就像 20 世纪 90 年代能够涵盖一切的词汇“全球化”一样，以城市为主体的世界——“城市时代”——如今已成为一种认识论的基础条件，以此可以对世界各地的一系列状况、困境、冲突、危机进行分析，并动员与此相关的民众、企业、市政和非政府等不同的空间干预模式(图 9.1 和图 9.2)。

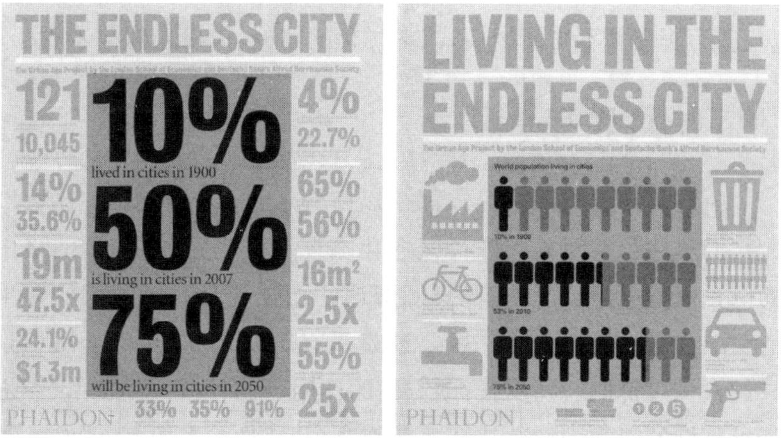

图 9.1　“城市时代”作为一种品牌工具　目前流行的“城市时代”概念是基于一个仍有问题的假设，即城市化可以根据城市人口水平的提升(一般是根据其占全国总人口的比例)来理解。在伦敦政治经济学院“城市时代”项目出版的几本有影响力的书中，这一概念被用作框架推动了一系列关于城市与全球城市转型的会议。(来源：部分图书封面图片来自 Ricky Burdett and Deyan Sudjic, eds., *The Endless City* [London: Phaidon, 2006]; Ricky Burdett and Deyan Sudjic, eds., *Living in the Endless City* [London: Phaidon, 2010].)

[23] 关于二战之后当代“城市时代”话语的历史谱系，可参阅 Brenner and Schmid, “The ‘Urban Age’ in Question.”

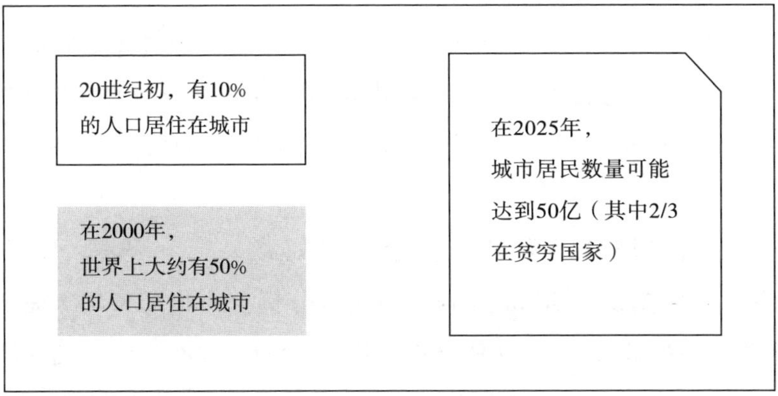

图 9.2 “城市时代”作为一种戏剧性的元叙事 以城市为主体的世界构想经常被用作框架戏剧化地调查当代的城市重构。雷姆·库哈斯(Rem Koolhaas)与他的合作者在一本广为流传的书的开头用两页纸来呈现的这一系列宣言就是一个典型例子。与在其他地方一样，这里的以城市为主体的世界构想来自联合国数据，其权威性、准确性与连贯性被认为是不容置疑的。(来源：Rem Koolhaas，Stefano Boeri，Sanford Kwinter，Nadia Tazi，and Hans Ulrich Obrist，*Mutations: Harvard Project on the City* [Barcelona：Actar，2000]，1—2.)

罗斯·艾科索·亚当斯(Ross Exo Adams)认为，城市化的概念一直在以非理论化的方式使用，就好像它是一个纯粹的描述性的经验基础，用于指代人类空间组织自然而然的准本体论倾向，这一趋势已经存在了几千年，但在过去的 150 年里被认为是剧烈地加速了：

> 就像天气一样，城市化(被假定为)是存在于“外部”的某种东西，是一种过于“复杂”的状况，不可能将其自身作为一个可以自我审视的对象而呈现，所以只能进行绘制、监测、比较与分类……因此，它成为一个被用来组织一系列不断扩大的“新兴”问题的词汇，而关于这些问题的分析仅限于构成任何

正在涌现的事物的特定要素与记录它们的技术，而环境本身仍然是作为人类存在的一种中立背景。城市既是超越历史的，又与当下紧密相连，几乎所有对城市的描述都把它视为人类条件固有的一种能力，我们用这种能力在空间中组织自己。[24]

尽管芝加哥学派城市社会学家如路易斯·沃思（Louis Wirth），早在20世纪30年代就对这种分析上的非真实观念提出了强有力的警告，然而这种经验主义、自然而然与准环境主义的城市化理解仍以各种形式存在于整个20世纪。到20世纪中期，金斯利·戴维斯对城市化的经典定义是以城市为基础的人口相对于全国总人口的扩张。戴维斯并没有用社会、形态或功能的术语来定义城市，而是使用了相对武断的人口阈值——通常是2万或10万——将其界定为不同的聚落类型。[25]戴维斯使用公式 $U = P_c/P_t$（U = 城市化，P_c = 城市人口，P_t = 全国人口总数）简明地总结了这种经验理解，之后他花了几十年的时间对其在国际上的应用进行了仔细的实证研究，最终形成了第一个综合性的世界城市人口规模调查。[26]最近几十年，这种看起来似乎是自然而然的城市化模型在“大数据”科学中获得了新生，它们往往把城市密度作为条件，基

---

[24] Ross Exo Adams, “The Burden of the Present: On the Concept of Urbanisation,” *Society and Space*, February 11, 2014, https://societyandspace.org/2014/02/11/the-burden-of-the-present-on-the-concept-of-urbanisation-ross-exo-adams/.

[25] Kingsley Davis, “The Origins and Growth of Urbanization in the World,” *American Journal of Sociology* 60, no. 5 (1955): 429—37.

[26] Kingsley Davis, *World Urbanization: 1950—1970*, vol. 2: *Analysis of Trends, Relationships and Development*, Population Monograph Series No. 9 (Berkeley: Institute of International Studies, University of California, 1972); Kingsley Davis, *World Urbanization: 1950—1970, vol. 1: Basic Data for Cities, Countries, and Regions*, Population Monograph Series No. 4 (Berkeley: Institute of International Studies, University of California, 1969).

本上将其等同于一个封闭的生物系统——受制于科学的“法则”，可以被预测，因此在技术上可以通过编程来实现。[27]

当代以城市为主体的世界联合国宣言以及大多数主流的全球城市政策、规划与设计话语，都直接借鉴了戴维斯20世纪中叶的人口统计方法，并试图通过这种自然而然、非历史主义、以人口为基础与经验主义的部署来把握城市化现象。[28]在这里，城市化被假定为城市的增长与在世界范围内的空间扩散，并被构想为一般化的、普遍可复制的人类聚落类型。因此，当前的城市时代呈现了各种相互关联的人口与社会经济趋势的集合，这些趋势的累积促使大型的、相对密集的城市中心的人口增长。这样一来，城市时代的元叙事已经被作为一个框架，不仅是解释，而且也是在证明，在这种不受约束的金融投机、社会经济极化加剧、增长的生态灾难以及市场治理继续占据主导地位的转型地理经济情境中，可以被设计用来促进地理学家特里·麦基（Terry McGee）提出的由“城市主导”的各式各样的多尺度空间干预措施。[29]在世界各地，这种城市化战略的共同目标是建设一种“硕大的城市”——无论是通过密集化与拓展既有的巨型城市地域，还是通过在昔日的乡村或沿主要交通走廊无人地带创造出新的城市聚居地带，或是通过结构调整项目、侵占土地、农业工业化、生态掠夺以及降低人口密集地区以外社会再生产模式的其他形式的剥夺积累，促进农村-城市

[27] Brendan Gleeson, “What Role for Social Science in the ‘Urban Age’?,” *International Journal of Urban and Regional Research* 37, no. 5 (2013): 1839—51.

[28] Brenner and Schmid, “The ‘Urban Age’ in Question.”

[29] Terry McGee, *The Urbanization Process in the Third World* (London: Bell and Sons, 1971).

迁移的流动。[30] 苏珊·索德伯格(Susanne Soederberg)与艾伦·沃克斯(Alan Walks)认为,所有这些城市建造战略都在寻求进一步的规范化与强化,而不是中断或取代紧缩型的治理模式,即使其中的一些战略也在试图解决后者带来的不公、矛盾与危机倾向:

> 这一(城市时代)比喻所传达的核心信息是,经济增长是为所有人开启充满活力、可持续与宜居城市的关键。有选择地应用来自全球北方国家的新自由主义政策与最佳实践,并根据当地情况进行必要的修正,是确保经济增长的最佳途径……这些战略试图以强化基于市场自由与偏好私人消费而非公共消费的主导政策的方式,来识别可被觉察到的不平等和社会不公正现象——这是新自由主义及其在过去十年中紧缩政策复兴的核心前提。[31]

显而易见,"城市"已变得前所未有的重要,可以在不同的政治-经济情境中被用作一种包含所有目的、大体上是去政治化的意识形态语汇,积极的市场规制的城市社会空间转型计划与紧缩治理得以被叙述,被合理化,并显得自然而然。[32]

---

[30] Max Ajl, "The Hypertrophic City versus the Planet of Fields," in Brenner, *Implosions/ Explosions*, 533—50; Mike Davis, *Planet of Slums* (London: Verso, 2006).

[31] Soederberg and Walks, "Producing and Governing Inequalities under Planetary Urbanization," 2.

[32] 从这个意义上来说,城市时代的话语与实践可以被视为埃里克·斯温格杜提出的"后政治"治理技术的一种典型范例,可主要参阅 Erik Swyngedouw, "The Antinomies of the Post-Political City: In Search of a Democratic Politics of Environmental Production," *International Journal of Urban and Regional Research* 33, no. 3 (2009): 601—20; Japhy Wilson and Erik Swyngedouw, eds., *The Post-Political and Its Discontents* (Edinburgh: University of Edinburgh Press, 2014).

除了市场管制是必要的、最优的、超越政治挑战的呈现需要被质疑之外，这些项目中所包含的城市化作为城市增长的构想同样也不是不证自明的。在基本的经验层面，联合国以人口普查为基础的城市化数据的局限性是众所周知的，并且长期以来一直被批判性人口学者们广泛讨论。[33] 其中的一个简单但仍然很棘手的问题，在 20 世纪 50 年代金斯利·戴维斯已经给予大量的批判性关注，那就是每个国家统计局使用自己的标准来测度城市状况，导致城市化在比较国际数据时产生严重的、持续的且看似荒谬的非连贯性。[34]例如，在当前的这个十年期间，根据人口规模阈值划分城市聚落类型的国家(联合国 232 个成员国中的 101 个)所制定的标准从 20 万到 5 万不等；其中至少有 23 个国家选择了 20 万，然而还有 21 个国家只定了 5 万。[35]随之而来的是一系列的可比较性问题，某一国家管辖范围内的"城市"地点可能与其他地方同一类别的地点之间没有什么共同之处。在其他的 131 个成员国中，它们使用的各种附加标准组合——行政、密度、基础设施与社会经济——使本已极其混杂的国际数据集合变得更加混乱。某些行政地区是否应该自动被归类为城市？什么样的人口密度标准(如果有的话)是合适的？非农业就业水平应该被计入城市地区的定义吗(就像印度那样，只针对男性居民)？

简而言之，就算只是对联合国错综复杂的数据表的一瞥也已经表明，以城市为主体的世界概念很难是一个不证自明的事实。

---

[33] Tony Champion and Graeme Hugo, eds., *New Forms of Urbanization* (London: Ashgate, 2007).

[34] Davis, "The Origins and Growth of Urbanization."

[35] Chandan Deuskar, "What Does Urban Mean?," World Bank Sustainable Cities (blog), June 2, 2015, http://blogs.worldbank.org/sustainablecities/what-does-urban-mean.

相反，它是一种统计学的主观产物，通过相当粗略的全国人口普查数据汇总而成，并且这些数据来自对理应被测度的现象的长期不连贯、系统上不相容的定义。因此，它也被作为一种寻求资本主义城市化过程非政治化的空间意识形态；将有争议的积累战略、管制架构与支撑它的空间政治变得自然而然；以此掩盖对世界上主要大都市区域内外部的大部分人口而言所造成的结构上不均衡、极化与不稳定的后果。[36]

正如发展社会学者马克斯·阿耶尔（Max Ajl）所指出的，这与主流的“城市必胜主义”话语中所推崇的“智慧”“可持续”或“生态”城市主义的“软”新自由主义技术乌托邦相去甚远。以城市时代为导向的空间政策的核心目标之一（也许通常不会明确地说明）是促进“完全地剥夺农村人口，并将他们越来越密集地圈在里约热内卢、加拉加斯、孟买、拉各斯与达喀尔等城市的贫民窟、贫民区和棚户区中”[37]。同样重要的是，阿耶尔认为城市时代的元叙事也被用于支撑“双螺旋的现代化目的论”的合法化，支持对农民原有社会再生产与小农体系的强制剥夺，以及随之而来的大规模工业飞地中由跨国农业企业集团控制的“资本密集型与轻劳动力的农业发展”。[38]阿耶尔进一步解释，这涉及一种“巨型城市/农产品出口体制”的推广，在这种体制下，城市被视为“一种可以把人口倾倒进去，之后再产生担忧的黑箱”：

---

[36] Soederberg and Walks, “Producing and Governing Inequalities under Planetary Urbanization”.

[37] Ajl, “The Hypertrophic City,” 539.

[38] 同上，534。关于新自由主义食物体制下全球农业转型的有用综述，可参阅 Tony Weis, *The Global Food Economy and the Battle for the Future of Farming* (London: Zed, 2007); Philip McMichael, “Peasant Prospects in the Neoliberal Age,” New Political Economy 11, no. 3 (2006): 407—18; and Philip McMichael, *Food Regimes and Agrarian Questions* (Halifax: Fernwood Press, 2013).

> 专家们无视他们的祖先重视资本密集型农业与高密度、人口众多的城市生活以及开发项目背后的废墟与毁坏（鉴于这些政策的反农村偏见，它们也必须被视为一种城市化计划），如今他们在兜售农业的第二次绿色革命，希望在充分科学合理的基础上组织非洲与亚洲的土地耕作，即资本密集型、轻劳动力和化石燃料支持的农业。[39]

正是从这个意义上来说，蕴含在城市时代话语、数据与实践中的"城市化计划"，不仅促进了积极的市场规制的城市建造构想，作为我们共同的星球化未来的空间基础，还主张将世界上大部分昔日的乡村地区置于某种状况之下，包括强迫人口减少；加速土地圈占与公共资源私有化；资本密集型、出口导向型的工业殖民化以及直接支持这一目标的基于化石燃料的生态破坏。[40]在许多情况下，城市化计划不仅寻求进一步推进粮食作物与其他主要大宗商品的攫取、种植、加工的工业化，而且也在昔日的半城市、腹地、农村与

---

[39] Ajl, "The Hypertrophic City," 540, 541, 534.

[40] 当代关于城市"可持续性"讨论的最大讽刺之一是，它在大城市中心推广公认的"绿色"技术，同时通过以化石燃料为基础的技术-基础设施与物流系统，使得加速的原来农村地区的工业化变为一个"黑箱"。无论是在理论层面还是在实践层面，这种外都市空间的"黑箱"彰显了对化石燃料日益增长的需求和采掘，而所谓的"生态城市主义"正试图取代化石燃料。这引发了一种生态可持续、后碳城市的短视构想，它是由生态面临灾难、以石油为基础的工业腹地，不可持续的陆地、空中和海上运输系统所支撑的，并继续使用高科技手段挖掘日益偏远的地下空间以寻求新的化石燃料储备。关于这一问题的进一步阐述，可参阅 Timothy Luke, "Global Cities versus 'Global Cities': Rethinking Contemporary Urbanism as Public Ecology," *Studies in Political Economy* 70 (Spring 2003): 11—33; Timothy Luke, "Developing Planetarian Accountancy: Fabricating Nature as Stock, Service and System for Green Governmentality," *Nature, Knowledge and Negation* 26 (2009): 129—59.

荒野地带布局先进的基础设施廊道与特殊经济区，“用来服务于……高速公路，将有助于发展中国家尚未开发的地区向私人外国投资、农业综合企业扩张与自然资源开采等活动开放”㊶。

外部结构的内部化

在这里，当代的城市时代话语以及由此产生的关于城市化自然而然的城市中心主义部署就面临着一个更加深层次的理论问题。即使城市增长的特殊性相对于其他形式的人口、社会经济和空间重构而言，能够以某种方式被一致性地刻画出来（例如，通过可以被一致应用的地理空间聚集指标）㊷，但是仍然存在这些问题：如何从概念上界定城市化过程？尽管城市化被普遍认为是一个社会空间关系所依赖的中立性、一般化和客观的背景参数，然而其本身必须要经受仔细的理论审查与批判性的审问。㊸这样做可以揭示至少两个以城市为中心的城市知识霸权部署中主要的认识论裂痕——逻辑上无法解决但不断重复出现的分析性问题。

首先，在主流的解释框架中，城市化被认为引发了城市作为人类聚落基本单元的普遍扩散。然而，正如人们普遍承认的那样，这

㊶ Ben White, Saturnino M. Borras Jr., Ruth Hall, Ian Scoones, and Wendy Wolford, “The New Enclosures: Critical Perspectives on Corporate Land Deals,” *Journal of Peasant Studies* 39, no. 3—4 (2012): 629. 也可参阅 Michael Levien, “Special Economic Zones and Accumulation by Dispossession in India,” *Journal of Agrarian Change* 11, no. 4 (2011): 454—83.

㊷ 关于发展更加连贯性的定义策略的一些尝试，可参阅 Shlomo Angel, *Planet of Cities* (Cambridge, MA: Lincoln Institute of Land Policy, 2012); Hirotsugu Uchida and Andrew Nelson, “Agglomeration Index: Towards a New Measure of Urban Concentration,” Working Paper 29, United Nations University, 2010, https://www.wider.unu.edu/publication/agglomeration-index.

㊸ Neil Brenner and Christian Schmid, “Towards a New Epistemology of the Urban,” CITY 19, no. 2—3 (2015): 151—82.

些被认为是泛在的单元其实具有不同的形态；它们在一定的空间尺度上被组织起来；通过一系列广泛的制度、政治-经济、社会、军事与环境力量进行调解；并且与周围的地域、景观和生态，以及其他更偏远的人口中心有着差异化、不均衡的联系。考虑到集聚模式与城市治理结构事实上存在的异质性，"城市"的通用概念还能继续维持吗？如果我们拒绝将城市性等同于霸权式的单一性，我们是否也必须放弃城市化作为空间扩散普遍过程的构想？相反，我们必须认识到异质性、分化、混杂性，以及最为重要的空间政治，不是简单地作为非结构化的情境复杂性、随机的经验多样性或情境权变性的摩擦，而是作为城市化过程内在的系统性方面本身所要求的抽象理论化。[44]

其次，在霸权式的部署中，城市化被定义为城市的增长，而城市又被视为空间上有边界的聚落单元。这一基本概念方程（城市化＝城市增长），加上同样普遍存在的空间边界假设，从逻辑上要求将所讨论的类似的城市单元与位于它们之外的假定的非城市领域区分开来。然而，特别是自 19 世纪全球资本工业化加速与相关的社会空间关系得以重塑以来，在任何空间尺度上对连贯

㊹ 这种方法得到一些学者的强有力支持，如 Jennifer Robinson, "New Geographies of Theorizing the Urban: Putting Comparison to Work for Global Urban Studies," in *The Routledge Handbook on Cities of the Global South*, ed. Susan Parnell and Sophie Oldfield (New York: Routledge, 2014), 57—70; Ananya Roy, "Worlding the South: Towards a Post-Colonial Urban Theory," in *The Routledge Handbook on Cities of the Global South*, ed. Susan Parnell and Sophie Oldfield (New York: Routledge, 2014), 9—20; Christian Schmid, "Specificity and Urbanization: A Theoretical Outlook," in *The Inevitable Specificity of Cities*, ed. ETH Studio Basel (Zurich: Lars Müller Publishers, 2014), 282—92. 关于制度与空间混杂性的系统生产，可参阅 Neil Brenner, Jamie Peck, and Nik Theodore, "Variegated Neoliberalization: Geographies, Modalities, Pathways," *Global Networks* 10, no. 2 (2010): 182—222; Jamie Peck, "Cities beyond Compare?," *Regional Studies* 49, no. 1 (2015): 160—82.

的城市/非城市的划分已经被证明是绝对存在问题的。事实上，在主流的城市部署中，对非城市的“外部结构”划分是必要的，因为只有在这个基础上，城市的特殊性才能被界定，但这往往是不可能的，因为(1) 没有标准可以被用来将城市与非城市的聚居“类型”区分开来；(2) 特别是自 19 世纪 50 年代以来工业化加速之后，资本主义背景下所有的空间尺度都发生了内爆与外爆，使得城市聚落及其假定的非城市外部地带之间的明显界线被不断地摧毁。

尽管主流地理话语持续使静态的、非历史性的聚落类型（城市、郊区、城镇、农村、郊野、荒野）变得自然而然，然而 20 世纪的城市规划师与设计师，从埃比尼泽·霍华德(Ebenezer Howard)、奥托·瓦格纳(Otto Wagner)和本顿·麦凯(Benton Mackaye)，到让·戈特曼、康斯坦丁·多夏迪思(Constantinos Doxiadis)、伊恩·麦克哈格(Ian McHarg)和约翰·弗里德曼，已经广泛地认识到大型的中心聚集区在向其周围的边缘与内陆地区不断地拓展。事实上，虽然城市拓展与尺度升级的过程在规范的历史叙事中往往被边缘化，但这可以说是现代城市规划学科关注的一个重点：西班牙加泰罗尼亚规划师伊尔德丰斯·塞尔达(Ildefons Cerdà)在其 1867 年的著名论文中发明了城市化一词。[45] 因此，现代城市规划与城市主义的一些重要方法不是简单地聚焦于有边界的聚落单

---

[45] 参阅 Idefons Cerdà, *A General Theory of Urbanization* 1867, ed. Vicente Guallart (Barcelona: Institute for Advanced Architecture of Catalonia/Actar, 2018 [1967]). 关于塞尔达在当代城市化辩论中的重要性解读，可参阅 Ross Exo Adams, “Natura Urbans, Natura Urbanata: Ecological Urbanism, Circulation and the Immunization of Nature,” *Environment and Planning D: Society and Space* 32 (2014): 12—29.

元内的条件，而是包含了对城市空间相对动态理解的一些要素。[46]

同样重要的是，如同刘易斯·芒福德在其20世纪中期的城市历史著作中冷静地承认的，资本主义聚落的发展路径一直与大都市外部空间剧烈、大规模与长期的转型紧密交织在一起，这些空间通常离主要的资本、劳动力与商业中心有相当远的距离——尤其是一些农业生产、资源开采、能源、水资源与废弃物管理的景观。芒福德将这一关系描述为“建造”与“拆解”（abbau）之间的相互作用——一方面是巨大的垂直、水平与地下的工业基础设施在空间上的组合；另一方面是周边景观、生态系统、水系、河流、海洋的加剧退化，它们通过为城市提供劳动力、燃料、材料、水与食物，并吸收城市的废弃物而被强化。[47]从最初通过圈地的方式剥离往日的农村人口，到土地利用的密集化，大规模、资本密集的基础设施建设投资，以及支撑采掘、种植、生产与流通的腹地经济体工业化，现代资本主义背景下的“城市增长”（欧内斯特·伯吉斯）直接通过远离其流动边界巨大的、也许是不均衡的社会空间与生态剧变得以强化。正是从这个意义上来说，农村、郊野与腹地从来不能被简化为仅仅是用来支撑大型人口聚居中心前台运作的一个位于后台的

---

[46] 参阅 John Friedmann and Clyde Weaver, *Territory and Function: The Evolution of Regional Planning* (Berkeley: University of California Press, 1979). 相反，Peter Hall's *Cities of Tomorrow* (Cambridge, MA: Blackwell, 2002) 坚决地采用了城市规划历史的城市中心主义方法。

[47] Lewis Mumford, "A Natural History of Urbanization," in *Man's Role in Changing the Face of the Earth*, ed. William L. Thomas (Chicago: University of Chicago Press, 1956), 382—98; and "Paleotechnic Paradise: Coketown," in *The City in History* (New York: Harcourt, Brace and World, 1961), 446—81. 也可参阅 Brenner, *Implosions/Explosions* 一书中的相关论文。

"荒野之地"。[48]

不论其人口构成或聚居形态如何,在资本主义不均衡发展的全球历史中,非城市的混杂空间一直在运作,支撑着城市建造的过程。这些空间对于支撑资本城市化的地域组织形式(以及密切相关的创造性破坏过程)具有战略重要性,就像长期以来城市学者们用于训练他们分析眼光的大型、密集的大都市区中心一样重要。此外,如今这种资本的大都市外部景观正在通过前所未有的巨大的基础设施投资、土地圈占、大规模的地域规划战略被全面地创造性破坏,通常是作为应对全球大宗商品价格波动的投机响应进行跨国协调,并被设计用来支撑世界各地城市集聚区的加速增长。[49]因此,其发展节奏、基础设施结构与政治生态正通过世界范围内的劳动力空间分工、跨国供应链和金融循环,与全球大都市网络更加直接地联系在一起;它们持续进行的商品化、圈地、产业转型与社会生态退化正直接导致大规模的剥夺和流离失所,这些形式在主流城市政策话语中以"从农村到城市"人口变化的标题被不加批判地归类或追捧。因此,如果我们当前的确是生活在一个"城市时

---

[48] 参阅 Álvaro Sevilla-Buitrago, "*Urbs in Rure*: Historical Enclosure and the Extended Urbanization of the Countryside," in Brenner, *Implosions/Explosions*, 236—59; Martín Arboleda, "Spaces of Extraction, Metropolitan Explosions: Planetary Urbanization and the Commodity Boom in Latin America," *International Journal of Urban and Regional Research* 40, no. 1 (2016): 96—112; Mazen Labban, "Deterritorializing Extraction: Bioaccumulation and the Planetary Mine," *Annals of the Association of American Geographers* 104, no. 3 (2014): 560—76; Gavin Bridge, "Resource Triumphalism: Postindustrial Narratives of Primary Commodity Production," *Environment and Planning A* 33 (2001): 2149—73; Jason Moore, *Capitalism and the Web of Life: Ecology and the Accumulation of Capital* (New York: Verso, 2016).

[49] 参阅 Arboleda, "Financialization, Totality and Planetary Urbanization"; Arboleda, "In the Nature of the Non-City"; Wilson and Bayón, "Concrete Jungle"; and Labban, "Deterritorializing Extraction."

代”的话，那么关于这种状况的探索既要涉及全球城市、大都市区域、巨型城市-区域、世界城市群岛及其大都市间网络的形成，还要涉及这个星球上的大部分地方，包括地面、地下、河流、海洋和大气空间，也许正是极度不均衡的、投机的和冲突性的产业运作，支撑着不断加速、强化且覆盖整个星球的资本主义城市化的代谢。

面临挑战的城市认识论

自从20世纪早期城市研究起源以来，这一领域会经常被关于城市问题本质的基础性辩论所激活。因此，近年来关于这类辩论的密集化可以被合理地解释为是一种创造性复兴的迹象，而不是智识上的危机。然而，在21世纪之初，城市研究领域中普遍存在的碎片化、缺乏导向与彻头彻尾的混淆，不只是因为方法论上的分歧（这当然还在持续）或者是特定研究范式（人文生态学、中心地理论、马克思主义、管制理论、全球城市理论、集聚理论等）的过时；随着战后世界资本主义的国家发展主义消退成为历史记忆，以及各种新自由主义、新威权主义的社会空间重构形态的政治-制度、空间与环境影响辐射并波及整个星球，城市研究领域似乎正在面临更为深刻的结构性智识危机。

在20世纪60年代末与70年代初，城市研究的认知危机涉及关于理解社会空间形态的适当范畴与方法的基础性辩论，而其基本轮廓与参数是一个具有广泛共识的问题。简单地说，这种共识涉及将城市（urban）等同于特定的空间单元或聚落类型——城市（city），或者是其扩张的地域变体，如大都市、大都市区域、大都市带、巨型城市，等等。尽管激进的评论家如曼纽尔·卡斯特尔强烈地批评了理解这一“单元”的既有方式，并提供了一种通过调查其生产、演化与竞争的替代性的、可以重新解释的框架，然而城市研究者们还是坚持将存在问题的单元——城市或集聚地——作为城市问题辩论的基本焦点与尺度。除了方法论与政治上的深刻分歧，以及认识论上的持续重构，这一很大程度上未经质疑的假设已经支撑了 20 世纪城市研究的所有重要智识传统。事实上，正如我在本书中提出的对原有城市认识论的解构与尺度重构的探索所示，城市作为一个连贯的、个体化的、有地域边界的空间单元的构想，长期以来都被认为是不证自明的，所以不需要被识别，更不需要论证其正当性。

正是这种根深蒂固的假设——以及面对和描绘与城市问题密切相关的更加广泛的认识论框架——如今已被深刻地瓦解，可以说比 20 世纪 90 年代与 21 世纪初发生的几轮关于城市问题作为一个尺度问题的辩论更加全面。城市昔日的边界，连同那些更大的大都市区聚集单元的边界，正在发生爆炸与重构，产生新的城市化形式、尺度与路径，并重塑原有的地域组织与宏观空间区划的结构。因此，当代城市研究的危机并不仅仅是认知困惑的表达（尽管后者是非常明显的）；而是源于人们越来越多地意识到关于 21 世纪早期资本主义背景下城市理论与研究的地点、尺度与焦点在根本上存在的不确定性。

在这样一个由齐整界定、相对有边界、连贯又个体化的城市或城市单元组成的世界里，其核心社会-形态属性与尺度间位置性是一个普遍化的学术共识问题，城市研究者们可以挖掘与理解其潜在的社会、经济与文化动态、历史轨迹、跨情境变体，以及在其内部产生的各种形式的管制、冲突与斗争。然而，在当代背景下，这些城市研究可能性的基本条件似乎已经变得相对化（如果不是完全被取代的话）。面对社会空间安排的“建造”与“拆解”之间不断地相互作用，以及全球资本主义混杂的尺度结构、地域构成与生态景观的城市条件、关系与影响的持续性内爆-外爆，基于聚落的城市化概念是否还能维持下去？亨利·列斐伏尔提出的著名质疑——"城市现象"是否还能仅仅局限于城市内部，或者是局限于一个有边界的分析单元？[50]更广义地说，在城市化已经变得"星球化"的世界里，批判性城市理论还有未来吗？[51]

在最为专业化的以经验为导向的城市研究者中，数据收集、方法改进与基于地方的调查等艰巨任务仍然优先于应对该领域不稳定的认识论基础与日益不确定的概念架构的挑战。因此，学科与次学科的专业化发展产生了列斐伏尔所说的"盲区"；在这个盲区中，对历史悠久的主题的具体研究在持续地积累，即使"城市现象，作为一个整体"被遮挡或完全位于视野之外。[52]这一总结也适用于地理信息系统与其他遥感技术在城市化研究中的大多数主流应

[50] Henri Lefebvre, *The Urban Revolution*, trans. Robert Bononno (Minneapolis: University of Minnesota Press, 2003 [1970]).

[51] 关于城市的"星球化"论述，可参阅 Henri Lefebvre, "Dissolving City, Planetary Metamorphosis," in Brenner, *Implosions/Explosions*, 566—71. 原文发表在 *Le Monde diplomatique* in May 1989 under the title "Quand la ville se perd dans une métamorphose planétaire." 关于这一构建的进一步探讨，可参阅 Andy Merrifield, "Towards a Metaphilosophy of the Urban," last modified December 15, 2015, https://antipodefoundation. org/2015/12/04/towards-a-metaphilosophy-of-the-urban/. 正如梅里菲尔德(Merrifield)所说：城市本身并没有那么广泛地扩散，而是变成了一个漩涡，吸走了这个星球提供的一切——它的资本、财富、文化与人民。正是这种对人口、商品与资本的吸收，使得城市生活变得如此充满活力，如此充满威胁，因为这是一种整体的力量，同时也"驱逐"了人民，并隐藏了它的残余。正是这种驱逐过程使得城市空间扩张，使其自身向外扩张。这是一种内部的能量，创造出向外的推动力，产生一种指数级的外部扩张。

[52] "盲区"的概念来自亨利·列斐伏尔对主流城市研究过度专业化的激烈争论。在他看来，这种情况导致了基本分析对象的碎片化，掩盖了资本主义城市化所形成的全球整体性。可参阅 Lefebvre, *The Urban Revolution*, 29, 53. 关于进一步的探讨与构建，可参阅 Merrifield, "The Urban Question under Planetary Urbanization."

用。尽管他们对城市化新兴地理的研究视角有着令人印象深刻的广度以及不断加深的细粒度，然而在这一迅速扩张的城市研究分支领域的学术研究中，往往会延续一系列社会空间、土地利用和生态转型中存在的盲区。而且，在空间或环境人文领域有一些例外情况，城市研究中的地理转向建立在来源于卫星图像可视化地图实证主义数字化形式之上，能够呈现其地表上的空间条件与分布的模仿式抓取。通过这种"影像幻觉"，不论其技术基础是什么，他们使光学机器、数据收集设备、信息处理协议以及解释框架、政治战略与空间意识形态都变得不可见，而这些是所有地图呈现方法的基础与中介。[53]

与此同时，在那些自反性地与新兴的认识论危机和解释性挑战做斗争的批判性城市学者中，关于整个领域的分析基础与存在理由的困惑也在日益加深。通过对近期的批判性城市理论研究做一个粗略的审视——从后大都市区、后殖民主义、后人类、新自由主义、关系、生态、绿色、群聚与南方城市主义，到女权主义、酷儿、批判性种族理论、反殖民主义、去殖民主义、逆生长、行动者-网络和无政府主义方法，以及关于城市代谢、城市政治生态学、城市政策动员、全球郊区主义的研究——发现在几乎所有可以想象得到的问题上，从城市学者试图研究什么（或应该研究什么）的概念化，到为什么他们（或者应该）这样做的正当性，以及如何最好地执行

---

[53] 关于这一论述的详细构建，可参阅 Neil Brenner and Nikos Katsikis, *Is the World Urban? Towards a Critique of Geospatial Ideology* (Barcelona: Actar, 2019). 这一分析的早期版本，可参阅 Neil Brenner and Nikos Katsikis, "Is the Mediterranean Urban?," in Brenner, *Implosions/Explosions*, 428—59. 针对使用地理空间数据来图示化城市生活的地缘政治批判性理论视角，可参阅 Laura Kurgan, *Close Up at a Distance: Mapping, Technology, Politics* (Cambridge, MA: Zone Books, 2015).

其议程的构建上，普遍存在着基本的分歧。[54]

1980年，莎朗·佐金（Sharon Zukin）令人难忘地将城市社会学在过去十年中的演变描述为"无头"（acephalous）的状态——"只有四肢而没有头"——因为缺乏一个类似于20世纪中期人文生态学主导地位的综合全面的研究范式。[55]年轻的曼纽尔·卡斯特尔在1968年就已经得出了同样的结论，当时他尖刻地宣称，即使国家导向的城市主题实证研究在发达资本主义世界以惊人的速度被大量地炮制出来，城市社会学的"主题问题"还是没有得到"解决"。[56] 21世纪之初，城市学者们可能需要用一个不同的隐喻来描述该领域转型的智识结构——也许是一个九头蛇（hydra）？今天，在不同的学科与子学科领域不仅有多元化的具体研究流派的增长，而且同样标志着与城市性质、城市状况与城市转型变化相关联的新认识论框架、概念探索与方法论试验也在发生爆炸，但似乎还没有一个可以具有贯穿整个领域的影响力，更不用说具有范式上的主导地位。在世纪之交，爱德华·苏贾这样描述城市研究的智

---

[54] 关于这一问题的有用概述与批判性评价，可参阅 Soja, *Postmetropolis*; and Roy, "The 21st Century Metropolis"; 以及 Sharon Zukin, "Is There an Urban Sociology? Questions on a Field and a Vision," *Sociologica* 3 (2011): 1—18. 最近在《国际城市和地区研究期刊》《城市研究》《城市地理》《社会与空间》等期刊中关于城市理论未来的交流也证明了城市研究者们当前正在发展的认识论立场、概念导向与方法论策略方面的多样性。关于一些批判性城市研究的创始人对21世纪早期研究的评价，可参阅 Manuel Castells, "Urban Sociology in the Twenty-First Century," in *The Castells Reader on Cities and Social Theory*, ed. Ida Susser (Cambridge, MA: Blackwell, 2002), 390—406; Saskia Sassen, "Frontiers Facing Urban Sociology at the Millennium," *British Journal of Sociology* 51, no. 1 (2000): 143—59; Saskia Sassen, "The City: Its Return as a Lens for Social Theory," *City, Culture and Society* 1 (2010): 3—11.

[55] Zukin, "A Decade of the New Urban Sociology," 575.

[56] Manuel Castells, "Is There an Urban Sociology?," in *Urban Sociology: Critical Essays*, ed. Chris Pickvance (London: Tavistock Publications, 1976 [1968]), 33—59.

识领域：

> 城市研究领域从未如此强劲，参与城市研究的主题领域与学科如此广泛地扩张，如此充满着新的思想和方法，如此适应我们这个时代的重大政治与经济事件，在理论与方法论上如此多变。这可能是研究城市最好的时代，也是最坏的时代。一方面，有如此多的新挑战需要面对；另一方面，关于从实践与理论层面如何使创造新的城市世界变得有意义，与以往任何时候相比都更加缺少共识。[57]

近20年之后，这一观察仍在继续为不断发散、快速演变的城市研究智识图景提供恰当的描述。

从一个极端来看，一些著名的城市经济地理学者为城市理论的一元论、普遍性与狭义集聚中心主义的观念辩护，试图界定城市化背后的"一组共同的基因动力"，从而产生适用于"历史上所有城市"的"理论概括"。[58]还有一些更为明显的普遍性、一元论与实证主义的认识论，支撑着近来越来越具影响力的复杂性理论、网络理

---

[57] Soja, *Postmetropolis*, xii.

[58] Michael Storper and Allen J. Scott, "Current Debates in Urban Studies: A Critical Assessment," *Urban Studies* 53, no. 6 (2016): 1114—38, quoted phrases are from page 1116. 也可参阅 Allen J. Scott and Michael Storper, "The Nature of Cities: The Scope and Limits of Urban Theory," *International Journal of Urban and Regional Research* 39, no. 1 (2015): 1—15. 针对这一立场的批判性反思，可参阅 Richard A. Walker, "Why Cities? A Response," *International Journal of Urban and Regional Research* 40, no. 1 (2016): 164—80; Susan Parnell and Edgar Pieterse, "Translational Global Praxis: Rethinking Methods and Modes of African Urban Research," *International Journal of Urban and Regional Research* 40, no. 1 (2016): 236—46; Ananya Roy, "Who's Afraid of Postcolonial Theory?," *International Journal of Urban and Regional Research* 40, no. 1 (2016): 200—9.

论、社会物理学与“大数据”应用，发展出一门以揭示假定的超越历史的全面规律为导向的“城市新科学”。[59]从另一个极端来看，是杰米·派克所描述的强大的“特殊主义流向”，它与后结构主义、南方国家理论、行动者-网络理论与群聚城市主义等一些有影响力的流派相关联，拒绝抽象或概括化的城市分类；出现了“低空飞行”描述主义、朴素经验主义、民族志实证主义和/或“单一个案研究”等多种转向；“推崇多元化与去中心化的普通主义”；反复呼吁“对（单一的）城市地点进行全方位复杂性的开放式探索”。[60]

在“空间原教旨主义”与“经验特殊主义”这两个极端之间，一直在涌现关于当代城市问题各种实用的非正统研究方法，它们结合了不同的方法（包括地缘政治经济学、批判性发展研究、批判性地理信息系统、关系比较研究、理论驱动的案例研究、网络分析与多地点民族志），采取了一系列的认识论导向，并聚焦于跨越原有区域研究边界（包括北/南与东/西的划分）不同地点与尺度的调查。[61] 正是从普遍化的意义上来说，这些方法似乎都持有一种观

---

[59] 参阅 Luis Bettencourt and Geoffrey West, “A Unified Theory of Urban Living,” Nature 467 (2010): 912—13; Michael Batty, *A New Science of Cities* (Cambridge, MA: MIT Press, 2012); and Geoffrey West, *Scale: The Universal Laws of Growth, Innovation, Sustainability, and the Pace of Life, in Organisms, Cities, Economies, and Companies* (New York: Penguin, 2016). 关于这一问题的批判性探讨，可参阅 Brendan Gleeson, *The Urban Condition* (London: Routledge, 2014), 55—74.

[60] Peck, “Cities beyond Compare,” 159, 167—68.关于群聚城市主义的批判性评价，可重点参阅 Neil Brenner, David J. Madden, and David Wachsmuth, “Assemblage Urbanism and the Challenges of Critical Urban Theory,” *CITY* 15, no. 2 (2011): 225—40. 关于与星球城市化的新兴议程相关的后殖民城市理论研究的简要反思，可参阅 Brenner and Schmid, “Towards a New Epistemology of the Urban,” 8—13.

[61] “空间原教旨主义”的说法来自 Roy, “Who's Afraid of Postcolonial Theory?” 207. 关于“经验特殊主义”的危害，可参阅 Peck, “Cities beyond Compare,” 169.

念，认为城市化过程是跨越情境模式的，并且嵌入情境之中。在此基础上，他们进一步发展了可能被理解为“中间层次”的概念创新——例如后大都市、分裂城市主义、混杂的新自由主义、世界城市、全球化郊区主义与边缘城市化——指向如派克精确地阐述“通过跨越多个地点的对话，对共同或连接性过程进行累积的审视”[62]。然而，尽管存在这些得到广泛认同的认知导向，这种非正统的、中间层次的城市理论化方法的倡导者仍然倾向于以本质上多元化（如果不是不相容的话）的方式来解释这种“共同或连接性过程”的来源、表达、参数、情境与后果。因此，批判性城市理论领域显然渗透着对不断变化的社会空间条件的创造性、富有活力与折衷的响应，但是关于城市作为一个地点的本质以及作为研究对象的不同认识论框架与相当广泛的本体论假设之间仍然是碎片化的。

原先广为人知的城市研究领域？

尽管这种智识上的分裂——或者简单地说是多头——源于一些富有成效的认识论、概念化与方法论的试验，然而它制约了该领域为我们这个时代占据主导地位的空间意识形态提供一种聚焦的、强有力的、可介入的与政治化的替代方法，因此仍然是存在问题的。正如派克所言，批判性城市研究计划“可能在解构性分裂化的漫长时刻失去其吸引力……而且，新的城市符号的增长可能与解释性回报的减少相关联”。[63]特别是考虑到其对学者、规划师、设

[62] Peck, “Cities beyond Compare,” 168.

[63] 同上，162。更为普遍化的论述，也可参阅 Neil Brenner, “Debating Planetary Urbanization: Towards an Engaged Pluralism,” *Environment and Planning D: Society and Space* 36, no. 3 (2018): 570—90.

计师与决策者的广泛吸引力，以及其作为工具持续服务于城市治理的新自由主义和/或新专制主义形式、基于剥夺的积累以及技术-环境运作，对于那些致力于发展更充分的、更具批判性的与潜在解放性的方式来解释——并最终塑造——城市化的新兴模式与路径的人而言，发展批判性的对立立场与可替代的分析框架似乎是一个日益紧迫的问题。

城市学者们是否应该简单地断言这一研究领域显而易见的无定形性，从而放弃追踪基于特定情境、常识话语、实践与规约的被定义为"城市"不断变化的地方社会生活与空间形态？这种传统主义的方法将城市作为一个跨情境的或宏观空间分析范畴所拥有的任何实质性的理论内容掏空；将其完全理解为一个实践范畴，认为其在城市研究领域的应用主要取决于日常生活、政府和/或公司聚落分类法的变化。相反，今天的城市研究是否应该使用彼得·桑德斯在20世纪80年代提出的富有争议的空间框架——强调其构成性的社会过程，而不是其在空间安排中的物质化——来推进？[64] 在桑德斯看来，集体消费再现了定义城市生活的基本社会过程，而当代针对他所提出的城市社会学非空间方法的复兴大体上也产生了其他一些定义上的划分（例如，创新能力或交通与通信网络中的节点性）。

如果要更加激进地说的话，现在也许是时候来谈谈原先广为人知的城市研究领域，如今是否要将这一研究领域置于资本主义发展或人类历史中的可能性条件被代替的一个新阶段？在针对这些问题的启发性反思中，著名城市社会学者赫伯特·甘斯

[64] Peter Saunders, *Social Theory and the Urban Question*, 2nd ed. (London: Routledge, 1986 [1981]).

(Herbert Gans)也提出了同样的观点：基于一种被彻底再造的人类空间组织类型学与对空间边界更具流动性的理解，他建议用“聚落社会学”的问题域取代原先的城市研究问题域。[65] 与桑德斯不同，甘斯坚持认为这一新的研究领域必须保留空间的要素，但是他选择放弃长期以来支撑城市社会学的城市聚落空间的四重图示法（城市、郊区、城镇、农村），而且还包括他自己在战后时期对郊区社区的开创性调查。在甘斯的提议中，城市问题实际上已经被代替了——或者更准确地说，被抛弃了——取而代之的是一种关于人类空间组织的描述性方法，通过研究过程本身会内在地衍生出新的聚落术语与分类法。

一些城市研究者可能会追随甘斯，试图使用一个或多或少空白的概念工具来应对这种新兴的城市化景观，以此摆脱与20世纪关于城市、大都市主义与城市问题的辩论相关的沉重的认识论包袱。在甘斯的术语中，“聚落”一词只是指人类通过占据、重新安排与改造空间来构建持久有序的社区。在甘斯看来，如何给这些聚落贴上标签以及如何划定其边界的问题无法通过理论抽象或概念化思考来解决，它们甚至无法提供有用的信息；他认为这是一个需要通过具体的情境嵌入研究来解决的问题。然而，如果遵循这条路径的话，似乎需要重新引入卡斯特尔早期使用正统马克思主义来反对城市的话语作为一种单纯意识形态的论述，即使他是从激进的经验主义立场出发。这一立场对于解释城市在跨越多元领域的话语、辩论与研究中持续的、强有力的共鸣，以及将其作为一个地点、目标或计划在许多制度重组、政治-经济战略与大众斗争领

---

[65] Herbert Gans, "Some Problems of and Futures for Urban Sociology: Toward a Sociology of Settlements," *City & Community* 8, no. 3 (2009): 211—19.

域中的广泛使用，还未得到足够重视。

当然，21 世纪早期不断强化的关于城市问题、计划与潜力的探讨，意味着当代世界正在发生系统性的、相互联系的与不断重复的社会空间转型，同时也在构建弗雷德里克·詹姆逊（Frederic Jameson）所说的“认知地图”，以此确保现象学深度脱位条件下的一些图示化导向方法。[66] 如果没有系统性的探索和对那些构成持久性再生产并不断改变城市生活“跨越多个地点的对话中的共同或连接性过程”——重复派克的话语——的抽象理论化，也许在逻辑上不是不可能的，但也很难证明一个独特的“城市”研究领域的持续存在。[67]在萨斯基娅·萨森关于 21 世纪城市研究未来可能路径的思考中，她似乎同意这一评价，建议采用城市作为“主要宏观社会趋势及其特定空间模式交合点”的战略地点的观念。[68]

我会更加坚定地捍卫这一立场。在我看来，在批判性城市研究领域缺乏某种类型的宏观空间、跨情境与地理比较议程的情况下，只有两种选择：一种是之前提到的传统路径，将城市溶解为各种常识、日常生活、地方意义；或者是第二种，放弃将城市研究作为一种集体的、基于制度的、批判性的追求更进步的未来社会的自反

---

[66] 参阅 Frederic Jameson, “Cognitive Mapping,” in *Marxism and the Interpretation of Culture*, ed. Cary Nelson and Lawrence Grossberg (Chicago: University of Illinois Press, 1988), 347—57. 詹姆逊的新阿尔都塞式概念基于且超越了城市设计师凯文·林奇在其经典著作《城市意象》(*The Image of the City*)(Cambridge, MA: MIT Press, 1960)中提出的严格的现象学概念。关于城市的日常生活认知地图与城市化的批判性理论化之间的互动关系的进一步构建，可参阅 Angelo, “From the City Lens”; Sayer, “Defining the Urban”; Wachsmuth, “City as Ideology.”

[67] Peck, “Cities beyond Compare,” 168.

[68] Sassen, “New Frontiers Facing Urban Sociology,” 144. 在其他地方，萨森展开了进一步的论述，将城市与大都市区域描述为“主要宏观社会趋势物质化的战略地点，因此构成了研究的目标”，可参阅 Sassen, “The City: Its Return as a Lens,” 3.

性计划。事实上,前一条路径只是通向后一条路径结果的迂回道路;关于城市问题纯粹的传统主义方法最终将导致批判性受到侵蚀;回退到地方限制的、封闭的、有边界的分散化飞地;从而导致独特的"城市"(urban)学术议程的消亡。[69]

重构城市问题域的框架

不论从哪个意识形态维度来看,城市的概念都不能被简化为一种实践的范畴;它仍然是一个用于针对21世纪早期资本主义背景下政治-经济格局不均衡、多尺度与多形态转型进行任何理论化尝试的重要概念工具。正如列斐伏尔所认识到的,这一过程并不局限于任何特定的地方、地域或尺度;而是应将其理解为一个问题域,通过"城市向整个星球的巨大扩展"而产生的一种浮现的、不均衡的相互联系、不连续共同演化的条件、结构、战略与斗争的综合。[70]因此,可以而且也必须提出对城市理论的延展,尽管是以一种批判性再造的形式:(1)取代狭隘的以城市为中心、以聚落为基础的认识论;(2)认识到资本主义城市化形式具有不断的动态性与创造性破坏特征;(3)探索城市(化)景观的同源性、联系、相互依赖、分层与分离;并且,在此基础上,(4)渴望解读当前正在拓展的资本主义城市肌理的不均衡等级化、混杂的与依赖路径的星球化过程。这种探索必须与固有的情境特殊性与社会空间转型的结构不均衡性相协调,而且还要同样注意"差异中的共性、一般化的过程、循环反复的模式、结构赋予的权力与同族

---

[69] 关于批判性城市研究计划的认识论自反性的核心地位,可参阅 Neil Brenner, *Critique of Urbanization: Selected Essays* (Basel: Bauwelt Fundamente/Birkhäuser Verlag, 2016).

[70] Lefebvre, *The Urban Revolution*, 169.

相似性”[71]。

尽管存在前面提到的解构性分裂的危害，星球城市化形态的强化增强了在批判性城市研究领域发展非正统认识论研究策略的紧迫性。正是全球城市化进程的内爆-外爆及其同时存在的分化、分层与不断的拓展，产生了实际上的城市生活世界、知识构成、解释图式、方法论策略与研究议程的倍增。[72]因此，在 21 世纪早期条件下批判性城市理论的新方法，将需要跨越研究背景、学科与次学科专业化、认识论与方法论的划分以及多元化的调查地点与尺度的智识实验和密集合作。米歇尔·阿库托（Michele Acuto）、苏珊·帕内尔（Susan Parnell）与凯伦·塞托（Karen Seto）在总结由伦敦大学学院（UCL）召开的城市未来研究专家小组得出的结论时，提出了类似的观点：

> 今天的城市研究……仍然囿于 20 世纪对单个城市进行系统性研究的传统以及经济、卫生、规划、工程和设计等专业学科的兴起。我们还远远没有理解城市系统的肌理……在当前这样一个需要强有力的、成熟的和真正的全球城市研究的城市转型窗口，关于紧迫国际化问题的城市研究仍是初步的

---

[71] Peck, “Cities beyond Compare,” 177.

[72] 更广泛地看，这一论点与鲍温图拉·德·苏撒·桑托斯（Boaventura de Sousa Santos）关于认识论多重性在反对新自由主义全球化斗争中的作用，可参阅他的著作 *Epistemologies of the South: Justice against Epistemicide* (Boulder, CO: Paradigm Publishers, 2014). 关于批判性地理学中“参与性多元主义”的挑战，可参阅 Trevor Barnes and Eric Sheppard, “‘Nothing Includes Everything’: Towards Engaged Pluralism in Anglophone Economic Geography,” *Progress in Human Geography* 34, no. 2 (2010): 193—214. 关于这一概念在当代城市研究辩论中的应用，可参阅 Michiel van Meeteren, David Bassens, and Ben Derudder, “Doing Global Urban Studies: On the Need for Engaged Pluralism, Frame Switching and Methodological Cross-Fertilization,” *Dialogues in Human Geography* 6, no. 3 (2010): 296—301; Brenner, “Debating Planetary Urbanization.”

与碎片化的。[73]

尽管伦敦大学学院的专家小组渴望形成一种"新城市科学",而我认为,他们所构想的愿景必须坚决致力于认知多元主义,正如莱特纳・海尔格与埃里克・谢泼德所建议的,需要重视"没有一个理论可以充分解释世界范围内的城市化与城市混杂性质"的可能性。[74]当前的挑战是要想办法结合认知多重性、概念化的突破性、方法论的非正统性与后学科的敏感性,以及严格聚焦、逻辑连贯、面向全球与扎根情境的分析导向,有效地揭示城市重构的新兴模式、路径、矛盾与斗争。因此,当代城市学者需要将专门化的知识生产方式(不论是来自社会科学、空间和环境人文学科、生态学,还是环境研究)嵌入"参与式多元主义"、跨文化模式中,拒绝一切形式的智识帝国主义,并促进"不同方法之间持续公平的辩论",而不是渴望构建一种单一化的、一元论的、权威的城市生活的"科学"。[75]

在越来越多地由公司-新自由主义议程与普遍的学科和次学

---

[73] Michele Acuto, Susan Parnell, and Karen C. Seto, "Building a Global Urban Science," *Nature Sustainability* 1, no. 2—4 (2018).

[74] Helga Leitner and Eric Sheppard, "Provincializing Critical Urban Theory: Extending the Ecosystem of Possibilities," *International Journal of Urban and Regional Research* 40, no. 1 (2016): 230. 关于星球城市化研究中认知多元主义的进一步构建,可参阅 Michelle Buckley and Kendra Strauss, "With, against and beyond Lefebvre: Planetary Urbanization and Epistemic Plurality," *Environment and Planning D: Society and Space* 34, no. 4 (2016) 617—36.

[75] Barnes and Sheppard, " 'Nothing Includes Everything,' " 199. 在这句话中,巴恩斯与谢泼德正在讨论女性主义科学哲学家海伦・隆基诺提出的认识论立场。若要阅读关于列斐伏尔作为一个参与式多元主义者的作品,可参阅 Buckley and Strauss, "With, against and beyond Lefebvre." 关于星球城市化研究中参与式多元主义必要性的进一步讨论,可参阅 Brenner, "Debating Planetary Urbanization." 关于现代科学与认知多元主义之间的关系,可参阅 de Sousa Santos, *Epistemologies of the South*.

科分裂(尽管官方的说法不这么认为)主导的大学环境中,为发展更具包容性、非正统与批判性的城市知识领域而建设这样的"交易地带"存在着巨大的障碍。同时,城市研究领域正在被彼得·泰勒所说的"公司社会科学"——"具有自我风格化的政策智库、先进生产者服务企业的研究力量关于当代社会关系的综合知识输出,以及由联合国机构和非政府组织等其他全球性机构的出版物作为补充"——进一步重新定义。[76]泰勒认为,目前这些组织"构成知识体系的出版物数量……可能至少与大学里所有的城市研究成果一样多"[77]。事实上,大部分关于全球城市主义的当代公共"热点话题"正是通过公司社会科学机构及其附属的基金来源,如全球房地产、金融服务、会计和数据分析企业等,将其资源注入战略性城市问题的分析,并通过自身的专用通信网络进行研究成果的传播。考虑到公司城市研究的工具性、客户导向、利润驱动、技术管理与非政治化的导向,其研究"产品"所使用的认识论、方法与实质性议程,与推动批判性城市研究者的计划所采用的方法存在明显的差异。

在这种情况下,批判性城市思想家们必须迫切且自反性地面对当前城市知识生产的政治-制度条件的剧烈转型。不论批判性城市研究计划是不稳定地处于公司化-新自由主义大学的产出驱动、影响力导向的研究平台中,还是更直接地活跃在社会行动主义、抗议与叛乱的前沿阵地,当代制度条件下的可能性完全不同于1968年5月世界性"爆炸"情景中批判性城市学者们所推动的学

---

[76] Peter J. Taylor, "Corporate Social Science and the Loss of Curiosity," *Items: Insights from the Social Sciences*, Social Science Research Council, August 2, 2016, https://items.ssrc.org/ corporate-social-science-and-the-loss-of-curiosity.

[77] 同上。

术激进化与创造性政治-认知实验的浪潮时期。[78] 尽管这里不是为了探索可能的支持批判性城市研究非正统愿景主张所需的政治-制度参数，然而毫无疑问的是，对于批判性城市研究的未来活力而言，激进的制度更新与重塑和我在本书中主要关注的(再)理论化问题同等重要。

当然，这些议题之间完全是相互交织的。批判性城市理论不可能在真空中得到蓬勃发展：它需要受保护的可供学习、辩论、讨论与拓展的制度空间；公开传播与开放式学术交流的手段；以及支持独立研究、创造性思考、专注写作与持续自我批评的资金支撑。同样重要的是，创建、更新或改造这种持不同政见的城市知识的非正统制度空间，必须受到动态演变的城市与城市化过程批判性理论的引导，而这些理论本身与世界范围内不同地点与尺度中新兴的城市重构、冲突、愿望和斗争的问题域密切相关。正如我在整本书中所论述的那样，只有通过抽象的理论，批判性城市研究的核心计划才能变得清晰，但是它们不是武断的概念化或方法论的决策；它们再现了正在进行的社会空间实践、转型、竞争、叛乱、希望与想象的“真实抽象”。鉴于有关批判性城市研究计划未来可能的政治-制度结构构想会引发关于这些问题的广泛辩论——至少是，关于可替代的城市化：城市化本身可能的替代模式与路径本身——或许本章中构建的理论能够为这一努力提供一些向导。

---

[78] 关于城市知识生产的地缘政治情境的变化，可参阅 Elvin Wyly, “Strategic Positivism,” *Professional Geographer* 61, no. 3 (2009): 310—22; Gleeson, “What Role for Social Science in the ‘Urban Age.’”

第十章　后记：城市化的新空间

此时，需要重新思考城市。①

尽管城市学者们一致认为新兴的城市化景观在某些重要方面是"新"的，然而关于如何采用最好的方式来解读当代社会空间转型与来源，以及对原有的城市问题研究方法与未来城市生活模式与路径的启示，仍然存在着无数的分歧。虽然在前一章中讨论了理论分裂化与政治中立化的危害，但是这些分歧实际上可能有助于激发出新的批判性城市研究领域的智识活力。事实上，自反性地探讨与新兴社会空间转型相关的城市理论问题，可以很好地将一些具有广泛共识性的关注与议程的不同研究流派聚集在一起，呈现一种共同的潮流。今天，在批判性城市研究非正统认知群体

① Françoise Choay, "Le régne de l'urbain et la mort de la ville," in *La ville, art et architecture en Europe*, 1870—1993, ed. Jean Dethier and Alain Guiheux (Paris: Editions du Centre Georges Pompidou, 1994), 33.

中，他们不仅在持续地探讨如何解读21世纪早期具体情境内部与跨情境的社会空间转型的复杂性；同样重要的是，批判性城市学者们还越来越多地参与到一项共同的工作，致力于质疑、并在适当的时候修正甚至是重塑研究这一重构过程所采用的概念框架。

我在之前已经论述过，这种针对历史社会空间转型与理论化模式演变之间相互作用的反思是城市问题批判性方法的一种独特的认识论坚守。[②]这种城市理论化的方法——是一个活跃的过程，而不是一个固定的状态——不仅需要认识到所有城市知识（包括理论的抽象）具有特定的定位、嵌入特定的情境，而且处于竞争的状态；同样需要警惕与坚持的是，其理论框架可以根据它们出现与应用所处的不断变化的情境被激进地修正。正是因为它们与其渴望阐明的社会空间关系、条件与竞争之间的相互啮合关系，城市研究的解释性工具本身才需要被定期地修正，在某些情况下，还需要更加激进的认知突破或范式转型。因此，城市理论化的过程并没有将其与潜在的本体论基础联系在一起，并以此为基础将城市的内在属性以某种方式进行"一劳永逸"的划分。相反，在本书所依托的辩证的后基础主义的哲学传统中，城市理论化总是依赖特定的历史构成与所处的情境。因此，它涉及对一个历史发展的地理不均衡过程的自反性探索，并且与理解这一过程演变的思想范畴（包括任何一种"真实的抽象"）的社会生产、竞争与变异之间存在自反性的辩证关系。从这个意义上来说，批判性城市理论表达且响应了城市化过程本身所产生的问题域——一系列的关注、斗争与渴望。伴随着这一过程的变异，城市理论的概念架构也必须要发生变化。

② Neil Brenner, *Critique of Urbanization: Selected Essays* (Basel: Bauwelt Fundamente/Birkhäuser Verlag, 2016).

当亨利·列斐伏尔经典地将城市描述为一个“虚拟对象”时，他脑中所想的正是这种关于情境知识、社会空间涌现、空间政治与自反性(再)概念化之间的辩证关系。[③]正如列斐伏尔所述，实证主义与技术科学方法将城市简化为既有的社会空间安排——城市、大都市区域或行政地域。在特定的战略驱动下——如经济增长或国家控制，这些工具性知识成为一种对城市生活的系统性狭隘化、去政治化的理解，同时在分析上将城市化的一些基本维度外部化，将其呈现为外围的甚至是不可见的，包括：圈地、剥夺和排他性；拓展的空间与生态维度；竞争性的空间政治；持续的社会空间动力；强有力的政治反叛潜力。因此，城市知识被装入了若干“黑箱”，并被投射到一些“盲区”上，旨在掩盖或转移人们对社会空间关系的去意识形态化构想所依赖的去政治化扭曲的注意力。[④]相比之下，列斐伏尔提出了一种革命性的空间认识论，他将城市视为一个开放的领域，作为一个虚拟的事物，其混杂的模式与充满活力的脉动是由转型的实践、战略、斗争、经历与想象所塑造的，包括那些面向“差异化的空间”——基于地域自我管理的可替代城市化过程(用我自己的术语来说，就是“可替代的城市化”)。从这个意义上来说，在列斐伏尔看来，城市再现了一个新兴的问题域，而不是一个被永久定义的整齐划一的知识对象：它源于既有的社会空间实践；与当前的状况、矛盾与斗争纠缠在一起；但是，它同样面向从灾难到解放的社会空间转型这一未来路径的广泛可能性。

本书提出了一系列的认识论导向、概念化工具与方法论策略，以及一些更加具体的解释、分析与批判，以此来探索城市问题域的新兴形式。虽然我的论点主要建立在既有的批判性城市理论方法

---

③ Henri Lefebvre, *The Urban Revolution*, trans. Robert Bononno (Minneapolis: University of Minnesota Press, 2003 [1970]).

④ 同上，26。

（特别是历史-地理唯物主义的地缘政治经济学）之上，此外还与21世纪早期城市理论的几个主要流派（如后殖民城市主义）相一致，主张一些重大的（可能不是范式性的）理论更新——概念、方法和图示技术的再造，并且与它们渴望阐明的剧烈变异的城市化世界相关联。因此，虽然我赞同艾伦·斯科特与迈克尔·斯多波近来广泛讨论的一些方面，他们呼吁在调查跨越时间与空间的城市现象时要采用更严格的方法与更连贯的解释，但是我强烈反对他们将定义上的准确性等同于一元的、普适的分析模式。[⑤] 事实上，我在这里的理论化路径与理查德·沃克具有更多的共鸣，强烈地反驳斯科特与斯多波的干预，将其描述为一个关于城市问题的“更加开放与层次化的方法”，精确地描绘其内在的历史过程（如城市化）的构成要素，而其自身可能根据社会空间关系的演化也在发生变异。[⑥]面对调查中的这种（实际的和潜在的）历史格式塔转型过

---

⑤ Allen J. Scott and Michael Storper, “The Nature of Cities: The Scope and Limits of Urban Theory,” *International Journal of Urban and Regional Research* 39, no. 1 (2015): 1—15.

⑥ 参阅 Richard A. Walker, “Why Cites? A Response,” *International Journal of Urban and Regional Research* 40, no. 1 (2016): 164—80. 尽管在城市问题的普遍化方法局限方面，我的元理论与沃克的观点是一致的，然而我的立场在城市问题所产生的更为丰富的历史化方法问题上，与他有着本质上的分歧。在其他主要的论述中，沃克接受了传统的以城市为中心的城市化理解，这只是部分地打破了斯科特与斯多波所推崇的更加正统的、超越历史的集聚理论。虽然沃克富有成效地认识到塑造城市的大都市外部力量，但是他认为“城市”是城市化理论的唯一聚焦点与解释，这是不证自明的。相反，我在整本书中都在讨论一个更为广泛的（资本主义）城市化观念，它包括（多个尺度的）集聚，以及支持资本工业化积累的社会地域与生态基础设施的拓展肌理。关于我与克里斯蒂安·施密德合作研究中有关这些问题的进一步阐述与辩论，请参阅 Richard A. Walker, “Building a Better Theory of the Urban: A Response to ‘Towards a New Epistemology of the Urban,’” CITY 19, no. 2—3 (2015): 183—91; Neil Brenner and Christian Schmid, “Combat, Caricature and Critique in the Study of Planetary Urbanization,” Urban Theory Lab, Harvard Graduate School of Design, April 2015, http://urbantheorylab.net/uploads/Brenner_Schmid_Richard%20Walker_2015.pdf.

程时，普遍化的城市理论方法可能会被证明是一种极其生硬的分析工具，虽然它保留了定义上的纯粹性，但是产生了很高的智识成本，限制了研究者的能力发挥：(1) 认识正在进行的重构、涌现与转型过程，并在此基础上(2) 探索(重新)概念化的可能路径，以此更充分地解释与紧迫的社会政治关注问题相关联的这些过程。⑦

正如我在整本书中所论证的，现代世界中城市问题域的这种格式塔式转型，不只是偶然的历史性中断或者是对原本线性路径的偏离，而是再现了资本主义城市化形式的内在要素与表达。从这个意义上来说，本书通篇都在阐述的"城市重构"概念，不是简单地指代事先定义的空间容器或固定单元(城市、大都市区域，或其他)内的变化，而是一种城市化过程本身性质上的根本性变异，而资本主义城市肌理连续性的形态变化只是其中一种暂时性的稳定化排列。在这里，我的大部分理论重点都聚焦于解读 20 世纪 80 年代之后资本主义城市肌理剧烈的尺度重构上；通过尺度建构的

⑦ 然而，应该指出的是，在追求普遍化的解释性议程与理解所调查的(假定普遍的)现象的历史性差异之间并不存在逻辑上的矛盾。事实上，斯科特与斯多波似乎相信前者是认识后者可能性的必要条件。相比之下，像沃克一样，我认为正是斯科特与斯多波的分析议程的普遍性限制了其解释历史与地理上特定的重构过程的能力：通过先验地将后者定义为单一现象的经验"变体"，他们无法考虑到所研究的过程本身发生变异的可能性，这种变异可能在性质上具有重要意义，因此需要新的理论化框架。同样有问题的是，斯科特与斯多波提出了他们自己的一元论方法，作为对在当代城市研究中朴素经验主义形式进行批判(在我看来，这是相当恰当的)的唯一可行的方法论替代。在此过程中，他们或者忽略或讽刺了更加历史特定的跨情境、宏观地理分析模式在方法论上的广泛贡献，不仅包括特定城市与城市间关系，还涉及嵌入后者的拓展的城市肌理。值得注意的是，斯科特与斯多波在 20 世纪 80 年代对洛杉矶城市研究学派发展做出的基础性贡献，可以被视为这种方法的一个有力例证。这一工作并没有提供一个普遍化的跨越人类历史的集聚理论，而是对福特制积累体制瓦解后在旧工业化世界中逐渐具体化的城市危机的形成、重构与转型的历史特定趋势进行了分析。参阅 Allen J. Scott and Michael Storper, eds., *Production, Work, Territory: The Geographical Anatomy of Industrial Capitalism* (London: Allen & Unwin, 1986).

后凯恩斯主义国家空间战略的调解作用；以及后者对旧工业化国家新兴城市发展模式与路径的广泛影响。而且，我的这些跨越多元研究领域的尺度探索已经形成了对一些额外的，也许是密切联系的当代城市重构维度的洞察，包括：(1) 尺度重构过程与重塑资本主义城市肌理的地方营造、(再)地域化与网络化辩证关系之间的相互作用；(2) 20 世纪 80 年代之后跨越昔日地域腹地、支撑资本主义工业发展的新的尺度化巨型基础设施的强化，促使传统上被归为非城市地带(农村、荒野或其他地区)的资本主义城市肌理显著(也许是系统性不均衡的)增厚。

至关重要的是，本书所阐述的城市问题的理论视角并不源于一个潜在的形而上学的立场或本体论基础。相反，它们是在解读 20 世纪 80 年代以来尺度相对化加剧的条件下城市重构过程所处的不断变化的宏观地理环境的各种概念化、方法论与经验挑战的直接关系中形成的。这就要求，一方面，需要一致地反对任何针对城市问题研究单一化的固定单元的分析，只有这样才能探索城市转型在历史与地理上特定的尺度分化路径，以及它们在资本主义城市肌理中混杂的形态。另一方面，这也能够在分析上将城市重构这样的尺度化模式与路径链接到(尤其是与第二章中理论化的资本主义背景下固定性/运动性矛盾相关联的)资本主义发展的一系列宏观地理构成及其政治调解、危机倾向与空间政治呈现上。

从这个角度出发，我调查了北大西洋地区在 20 世纪 80 年代之后一段时期资本主义城市肌理的尺度架构内一系列系统性破裂，包括：(1) 福特-凯恩斯主义的危机，国家发展主义的城市化与随之而来的国家尺度间等级体系、工业化模式的重组，以及地域治理的形成；(2) 不均衡的、危机诱导的后凯恩斯主义、市场规制方法的扩散，包括城市建造、城市经济发展、产业再生、大都市区域主义、地域规划与跨尺度管理，导致地理管制不稳定性进一步加剧，尺度相对化模式的加速以及原有城市肌理的普遍性分裂。这些混杂的重构趋势已经显现，它们积极地共同塑造全球资本主义发展宏观地理情境的转型，包括加速的地缘经济一体化（"全球化"）、国际劳动力分工的强化、金融化的深化、连续的管制新自由主义化浪潮、强化的空间不均衡发展。

在前一章中，这些分析主要指向了另一个初步界定的尺度分化的宏观地理转型，而这一次主要体现在与跨越全球南方国家战略地带急剧加速的工业发展以及大规模基础设施投资模式相关的一些政治-经济变异。尽管这些转型对整个世界经济有着深刻而广泛的影响，但它们在所说的金砖国家（巴西、俄罗斯、印度、中国、南非）以及城市-产业转型的战略走廊上的影响尤为显著，主要是通过全球供应链将一些地区进行链接，包括拉丁美洲、东南亚、非洲以及东欧和中东的部分地区。[⑧]这种趋势受到激进的地缘政治经济学研究较为系统的关注，可能最为重要的是乔凡尼·阿里吉（Giovanni Arrighi）的经典论文，他们预言将会形成一个新的以亚洲为中心的资本主义世界体系。[⑨]然而，正如一些批判性地理学者最近所观察到的那样，金砖国家的崛起及其相关联的"新新国际劳动分工"不仅再现了世界范围内资本积累霸权中心在区位上的转移，而且也预示着21世纪早期条件下整合的非均衡空间发展结构

---

⑧ 关于反资本主义、反帝国主义战略与斗争背景下金砖国家崛起的精彩概述与批判性评价，可参阅 Patrick Bond and Anna Garcia, eds., *BRICS: An Anti-Capitalist Critique* (London: Pluto, 2015)；更为广泛的论述，可参阅 Guido Starostra and Greig Charnock, eds., *The New International Division of Labour: Global Transformation and Uneven Development* (New York: Palgrave, 2016).

⑨ Giovanni Arrighi, *The Long Twentieth Century* (London: Verso, 1994); Giovanni Arrighi, *Adam Smith in Beijing: Lineages of the 21st Century* (London: Verso, 2007).

在性质上的变化。[10]

尽管资本主义产业重构的漩涡并没有扭转 20 世纪最后几十年中形成的尺度相对化模式，然而它已经相当显著地重新塑造了它们的制度与社会空间结构。根据雷·哈德森(Ray Hudson)的说法，这主要是通过在大洲与地域内外部一系列新的地缘政治结盟；国家主导、出口导向型区域产业发展的复兴；以及新成立的多边开发银行的空间选择性投资运作而得以发生的。反过来，这些政治-制度的转变与地域发展计划促进了新劳动力空间分工的强化，其中，先进的全球网络化的交通、物流、通信以及富有活力的采掘、制造基础设施正越来越多地被引向金砖国家的战略性产业地域，以及它们区域经济合作伙伴地域内的各种经济特区与增长走廊。[11] 在哈德森看来，这些“新产业增长中心”及其相关的大型基础设施与地域发展走廊在全球南方国家的扩散，主要是通过被剥削的方式，被内在地链接到新的积累形式，包括“土地掠夺”的浪潮，迫使“之前从事自给自足农业的农村居民转变身份，从潜在的

---

⑩ 参阅 Martín Arboleda, *Planetary Mine: Territories of Extraction in the Fourth Machine Age* (New York: Verso, 2019); Ray Hudson, “Rising Powers and the Drivers of Uneven Global Development,” *Area Development and Policy* 1, no. 3 (2016): 279—94; Jamie Peck, “Macroeconomic Geographies,” Area Development and Policy 1, no. 3 (2016): 305—22. 在大多数情况下，关于“后”发展的文献对其所研究的发展模式与制度的空间构成(和重构)问题明显保持沉默。正如其对时间标签“后”的突出所表明的那样，这些文献的研究主要集中在工业化计划推行的历史时间及其对国家产业政策协调与财政支持的性质和程度的影响。因此，关于“后”发展的辩论根本没有充分探讨如何通过一系列国家空间战略与工业基础设施(无论是生产、流通或再生产)的空间选择投资，使发展过程本身在地域范围内、跨地域和地域之间实现空间化。关于在南亚殖民时期经济发展话语与斗争背景下对这一问题及其相关问题的广泛探索，可参阅 Manu Goswami, *Producing India: From Colonial Economy to National Space* (Chicago: University of Chicago Press, 2004).

⑪ Hudson, “Rising Powers and the Drivers of Uneven Global Development.”

劳动力储备变为无产阶级工厂劳动力的一部分"[12]。

针对这些原有资本主义地理的广泛变异，以及令人困惑的政治-制度调解与不均衡的基础设施物质化，杰米·派克较为系统地论述道：

> 今天，似乎再次有了一种普遍性的意义，即资本主义格式塔正处于转型与明确的结构变革的阵痛之中……可能还会有一种共同的感觉，即现有的概念框架与方法论工具不足以完全掌握这些转型的广度与深度……这些急剧变化的环境必然需要全面更新(而不仅仅是重新启动)这一使动态演变的整合性不均衡发展过程变得有意义的工具。[13]

因此，仅仅"用另一种'中心'(径向或轨道)来解读(资本主义宏观地理)是不够的，例如将中国定位为新中心"[14]。相反，派克提出，我们需要谨慎地发展辩证的方法来进行宏观地理重构的研究，在承袭的但总是潜在可变的空间化权力结构的情境下，对资本主义"移动的部分与演化的整体之间的相互关系"进行反思性的理论化。[15]

我相信，正是为了应对这种挑战，必须要形成当代批判性城市理论的新方法。事实上，我整本书自始至终都在论述资本主义创

---

⑫ 同上，290。关于农村土地掠夺、剥削、非正式化、城市化之间的联系，也可参阅 Annelies Zoomers, Femke Van Noorloos, Kei Otsuki, Griet Steel, and Guus Van Westen, "The Rush for Land in an Urbanizing World: From Land Grabbing towards Developing Safe, Resilient, and Sustainable Cities and Landscapes," *World Development* 92 (2017): 242—52.

⑬ Peck, "Macroeconomic Geographies," 316.

⑭ 同上，317。

⑮ 同上，317—318。

造性破坏前进运动不断地要求我们更新概念与方法集合，这样才能批判性地解读新兴的城市化过程、持续的内爆与外爆、整合的不均衡发展、城市肌理中暂时稳定的社会空间表达、通过空间政治正在进行的竞争。在我看来，如今这一理论动力不仅与金砖国家或全球南方一些国家的新兴城市化过程相关，还涉及 21 世纪早期资本主义背景下，城市本身在跨越多元又不可避免地在特定关系上相互关联的地点与尺度上不断地重新组织。[16]

迈向元理论的综合

在这样的背景之下，我们现在可以将一些主要的元理论观点汇集在一起；它们来自我们在本书中的探索，并且可能被证明与应对前面所述的挑战相关联。为此，通过总结的方式，我提出了一系列的综合性论点、认识论视角与概念化提议，这与我和克里斯蒂安·施密德的合作研究密切相关，旨在帮助引导如何解读 21 世纪早期条件下多元化、混杂与动荡的城市化世界。[17]就像我在本书中进行的所有概念化探索一样，在这里呈现的内容不是为了将其“锁定”在一个可以“一劳永逸”的本体论上固定的城市概念，而是为了进一步激发关于当代星球化城市条件、在学术领域传承与推进这一研究以及应对当代社会空间转型而发展新的认识论框架、概念策略、方法论战术、地图呈现视角的前景的辩论。从这个意义上来说，我在这里提出的一些想法主要是作为一种元理论层面的提议。虽然这些研究提出了许多应对当代城市转型的认识论视角与方法

---

⑯ 关于星球化城市转型中显而易见的“不可避免的特殊性”悖论，可参阅 ETH Studio Basel, ed., *The Inevitable Specificity of Cities* (Zurich: Lars Müller Publishers, 2014).

⑰ 可重点参阅 Neil Brenner and Christian Schmid, “Towards a New Epistemology of the Urban?,” *CITY* 19, no. 2—3 (2015): 151—82.

论导向，但是其中的每一项都与城市以及城市化的一系列实质性观念与广泛的具体研究策略相匹配。因此，这一努力主要受到了列斐伏尔对城市化元哲学呼吁的强有力启发——一种探索性的、多元化的认识论，“提供了一种导向……开启了新的路径并展现新的领域”，而不是针对已实现的条件、同质化的结构或单一的过程提出定义上的主张。[18]正如我在整本书中对城市问题的尺度化探索一样，这一分析思路也建立在列斐伏尔对城市(city)与城市(urban)之间根本性区分的坚持之上，并对其进行拓展。从这个角度来看，城市只是再现了不断变异、构成性多尺度的资本主义工业城市化肌理中的某一种(极其混杂的)社会空间结构而已。

更为普遍地说，鉴于这些提议同时强调了系统性、跨情境的宏观空间模式与情境的差异性、多重性和特殊性，它们可以被归为前一章中所述的非正统的中观层面的认识论视角。因此，这里提出的城市理论化的辩证方法主张反对两种极端之间根深蒂固的对立，其中的一端是空间原教旨主义(普适化、实证主义、自然主义和/或城市增长一元论)，另一端是实证特殊论(朴素客观主义、描述主义和/或地方情境主义的本体论)，而是支持贝特尔·欧尔曼(Bertell Ollman)“内部关系哲学”的著名提法。[19]在这里，日益星球化的城市肌理的形成可以被理解为不仅是通过相互关联、共同演化的宏观地理过程(如地域圈地、工业化、去农民化、新自由主义化、金融化、大型基础设施的强化与管制的尺度重构)，而且也通过

---

⑱ Lefebvre, *The Urban Revolution*, 66.

⑲ 可重点参阅 Bertell Ollman, *Dance of the Dialectic* (Urbana: University of Illinois Press, 2003); and Bertell Ollman, *Dialectical Investigations* (London: Routledge, 1993). 最近的研究，可参阅 Bertell Ollman and Tony Smith, eds., *Dialectics for the New Century* (New York: Palgrave, 2008). 关于辩证分析空间化的各种(黑格尔、后黑格尔和反黑格尔)方法的启发性反思，可参阅 Eric Sheppard, “Geographic Dialectics,” *Environment and Planning A* 40 (2008): 2603—12.

城市转型的情境特定、地域嵌入的模式与路径的叠加而得以发生。[20]在这里，套用了一个来自历史社会学家佛阿德·马基(Fouad Makki)关于整合的不均衡发展辩证法的敏锐构想，不是简单地想说明城市化在不同地方存在的运作方式差异，而是想表达资本主义城市肌理作为一个整体其本身就是"在社会不均衡的政治多重性世界中形成差异化的结构与截然不同的效应"[21]。因此，资本主义城市肌理中的社会空间模式与发展路径的特殊性不只是简单地出现于本体论单一性的既定条件(不论是否在地方、区域、地域或文化内部)，或是由于"对抗的国家与全球力量"之间的碰撞，而是通过在世界历史性的时空中"多因素决定的不均衡与整合的条件"关系作用下形成的。[22]

从这一特定的意义上来说，资本主义城市肌理存在的演化条件是混杂的、路径依赖的，而且是关系性相互关联的：不论是集聚、工业化主义、全球化主义还是其他，它们不是源于一个普遍性的逻辑，而是需要历史性、自反性多尺度、制度上差异化与严谨关系化的政治-经济与社会空间探究模式。如果采用一种恰当的辩证方式，那就是马丁·阿博乐达(Martín Arboleda)所说的"各部分与整体之间的关系[是]处于连续性的演进与共同决定之中"，这一方法可能有助于阐明城市(化)空间以及资本主义城市肌理作为一个整

---

[20] 关于这一论述的进一步阐述，可参阅 Christian Schmid, "Specificity and Urbanization: A Theoretical Outlook," in ETH Studio Basel, *The Inevitable Specificity of Cities*, 282—97. 也可参阅 Christian Schmid, Ozan Karaman, Naomi Hanakata, Pascal Kallenberger, Anne Kockelkorn, Lindsay Sawyer, Monika Streuele, and Kit Ping Wong, "Towards a New Vocabulary of Urbanization Processes: A Comparative Approach," *Urban Studies* 55, no. 1 (2018): 19—52.

[21] Fouad Makki, "Reframing Development Theory: The Significance of the Idea of Combined and Uneven Development," *Theory and Society* 44 (2015): 491.

[22] 同上。

体的情境嵌入性与跨情境结构。[23]图 10.1 提供了一个区分若干关键概念的示意图，我们将在随后的讨论中详细阐述这些区别。

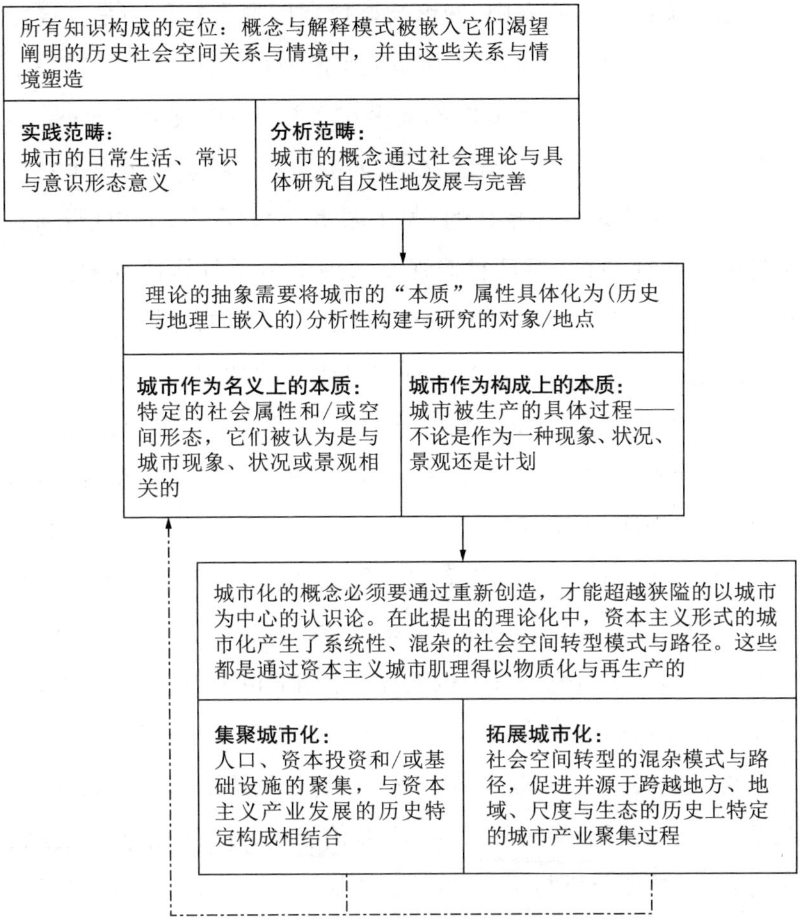

图 10.1　解读当代城市问题变异的一些有用的区分

---

[23] Martín Arboleda, “Financialization, Totality and Planetary Urbanization in the Chilean Andes,” *Geoforum* 67 (2015): 5. 在这篇文章中，阿博乐达出色地综合了欧尔曼与列斐伏尔的方法，分析了 1993—2013 年拉丁美洲商品化繁荣之后智利安第斯金矿区域的金融城市化与城市的金融化，也可参阅 Arboleda, *Planetary Mine*.

理论自反性、基于过程的城市(化)空间方法

在主流的城市研究中,城市与城市空间通常被认为是在经验上不证自明的地点。因此,城市研究中的城市(urban)特征被简单地构想为其所位于的环境内部或聚焦于被称为“城市”(cities)的地带。然而,这些朴素经验主义、实证主义的立场事先预设了具有决定性的(也许是未被承认的)关于城市(city)和/或城市(urban)特殊的解释性假设,而且它们强有力地塑造了具体研究的路径。从这个意义上来说,城市(urban)不是预先给定的、透明清晰的场域、地点、产品或对象——只有通过一个理论抽象的过程,也就是其本身嵌入的社会空间关系,才能将其界定为一个思想、表征、想象、调查的领域。正如安德鲁·塞耶(Andrew Sayer)所解释的,这种抽象为“如何‘界定’我们的研究对象,以及我们认为特定的对象具有什么样的属性”创造了条件。[24]因此,它们对各个方面社会空间关系的具体研究具有很强烈的结构性影响。概念化的问题处于所有形式的城市研究的核心位置,甚至包括那些具有明显的实证、情境、定量、数据驱动或细节导向的研究。它们不只是作为一种背景条件或框架工具,而是构成了具有解释性的语法与分析媒介,以此城市学者们可以将元叙事、规范-政治导向、方法论策略、数据收集与整合、具体分析与干预战略编织在一起。可能只有在关于研究的地点、聚焦点与目标的基本理论假设已经明确,可以系统性地链接到它们所处的历史-地理情境,并根据它们渴望阐明的动态演化的城市发展地理进行仔细审视且持续修正时,城市研究中的批

㉔ Andrew Sayer, “Defining the Urban,” GeoJournal 9, no. 3 (1984): 281. 更为普遍性的论述,也可参阅 Andrew Sayer, “Abstraction: A Realist Interpretation,” *Radical Philosophy* 28 (Summer 1981): 6—15.

判自反性才能够实现。

自20世纪早期城市社会科学被正式制度化以来，关于城市的概念界定一直是一个饱受争议的问题。自那时起，城市研究的路径不仅包括对城市(化)空间的具体研究，还包括对其特殊性持续的理论重构。事实上，20世纪城市研究领域许多重大的创造性进展正是通过将新理论“切入”城市问题本质的构建而被激发出来的。这种重新概念化的出现，不仅是因为特定时空情境下具体城市研究的迫切需要，还受到了如何解读密集化且经常是缺乏导向的社会空间创造性破坏时期世界上建成与未建成环境重塑的有力推动。正是这种城市地理的不断转型，产生了对用于研究后者的理论范畴与解释性框架的持续修正，甚至是重新创造的需求。因此，批判性城市理论领域中所使用的抽象概念不只是一种简化的概念工具，而是嵌入资本主义城市化不断变化的地理并被其塑造：从这个意义上来说，它们是一种具体的抽象。[25]

自20世纪早期城市研究起源以来，这一领域将城市构想为一种特定的单元与聚落空间类型，从根本上完全不同于位于城市之外的非城市地带——比如郊区、城镇、乡村、农村地区、郊野、荒野。芝加哥学派的城市社会学者、主流的土地经济学者、中心地理论学者、联合国城市人口统计学者、新马克思主义地理学者与全球城市理论家们分别以截然不同的方式来理解这一特殊性的基础，但是他们通常都有共同的分析方式来界定城市的独特性，即通过将城市与位于它们边界之外的聚落地带与社会空间条件进行明确的或

㉕ 参阅 Łukasz Stanek, *Henri Lefebvre on Space: Architecture, Urban Research and the Production of Theory* (Minneapolis: University of Minnesota Press, 2011), 151—56; Christian Schmid, *Stadt, Raum und Gesellschaft: Henri Lefebvre und die Theorie der Produktion des Raumes* (Stuttgart: Franz Steiner Verlag, 2005).

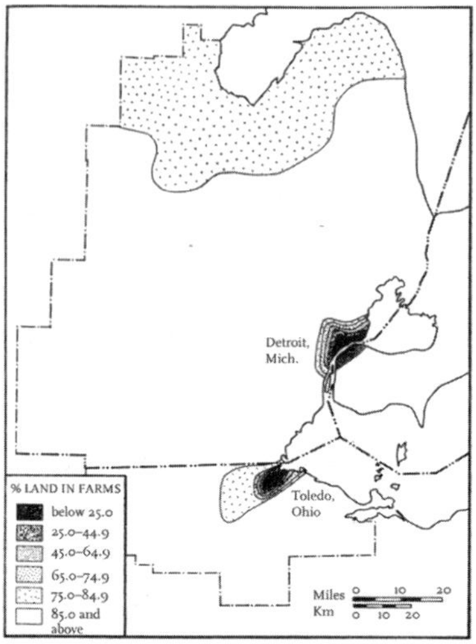

1900年底特律区域的城市化

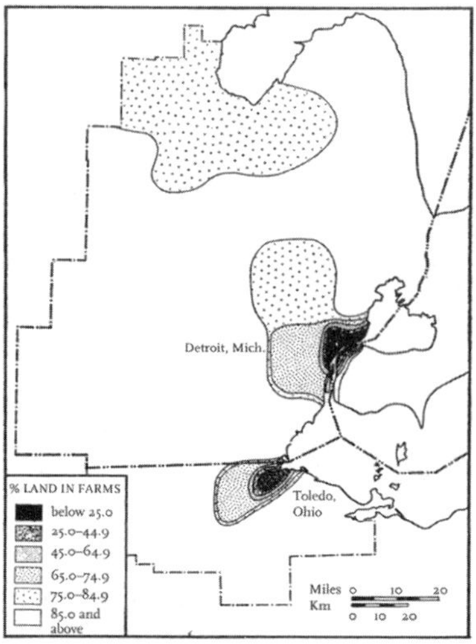

1920年底特律区域的城市化

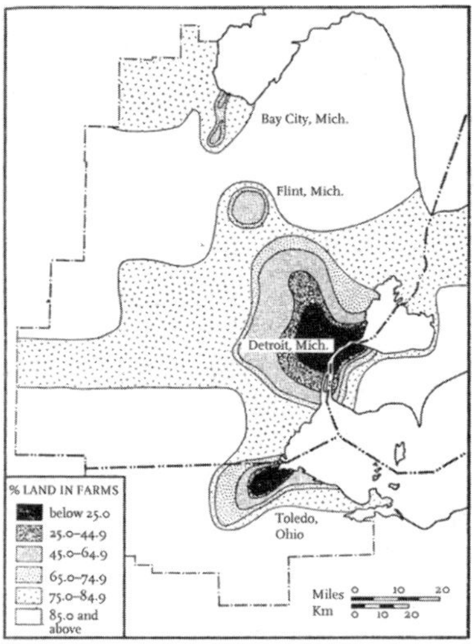

1940年底特律区域的城市化

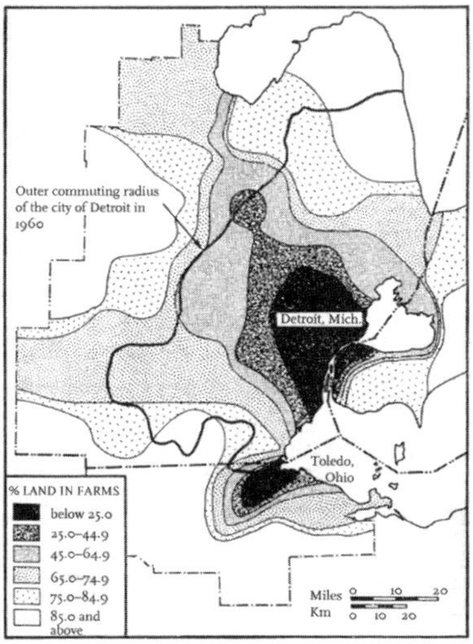

1959年底特律区域的城市化

图 10.2　城市/乡村界面作为农业用地的功能　在 20 世纪 70 年代早期的时间序列表征中，布莱恩·贝里使用了一个简单的经验指标来界定不断变化的城市/乡村界面——分配给农业功能的土地百分比。（资料来源：Brian Berry, *The Human Consequences of Urbanization* [New York: St. Martin's, 1973], 39—42.）

隐含式的对比。正是从这个意义上来说，非城市地带充当了原有的城市认识论的“外部构造”。这种永恒呈现的外部领域使城市研究作为一个连贯的研究领域的可理解性变为可能，并扎根于，更确切地说是界定了，其对城市生活多样化内部空间的持续关注点——集聚、密度、创新、多样性、创造力、垂直性，等等。因此，非城市空间是作为城市本体论的他者，以及它的根本对立面，同时作为其可能性的认识论条件，也是城市可以被识别、界定与研究的基础(图 10.2 和图 10.3)。

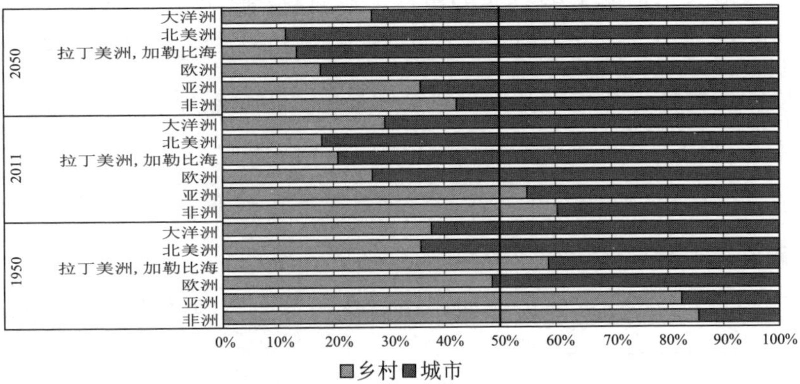

图 10.3　世界的城市化？联合国的人口展望　联合国持续将“城市”——根据国家人口普查局划分为“城市”的聚落单元——内人口增长的函数作为城市化的测度依据。这种测度策略取决于这些单元与巨大的、假定的非城市外部——被统一划分为“乡村”的标签——在定义上的对比。这个数据表格来自 2012 年联合国关于城市化研究的一份重要报告，并使用了该组织 40 多年来具有代表性和影响力的方法。(资料来源：United Nations Department of Economic and Social Affairs, Population Division, *World Urbanization Prospects, the 2011 Revision* [New York: United Nations, 2012].)

因此，20 世纪的许多城市研究都事先假定了一种以聚落为基础的地域组织观念——一个由离散化的、有边界的单元组成的世界，其中“城市”被认为是一种普遍扩散的类型。在认识论层面，这种聚落类型学的构建依赖对其名义上的本质的界定，以此可以理解其主要的分类单元（城市、大都市区域、城镇、村庄、农村地区或其他地区）假定的独特的社会和/或空间特征。尽管它们在认识论、概念化、方法论与政治上具有显著的差异，然而这一基本理论化做法支撑了20世纪城市研究的所有主要研究传统：对截然不同的、连贯又个体化的城市“单元”进行空间划分，不论是在地方、大都市区或区域尺度上，通过对其内在的名义上的本质论证与假设来实现。相比之下，在21世纪早期，复兴的城市理论方法必须优先考虑关于构成上的本质的研究——通过这些核心的过程，城市（化）的地理被生产、趋向稳定化，并被反复地转型。㉖ 鉴于这种严谨的过程性方法解构了城市研究中早已显得自然而然的聚落崇拜主义、地方主义、地域主义与城市中心主义，因此，它提供了一个生成性的认识论起点，可以应对当前正在重塑资本主义城市肌理原有形态的新兴社会空间转型。

这里的重点不是说倾向于稳定化的社会空间结构不复存在，

㉖ 名义上的本质与构成上的本质之间的区别源于塞耶的“城市的定义”。在这种批判现实主义的话语中，“本质”指的是现象、实体或过程的核心分析元素，在历史与地理背景下的调查中得以具体化。因此，它们并不是停留在路易斯·阿尔都塞著名的“表达整体”中超越历史的本体论上固定的本质，而是通过理论家试图（情境内嵌、社会调解地）解释在社会调查中自反性地使用那些存在问题的概念的意义而出现。关于社会空间理论基于过程、关系性的方法，可参阅 Sheppard，“Geographic Dialectics”；David Harvey，*Justice*，*Nature and the Geography of Difference* (Oxford: Basil Blackwell，1996)；David Harvey，“Space as a Keyword，” in *Spaces of Global Capitalism* (New York: Verso，2006)，117—54；Doreen Massey，*For Space* (London: Sage，2005). 这里提倡的基于过程的方法的变体，长期以来一直是社会空间理论的历史-地理唯物主义方法的基础，但是，除了少数主要的例外，它们对城市研究认识论基础的激进影响还没有得到充分的阐述。有关基础性的讨论，可参阅 David Harvey，“Cities or Urbanization?，” CITY 1，no. 1—2 (1996)：38—61；Erik Swyngedouw，“Metabolic Urbanization: The Making of Cyborg Cities，” in *In the Nature of Cities*，ed. Nik Heynen，Maria Kaika，and Erik Swyngedouw (New York: Routledge，2006)，21—62.

或者不应再是城市研究者们的兴趣所在。恰恰相反，正如我在整本书中所论述的那样，建立相对固定的、倾向于稳定的资本主义城市肌理结构是资本矛盾性代谢过程中的一个特定时刻，是国家机构与多元化地域联盟寻求（或者，在某些情况下是反对）在那种代谢中自身定位的战略目标。在21世纪早期的条件下，这种城市肌理的尺度化与地域化结构通过如大都市区域、大都市带、国家地域矩阵、跨国通信网络、大陆和洲际管道与物流廊道，以及其他广泛的生产、流通与社会再生产的空间基础设施持续成型。因此，显而易见，它们仍然是批判性城市研究的核心焦点。所以，我的论点是城市问题的核心分析涉及对这些潜在过程的理论化与调查，它们构成了这些社会空间结构，并不断地破坏其稳定性，从而使其表面上的固定性只是暂时的。在很大程度上，因为它们是如此不稳定与混杂，名义上的本质可能被暂时地物质化于这些结构之中，呈现为城市问题域的次阶维度。城市过程的一阶概念化——城市化本身的辩证法——为随后的次阶分析，即在历史与地理上特定的社会空间结构中对其变化表现形式的分析提供了基础。

无边界的城市化模式与路径

在21世纪早期的资本主义背景下，城市化过程在整个星球中被强化、分层、分化与倍增，使得人们对那种认为城市内部地带与巨大的非城市外部地带相分隔的固有观念产生了质疑。在这些条件之下，无论是在抽象分析层面，还是涉及特定的世界-区域情境，原有的内部/外部二元主义不足以为探索这些正在发生的社会空间转型提供充分的概念化、方法论与地图呈现的基础。在这里，我想主张的不是用一个统一的城市模式在地球上复刻出一个连续的、包含整个星球的集聚点，类似于《星球大战》电影中的死亡星，或是艾萨克·阿西莫夫（Isaac Asimov）的经典科幻丛书《基地》（*Foundation*）中的特兰特星，它们在建成环境中没有任何形态条纹或密度渐变。与之相反，我所强调的重点是，如果我们继续将世界构想为一个由连贯性边界、个体化的聚落单元构成的拼合图，并将城市理解为一种通用的、普遍扩散的类型，那么我们解读星球城市化结构上不均衡、不断演化的景观能力将严重受到制约。[27]

因此，为了主张一种可以超越有边界的空间单元、聚落分类法、内部/外部划分既有的本体论的城市理论方法，克里斯蒂安·施密德与我一直在呼吁如何更充分地概念化、调查与可视化21世纪早期城市转型过程更加广泛的辩论。即使这些地理并没有被整

---

[27] 在之前的一篇文章中，我围绕"没有外部环境的城市理论"这一概念构建了这一论点，可参阅 Neil Brenner, "Introduction: Urban Theory without an Outside," in *Implosions/ Explosions: Towards a Study of Planetary Urbanization*, ed. Neil Brenner (Berlin: Jovis, 2014), 14—35. 然而，这一表述被证明是存在争议的；它被广泛地误解为一种对城市普遍化认识论的呼吁，一种基于男性主义的、以欧洲为中心的"上帝之眼"看待调查过程的视角。在随后的交流中，我试图澄清这一立场，部分是通过用"没有内部/外部二元主义的城市理论"取代我之前的表述——参阅 Neil Brenner, "Debating Planetary Urbanization: Towards an Engaged Pluralism," *Environment and Planning D: Society and Space* 36, no. 3 (2018): 570—90. 因此，这里的关键问题与其说是对"外部"的引用，不如说是通过区划或边界的图形对城市进行概念性与制图学上的划分，通常是基于城市/非城市的二元区分来构想的。我的论点是，边界化思维——将城市视为一个离散的、个体化的空间单元的概念——严重限制了我们把握其混杂、不均衡、动态变异的社会空间模式与路径的能力。因此，我认为城市化不能通过有边界或地域圈地的空间本体论来充分把握，不应将其误解为一种智识帝国主义的主张，即认为这个过程与其他可能塑造社会空间关系的过程相比具有必然的解释性优势。当然，世界上还有许多重要的过程，无论是在星球尺度还是其他尺度，都不能被资本主义城市化过程所囊括或解释。然而，人们可能会合理地推测，许多政治、经济与生态转型的重要动态，如今越来越有可能与城市化共同进化，这需要更加仔细地进行分析与审查。

齐的、个体化的、像容器一样的空间单元一致地框定，它们仍然以确定的地域模式与代谢路径被建构，关于这一点还需要进行系统性的调查与理论化。[28]从这个角度来看，最近关于城市理论的研究强调甚至是赞同了新兴城市生活形式潜在的不确定性、异质性与不可知性，但是它们也包含了明显的认知盲点与政治局限性。[29]实际上，研究者们放弃了解读星球城市化不均衡景观中形成的"共性的差异、广义过程[与]复现模式"，通过这样做，他们使与新自由主义资本主义剥夺下的持续积累过程相关的"结构化驱动力"变得不可见，而这种新自由主义资本主义在持续地塑造着被他们误认为是激进偶发事件的现象、状况与竞争。[30]当今批判性城市研究的主要挑战之一正是重新创造概念、方法与地图呈现的工具，以此研究者们才能更加充分地解读这些新城市空间的持续生产及其产生的结构性暴力、排斥与不公正的形式。

城市化概念表面上看起来具有构成上的本质的问题域导向——过程而非单元，因此它似乎可以为应对这一艰巨任务提供重要的基础。然而，为了达到这一目的，必须系统性地在短视的以

---

[28] 针对这种基于自反性理论与具体的、地点特定的、非正统方法论富有成效的深入研究，可参阅 Roger Diener, Jacques Herzog, Marcel Meili, Pierre de Meuron, and Christian Schmid, eds., *Switzerland: An Urban Portrait*, 4 vols. (Zurich: Birkhaüser, 2001); Alessandro Balducci, Valeria Fedeli, and Francesco Curci, eds., *Post-Metropolitan Territories: Looking for a New Urbanity* (London: Routledge, 2017). 这些研究都试图分析城市化的新兴模式与路径（分别是瑞士和意大利），而不是诉诸原有的城市/乡村二元主义或基于聚落的社会空间分化的理解。这些书中阐述的概念与方法是否有用，或者是否至少为研究金砖国家或其他工业发展初期或强化阶段地区的城市转型模式与路径提供了一些方向，还有待观察。

[29] 参阅 Ash Amin and Nigel Thrift, *Seeing Like a City* (Cambridge: Polity, 2016); Ignacio Farias and Thomas Bender, eds., *Urban Assemblages: How Actor-Network Theory Changes Urban Studies* (New York: Routledge, 2011).

[30] 引用的词语来自 Peck, "Cities beyond Compare," 177.

城市为中心的理论化中重申这个概念，而这种理论化目前已经垄断了社会科学、环境人文与设计学科的分析。事实上，除了少数明显的例外，所有既有的主要城市化方法都在使用假定的普遍化空间结果来定义这一过程："城市"的增长，以及任何与城市有关的名义上的本质，如集聚经济或大量、密集、多样化的人口聚居。实际上，在主流的研究方法中，城市化（urbanization）的概念被简化为"城市化"（cityization），更加字面义上的表达是德语术语"城市化"（*Verstädterung*）。[31]在这一定义世界中，城市问题——其作为历史-地理过程、结构、调解与关系的特定性——完全被绕过或被装入黑箱，或者是像特定的传统研究所构想的那样，被简化为与城市性（cityness）现象直接关联的社会空间呈现的研究。在以城市为中心的认知基础上，从逻辑上来看是不会考虑：(1) 城市化过程是否需要单一化的空间形态或单元——不论是城市还是其他——的普遍化；(2) 城市化过程是否会产生基本的（而不是仅仅是偶然的或次阶的）不被包含在城市内部或在类似城市的空间单元中直接表达的社会空间呈现。

对城市化的重新概念化必须系统性地探索这两种可能性，作

---

[31] 从语言学的角度来看，英语中 city/ urban 的区别来源于拉丁语中 *civitas* 和 *urbs* 之间的区别。就像希腊城邦的概念一样，*civitas* 指的是由社会关系与公共社团形成的有限的政治空间，通常是在自由的个人或公民之间（如法语、意大利语和西班牙语中 *citoyen*、*cittadino* 和 *ciudadano* 的字面表达）。相比之下，*urbs* 意味着社会空间相互依赖的基础设施——包括建筑、墙壁、桥梁、道路和其他交通与通信连接。因此，城市的物质地理超出了任何特定的聚落单元的边界。关于这些区别，它们的历史演变，以及可能的当代呈现，可参阅 Choay, "Le régne de l'urbain et la mort de la ville"; Engin Isin, "Historical Sociology of the City," in *Handbook of Historical Sociology*, ed. Gerard Delanty and Engin Isin (London: Sage, 2003), 312—36; Engin Isin, "The City as the Site of the Social," in *Recasting the Social in Citizenship*, ed. Engin Isin (Toronto: University of Toronto Press, 2008), 261—80; Pier Vittorio Aureli, *The Possibility of an Absolute Architecture* (Cambridge, MA: MIT Press, 2011).

为理论上的挑战与具体的历史-政治探究的起点，同时作为空间表征的替代模式的开启。简而言之，我们需要的不只是“城市化”(cityization)的理论与研究，还有城市化(urbanization)的理论与研究。[32] 在我看来，这正是弗朗索瓦斯·乔伊(Françoise Choay)在20多年前的想法，当时她强调不仅要对城市(city)进行理论化，而且还要对城市(urban)进行理论化。[33] 与城市性相关的社会空间结构(名义上的本质)实际上可能与历史上特定的城市化形式具有内在的联系，但这种联系必须要经过反思与理论上的澄清，而不是被视为一种逻辑上的必然性。鉴于学者们将城市建造的城市化建构视为先验的本质定义，他们使本需要进行批判性分析的社会空间过程关键元素变得自然而然，同时边缘化或无视可能不会直接出现在城市或类似城市的空间结构中潜在的城市化基本维度。正是从这个意义上来说，就像亨利·列斐伏尔在《城市革命》(*The Urban Revolution*)一书中提出的那样，关于城市化的“城市”(urban)维度需要对晚期现代资本主义混杂的、构成性多

---

[32] 在一个“分析性的”命题里，真理仅仅是从它的构成条件的假定意义中得到的：谓词和主语是相互包含的，如“一个单身汉是一个未婚的人”或“一个三角形有三个边”。在20世纪的大部分时间里，“城市化＝城市增长”这一命题正是以这种方式被视为逻辑上的真理。相反，我在这里的论点是，城市化与城市增长的联系不是通过这两个术语含义的分析来建立的。虽然我当然不否认这种联系的存在与重要性，但我坚持认为这一命题的两个术语以及它们的关系，需要根据特定的认识论和它们渴望阐明的历史地理背景进行理论的具体化。关于分析性命题及其相关的康德主义者、逻辑实证主义者和概念批判者如奎因(W. V. Quine)之间的哲学辩论，可参阅 Edward J. Lowe, “Analytic and Synthetic Statements,” in *The Oxford Companion to Philosophy*, 2nd ed., ed. Ted Honderich, (Oxford: Oxford University Press, 2005), 29.

[33] Choay, “Le régne de l'urbain,” 33. 也可参阅 Ross Exo Adams, “Natura Urbans, Natura Urbanata: Ecological Urbanism, Circulation and the Immunization of Nature,” *Environment and Planning D: Society and Space* 32, no. 1 (2014): 12—29.

尺度的内爆和外爆进行自反性、系统性的理论质疑与批判性的重新创造。[34]

值得注意的是，这种可替代的城市认识论在战后城市理论与研究的几个主要非主流传统中得到了阐述，包括建筑师与规划师康斯坦丁诺斯·多夏迪斯、城市地理学者特里·麦基、历史社会学者查尔斯·蒂利(Charles Tilly)，当然还有列斐伏尔本人的非正统著作。在这些不同的城市思想家看来，城市化的“城市”维度与其说是城市性的空间概括，不如说是一种工业地域组织特定现代构成的整合；国家管理的大尺度社会空间相互依赖性的扩展；加速的(劳动力、商品与政治文化形式的)的循环，以及这些过程诱导的混杂的转型、危机、冲突与叛乱。[35] 的确，城市、大都市区域与其他集聚地带是资本主义城市化社会空间漩涡中关键的、持久的要素，但也不能只根据集聚的动态或通过这一过程产生的像城市一样的建成环境来定义城市化。虽然这些学者们的研究显然必须要通过与他们特定的情境与研究传统的联系来理解，但是这些关于城市理论化的不同意见流派在 21 世纪初社会空间转型背景下获得了新的意义和魅力（图 10.4 和图 10.5）。

---

[34] Lefebvre, *Urban Revolution*.

[35] 关于多夏迪斯，可参阅 Nikos Katsikis, “Two Approaches to World Urbanization: R. B. Fuller and C. A. Doxiadis,” in Brenner, *Implosions/Explosions*, 480—504. 也可参阅 Terry McGee, *The Urbanization Process in the Third World* (London: Bell and Sons, 1971); Charles Tilly, *The Vendée: A Sociological Analysis of the Counter-Revolution of 1973* (Cambridge, MA: Harvard University Press, 1973). 关于蒂利针对城市化的怪异但是在社会学上具有路径突破性的概念化的进一步探讨，可参阅 William Sewell, “Charles Tilly's *Vendée* as a Model for Social History,” *French Historical Studies* 33, no. 2 (2010): 307—15.

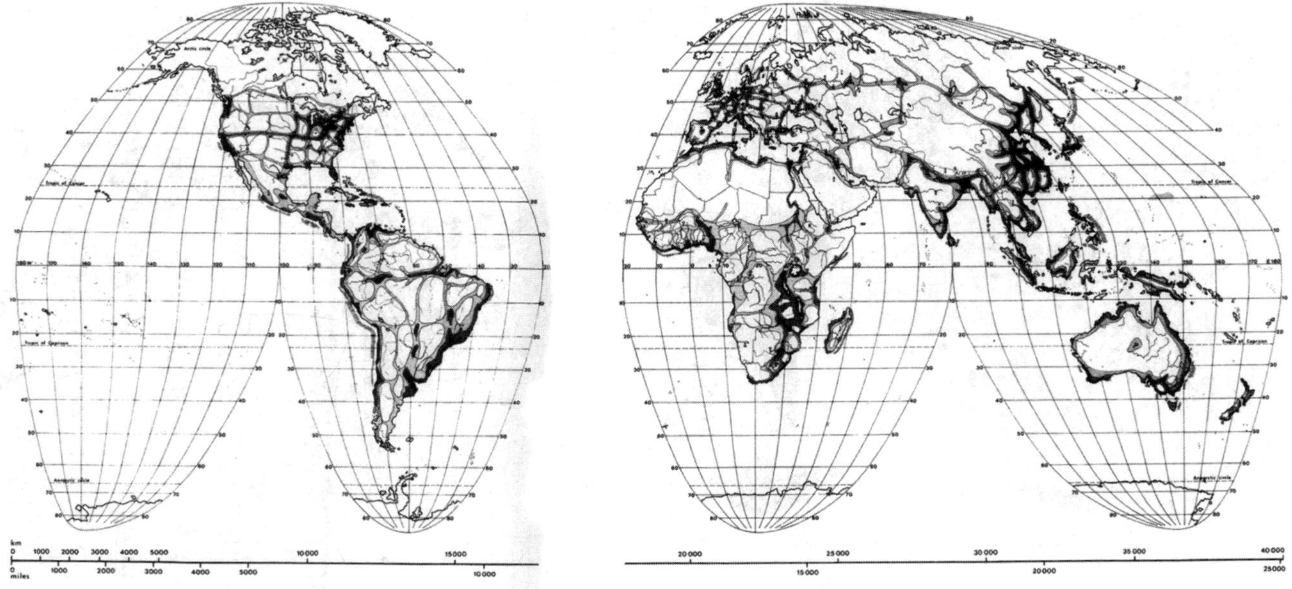

图 10.4 多夏迪斯对星球化城市肌理的预测性愿景 在 20 世纪 70 年代初期，康斯坦丁诺斯·多夏迪斯构建了一个关于世界城市化的预测性愿景，假设在全球大部分地区形成大规模的聚落带，尤其是在海岸线地区与主要交通走廊沿线。与之相应的世界“城市”地图并没有描绘单个城市或任何其他离散化的聚落单元。取而代之的是，区域、环路与网络的根茎状扩散变得更加突出，其轮廓是根据不同的人口密度、连通性程度与人类活动强度的相应变化来描绘的。（资料来源：C. A. Doxiadis and J. G. Papaioannou，*Ecumenopolis: The Inevitable City of the Future*［New York：W. W. Norton，1974］，368—69.）

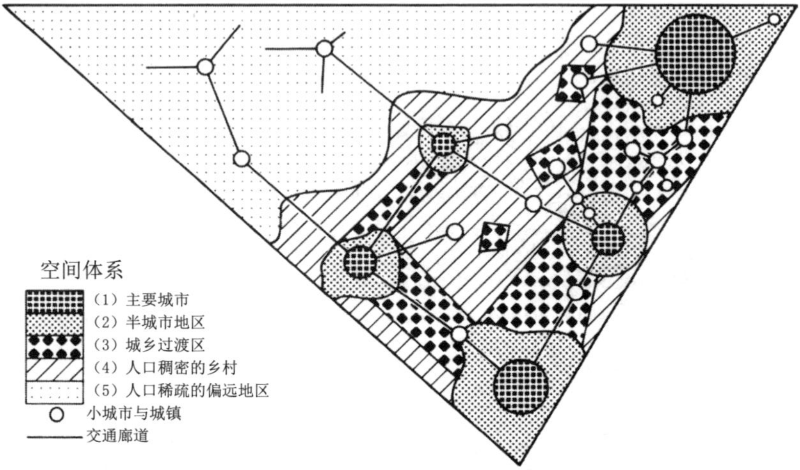

图 10.5 亚洲拓展的大都市 特里·麦基在 20 世纪 70 年代与 80 年代的东南亚城市化研究中对“城市主导”方法进行批判，引入了 *desakota*（这个词在印尼语中的字面意思是“村庄-城市”）的概念，以描绘城市与非城市空间之间的不均衡边界。根据水稻收获周期与相关的劳动力迁移模式，他的开创性研究探索了跨越这一边界的人口季节性波动。通过这种方式，麦基针对那些试图通过划分严格的地域边界，将城市与农业生活世界分开的做法提出了猛烈的批判。同时，他还发展了一种具有启示性的可替代地图，描绘了这些拓展的大都市区域内交叠的土地利用系统与劳动力地理之间紧密的相互依赖性。在麦基看来，现代城市化的肌理横向切入了城市与农村的鸿沟，使得这种二元主义的术语至少在它们传统的、主流的意义上都产生了问题。（资料来源：Terry McGee, “The Emergence of Desakota Regions in Asia: Expanding a Hypothesis,” in *The Extended Metropolis*, ed. N. Ginsburg, B. Koppel, and T. McGee [Honolulu: University of Hawaii Press, 1991], 6.）

集聚城市化与拓展城市化的辩证法

长期以来，城市理论将城市化构想为主要是与集聚的条件相关——人口、基础设施与投资稠密地集聚在更为广阔的、密度更低的地域表面上的某些地点。虽然人们认为这种集聚的形态会随着时间的推移而发生变化，但是城市化的一般定义通常认为它最主要是与这一基本社会空间趋势及其在建成环境中的表达相关。然而，相较于将这种历史与地理上混杂的集聚过程的空间表达概念化为普适性标题下的“城市”(city)而言，城市理论的智识领域，可以通过调查跨越多元的地缘政治与世界-区域情境下现代资本主义工业化的连续性循环中集聚过程的政治-经济变化原因、制度调解、尺度建构与空间结果而有效地进行扩展。与许多当代城市经济学者与城市经济地理学者所接受的普遍化认识论相反，这样的探究可以揭示历史与地理的特殊性，甚至是许多被广泛引用的集聚解释模型——例如马歇尔式产业区——之外的情况。[36] 虽然集聚过程具有持久性与基础性的特征，但是它们在时间与空间上存在质的差别，这与其他的一些因素有关，包括：(1) 跨越产业部门、地方与地域资本主义工业化的政治经济学；(2) 外部经济得以组织扩张的尺度；(3) 国家空间结构与战略的演化；(4) 充满活力的体制、分销网络与地缘政治；(5) 剩余价值攫取与吸收方式的转变；(6) 空间不均衡发展的模式；(7) 关于生产、循环与再生产一般条件持续的社会政治斗争。[37]因此，克里斯蒂安·施密德与我引入

---

[36] 参阅 Nicholas Phelps and Terutomo Ozawa, “Contrasts in Agglomeration: Proto-Industrial, Industrial and Post-Industrial Forms Compared,” *Progress in Human Geography* 27, no. 5 (2003): 583—604; Ash Amin and Nigel Thift, “Neo-Marshallian Nodes in Global Networks,” *International Journal of Urban and Regional Research* 16, no. 4 (1992): 571—87.

[37] 菲尔普斯与小泽在发展他们的基本论点时，借用了城市经济学家本杰明·奇尼茨在 20 世纪中叶针对产业特殊性在集聚过程中的一个紧密关联的分析，可参阅 Chinitz, “Contrasts in Agglomeration: New York and Pittsburgh,” *American Economic Review* 51, no. 2 (1961): 279—89. 也可参阅 Walker, “Why Cities?”; 以及 Richard Walker and Robert D. Lewis, “Beyond the Crabgrass Frontier: Industry and the Spread of North American Cities, 1850—1950,” *Journal of Historical Geography* 27, no. 1 (2001): 3—19; Edward Soja, “Regional Urbanization and the End of the Metropolis Era,” in *The New Blackwell Companion to the City*, ed. Gary Bridge and Sophie Watson (Oxford: Blackwell, 2011), 679—89. 也许意外的是，这些聚集地理变化的历史导向方法在认识论层面强有力地链接到阿纳

了集聚城市化的概念，以帮助建立用于探究这种系统模式化的时空变化更具理论自反性、辩证性与历史特定的框架（图10.6和图10.7）。[38]

当集聚问题长期以来占据大多数城市研究者的分析注意力时，他们就会较少关注“腹地的问题”，即关于集聚过程是如何与大都市中心及其紧邻区域之外更加广阔的社会空间、基础设施与生态转型相互交织的探索。腹地地带的地域圈地、人口分割、产业激活、基础设施化、空间理性化、生态破坏与周期性危机引起的重构，尽管在很大程度上会被当代城市理论家们忽视或被简化为一种分析背景，但是它们与集聚城市化的过程系统性地相互关联，特别是在过去的150年中尤为明显。

在这一资本主义产业转型的拓展领域，不断增厚的大规模、长距离基础设施网络将大都市集聚地带与传统上被归为城市外部条件的初级产品生产（及其相关的循环传导与代谢过程）的多样化地带更加紧密地联系在一起。后者主要包括工业化的农田、农业商业走廊及其延伸的灌溉基础设施；资源采掘的陆地、地下和海洋景观；工业化森林与人工种植林；水产养殖与渔业地域；能源供应基础设施，包括与煤炭、石油、天然气、核能、水电和“可再生能源”相关的陆上或海上基础设施；运河、水坝、灌溉网络、铺设的水道、污水管道与其他工程水管理系统；洲际运输廊道（公路、铁路、航空）、管道与越洋航运通道；星球通信网络、数据存储基础设施、信息处

尼娅·罗伊针对城市普遍化理论强有力的后殖民主义批判，同样主张针对城市社会空间安排更为情境化的分析与解释，参阅 Ananya Roy, “Who's Afraid of Postcolonial Theory?,” *International Journal of Urban and Regional Research* 40, no. 1 (2016): 200—9.

[38] Brenner and Schmid, “Towards a New Epistemology of the Urban.” 关于集聚城市化与原有集聚理论方法的进一步批判性反思，可参阅 Christian Schmid, “The Agglomeration Question, Revisited,” Working Paper, Contemporary City Institute, Department of Architecture, ETH Zurich, July 2018.

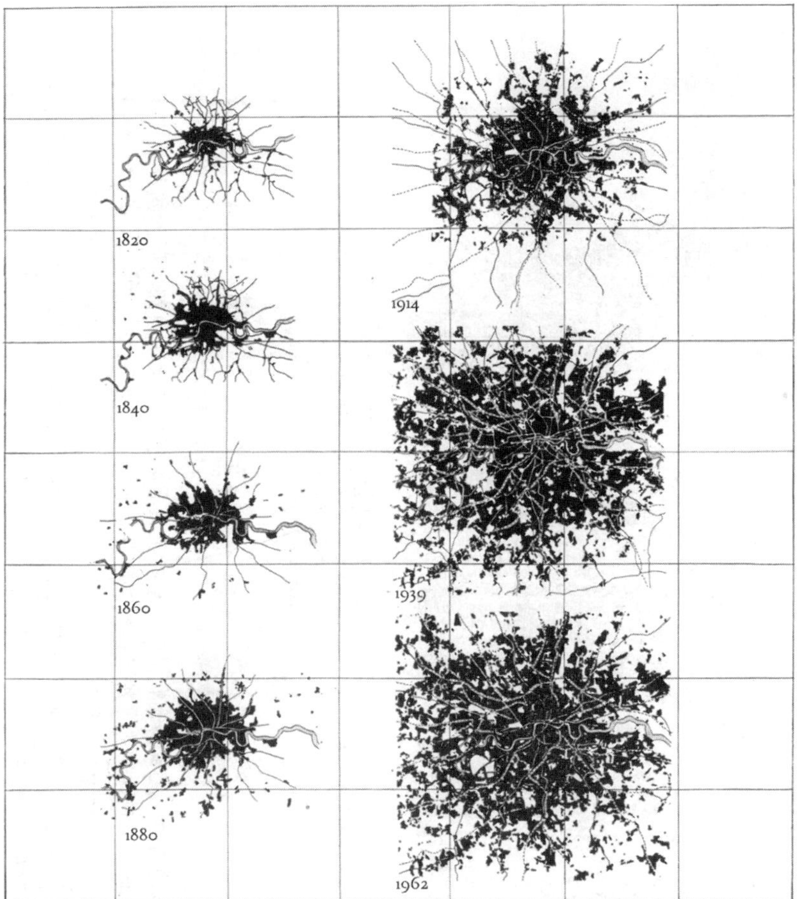

图 10.6　1820—1962 年伦敦的集聚城市化过程　现代资本主义的演变过程中，集聚城市化的尺度在大幅度扩张——正如多夏迪斯 1968 年对伦敦长期空间演变的经典描述所呈现的那样。随着地理空间数据粒度变得越来越精细化，城市土地覆盖扩张已成为当今城市社会空间重构最充分的记录维度之一。多夏迪斯对这一过程的描述依赖更加传统的地面数据源，但是产生了引人注目的时间序列可视化，与现在基于卫星监测系统（如美国宇航局的遥感影像）的可视化效果非常相似。（资料来源：Constantinos Doxiadis，Ekistics. *An Introduction to the Science of Human Settlements* [New York：Oxford University Press，1968]，200. 有关城市遥感影像数据，参阅 http://sedac.ciesin.columbia.edu/data/set/ulandsat-cities-from-space/maps/2.）

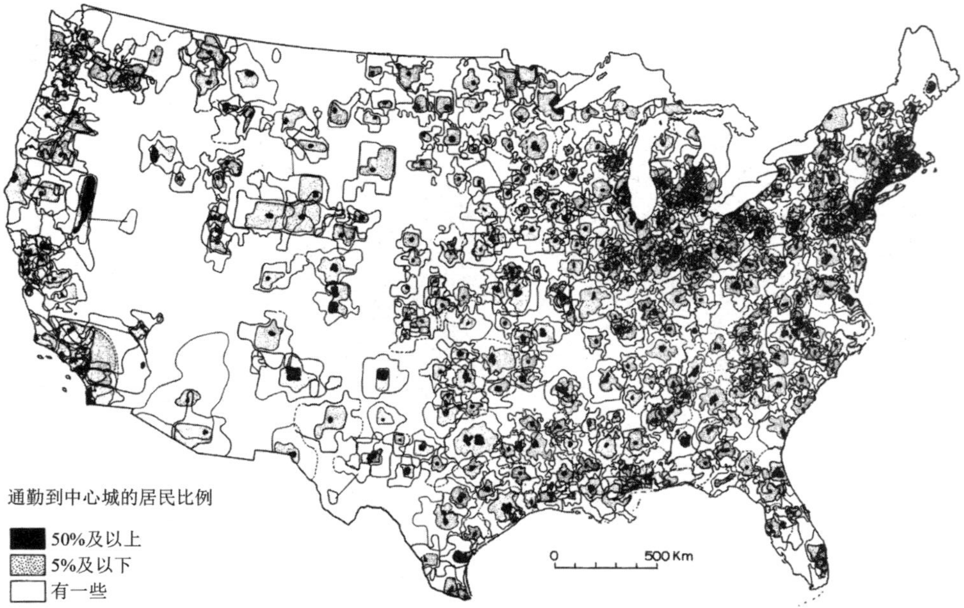

图 10.7　通勤地带与城市肌理的集聚　集聚城市化的过程包括工人在大尺度集聚区内部与周围的日常流动。地理学者布莱恩·贝里在 20 世纪 60 年代率先系统性地绘制了此类劳动力地理分布图，但是他将其等同于城市发展的去中心化——他把这一过程称为“去城市化”。相比之下，正如在这里所构想的，这些工作日的大都市地理体现了在社会经济与基础设施方面集聚城市化得以组织扩张的尺度。（资料来源：Brian J. L. Berry, *Geographic Perspectives on Urban Systems* [Englewood Cliffs, NJ: Prentice Hall, 1970], 44—45.）

理网络与卫星轨道；以及废弃物处理系统、垃圾场和其他工业化导致环境退化的地带。相较于把这些资本主义工业化代谢多元的、非集聚的空间降级为外部的、非城市的“幽灵地带”而言——无论是贴上腹地、郊野、农村、荒野或其他标签——克里斯蒂安·施密德和我提出要将其持续的工业化运作视为资本主义城市化形式的一种基础性的时刻与表达，即拓展的城市化（图 10.8）。[39]

拓展城市化的过程与集聚城市化的过程辩证地相互交织，而且随着资本主义工业化创造性破坏前进运动的加剧，这一过程变得更加复杂，形成更为紧密整合的，也许是长期不稳定、不均衡链接、深度分层、星球化尺度的生产网络。[40] 这样一来，拓展城市化

---

[39] Brenner and Schmid, “Towards a New Epistemology of the Urban.” 尽管“荒野之地”这一术语可以追溯到战后时期新马尔萨斯食品供应短缺研究，然而在这里的用法主要是由批判性地理学者加文·布里奇提出的将腹地的意识形态化概念描述为一个“非社会的空白、存在于时空之外的缺乏社会生态复杂性的无人地带”，可参阅 Bridge, “Resource Triumphalism: Postindustrial Narratives of Primary Commodity Production,” *Environment and Planning A* 33 (2001): 2154. 关于腹地作为荒野之地原有观念的更为详细的探讨与批判，可参阅 Neil Brenner, “Extended Urbanization and the Hinterland Question: Towards the Real Subsumption of the Planet?,” Working Paper, Urban Theory Lab, Graduate School of Design, Harvard University, June 2018.

[40] 拓展城市化的概念最早是由罗伯托-路易斯·芒特-莫尔在其关于巴西亚马逊工业化城市空间与网络的先锋性研究中提出的。这一词语后来被爱德华·苏贾用来描绘后大都市区资本主义背景下集聚城市化变化的形态。关键的文献可参阅 Roberto-Luis Monte-Mór, “Extended Urbanization and Settlement Patterns: An Environmental Approach,” in Brenner, *Implosions/Explosions*, 109—20；以及 Soja, “Regional Urbanization”. 还有其他关于内爆/外爆的研究。这里以及我与克里斯蒂安·施密德合作研究中所提及的拓展城市化构想，与罗伯托-路易斯·芒特-莫尔的概念最为接近：它指代那些支撑并源于大都市产业集聚的资本主义工业活动非集聚、外都市带的建设与转型。这就产生了如芒特-莫尔所述的“产业组织形式事实上拓展到整个地域的结构上，如今已经被资本主义的逻辑所渗透”(111)。关于当代国际辩论中针对芒特-莫尔理论的深入概述与应用，可参阅 Rodrigo Castriota and João Tonucci Filho, “Extended Urbanization in and from Brazil,” *Environment and Planning D: Society and Space* 36, no. 3 (2018): 512—28. 最近的研究，可参阅 Roberto-Luis Monte-Mór and Rodrigo Castriota,

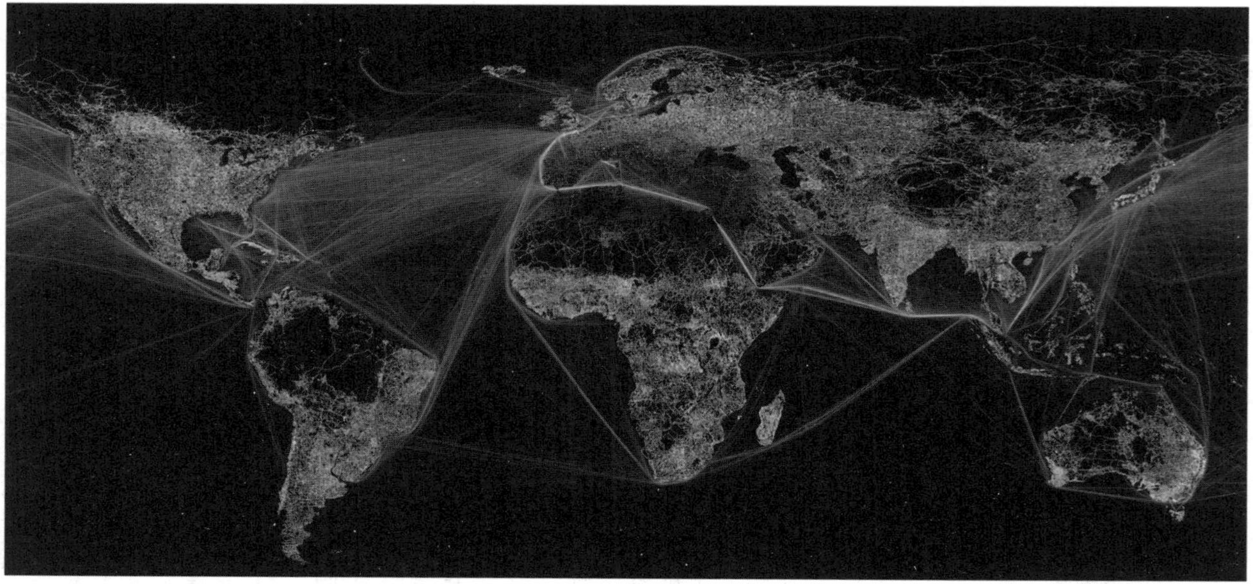

图 10.8　城市肌理的脉络:全球交通基础设施　城市集聚区的发展依赖日益密集的全球交通基础设施:它们构成了资本主义城市肌理空间接合的关键架构,因此是拓展城市化的重要表现形式。这些基础设施可以被视为“脉络”,以此刺激、强化、再生产与重新配置城市化的社会空间代谢,即使总是以不均匀的混杂、持续变化的模式与路径。(资料来源:Nikos Katsikis, Urban Theory Lab, Harvard GSD;公路、铁路、海洋运输网络的拼合。公路和铁路网络基于国家影像与制图局 1997 年发布的矢量地图 o 级[VMapo]数据集。海洋航线是基于国家生态分析与综合中心(NCEAS)编制的全球商业活动[航运]数据集,http://www.nceas.ucsb.edu/globalmarine.)

的混杂空间——其劳动力市场、产权关系、土地利用模式、基础设施配置、产业运作、社会再生产模式与代谢循环——在不断增厚的资本主义城市肌理中更加紧密地相互啮合，同时更直接地受到持续重塑其不稳定地理内爆-外爆脉动节奏的影响。因此，它们再现了一种强烈的空间抽象形式的关键表达，既支撑着资本主义工业的代谢，也来自资本主义工业的代谢。[41] 正如本书自始至终进行的理论化与探索一样，拓展城市化的过程也是作为资本固定性/运动性矛盾（历史与地理上特定表达）的媒介与结果。

至关重要的是，拓展城市化不仅涉及对大都市外部资源（包括劳动力、土地、原材料、燃料、食物与水）的占用与商品化，它们被用来支持城市中心；而且也促使提供与生产这些资源的腹地空间的产业转型。这会导致这些空间——或者说是其内部的特定基础设施组合——变异为或许可以称为"运作的景观"：这些地带的社会空间与生态关系被理性化、基础设施化并被反复地重新组织，用于支持或多或少直接与集聚城市化动态变化相关联的资本主义工业

"Extended Urbanization: Implications for Urban and Regional Theory," in *Handbook on the Geographies of Regions and Territories*, ed. Anssi Paasi, John Harrison, and Martin Jones (London: Edward Elgar, 2018), 332—45. 关于跨国生产网络，可参阅 Neil Coe and Henry Yeung, *Global Production Networks: Theorizing Economic Development in an Interconnected World* (New York: Oxford University Press, 2015).

㊶ 关于资本主义背景下的空间抽象及其多重矛盾，可参阅 Henri Lefebvre, *The Production of Space*, trans. Donald Nicholson-Smith (Cambridge: Blackwell, 1991 [1974]). 也可参阅 Stanek, *Henri Lefebvre on Space*; Japhy Wilson, "The Violence of Abstract Space: Contested Regional Development in Southern Mexico," *International Journal of Urban and Regional Research* 38, no. 2 (2014): 516—38.

化代谢。[42] 按照这里的理解，运作景观的形成涉及现代科学技术的系统性动员，其蕴含在机械化、基础设施、地域组织与综合性工程化的土地利用结构中，以提高在大规模的、逐步扩大到世界范围的资本循环中的生产率——不仅是劳动力的生产率，也是自然本身的生产率。[43] 从这个意义上来说，运作景观的构建涉及大都市

---

[42] Neil Brenner, "Urban Revolution?" and "The Hinterland, Urbanized?," in *Critique of Urbanization*, 192—233. (工业化)腹地作为城市化运作景观的构想出现于这一概念的提出者尼克斯·卡特斯基斯多年的对话中，可重点参阅 Nikos Katsikis, "The Composite Fabric of Urbanization: Agglomeration Landscapes and Operational Landscapes; From Hinterland to Hinterglobe: Urbanization as Geographical Organization" (doctoral diss., Harvard University Graduate School of Design, 2016); 以及 Nikos Katsikis, "The 'Other' Horizontal Metropolis: Landscapes of Urban Interdependence," in *The Horizontal Metropolis between Urbanism and Urbanization*, ed. Paola Viganò, Chiara Cavalieri, and Martina Barcelloni Corte (Berlin: Springer, 2018), 23—46.

[43] 关于资本主义背景下初级商品生产的工业化，可参阅 William Boyd, W. Scott Prudham, and Rachel Shurman, "Industrial Dynamics and the Problem of Nature," *Society and Natural Resources* 14, no. 7 (2001): 555—70.鉴于生产率可以通过加速资本周转时间和/或操纵生物物理过程来标准化、稳定化或最大化初级商品产出来提高，所以这一构想包括生产与流通的时刻，以及生态转型的动态。我在这里的论点与博伊德、普拉德汉姆和舒尔曼使用的关于马克思主义形式吸纳与实际吸纳的关键区别非常相似。马克思采用了这一区别来分析资本主义背景下劳动剥削的转型(具体而言，从绝对剩余价值攫取到相对剩余价值攫取的转型)，而博伊德与他的同事们将其应用到自然的资本主义转型研究(具体而言，从在自然界中资本主义的生产到自然资本主义生产的转型)。基于他们的洞见，我认为这种区分也可能有助于研究资本主义城市化过程中大都市外区域的社会空间与生态转型。在资本主义背景下，腹地是通过空间组织对资本的形式吸纳而形成的:其中所包含的资源(如劳动力、原材料、营养物质与燃料)被占有、商品化并投入市场流通。相比之下，(拓展城市化的)运作景观通过战略得以形成，用来实现空间组织在资本之下的实际吸纳:在此，地域安排、土地利用系统、基础设施网格与代谢环路的结构被用来进行剩余价值最大化的攫取，因此使得积累过程合理化、强化与加速。基于这样的解读，正是通过将腹地转型运作的景观，大都市外部的空间与生态被整合到资本主义城市肌理之中。虽然腹地被用来将其关键的社会物质投入引导到外部的工业化城市发展过程中，但是操作景观本身也在被转型为城市-产业空间。因此，它们成为拓展城市化的媒介与表达。这一论述的进一步阐述可参阅 Brenner, "Extended Urbanization and the Hinterland Question."

外部空间安排与生物物理过程的重新配置，以此支持越来越机械化和/或自动化的生产与流通形式，并对昔日全球大面积乡村中原有的劳动、土地利用与社会再生产以及生态网络节奏产生相应的破坏性影响。[44] 例如，跨越多元的历史-地理情境，腹地被转变为运作景观与去农民化过程及其相关联的大规模人口迁移形式紧密交织在一起，从而直接导致了法沙德·阿拉基(Farshad Araghi)所谓的"去农村化"的现象：农村或原来农村地带的人口急剧下降，随之而来的是世界上迅速扩张的特大城市的人口急剧膨胀。[45]这只是集聚城市化与拓展城市化辩证关系在行动中的一个突出表达：巨型城市中的劳动力非正式化和自我构建实践与昔日郊野地区的地域圈地、产业转型和大规模迁移的动态紧密关联。

这些考虑表明集聚地(工业城市或全球城市、大都市区域、大都市区之间的网络等)的日常代谢运作——包括在第四章中所探讨的世界城市群岛的星球化尺度——必须更加系统性地链接到如

---

[44] 参阅 Arboleda, "Financialization, Totality and Planetary Urbanization"; Arboleda, *Planetary Mine*; Zoomers et al., "The Rush for Land in an Urbanizing World"; Mazen Labban, "Deterritorializing Extraction: Bioaccumulation and the Planetary Mine," *Annals of the Association of American Geographers* 104, no. 3 (2014): 560—76. 关于在昔日腹地大规模发展产业带来的灾难性生态影响，可参阅 Saskia Sassen's discussion of "dead land, dead water" in *Expulsions: Brutality and Complexity in the Global Economy* (Cambridge, MA: Harvard University Press, 2014); Naomi Klein's analysis of "sacrifice zones" in *This Changes Everything: Capitalism vs. the Climate* (New York: Simon & Schuster, 2015).

[45] Farshad Araghi, "Global Depeasantization, 1945—1990," *Sociological Quarterly* 36, no. 2 (1995): 337—68. 也可参阅 Farshad Araghi, "The Great Global Enclosure of Our Times: Peasants and the Agrarian Question at the End of the Twentieth Century," in *Hungry for Profit: The Agri-Business Threat to Farmers*, ed. Frederick Buttel, Fred Magdoff, and John Bellamy Foster (New York: Monthly Review Press, 2000), 145—60; Farshad Araghi, "The Invisible Hand and the Visible Foot: Peasants, Dispossession and Globalization," in *Peasants and Globalization*, ed. A. Haroon Akram-Lodhi and Cristóbal Kay (New York: Routledge, 2009), 111—47.

今已渗透在整个世界经济昔日腹地空间的拓展城市化过程中。[46]同时，这一视角也表明，那些与城市大体上没有直接联系的地带所发生的制度、管制、基础设施、金融与社会环境的重要转型，包括从农业商业循环与采掘的景观，到跨越海洋的基础设施网络、地下管道，甚至是卫星轨道，都与世界各地大都市集聚区的发展节奏、投机逻辑与危机倾向更加紧密地交织在一起（图 10.9 和图 10.10）。因此，不论它们在资本主义不均衡发展漩涡中的行政划分、人口密度、社会空间形态或所处位置如何，这些空间正在成为广泛的，也许是不均衡的星球化城市肌理不可或缺的战略组成部分。

因此，内爆（产业集中、集聚）与外爆（城市肌理的社会-基础设施拓展、工业土地利用的密集化、空间连通性的增厚、资本代谢超金融化的加速、生态危机倾向的加剧）之间多尺度的辩证关系，是 21 世纪早期任何批判性城市化理论的一个基本的分析、历史-经验与政治领域。我认为，对于 21 世纪早期条件下的批判性城市研究领域而言，这是一个更加基础性的问题域，而不是持续主导全球城市主流话语关于“城市未来”的反复辩论。事实上，批判性城市学者们将处于更为有利的位置，可以将集聚过程与它们所依赖的更加广泛的社会空间、基础设施与生态转型联系起来，并积极地（通常是相当具有破坏性地）对这些转型做出贡献。因此，关于（资

---

[46] 关于这一论述的早期相关版本，可参阅 Timothy W. Luke, “Global Cities versus ‘Global Cities’: Rethinking Contemporary Urbanism as Public Ecology,” *Studies in Political Economy* 70 (Spring 2003): 11—33. 这里，卢克对“Global Cities”（首字母大写）与“global cities”（首字母小写）的区分与在这里所提出的集聚城市化与拓展城市化的区分相似：这一研究不是聚焦于作为全球资本主义网络核心节点的少数全球城市，而是关注所有“全球城市”的集体影响。作为一个物质生产与消费的星球化系统，这些建成环境构成了世界范围内的大部分物流网络，以一种新的城市主义生物政治覆盖人类与自然之间的传统边界。

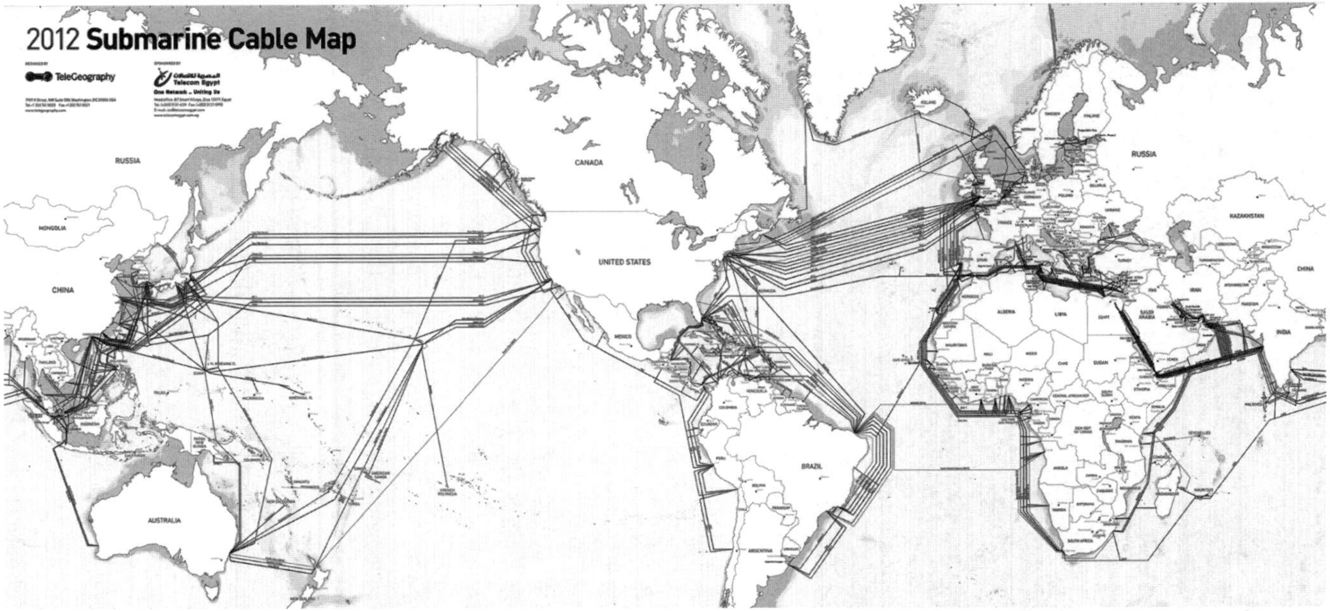

图 10.9　海洋的城市化？通过海底光缆基础设施（如图所示），以及通过各国政府拥有主权管辖权的专有经济区内外部的航道与各种形式的海底资源开采（特别是矿产与渔业），世界海洋的广阔地域已成为拓展城市化的战略地带。从这个意义上来说，资本主义城市肌理并不局限于陆地空间：它越来越多地包含、穿越并改变了大量的生态景观，包括海洋、河流、地下空间与大气区域。（资料来源：http://www. telegeography.com.）

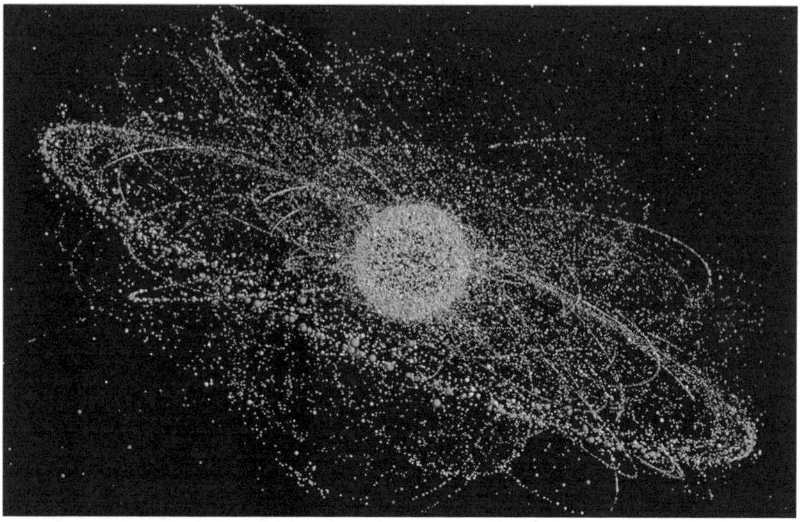

图 10.10　太空垃圾作为城市肌理的外层？由于轨道卫星与太空垃圾组成的网络不断增厚，拓展城市化的领域正被向上和向外推向地球的大气层。在21世纪初，这些轨道通信基础设施——及其碎屑——的功能作用基本上相当于格奥尔格·齐美尔1903年提出的时钟与怀表的著名论述，用来描述现代大都市生活所依赖的复杂抽象时空协调系统。为了创造这种可视化效果，艺术家迈克尔·纳贾尔(Michael Najjar)与布伦瑞克技术大学(德国)航空航天系统研究所合作，捕捉了2012年行星轨道上运行的太空碎屑——621000多个大小不同的物体，从1厘米直径的碎片到更大的机械如火箭部件、废弃的卫星与核反应堆。(资料来源：Michael Najjar Studio, "Space Debris 2012," with kind permission of the artist, © Michael Najjar。关于齐美尔针对怀表的普遍扩散与大都市文化的反思，可参阅 George Simmel, "The Metropolis and Mental Life," in *Classic Essays on the Culture of Cities*, ed. Richard Sennett [Englewood Cliffs, NJ: Prentice Hall, 1969], 50—51.)

本主义)城市肌理的历史地理、当前结构与未来可能的轨迹等迫切需要研究的问题，可能会取代长期主导城市知识、政策与战略领域的"城市迷恋"。

国家空间战略与城市肌理的重塑

之前所述的新的资本主义城市肌理形式，通过一系列国家机构尺度重构的运作得到了强有力的塑造，包括企业家型地方政府、国家与区域政府、超国家地域集团与多边发展机构。当然，世界各地的主要大都市区域仍然是一系列广泛的区位政策、先进基础设施投资与经济发展倡议的战略目标，不论是位于中心的巨型项目、城郊建成环境，还是新兴的巨型区域与城际走廊。[47]从这个意义上来说，即使是在 20 世纪 70 年代以来福特-凯恩斯主义、国家发展主义资本主义形式崩溃以来危机诱导的反复几轮重构中，本书前几章中所分析的后凯恩斯主义国家尺度重构的节奏仍然持续地在集聚城市化的混杂地域产生强烈的、可能是不均衡的反响。事实上，即使在 2008 年全球金融危机之后，世界各地大都市区域中的企业家型地域联盟还在坚持市场规制、以增长为中心、激进金融化的城市发展模式，同时通过实施新一轮的紧缩治理，瓦解社会再生产的公共基础设施，进一步强化了城市极端边缘性与地域污名化的后凯恩斯主义地理。[48]在这一尺度，通过国家对新自由主义、市场规制的大都市区增长的坚持，后凯恩斯主义资本主义城市肌理持续快速地分裂，随之而来的是这一模式广泛涉及的经济、管制、社会与生态矛盾所产生的大都市区内部与大都市区之间的社会空

---

[47] John Harrison and Michael Hoyler, eds., *Megaregions: Globalization's New Urban Form?* (Cheltenham: Edward Elgar, 2015).

[48] Susanne Soederberg and Alan Walks, "Producing and Governing Inequalities under Planetary Urbanization: From Urban Age to Urban Revolution?," *Geoforum* 89 (2018): 107—13. 关于欧美城市区域的极端边缘性问题，可参阅 Loïc Wacquant, "Revisiting Territories of Relegation: Class, Ethnicity and State in the Making of Advanced Marginality," *Urban Studies* 53, no. 6 (2016): 1077—88; and Loïc Wacquant, *Urban Outcasts: A Comparative Sociology of Advanced Marginality* (Cambridge, MA: Polity, 2008). 关于大都市区内部地域污名化的新兴形式的分析，可参阅"Territorial Stigmatization in Action," special issue of *Environment and Planning A: Economy and Space* 46, no. 6 (2014), edited by Loïc Wacquant, Tom Slater, and Virgílio Borges Pereira.

间不平等。[49]

然而，至关重要的是，尤其是在金砖国家地带与全球南方国家的其他区域，它们通过跨国生产网络、全球城市导向的发展议程直接与全球建立联系的新兴工业化空间，如今正越来越明显地被链接到跨国、大洲甚至是跨洲尺度的宏观空间基础设施规划的新战略之中。正如米格尔·卡奈(J. Miguel Kanai)所说，这些“新自由主义地域设计”项目聚焦于“创造支持市场规制社会的宏观区域空间——这可能包含大量的自然地区、区域、城市、管制尺度与多个其他空间形式，它们被作为进入全球市场的优先事项，高于任何其他空间规划方面的考虑”[50]。目前花费最为昂贵的、(地缘)政治上最大胆的、尺度最大的新自由主义地域设计范例包括南美洲区域基础设施一体化倡议(IIRSA)，其在2000年之初启动，2009年被更名为南美基础设施和规划委员会(COSIPLAN)(图10.11)，以及中国2013年启动的“一带一路”规划，最近被更名为“一带一路”倡议(BMI)。[51]

---

[49] 关于新自由主义化资本主义背景下大都市区空间如何“分裂”的经典分析，可参阅 Stephen Graham and Simon Marvin, *Splintering Urbanism* (New York: Routledge, 2001).

[50] J. Miguel Kanai, “The Pervasiveness of Neoliberal Territorial Design: Cross-Border Infrastructure Planning in South America since the Introduction of IIRSA,” *Geoforum* 69 (2016): 161.

[51] 可参阅这些综述类文章：Kanai, “The Pervasiveness”; Felipe Correa, “A Projective Space for the South American Hinterland: Resource-Extraction Urbanism,” *Harvard Design Magazine* 34 (2011): 174; Xiangming Chen, “Globalisation Redux: Can China's Inside-Out Strategy Catalyse Economic Development and Integration across Its Asian Borderlands and Beyond?,” *Cambridge Journal of Regions, Economy and Society* 11 (2018): 35—58; Caroline Filice Smith, “Logistics Urbanism: The Socio-Spatial Project of China's One Belt, One Road Initiative” (MAUD thesis, Harvard University Graduate School of Design, May 2017); Tom Hancock, “China Encircles the World with One Belt, One Road Strategy,” *Financial Times*, May 3, 2017.

图 10.11　新自由主义的地域设计？南美洲区域基础设施一体化倡议（IIRSA）项目愿景　正如南美洲区域基础设施一体化倡议的这张项目组合图所示，国家干预资本主义城市肌理的新的跨国地理格局正在出现。南美洲区域基础设施一体化倡议由巴西于 2000 年发起，随后被发展成为一个大规模的、多边的地域设计项目，旨在刺激、协调与管理南美洲主要的新物流、能源与通信基础设施的建设。在公司利益和以市场为导向的国家精英的主导下，南美洲区域基础设施一体化倡议优先考虑增强跨国生产网络的连通性，而不是社会包容、民主参与、地域整合与生态保护等议程。（资料来源：哈佛大学设计研究生院 Felipe Correa 南美洲项目；经设计师许可使用。）

在自由化之后的印度，“德里-孟买产业走廊”（DMIC）作为一种类似的大型基础设施地域规划项目（始于2006年），主要是在南亚两个最为全球化的、相互联系的大都市区节点之间，跨越巨大的农业为主的地区与生态脆弱走廊，构想、规划并激活一个国家内部的产业城市化地带。[52]

在一项影响深远的分析中，米格尔·卡奈与塞特·辛德勒（Seth Schindler）将这种引人注目的城市化新（地缘）政治称为“基础设施争夺战”的体现，在这一过程中，形形色色的政府与准政府机构——包括“区域委员会、公共工程项目、国家外交部、多边协议与其他特定的超国家实体”——正寻求建立“星球层面城市间连通性”的空间条件，通过构建“跨越一系列城乡条件的广泛地域发展走廊，［因此］使之变得越来越复杂”[53]。这些发展及其基础设施的物质化拓展不能被充分解释为新兴聚集经济的内生增长；引用卡奈的精确表述，它们是“由新自由主义政策中包含市场规制逻辑的国家调解过程”[54]。卡奈与辛德勒认为，全球南方国家，包括从拉丁美洲到中国、南亚、东南亚与非洲，在大都市区域、半城市化外围地区、城市之间的走廊与战略腹地的不同地域联盟也在构建与之类

---

[52] 参阅 Swarnabh Ghosh, “Notes on Rurality or the Theoretical Usefulness of the Not-Urban,” *Avery Review* 27 (November 2017), http://averyreview.com/issues/27/notes-on-rurality; Loraine Kennedy and Ashima Sood, “Greenfield Development as Tabula Rasa: Rescaling, Speculation and Governance on India's Urban Frontier,” *Economic & Political Weekly*, April 23, 2016, 41—49; Shriya Anand and Neha Sami, “Scaling Up, Scaling Down: State Rescaling along the Delhi-Mumbai Industrial Corridor,” *Economic & Political Weekly*, April 23 2016, 50—58.

[53] J. Miguel Kanai and Seth Schindler, “Peri-Urban Promises of Connectivity: Linking Project-Led Polycentrism to the Infrastructure Scramble,” *Environment and Planning A: Economy and Space* (forthcoming), doi: 10.1177/0308518X18763370.

[54] Kanai, “Pervasiveness,” 161.

似的市场规制、以出口为导向的政治战略。在多元的宏观区域与国家情境中，人们普遍认为，新自由主义正在不断推出“地域设计项目与大规模基础设施的愿景”，以实现“互联互通的必要性”，从而在昔日跨国生产网络中的边缘区域建立新的产业空间。

新基础设施的争夺是一种被更为广泛讨论的“全球土地热潮”，也是被称为“土地攫取”现象的重要延伸，两者在(地缘)政治上具有相似之处，即国家主导的、出口导向型的“空间异域化”使得亚洲、非洲与拉丁美洲的部分地区原来被作为农业、采掘与生物燃料的巨大腹地发生同样破坏性的地域圈地、剥夺、驱逐与生态退化。[55]全球土地热潮是由若干不同的社会空间转型计划组成的，在多重的区位情境中被建构，包括从扩张的巨型城市的半城市化边缘与城际物流廊道，到肥沃的、资源丰富的腹地地带，以及被官方认定为“贫瘠”或“荒凉”的地区。然而，在全球南方国家的许多区域，这些“新圈地”最普遍的议程之一就是提高土地利用生产率，特别是通过基于大规模、资本密集型、高度基础设施化、单一作物与出口导向型的农业商业网络实现快速的农业工业化。[56]尤其是当

---

[55] 关于通过全球土地攫取的空间“异域化”，可参阅 Annelies Zoomers, “Globalisation and the Foreignisation of Space: Seven Processes Driving the Current Global Land Grab,” *Journal of Peasant Studies* 37, no. 2 (2010): 429—47. 关于这些趋势的有用的综述，可参阅 Zoomers et al., “The Rush for Land in an Urbanizing World”; Ben White et al., “The New Enclosures: Critical Perspectives on Corporate Land Deals,” *Journal of Peasant Studies* 39, no. 3—4 (2012): 619—47; Saturnino M. Borras Jr., Ruth Hall, Ian Scoones, Ben White, and Wendy Wolford, “Towards a Better Understanding of Global Land Grabbing,” *Journal of Peasant Studies* 38, no. 2 (2011): 209—16; Matias Margulis, Nora McKeon, and Saturnino M. Borras Jr., “Land Grabbing and Global Governance: Critical Perspectives,” *Globalizations* 10, no. 1 (2013): 1—23.

[56] White et al., “The New Enclosures,” 625—26, 634. 在某些情况下，劳动密集型的小农农业也会得到支持，不论是作为面向出口的商品分包生产的来源，还是作为维持当地社会再生产的手段。

与新自由主义地域设计战略建立的新跨国基础设施走廊发生链接时，往往会在这些巨大的、新兴的、出口导向型的农业产业地带建立经济发展特区，试图将其链接到大都市地区与国外市场。[57]因此，这里的要点不仅仅是——正如安娜蕾丝·祖玛斯(Annelies Zoomers)与她的合作者卓有成效的观察——"大规模的土地投资往往会引发城市化"，或者这种投资"部分是城市需求增长与价值链重构的结果"[58]。此外，这里提出的分析框架表明，全球土地热潮的许多主要地域与目标本身正与拓展城市化的新兴地理直接相互啮合：因此，它们正成为资本主义城市肌理内部不可分割的组成部分。

显然，需要进一步对新自由主义地域设计战略及其在不同地域、景观与尺度不均衡的社会空间结果的混杂呈现进行分析与理论化。参与这项工作的不仅是研究初级商品生产、农业环境、农村社会学/地理学、政治生态学与全球土地侵占的学者，也包括批判性城市研究学者。事实上，在这里所构想的批判性城市研究的拓展视野中，城市学者们将需要更加系统性地参与这些领域，以及那些通常将空间视为外在因素的相关领域。目前还有待观察的是，在此提出的尺度化、国家理论化与地域扩张的城市化研究视角或其他方法变种，可能为那些研究农业、采矿、田园、森林、乡村、腹

---

[57] 同上，629。也可参阅 Michael Levien, "The Land Question: Special Economic Zones and the Political Economy of Dispossession in India," *Journal of Peasant Studies* 39, no. 3—4(2012): 933—69. 正如莱维恩(Levien)所指出的，在当代印度的情境中，许多新的圈地是由房地产投机驱动的，涉及将土地转型为其他工业、商业与居住功能，会对当地经济产生具有投机性、寻租性而非生产性的影响。在自由化后的印度，对非农业用地的大量需求，以及由此直接加剧的莱维恩所谓的"经济衰退"，进一步强调了与"新圈地"相关联的土地转型的异质性。初级商品生产的工业化只是目前世界上原来的腹地空间正在进行的多层面、矛盾的土地利用转型的一个层面。

[58] Zoomers et al., "The Rush for Land in an Urbanizing World," 245.

地、荒野或海上空间的学者们提供一种生成性的概念化工具与方法论视角。从我的观点来看，这种方法的潜在贡献不在于将“城市化”（星球城市化、拓展城市化或其他形式）作为一种新的总体性概念进行智识上的霸权侵占，而是对所有其他过程、转型与斗争都可以以某种方式加以解释；相反，我的目的是为了探索一种可能的交叉融合的路径，针对世界各地的大都市与都市外空间的关系性共同生产，可以从不同的出发点、分析尺度与研究地点获得启发。

尽管在此提出的资本主义城市肌理概念与新列斐伏尔理论框架紧密关联，同时对资本主义产业转型的历史与当代地理的系统性关注也是如此，然而其自反性、辩证的认知基础旨在精确地绕过与经济还原论、结构主义和目的论相关的方法论危害，从而避免对新兴的、异质性、不均衡性、差异化与矛盾性的社会空间关系武断封闭的解释。相较于假设事先存在一种大都市区域或工业化腹地能够精准嵌入的包含性结构、客观化系统或表达整体而言，这里的挑战更多是探索形成与促使这种空间转型的关系性共同演化、共同构建相互的关联与跨情境调解，通过这样做，可以产生且不断地重构它们所嵌入的宏观空间结构。[59]因此，资本主义城市肌理以及星球化与拓展城市化的概念并不打算援引单一的因果关系或统一的、包罗万象的过程；这些概念正是针对持续主导全球城市政策主流话语的城市中心主义、朴素经验主义、扩散论者与普适性框架而提出的，还应该注意的是，它们仍在关于土地治理、环境转型和“农村”地区可持续发展的讨论中被广泛地预设。与将城市/大都市和

---

[59] 参阅 Michelle Buckley and Kendra Strauss, “With, against and beyond Lefebvre: Planetary Urbanization and Epistemic Plurality,” *Environment and Planning D: Society and Space* 34, no. 4 (2016): 617—36; Gillian Hart, “Relational Comparison Revisited: Marxist Postcolonial Geographies in Practice,” *Progress in Human Geography* 42, no. 3 (2018): 371—94.

腹地/农村的重构置于不同的知识容器中进行辩论的广泛流行趋势立场形成鲜明对比，这种非正统的概念化提供了一种可能的途径，可以更加全面地探索这种转型过程中空间之间的相互联系以及相互构建和共同演化。[60]

关于新自由主义地域设计与全球土地攫取的新兴形式的重要性，可以结合本书的主要论述得出几个通用性的论点。首先，国家继续在激活、资助、管理与引导正在进行的资本主义城市肌理重塑方面发挥着重要作用。通过国家机构、法律安排、政治战略与产权制度，不论是集聚的还是拓展的城市化的新兴空间与尺度，都得到了强有力的塑造。因此，国家理论与国家权力的问题仍然是批判性城市研究计划的核心。与此同时，关于城市化的研究继续为当代国家地位的演变提供了一个具有启发性的（也许不是基本的）分析透镜，包括其在现代晚期、新自由主义资本主义背景下混杂、不均衡与动态演变的空间特性。[61]

---

[60] 当然，从不同的分析与实证出发点会产生许多平行的理论化路径与相关研究策略，任何一种都可以应对这一挑战。关于农业环境与全球土地攫取研究的一些富有成效的建议，可参阅 Ghosh, "Notes on Rurality"; and Zoomers et al., "The Rush for Land in an Urbanizing World."与这种探索高度相关的还有斯蒂芬·邦克(Stephen Bunker)开创的"新历史唯物主义"，以及保罗·西坎泰尔(Paul Ciccantell)与大卫·史密斯(David Smith)提出的关于全球商品链的"延伸"方法，可参阅 Stephen Bunker and Paul Ciccantell, "Matter, Space, Time and Technology: How Local Process Drives Global Systems," *Nature, Raw Materials and Political Economy: Research in Rural Sociology and Development* 10 (2005): 23—44; Paul Ciccantell and David A. Smith, "Rethinking Global Commodity Chains: Integrating Extraction, Transport, and Manufacturing," *International Journal of Comparative Sociology* 50, no. 3—4 (2009): 361—84.

[61] 这是 Neil Brenner, *New State Spaces: Urban Governance and the Rescaling of Statehood* (New York: Oxford University Press, 2004)一书中的核心论题之一。尽管在这本书出版的那段时间，欧美城市学者们的国家理论议程有过相对短暂的复兴，但不幸的是，这一议程如今基本上不在批判性城市研究领域中出现了。关于这一概括有一个重要的例外，就是最近有批判性城市学者与政治地理学者对

其次，为资本积累创造大规模、长期且相对固定的基础设施问题似乎是激活当代新自由主义地域设计项目的霸权性政治议程。事实上，将当代的基础设施争夺战以及全球土地热潮解释为国家空间战略旨在建立大规模的——跨国、大洲、洲际与大洋间的——地域结构，以此来刺激、引导与管制全球供应链内部和跨供应链的资本循环，这看起来似乎是很合理的。尽管新自由主义话语强调通过废除对外国直接投资的管制限制、企业税负最小化、建立快速的"即插即用"的基础设施矩阵来释放市场力量，然而当代地域设计项目如南美洲区域基础设施一体化倡议、"一带一路"倡议、"德里-孟买产业走廊"等可以在很大程度上被认为是一种尺度提升的国家空间战略，以此升级、增厚、拓展资本主义城市化的大规模基础设施结构。鉴于它们寻求——正如列斐伏尔在 20 世纪 70 年代

东亚与中国城市化的研究，明确地探索了城市转型与国家空间重构之间的相互作用。可参阅 Bae-Gyoon Park, "State Rescaling in Non-Western Contexts," *International Journal of Urban and Regional Research* 37, no. 4 (2013): 1115—22; Fulong Wu, "China's Emergent City-Region Governance: A New Form of State Spatial Selectivity through State-Orchestrated Rescaling," *International Journal of Urban and Regional Research* 40, no. 6 (2016): 1134—51; Zhigang Li, Jiang Xu, and Anthony G. O. Yeh, "State Rescaling and the Making of City-Regions in the Pearl River Delta, China," *Environment and Planning C: Politics and Space* 32, no. 1 (2014): 129—43; Kean Fan Lim, "State Rescaling, Policy Experimentation and Path Dependency in Post-Mao China: A Dynamic Analytical Framework," Regional Studies 51, no. 10 (2017): 1580—93; Mahito Hayashi, "Times and Spaces of Homeless Regulation in Japan, 1950s—2000s," *International Journal of Urban and Regional Research* 37, no. 4 (2013): 1188—212; Takashi Tsukamoto, "Neoliberalization of the Developmental State: Tokyo's Bottom-Up Politics and State Rescaling in Japan," *International Journal of Urban and Regional Research* 31, no. 1 (2012): 71—89; and Bae-Gyoon Park, Richard Child Hill, and Asato Saito, eds., Locating Neoliberalism in East Asia: *Neoliberalizing Spaces in Developmental States* (Oxford: Blackwell, 2011). 从我的观点来看，探讨国家权力与国家空间转型的问题对于当代城市问题的辩论可能是至关重要的，因为这样做可以为解读不均衡的全球新自由主义化的宏观空间情境中城市化过程的混杂地理以及动态演化的(地缘)政治参数提供富有成效的基础。

所展望的——“在宏大的尺度对空间进行管理”，它们不只是城市的巨型项目，也是一种巨型城市化计划：其目标是重新配置土地使用矩阵、地域构成与物流循环，因此资本的积累与流通可以在（扩张的）经济超级-区域与洲际基础设施网络中得以组织。[62]正是从这个意义上来说，正如列斐伏尔所假定的那样，新国家空间的生产似乎确实已经成为资本主义城市肌理持续发展的一个战略时刻，即使这种发展是不均衡的、分层的、星球化的。因此，如果不系统性地考虑国家“空间流通”在原有地域结构、尺度间安排与政治生态的生产与重塑中的积极作用，就不可能把握我们正在发生的星球化的城市转型时刻。[63]

第三，新自由主义设计战略再现了 20 世纪 70 年代空间凯恩斯主义、国家发展主义的地域规划方法瓦解以来国家主导的资本主义城市肌理分裂的显著深化与尺度升级。与战后地域均衡化的国家发展主义话语以及最近的市场原教旨主义所预言的“无缝的

---

[62] 参阅 Henri Lefebvre, “Space and the State,” in *State*, *Space*, *World: Selected Essays*, ed. Neil Brenner and Stuart Elden (Minneapolis: University of Minnesota Press, 2009 [1978]), 238. 也可参阅第二章。这种对比的重要性和尺度可以很容易地通过一些基本费用估算加以说明。按照本特·傅里贝里(Bent Flyvbjerg)广为接受的定义，一个大型项目通常需要花费 10 亿美元；与当代新自由主义地域设计倡议相关的项目预算会超过 1000 亿美元或更多。然而，像所有大型项目一样，这种估算是出了名的不可靠，专家们最近计算出“一带一路”目前的项目预算为 3400 亿美元，南美洲区域基础设施一体化倡议为 1580 亿美元，“德里-孟买产业走廊”为 1000 亿美元。关于大型项目，可参阅 Bent Flyvbjerg, ed., *The Oxford Handbook of Megaproject Management* (New York: Oxford University Press, 2017). 关于上述的预算估计（以及与计算这些预算相关的挑战），请参阅 Jonathan Hillman, “How Big Is China's One Belt One Road?” Commentary, Center for Strategic and International Studies (CSIS), April 3, 2018, https://www.csis.org/analysis/how-big-chinas-belt-and-road; Japhy Wilson and Manuel Bayón, “Concrete Jungle: The Planetary Urbanization of the Ecuadorian Amazon,” *Human Geography* 8, no. 3 (2015): 6; Ghosh, “Notes on Rurality.”

[63] Lefebvre, “Space and the State,” 224.

全球基础设施一体化”相反，新兴的地缘政治战略通过追逐竞争力驱动的基础设施投资以促进“广阔地域的再设计”，从而产生了卡奈与辛德勒形容的“不均衡又复杂的（而不是异质性的）城市结构”。[64]通过优先考虑一些选择性增强腹地连接性与强化出口积累机制为导向的定制化基础设施组合，导致了后凯恩斯主义、后发展主义形式的分裂化城市主义，以及“基础设施空间的星球化扩散”。[65]这意味着越来越普遍的基础设施“旁路”——正如城市地理学者斯蒂芬·格雷厄姆（Stephen Graham）与西蒙·马文（Simon Marvin）在21世纪初关于先进信息与通信技术对大都市区内部分裂影响的经典理论化——如今正在一个空间不均衡发展的新矩阵中大规模地发生尺度升级并对整个地域与各大洲进行重构。[66] 正是从这个意义上来说，在任何空间尺度上，新自由主义地域设计方法在金砖国家及其他国家中的扩散，似乎正在引发资本主义城市肌理分裂、分化与分层的加剧，而不是培育一个社会包容、地域整合或生态平衡的发展模式。正如卡奈所论：

---

[64] Kanai and Schindler, “Peri-Urban Promises,” 2. 尽管“无边界世界”的愿景主导着20世纪90年代主流新自由主义的“全球化”想象力，然而最近这一愿景似乎被以“链接版图”的形式重新再造——由企业战略和全球政策顾问帕拉格·卡奈（Parag Khanna）在一项引人注目的研究中提出的概念，可参阅其著作 *Connectography: Mapping the Future of Global Civilization* (New York: Random House, 2016). 在这里，重点不仅仅在于商品或信息的自由“流动”，还在于使其成为可能的庞大的跨越大陆的物质基础设施。尽管卡奈的分析在基础设施空间化方面卓有成效，然而人们所熟悉的无缝的、基于市场的社会空间一体化的新自由主义想象或多或少没有改变。关于新兴的大型地域设计与巨型基础设施转型项目的意识形态想象与严峻的日常物质性之间的巨大脱节，可参阅 Japhy Wilson and Manuel Bayón, “Fantastical Materializations: Interoceanic Infrastructures in the Ecuadorian Amazon,” *Environment and Planning D: Society and Space* 35, no. 5 (2017): 836—54.

[65] Kanai and Schindler, “Peri-Urban Promises,” 5.

[66] 关于新自由主义城市化背景下大都市区内部基础设施“旁路”的强化，可参阅 Graham and Marvin, *Splintering Urbanism*.

> 基础设施为新自由主义全球化提供了物质支柱，使特定的地域飞地能够驾驭战略性流动与循环。这些世界级的节点获得了中心地位，而其他被绕过的地理位置则被外围化了……因此，特定的地方可以与区位脱离——例如全球南方国家 VS 全球北方国家，以及东道国的总经济产出——是由其在全球范围内差异化建构的跨国网络中的相对中心程度所塑造的。[67]

为跨国资本循环建立的新的基础设施连接性载体，也导致承载重大投资的分散化腹地区域中产生一系列的排斥、剥夺、断裂与脆弱性。卡奈与辛德勒将这种新的不公正的宏观地理现象描述为：

> 连接性条件在城市化形态的地理空间之外不断增长，它们有时会离城市非常远，主要是沿着基础设施供给的方向扩散。这些地方及其居民可能无法从城市中心性（如经济发展、获得服务、综合基础设施支持）中充分受益。然而，他们仍然受到与增长的城市集聚相对应的城市拓展空间效应的影响，接收各种剩余如增长的交通、废弃物与污染物，并受制于新的剥夺和暴力形式。[68]

第四，也是最后，新自由主义地域设计项目的强化促使资本主义城市肌理与国家空间本身之间产生新的尺度重构与重新编织的

---

[67] Kanai, "Pervasiveness," 161.

[68] Kanai and Schindler, "Peri-Urban Promises," 5. 关于当代印度情境中的相似探讨，可参阅 Kennedy and Sood, "Greenfield Development as Tabula Rasa."

啮合。为了剖析这一有点投机的命题及其对本书核心观点的支撑，有必要重读第二章中具体阐述的列斐伏尔的国家生产模式概念。[69]在那一章中，我探讨了列斐伏尔所观察到的20世纪资本主义产业发展过程中国家空间流通的密集化产生了日益复杂的国家空间与资本主义城市肌理之间的啮合——因此，针对列斐伏尔高度现代主义的解读，国家空间与城市主义的空间实际上变得难以区分，至少在日常经验的现象学层面上是这样。然而，我认为列斐伏尔通过经验上有点可疑的“空间印记”假说来推进了这一命题：他认为，20世纪的国家有效地致力于将城市肌理塑造成为官僚体系清晰、政治可控，而且与国家权力本身的空间架构趋于同构的形态。在列斐伏尔看来，资本主义城市肌理这种进步性的国家化趋势，主要体现在国家地域权力的全国性集中与随之而来的空间规划体系、区际循环基础设施、公共设施生产与社会再生产的国家化之间的紧密接合。他相信，这也同样呈现为精确嵌套的政府间传导与尺度分化的国家城市等级体系之间的对称性啮合。因此，尽管列斐伏尔一直强调这种技术管理的国家空间战略倾向于不均衡、多态化、矛盾性与竞争性的维度，然而国家生产模式的概念从其核心来看似乎是基于高度现代主义的预期，即新兴的星球化的资本主义城市肌理构成将继续以“集权主义”的形式得以成型：因此，它将与国家空间本身的地域与尺度结构变得越来越具有同构性。

正如我在本书中从始至终所论述的，列斐伏尔的分析框架有助于阐明国家空间战略在塑造与重塑不同地点与尺度的资本主义城市肌理方面的核心作用。然而，他的“空间印记”假说充其量只

---

[69] 参阅第二章中“国家空间、尺度修复与城市化肌理”部分内容。

能说是具有有限的适用性：它看起来与福特-凯恩斯主义、国家发展主义、高度现代主义的资本主义结构的情境相关联；然而，即使在那种情境中，它也可能夸大了国家空间与城市空间之间的同构程度。就我在这里的目的而言，更为重要的是过去40年的后凯恩斯主义、后发展主义国家尺度重构与资本主义的内爆-外爆已经有效地拭去任何诸如此类的空间同构，这甚至有可能是通过前几轮的地方、区域和产业政策干预与国家标准化的公共基础设施投资得以实现的。事实上，相较于将城市空间塑造成为现代主义的国家主义地域与尺度形态而言，本书中所探索的国家空间战略主导性路径已精确地颠覆了这一典型的战后时期国家发展主义重点：如今国家空间本身更直接地被（城市化的）跨国资本的未来空间印记重塑。

虽然它们在兴起条件、区位目标、干预方法、政治-意识形态效用与实质目标等方面存在着许多差异，但是前几章中所探讨的广泛的国家空间战略具有一条共同的主线，即寻求建立定制化的、地方、地域和/或尺度特定的制度框架——用马丁·穆雷（Martin Murray）最近的术语来说，就是“例外的城市主义”——以此增强特定城市地带（高技术产业区、全球城市、信息城市、全球城市-区域、特殊经济区）与跨国资本循环相关联的区位资产。[70]因此，国家空间结构被转型为提高城市地域竞争力战略的政治-制度基础。[71]在这种情况下，例外的管制地理被作为重塑资本主义城市肌理的

[70] 参阅 Martin J. Murray, *The Urbanism of Exception: The Dynamics of Global City Building in the Twenty-First Century* (New York: Cambridge University Press, 2016).

[71] 关于地域竞争力的话语、政治与意识形态，可参阅 Neil Brenner and David Wachsmuth, "Territorial Competitiveness: Lineages, Practices, Ideologies," in *Planning Ideas That Matter*, ed. Bishwapriya Sanyal, Lawrence Vale, and Christina Rosen (Cambridge, MA: MIT Press, 2012), 179—206.

政治战略，它不是根据推进国家社会发展的现代主义-集权主义模板进行实施，而是作为一种促进国家空间更直接地适应于全球供应链中资本循环基础设施需求的手段。

当代的新自由主义地域设计与全球土地攫取计划似乎并没有抵消或中断这些20世纪80年代之后出现的国家空间重构趋势。但是，它们很可能标志着后者在本质上发生的重大变化。如前所述，新自由主义的地域设计结合当前或潜在发生的跨国资本循环，引发了早期城市区位政策以及国家空间本身显著的尺度升级。在此，我们的目标不只是在城市化地区、飞地、区域或廊道创建先进基础设施与市场规制管制安排的地带，而更多是重新设计资本城市化得以发生的宏观地理框架——包括集聚城市化与拓展城市化的时刻，以及混杂的基础设施肌理。因此，除了强调大规模的物流基础设施之外，新兴的国家空间战略组合似乎也给予了腹地问题新的（地缘）政治优先级——尤其是针对将腹地转变为拓展城市化运行景观所面临的政治、管制与金融挑战。尽管南美洲区域基础设施一体化倡议、“一带一路”倡议、“德里-孟买产业走廊”会持续地锁定在主要大都市区域、产业集群、港口与其他物流中心推进一系列基础设施项目，然而它们仍在寻求将（部分）原有的外围、农村地区与腹地转变为先进基础设施配置、出口导向型的密集化产业、跨国无缝链接的地带。正如前面所讨论的那样，这也是许多全球土地攫取行动的核心目标，尤其是针对那些边缘的农业与资源采掘地区。当然，在现代资本主义背景下，农村工业化项目都有一段漫长的、饱受诟病的，通常是残酷的历史。[72]当前一个非常开放的问题是，这里所勾勒出的新国家空间战略是否预示着新的历史构

---

[72] 参阅 Raj Patel, “The Long Green Revolution,” *Journal of Peasant Studies* 40, no. 1 (2013): 1—63.

成比以往更直接地与资本主义城市化肌理本身及其空间混杂的基础设施组合（再）设计的政治挑战相关联。

最后，值得思考的是，当代新自由主义地域设计项目与全球土地攫取倡议是否标志着“国际化国家”的新政治-空间格局——这一概念由尼科斯·普兰察（Nicos Poulantzas）与其他马克思主义国家理论家们在 20 世纪 70 年代末提出，并引起了关注。[73]尽管主要的金砖国家继续在此类项目的建设与实施过程中扮演着战略性的地缘政治角色，但后者似乎也涉及面向资本跨国循环更复杂的国家运作的空间分布——跨越区域、地域与尺度。反过来，这似乎是在建立一种国家权力的新层级——制度安排、管制运作、法律规范与金融传导——比起原有的地域主权、立法、民主问责与政治行动的传导，它们与资本主义城市肌理分裂化的基础设施形态更加紧密地啮合。[74] 这种发展在资本主义城市肌理最新构成的混杂、

[73] 重点可参阅 Nicos Poulantzas, *State*, *Power*, *Socialism*, trans. Patrick Camiller (London: New Left Books, 1978); Sol Picciotto, "The Internationalisation of the State," *Capital & Class* 15, no. 1 (1991): 43—63. 关于这些新马克思主义辩论的空间化概述，可参阅 Jim Glassmann, "State Power beyond the 'Territorial Trap': The Internationalization of the State," *Political Geography* 18 (1999): 669—96.

[74] 这一论述源于凯勒·伊斯特林（Keller Easterling）将新兴城市化巨型基础设施解读为一种“国家外空间”，被认为位于国家权力之外，但是一种补充性的、传承性的构成，可参阅 *Extrastatecraft: The Power of Infrastructure Space* (London: Verso, 2016). 正如我在整本书中引用列斐伏尔的“国家的秘密”概念所论证的那样，现代资本主义国家空间战略的显著特征之一就是（试图）模糊化或掩盖它们在社会空间结构，包括城市空间中的普遍性作用。将这些空间（重新）政治化的第一步，就是找到一种方法来解读国家机构在其建立和持续再生产过程中所扮演的广泛而矛盾的角色。从这个角度来看，国家运作在新兴基础设施地理上的明显缺失——伊斯特林的国家外空间概念中的“外”——实际上可能意味着一种高度激进的空间政治，以及随之而来的新城市空间与新国家空间的形成。参阅 Henri Lefebvre, "Reflections on the Politics of Space," in *State*, *Space*, *World: Selected Essays*, ed. Neil Brenner and Stuart Elden (Minneapolis: University of Minnesota Press, 2009), 167—84.

不均衡与分层的景观中的政治后果仍在建构与斗争之中。就当前的目的而言，只要简单地回顾一下列斐伏尔的不祥观察就足够了，他所提出的“灾难空间”——系统性破裂的可能性——是指任何试图将一种固定的、稳定的秩序强加于不断波动的社会空间关系上的制度计划中的一种内在可能性。[75]因此，那些想要掩盖或压制空间政治的企图会引发其(重新)政治化的加剧，这经常又为寻求构建地域组织、社会发展与日常生活替代形式的反叛政治力量提供了进一步的动力。

批判性城市理论与“城市效应”

那么，在这里提出的批判性城市理论的方法中，“城市”(city)这一范畴还剩下什么呢？鉴于城市研究领域一直预设城市是有边界的，类似于单元的特性，或试图解释其特定的名义上的本质，城市在聚居空间或集聚经济组织内部的存在很大程度上被认为是自然而然的，而不是将城市视为一个需要自反性理论化、地理历史情境化与地理比较分析的问题。从这个意义上来说，我在本书中提出的观点进一步支持了列斐伏尔备受争议的主张，即“城市的概念不再对应于一个社会对象。从社会学的角度来看，这是一个伪概念”[76]。从某种程度上来看，城市学者们一直在延续这种混乱的概念，或者说是伪概念，通过他们非自反性的分析方法，城市研究领域可能仍被困在一个认识论矩阵中，使其核心问题域的研究视野变窄，并且掩盖了支撑被他们认为是理所当然的空间领域的多方决定性、调解与斗争。这些认识论倾向与 20 世纪 80 年代尼科

---

[75] Henri Lefebvre, “Space and the State,” 235—36.

[76] Lefebvre, *Urban Revolution*, 57.

斯·普兰察、本尼迪克特·安德森(Benedict Anderson)与伊坦内·巴利巴尔(Étienne Balibar)等批判性学者进行激进的、历史过程为导向的干预之前的那些国家主义的局限的研究惊人地相似。[77]正如这些激进的批判性研究所分析的,资本主义背景下的城市与国家形态一样,可能会被视为一种在世界范围内不断的社会空间转型,并在内爆-外爆的漩涡中创建地域独特性、单一性、边界性与连贯性的结构所呈现的特定情境的空间实践、制度安排与表征模式的意识形态效应。[78]

对这种"城市效应"的批判性研究,既不能将城市概念继续视为一个超历史的、不证自明的分析范畴,也不能完全放弃将其视为一种纯粹的神秘现象。取而代之的是,正如戴维·瓦奇斯密特(David Wachsmuth)令人信服地指出的,城市的概念首先必须被视为"一种实践范畴:一种超越其城市化过程的表征"[79]。因此,"任何站得住脚的城市概念看起来都不太像科学的抽象,而更像是一幅认知地图"——换句话说,将其作为一种"现象范畴,而不是分析范畴"。[80]从这个角度来看,主要的挑战在于如何精确地解读关于城市性情境特定的经验、论述和表征,以及新兴的、共同演化的多元化城市转型计划(包括尺度化、地域化、地方营造与网络形成)

[77] 参阅 Poulantzas, *State, Power, Socialism*; Benedict Anderson, *Imagined Communities: Reflections on the Origin and Spread of Nationalism* (London: Verso, 1983); Étienne Balibar, "The Nation Form: History and Ideology," in *Race, Nation, Class: Ambiguous Identities*, ed. Étienne Balibar and Immanuel Wallerstein (London: Verso, 1991), 86—106.

[78] 关于资本主义背景下的国家形态及其相关联的国家主义批判性理论辩论,可参阅 Manu Goswami, "Rethinking the Modular Nation Form: Toward a Sociohistorical Conception of Nationalism," *Comparative Studies in Society and History* 44, no. 4 (2002): 770—99.

[79] David Wachsmuth, "City as Ideology," *Environment and Planning D: Society and Space* 32, no. 1 (2014): 76, italics in original.

[80] 同上,78, 79。

如何在更为广阔的资本主义城市肌理不均衡编织的图景中被积极地构建。

虽然这种城市效应可能来自不同的(跨)情境来源与历史地理，但是似乎可以合理地预期它们将在与现代国家战略相对紧密的建构中形成，(从尺度、地域、地方、网络等维度)塑造社会空间关系，并且与反复的社会政治叛乱相关联。事实上，在现代世界中，城市的概念在很大程度上是作为一种政府与法律的范畴(“乡村”的概念也是如此)，这反过来又对空间政治与日常生活产生了强有力的结构性影响。[81] 鉴于城市的概念直接参与具体的政治管理、地域联盟的形成以及与之伴随的社会空间转型计划——还包括这些运作的意识形态变化——所以它必须批判性地与其所嵌入的更为广泛的政治-制度结构相关联。同样重要的是，无数反叛的社会空间转型计划可能会明确地将“城市”(the city)的愿景——例如，城市政府机构或其涵盖的空间——作为它们的竞技场、媒介与目标。[82]那么，这里的要点不是将这种城市导向的话语、表征、想象、战略、联盟与斗争视为虚幻的或者不重要的，而是针对与其涌现相关联的

---

[81] 皮埃尔·布尔迪厄敏锐地将国家机构在产生、传播与将日常实践范畴显得自然而然中的作用进行理论化。他指出“国家的主要权力之一，是生产和强加……我们自发地应用于所有社会事物的思维范畴——包括国家本身”。可参阅 Pierre Bourdieu, “Rethinking the State: Genesis and Structure of the Bureaucratic Field,” *Sociological Theory* 12, no. 1 (1994): 1. 这一观察结果同样适用于日常空间范畴与认知地图的构建。关于国家机构与法律框架在塑造城市的日常意义中的作用，可参阅 Ananya Roy, “What Is Urban about Critical Urban Theory?,” *Urban Geography* 37, no. 6 (2016): 810—23; Gerald Frug, *City Making: Building Cities without Building Walls* (Princeton, NJ: Princeton University Press, 2001).

[82] 参阅 Doreen Massey, *World City* (Cambridge: Polity, 2007); Harvey, “Cities or Urbanization?”; Andy Merrifield, *Dialectical Urbanism: Social Struggles in the Capitalist City* (New York: Monthly Review Press, 2002). 关于这些议题有帮助的批判性探讨，可参阅 Mark Davidson and Kurt Iveson, “Beyond City Limits: A Conceptual and Political Defense of ‘the City’ as an Anchoring Concept for Critical Urban Theory,” *CITY 19*, no. 5 (2015): 646—64.

混杂情境、转型与斗争，提倡一种理论上更具自反性、历史扎根与空间多态化的审视。与广泛普遍的朴素客观主义的方法将城市概念视为一个毫无问题的、不证自明的、在社会学上中立的工具相反，“城市的棱镜”本身也必须受到批判性的分析审视。[83]

到底是什么样的空间实践与表征模式产生了一种持续的，也许是相当混杂的关于“城市”尺度单一化、基于地方的独特性、地域边界性、网络节点，以及更为普遍明显的结构连贯性的经验效应？这种单元划分的效应如何根据不同的地方、尺度与地域，以及社会行动者在空间化权力关系多尺度构成中的差异化位置而发生变化？这些实践与表征，以及它们不均衡分布的社会空间结果是如何在资本主义产业发展过程中通过连续的国家权力体制与当代危机诱导的重构时刻中发生转型的？它们是如何推动特定的城市化计划或促进其竞争的，不论是聚焦于资本主义增长动力（“城市作为增长机器”）、国家主导性的地缘政治、治理机构部署、技术科学单纯化，还是针对空间正义与城市公共资源的叛乱政治动员（“城市权利”）？这类关于持续存在的“城市感官中枢”的问题，既从本质上使得资本主义城市肌理系统性地模糊化，但同时又在持续地重塑资本主义城市肌理，这在任何批判性城市理论的研究方法中都是至关重要的。[84]在星球城市化的条件下，城市营造的日常认知地图与世界范围内社会空间、制度与生态的内爆-外爆图景之间的

---

[83] Hillary Angelo, “From the City Lens toward Urbanisation as a Way of Seeing: Country/City Binaries on an Urbanising Planet,” *Urban Studies* 54, no. 1 (2016): 158—78.

[84] Kanishka Goonewardena, “The Urban Sensorium: Space, Ideology, and the Aestheticization of Politics,” *Antipode* 37, no. 1 (2005): 46—71. 一系列广泛的历史、认识论与制度研究议程源于瓦奇慕斯、罗伊、安吉洛、古内瓦德纳提出的分析框架，其与学术话语、政府实践、政治抗争与日常生活中的城市和非城市景观的研究相关联，不仅是关于在不同的地理历史背景下城市镜头是如何产生的，而且还包括它是如何调解社会空间范畴的建设与转型的。

鸿沟似乎正在急剧地扩大，因此对这种城市效应的批判性审视显得尤为紧迫。[85]

当然，解读城市化的新兴模式和路径与空间不均衡发展结构之间的相互作用仍然像以往一样紧迫。然而，就这一目的而言，城市研究领域持续盛行的方法论上的地方主义与地域主义的城市概念是日益见拙的概念工具。从这个意义上来说，正如阿纳尼娅·罗伊强有力地指出的，这似乎是一个特别合适的时机来“开启新的理论地理学”，为批判性城市研究提供一种复兴的、自反性的、关系性的方法。[86]这并不意味着要放弃或拒绝原有的城市话语（或者应该补充“农村”），而是将它们视为需要批判性分析审视与地缘政治情境化，以及与国家空间战略、空间政治和日常生活相关联的实践范畴。然而，像罗伊一样，我在这里主张对分析范畴进行彻底的重新评估与再造，以此继续推进批判性城市研究计划。正如在这里进行的重新构想所示，城市的概念可能会为这种努力提供某种生成性认识论的开端，但是只有当将其分析内容与长期以来所陷入的非自反性的以城市为中心的语义矩阵精确地区分开来时才可行。

一旦 20 世纪城市研究方法论上的点状主义、地方主义与地域主义假设所强加的僵硬的分析约束被解除，那些静态的、非历史二

---

[85] 这些关于城市效应的反思也受到早期新福柯主义与新马克思主义国家理论辩论的启发，可参阅 Timothy Mitchell, “The Limits of the State: Beyond Statist Approaches and Their Critics,” American Political Science Review 85, no. 1 (1991): 77—96; 以及 Bob Jessop, State Theory: Putting the Capitalist State in its Place (London: Polity, 1990). 关于紧密相关的“地域效应”的探讨，也可参阅 Neil Brenner and Stuart Elden, “Henri Lefebvre on State, Space, Territory,” *International Political Sociology* 3, no. 4 (2009): 353—77.

[86] Ananya Roy, “The 21st Century Metropolis: New Geographies of Theory,” *Regional Studies* 43, no. 6 (2009): 820.

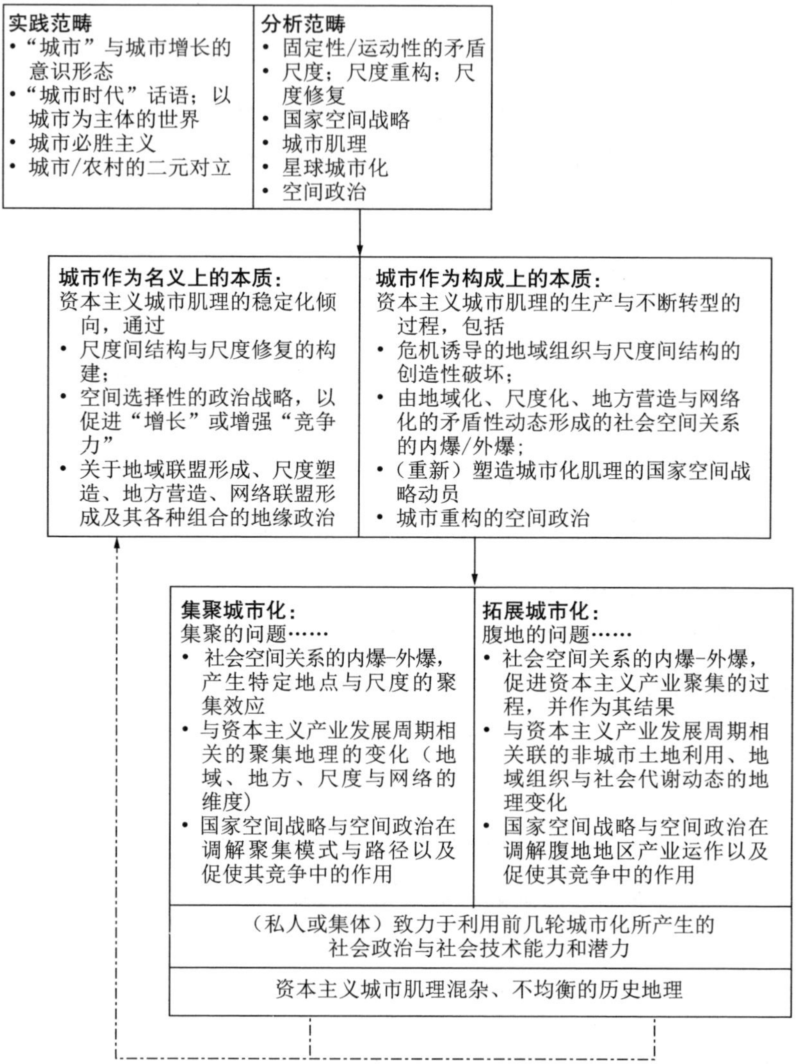

图 10.12　面向星球化城市肌理的研究

（注：这一图示建立在图 10.1 的基础之上）

元主义认识(内部/外部、城市/郊野、城市/乡村、社会/自然、地方/全球、内生/外生、地方/空间)就可能被有效地取代。通过这一辩证的探索,资本主义城市化地理可能以另一种方式被重新概念化,不仅可以阐明集聚的混杂模式与路径,还包括跨越许多拓展城市化地区不均衡编织的城市肌理持续的、多尺度的生产与转型,而这些地区当前仍在被广泛地基于郊野、乡村与荒野的外部化意识形态错误地划分。通过提供一种强有力的关系性的认识论来抗衡所有形式的空间迷恋,能够阐明新自由主义大都市区战略与近几十年来世界上许多腹地区域出现的各类市场规制的社会空间转型、圈地、紧缩治理、掠夺积累与生态掠夺项目之间正在形成的普遍但隐藏的联系,并有助于将其政治化。图10.12提供了一个关于本次讨论中提出的主要概念化与方法论建议的综合性概述。

结尾:星球化变形与城市问题

这样一来,我们又回到40多年前曼纽尔·卡斯特尔在《城市问题》一书中提出的经典问题:"是否存在特定的城市单元?"以及在这本书中我们所开启的将城市问题作为尺度问题的探索。[87]在资本主义城市化形式在星球范围内得到推广的情况下,这个问题必须重新表述为:"是否存在一种城市的过程?"在这里,结合资本主义工业化独特的、不稳定的、系统性不均衡的与高度混杂的空间特性,我肯定地回答了这一问题,并贯穿本书进行了一系列的理论化,涉及固定性/运动性矛盾、其演化的尺度建构与分层、通过国家空间战略与空间政治的调解以及在资本主义城市肌理中的多态

---

[87] Manuel Castells, *The Urban Question: A Marxist Approach* (Cambridge, MA: MIT Press, 1977 [1972]), 101.

化、路径依赖的政治-基础设施表达。

在这里提出的术语中，资本主义产业发展中社会空间关系——跨越地域、地方、尺度与生态——不断的内爆-外爆如今应被置于批判性城市理论分析的核心。星球城市化的问题域正是通过这种整个星球尺度上的内爆-外爆以及资本产业代谢创造性破坏过程的不均衡空间扩展而呈现出来。反过来，这一转型不仅是针对城市建造与大都市区发展的过程，也包括昔日世界腹地地区扩张的运行景观，产生了广泛而深远的不稳定结果；其社会空间关系、土地使用模式、基础设施配置和生态环境如今正在被资本主义工业化的新兴循环以及支撑它们的星球化的供应链重塑。

从这个意义上来说，腹地问题不再是外在于城市的问题，而是作为城市问题的核心维度而呈现。今天，除非将其联系到大都市外部的多元化地带——它们正被资本的产业代谢逻辑卷入其中，并直接支撑城市学者们长期以来聚焦分析的"城市的增长"，否则我们不可能真正地把握城市问题的基本要素。到目前为止，世界上的许多腹地——资源采掘地带、农业环境、物流景观与废弃物处理场所——正在被转型为不断加速的大规模工业化地域，日益受到资本主义城市肌理的介入并且更加紧密地相互交织。因此，随着地域圈地、人口迁移、基础设施链接、工业用地密集化、金融化与代谢的加速重塑了原有的"农村"生活节奏——昔日城市主义的"外部"——腹地不能再被解释为边缘化的人烟罕至地带或是作为一个偏远的"牺牲地带"，承担着支撑大都市生活的"脏活"了。相反，原先被外部化的腹地空间已经被转型为一种运作景观：作为产业转型的战略场所与循环直接被编织进入资本主义城市肌理中。因此，腹地成为城市问题域本身的一种战略地域、媒介与表达。

然而自相矛盾的是，即使这种"星球化变形"——新世纪伊始资本主义城市肌理星球化形态的强化——产生了无数的“威胁”，开始笼罩着整个社会存在，当代城市研究的重要流派仍深陷于“衰弱的城市中心主义”之中。[88]这种顽固但日益过时的认识论将城市问题域简化为城市增长的问题，从而在分析方法、地图呈现与政治阐述方面都将拓展城市化广阔、混杂与动态变化的地理外部化，然而城市正是通过这种地理构成的，并与之辩证地共同演化。与之形成对照的是，我认为当代关于以城市为主体的世界、聚集的力量、城市的胜利与世界城市网络的话语和辩论，严重地缩小了我们解释当前巨大的尺度及其在世界范围内新兴城市转型的威胁与潜在的灾难性后果的视野。换句话说，我的主张是要将支撑产业发展的各种大都市外部区域解释为资本主义城市肌理中的战略组成要素，而且如果我们缺乏对这些过去的外部区域(拓展城市化的地带)的系统性、自反性的关系分析，那么我们把握传统上定义的城市生活地点(例如全球城市、巨型城市与大都市区域)的能力也会严重受损。资本主义城市肌理的概念，正如在本书中通过一系列的尺度探索以及对地方营造、地域化、网络过程与拓展城市化新方法的考虑，再现了应对当前分析城市化新兴空间广泛挑战的城市理论视野扩展的一个可能性的基础。也许更为重要的是，这种概念上的重新定位可能对解读关于城市(星球化)生活本身的重构正在进行的战略与斗争也是有用的。

---

[88] 关于星球城市化的“威胁”，可参阅 Henri Lefebvre, “Dissolving City, Planetary Metamorphosis,” in Brenner, *Implosions/Explosions*, 569. 这篇神秘的文章是列斐伏尔最后的作品之一，最初发表于“Quand la ville se perd dans une métamorphose planétaire,” *Le monde diplomatique*, May 1989. 关于“衰弱的城市中心主义”，可参阅 Stephen Cairns, “Debilitating City-Centricity: Urbanization and Urban-Rural Hybridity in Southeast Asia,” in *Routledge Handbook on Urbanisation in Southeast Asia*, ed. Rita Padawangi (London: Routledge, 2019): 115—130, 1; 以及我们在前面章节中关于这些议题的探讨。

事实上，本章所提出的对批判性城市理论的拓展与使其重新焕发活力的方法，不仅有助于为研究资本主义背景下城市化的历史与当代地理提供新的视角。而且，它的提出也希望有助于共同构想（并最终实现）在所有空间尺度上的城市化的替代形式与路径，包括从最局部的环境到那些新兴的、星球范围内相互依赖的网络。在这些根深蒂固的市场原教旨主义、紧缩治理变得自然而然、强化的身份暴力、复苏的技术科学独裁主义、无限制的社会生态掠夺与迫在眉睫的环境灾难的严峻时刻，似乎特别迫切地需要利用批判性城市理论的工具来强化“替代城市化”的想象力：空间的生产与转型的研究方法不再是聚焦于资本主义的利润最大化，而是更加关注多方面的潜力——不为增长的发展；社会与政治解放；共享的生活（包括人类与非人类）与非暴力的共同存在；生态正义、健康、（重新）多样化与管理；以及文化多样性与实验——这些植根于城市化过程本身，但又受到城市化过程的系统性抑制。

当然，最近关于城市权利的辩论主要集中在解读新兴的“替代城市化”未来会在哪里以及在什么尺度上可能会形成，或者可能会出现。这一问题也是这些辩论需要面临的持久的挑战。[89]在这里详细阐述的新列斐伏尔框架中，可能没有关于这个问题单一的、明确的答案，因为城市内部以及关于城市的斗争的出现恰恰与不断变化的如何占用与改造通过城市化所产生的多方面潜力的挑战有关，它们跨越构成城市肌理的混杂的地方、地域、尺度与生态。随着资本主义城市肌理的地理发生变化，空间政治也在发生变化，这一过程反过来要求对新兴的愿景进行重新组合，不仅包括如何，也

---

[89] 关于这些相关文献的综述，可参阅 Neil Brenner, Peter Marcuse, and Margit Mayer, eds., *Cities for People, Not for Profit: Critical Urban Theory and the Right to the City* (New York: Routledge, 2011).

包括在哪里，城市空间和潜力可能被占用并被富有成效地改造。因此，正如大卫·曼登(David J. Madden)所说，"城市权利"这一概念本身就非常具有讽刺意味，因为支撑它的城市理论方法实际上假定了在现代资本主义背景下对任何固定的社会空间安排在所有空间尺度上持续的创造性破坏：

> 这一自相矛盾的主张——城市已经结束，但一些新的、更加真实的城市主义实际上甚至还没有开始——这正是列斐伏尔批判立场的核心……只有在这样的情境中，人们才能正确地理解列斐伏尔的"城市权利"概念。它常常被掩盖为"城市生活的权利"或居住的权利……并作为一种理想的但尚未确立的主张进行讨论，强调中心性、场所、平等、公共空间、参与和公民身份。然而，城市权利绝对不仅仅是对美好生活的需求。可以说，只有在城市终结、城市社会取代城市的背景下，这个概念……才能从其极具讽刺意味的原始内涵中被发现。列斐伏尔并不是在敦促从某种程度上回归到现有的城市，他是在促使城市居民去发展新的空间、制度形式和政治框架。[90]

从这个意义上来说，对城市权利的斗争必须被理解为一种反叛的空间政治形式，其导向不仅仅是针对现有城市空间与潜力更加公平的分配与可获取性。更为激进的是，它涉及在一个完全相互依存的，也许是残酷分层的星球化的生活网络中，跨越众多的尺

[90] David J. Madden, "City Becoming World: Nancy, Lefebvre and the Global-Urban Imagination," *Environment and Planning D: Society and Space* 30, no. 5 (2012): 782.

度、地方、地域与网络，产生城市生活本身的社会权力的集体占有。这种权力也是“替代城市化”概念的核心，不仅仅指对大都市区域内外部现存空间进行更加民主、公正、包容或生态重新设计的可能性，而且也是对城市化能力的集体占有、政治自我组织与持续进行的转型的展望——通过城市化进程本身的不断前进而生产“新的空间、制度形式与政治框架”的可能条件与乌托邦希望。[91]

在这一背景之下，上述分析强有力地肯定了在世界大都市区域（与集聚城市化进程相关联的密集聚集地带）中空间政治、激进的民主管制实验的扩散，以及为公地而进行持续斗争的持久重要性。同时，我在这里的探索也表明，这种斗争必须更加明确，自反性地与更为广泛的星球公地的（地缘）政治相关联，这也包括发生在其他地方由农民、小地主、原住民以及跨越集聚城市化混杂景观中无依无靠、流离失所或边缘化的人群（包括许多受雇于工业化农业、采矿业、物流）进行的斗争；还有发生在原来的腹地地区的斗争，这些地方虽然没有直接被纳入资本的产业代谢，但仍然受到其破坏性的社会生态影响的威胁。此外，在新自由主义地域设计、土地攫取、延伸的全球供应链、强化的跨国物流网络的新兴战略场域中，资本主义内爆-外爆的动力释放了创造性破坏的影响，作用于原有的社会与劳动力空间分工、土地利用结构、社会再生产系统、生态景观与日常生活实践。反过来，这些过程及其混杂的社会空间与生态后果被一系列的社会运动、联盟与宣传网络进行政治化，还涉及其他议题的竞争，包括由资本的无情投机性、积极的金融化以及疯狂的以增长为中心的时空（非）逻辑产生的新殖民主义圈地、加剧的社会经济贫困、普遍化的劳动不稳定性、变本加厉的生

[91] 同上。

态掠夺、猖獗的人口空间驱逐与持久的日常暴力。[92]正如马丁·艾伯勒达(Martín Arboleda)的观察所示,这样的竞争往往建立在拓展城市化过程中形成的通信与交通基础设施之上,也可能寻求对这些基础设施的占用与转型:

> 鉴于城市化意味着建成环境生产与再生产的多尺度过程,在这一过程中,全球资本结构与日常实践变得相互关联……这些运作景观——除了助长边缘化与压迫之外——还为以往孤立的社区或个人之间的相遇提供了新的中心性与机会……因此,正是在开辟这种增强交流与互动的道路的过程中,星球城市化的解放才得以实现。除了能源传输线路与道路,现代的资源开采技术还需要复杂的电信基础设施,这意味着拓展城市化……不仅促进了物质流动(通过道路基础设施),还促进了地方社区之间的通信,这本身就是政治行动的关键先决条件。[93]

---

[92] 参阅 Martín Arboleda, "Financialization, Totality and Planetary Urbanization"; Martín Arboleda, "Spaces of Extraction, Metropolitan Explosions: Planetary Urbanization and the Commodity Boom in Latin America," *International Journal of Urban and Regional Research* 40, no. 1 (2016): 96—112; Stefan Kipfer, "Pushing the Limitations of Urban Research: Urbanization, Pipelines and Counter-Colonial Politics," *Environment and Planning D: Society and Space* 36, no. 3 (2018): 474—93; Elizabeth A. Sowers, Paul S. Ciccantell, and David A. Smith, "Labor and Social Movements' Strategic Usage of the Global Commodity Chain Structure," in *Choke Points: Logistics Workers Disrupting the Global Supply Chain*, ed. Jake Alimahomed-Wilson and Immanuel Ness (London: Pluto Press, 2018), 19—34; Alberto Toscano, "Lineaments of the Logistical State," *Viewpoint Magazine*, September 27, 2014, https://viewpointmag.com/2014/ 09/28/lineaments-of-the-logistical-state/.

[93] Arboleda, "Spaces of Extraction," 107. 正如艾伯勒达所指出的,关于通过在城市中心以外建立先进的连接基础设施释放的新的政治潜力的观察,与经典但普遍被误读的马克思与恩格斯的《共产党宣言》中关于现代资本主义背景下乡村的转型产

因此，这种资本拓展的建成环境、社会空间矩阵、物流运作、代谢循环与新殖民主义逻辑的竞争越来越与那些渗透在全球网络化的大都市区域及其周边地区（同样是基于，也可能试图占用）嵌入资本主义城市肌理的混杂的技术-基础设施能力产生共鸣，并同时发生。[94]因此，本文提出的方法为批判性城市理论打开了一个新视角，在社会空间转型、空间政治与草根行动主义各种形式之间建立分析性和战略性的联系，其在星球化景观中被关系性地，也许是不

生了强烈的共鸣："资产阶级把国家置于城镇的统治之下。它创造了巨大的城市，使城市人口与农村人口相比大为增长，从而将相当一部分人口从愚蠢的农村生活中拯救出来"，可参阅 Karl Marx and Friedrich Engels, "Manifesto of the Communist Party," in *Marx/Engels Selected Works*, vol. 1 (Moscow: Progress Publishers, 1969 [1848]), 17. 正如哈尔·德雷珀（Hal Draper）所指出的，在这篇文章的英文翻译中使用"idiocy"一词是一个重大错误：孤立才是正确的翻译。德语单词白痴（*iditismus*）并不意味着愚蠢（对此有一个独特的德语术语白痴）；相反，它意味着"私有化的隔离"，即从社会交往与政治生活中分离出来（参阅德雷珀的著作 *The Adventures of the Communist Manifesto* [Alameda, CA: Center for Socialist History, 2004], 220—21.）。从这个意义上来说，马克思与恩格斯的前进运动表明资本主义产业转型等大都市外部空间彻底消除了农村生活的相对隔离，将其更加直接地嵌入形成资本主义劳动力空间分工与更为广泛的现代政治生活增厚的社会空间和生态关系网络之中。因此，不仅仅是通过这些转型所依赖的巨型基础设施环路，这些运动也可能为政治主体性、集体行动与地域转型打开新的视野。这些经典的论述与当代对拓展城市化与新兴运作景观政治的探索高度关联。关于这些议题的深刻分析，也是安迪·梅里菲尔德的著作 *The Politics of the Encounter: Urban Theory and Protest under Planetary Urbanization* (Athens: University of Georgia Press, 2013) 的核心内容。关于当代马克思主义思想中针对城市/乡村问题域富有成效的反思，也可参阅 Timothy Brennan, "On the Image of the Country and the City," *Antipode* 49, no. 1 (2017): 34—51.

[94] 关于这一问题的论述出现在"新圈地"的文献中，尤其是 Massimo De Angelis, *The Beginning of History: Value Struggles and Global Capital* (London: Pluto, 2007). 关于全球公地（包括与土地、水、空气、食物相关的问题）的新兴竞争形式的广泛分析，可参阅 Nik Heynen, James McCarthy, Scott Prudham, and Paul Robbins, eds., *Neoliberal Environments* (New York: Routledge, 2007); Fred Magdoff and Brian Tokar, eds., *Agriculture and Food in Crisis: Conflict, Resistance, and Renewal* (New York: Monthly Review Press, 2011); Richard Peet, Paul Robbins, and Michael J. Watts, eds., *Global Political Ecology* (New York: Routledge, 2011).

均衡地共同生产。

尽管残酷的不公正与破坏性的社会和生态暴力不可磨灭地相互交织，然而资本主义形式的城市化所释放的潜力可能也包含着截然不同的城市化模式的痕迹，即“替代城市化”，通过集体的社会自我管理与一种脱离资本主义增长的地域发展模式，社会与生态空间被生产、共享、占有并持续地转型。通过提供一种概念化工具来解读这种潜力的多重性，即使它们被工具化为支持资本积累、增强国家控制或者是为私人的、排他的或压制目的的圈占，批判性城市理论在这种“替代城市化”持续的集体想象中以及实现它们的斗争中仍然扮演着重要的角色，但是其作用可能也必然是有限的。

致　谢

关于这本书的想法至少从 2004 年就开始酝酿了，当时我出版了早期的著作《新国家空间》。我花了很长时间将关于尺度与城市问题的各种思考编织在一起，同时也随着正在进行的研究议程、学术合作与更广泛的学术辩论而不断深化。希望这本书能够有效地补充与扩展我在之前关于国家尺度重构与城市重构之间相互作用的论述，同时也澄清并且强化最近关于星球城市化研究的一些方法论基础。在这里，我要感谢马丁·艾伯勒达、阿尔瓦罗·赛维拉·布伊特拉戈、斯图尔特·艾尔登和大卫·瓦奇慕斯，感谢他们的鼓励，以及他们在关键的编辑决策上始终提供明智的建议。此外，还要深切地感谢彼得·马库斯和马吉特·梅耶，感谢与他们建立的友谊、同志情谊，以及多年来在这个项目中所激发的灵感。

本书中提出的观点已经在欧洲、北美，以及拉丁美洲、亚洲与澳大利亚部分地区的会议、座谈会、讲座、小组讨论与研讨会中有过广泛的分享。衷心感谢批判性城市研究、激进地理学、地缘政治经济学领域的朋友与同事们多年以来给我做报告的机会，他们慷慨的参与、挑战性的辩论与广泛的批判为我的城市理论研究提供了巨大的智力刺激。关于这些邀请与相关的讨论，我要感谢丽莎·布劳利艾瑟·卡格拉、詹姆斯·德菲利普斯、雪莱·费尔德曼、斯蒂芬·吉尔、布兰丹·格里森、尼娜·格里克-席勒、米里亚姆·格林伯格、安妮·海拉、艾伦·哈丁、埃里克·兰茨贝格、尼克·海宁、徐进钰、尤里·卡泽波夫、罗杰·凯尔、艾莉森·兰茨贝格、苏珊·拉尔森、隆町村信孝、雷安娜·马洪、托米斯拉夫·梅达克、朴贝均、保罗·佩鲁利、弗兰西斯科·昆塔纳、休·莱佛士、珍妮·罗宾逊、米格尔·罗伯斯·杜兰、阿纳尼娅·罗伊、阿萨托·赛托、罗德里戈·萨尔切多、毕绪·桑亚尔、萨斯基娅·萨森、纳森·撒伊利、埃里克·谢泼德、曼弗雷德·斯特格尔、佩林·谭、劳伦斯·维尔、凯文·沃德、大卫·威尔逊。

我从担任几个杰出机构的客座教授的机会中受益匪浅，包括布里斯托大学地理系（本杰明·米克客座教授）、阿姆斯特丹大学的阿姆斯特丹城市与国际发展研究所（维保特城市研究主席）、新加坡国立大学地理系（林宗雅客座教授）。非常感谢这些大学的同事们，特别是温迪·拉纳与亚当·蒂克尔（布里斯托）、罗伯特·克洛斯特曼与埃瓦尔德·恩格尔伦（阿姆斯特丹），以及尼尔·科、蒂姆·邦内尔与杰米·吉伦（新加坡）——感谢他们友好的欢迎、慷慨的支持与批判性的学术交流。

我想特别感谢强大的跨学科学术社群，包括国际社会学协会的城市与区域发展研究委员会（RC21），以及《城市与区域研究国际期刊》（IJURR），有幸在其编委会服务了近十年。在充满争议与意识形态化的当代城市研究领域，城市与区域发展研究委员会和《城市与区域研究国际期刊》持续为许多当代批评性、非正统的城市学者们提供了一个重要的智力锚点——事实上，也是一个安全的港湾。当然，在我自己的城市研究过程中，它们也为我提供了很多的方向与灵感，对此我也非常感激。

我的批判性城市理论研究方法是通过过去15年中持续的合作研究而形成的，特别是与尼克·西奥多、杰米·派克与克里斯蒂安·施密德的合作。作为一名城市学者，我非常感激他们中的每一个人，因为他们在这么多共同的努力中倾注了巨大的精力与智慧。我对地域、地方、尺度与网络之间相互作用的思考，也从鲍勃·杰索普、马丁·琼斯与戈登·麦克劳德的早期研究中得到了有益的启发，感谢他们在21世纪之初进行的卓有成效的合作。

我在纽约大学教授社会学与大都市研究期间，有一群杰出的社会学、历史学与美国研究的博士生为批判性社会空间理论的各种主题提供了强有力的智力激励与批判性对话。在此，我向所有人表达最诚挚的感谢和最深的敬意，特别是希拉里·安吉洛、丹尼尔·阿尔达娜·科恩、大卫·马登、迈克尔·麦奎里、斯图尔特·施瑞德与大卫·瓦赫斯莫斯。在我众多优秀的纽约大学同事中，要特别感谢维韦克·奇伯、阿琳·达维拉、马努·戈斯瓦米、埃里克·克林伯格、哈维·莫洛奇、安妮·拉德马赫、安德鲁·罗斯、丹尼·沃科维茨，多年以来在与他们广泛的合作中进行了富有成效的交流。除了纽约大学之外，安德里亚·卡恩、安迪·梅里菲尔德、休·莱佛士与米格尔·罗伯斯·杜兰一直都是慷慨、有思想、富有挑战性的对话者。

自2011年以来，我一直很幸运地与一群非常有创意的城市理论家、批判性制图师、设计师与建筑师密切合作，他们都属于城市理论实验室——在我加入哈佛大学设计研究生院时建立的一个研究平台与博士生工作坊。我要感谢设计研究生院与麻省理工学院的学生参加我的课程与我们的讨论会，他们共同坚持发展批判性的、非正统的、后学科与政治化的城市问题研究方法的计划，以及在许多领域中的批判性智识参与，为我们的新想法、议程与愿景做出了贡献。还有许多城市学者在合作中发挥了重要作用，在此特别要感谢吴健、丹尼尔·伊巴涅斯、尼科斯·卡齐基斯、马里亚诺·戈麦斯·卢克，以及马德里理工大学的访问学者阿尔瓦罗·赛维拉·布伊特拉戈。马丁·艾伯勒达作为城市研究基金会博士后研究员加入了我们，并取得了丰硕的成果，他很快成为伦敦大学学院充满活力的一员，同时也是一位亲密的同事、合作伙伴与朋友。

感谢我在哈佛大学研究生院的同事们持续的学术参与，他们的挑战促使我扩展并经常重新思考城市问题的许多核心认识论假设。特别感谢赛·巴拉克里希南、皮埃尔·贝朗格、伊芙·布鲁、黛安·戴维斯、桑加·邓普尔曼、罗塞塔·埃尔金、苏珊·法因斯坦、杰罗德·凯登、桑福德·奎特、拉胡尔·梅赫罗特拉、基尔·莫、罗伯特·皮特鲁斯科、彼得·罗、哈希姆·萨基斯、克日什托夫·沃迪茨科。此外，我也从与哈佛法学院的杰拉德·弗拉格就本书中探讨的问题所进行的富有成效的对话中受益。

我要衷心感谢许多在批判性城市研究与激进地理学领域的朋友和同事，他们多年来一直帮助我思考本书中探讨的一些问题。他们是罗斯·埃克索·亚当斯、阿德里安·布莱克威尔、蒂姆·本内尔、本·德鲁德尔、卡尼什卡·古纽瓦德纳、斯蒂芬·格雷厄姆、林真人、徐进钰、尤里·卡泽波夫、罗杰·凯尔、斯特凡·基普费尔、马赞·拉班、帕特里克·勒盖尔斯、赫尔加·莱特纳、米切尔·范·米特仁、杰森·摩尔、朴贝均、特雷莎·普拉诺、任雪飞、珍妮·罗宾逊、阿纳尼娅·罗伊、内森·赛尔、埃里克·谢泼德、汤姆·斯莱特、卢卡兹·斯塔尼克、埃里克·斯温格杜、戴明·怀特、雅菲·威尔逊、马修·威尔逊与欧琳·意夫塔切尔。

马丁·艾伯勒达与阿尔瓦罗·赛维拉·布伊特拉戈慷慨地阅读并评论了几个关键章节的草稿。他们的批评性反馈对我顺利推进并最终完成这个项目至关重要。

在本书写作的最后几年里，我的三位老师去世了，我想向他们表达我最深的敬意、钦佩与感激。他们是约翰·弗里德曼、爱德华·苏贾与莫伊什·波斯顿。在我自己学术发展的初期阶段，非常荣幸有机会向这些令人敬畏的思想家们学习，并与他们对话。对此，我将永远心怀感激——我会非常想念他们中的每一个人。他们在工作与生活上影响了几代学生与同事，留下持久的思想力量，我确信，他们持不同政见者的无畏能量与开创性的知识遗产将长存。

在本书漫长而曲折的写作之路上，詹姆斯·库克为我提供了专业的编辑建议、严谨的专业精神与坚定的鼓励。我深深地感谢他的支持与耐心。我也非常感谢阿曼达·米勒，她是哈佛大学设计研究硕士研究生（现在是校友），在她繁忙的学术与职业日程中提供了无可挑剔的精确的参考文献书目、编辑与行政上的协助。

谢谢朋友们与同事们帮助我完成了这个项目！

这本书献给伊格纳西亚、伊凡和伊扎尔。

来源

作者感谢最初的论文出版商允许在本书中使用这些内容，以下所有内容都已经在本书中进行了实质性的修改与扩展。

·第二章：部分来源于《环境与规划 D：社会与空间》16，

5(1998):459—481。

·第三章:《批判性规划》16(2009):60—79。

·第四章:《国际政治经济学评论》5,1(1998):1—37。

·第五章:库尔特·胡博内主编,《区域鸿沟:对"新经济"的再思考》。London and New York: Routledge,2005,151—86.

·第六章:《DISP 规划评论》152,11(2003):15—25。

·第七章:理查森·迪尔沃斯主编,《美国政治发展中的城市》。New York: Routledge,2009,121—40.

·第余章:罗杰·基尔与丽安·马洪主编,《尺度的新政治经济学》。Vancouver: University of British Columbia Press,2009,27—49.

·第九章与第十章:部分摘自《公共文化》25,1(2013):85—114。

参考文献

Abu-Lughod, Janet. *The City Is Dead—Long Live the City*. Berkeley: Center for Planning and Development Research, University of California, 1969.

Acuto, Michele, Susan Parnell, and Karen C. Seto. "Building a Global Urban Science." *Nature Sustainability* 1, no. 2–4 (2018).

Adams, Ross Exo. "The Burden of the Present: On the Concept of Urbanisation." *Society and Space*. February 11, 2014. http://societyandspace.org/2014/02/11/the-burden-of-the-present-on-the-concept-of-urbanisation-ross-exo-adams.

Adams, Ross Exo. "Natural Urbans, Natural Urbanata: Ecological Urbanism, Circulation and the Immunization of Nature." *Environment and Planning D: Society and Space* 32 (2014): 12–29.

Adorno, Theodor. "Resignation." In *Critical Models: Interventions and Catchwords*, translated by Henry W. Pickford, 289–93. New York: Columbia University Press, 2005.

Aglietta, Michel. *A Theory of Capitalist Regulation*. New York: Verso, 1979.

Agnew, John. "Representing Space: Space, Scale and Culture in Social Science." In *Place/Culture/ Representation*, edited by James Duncan and David Ley, 251–71. London: Routledge, 1993.

Agnew, John. "The Territorial Trap: The Geographical Assumptions of International Relations Theory." *Review of International Political Economy* 1, no. 1 (1994): 53–80.

Agnew, John, and Stuart Corbridge. *Mastering Space: Hegemony, Territory, and International Political Economy*. New York: Routledge, 1995.

Aigner, Birgit, and Miosga Manfred. *Stadtregionale Kooperationsstrategien*. Münchener Geographische Heft Nr. 71. Regensburg: Verlag Michael Laßleben, 1994.

Ajl, Max. "The Hypertrophic City versus the Planet of Fields." In Brenner, *Implosions/ Explosions*, 533–50.

Akram-Lodhi, A. Haroon, and Cristóbal Kay, eds. *Peasants and Globalization*. New York: Routledge, 2009.

Albrechts, Louis, ed. *Regional Policy at the Crossroads: European Perspectives*. London: Jessica Kingsley, 1989.

Allen, John. "Powerful City Networks: More Than Connections, Less Than Domination and Control." *Urban Studies* 47 (2010): 2895–911.

Allen, John, Allan Cochrane, and Doreen Massey. *Rethinking the Region*. London: Routledge, 1998.
Altvater, Elmar. "Fordist and Post-Fordist International Division of Labor and Monetary Regimes." In Storper and Scott, *Pathways to Industrialization and Regional Development*, 21–45.
Amin, Ash. "An Institutionalist Perspective on Regional Economic Development." *International Journal of Urban and Regional Research* 23, no. 3 (1999): 365–78.
Amin, Ash, ed. *Post-Fordism: A Reader*. Cambridge, MA: Blackwell, 1994.
Amin, Ash. "Regions Unbound: Toward a New Politics of Place." *Geografiska Annaler* 86 (2003): 33–44.
Amin, Ash. "Spatialities of Globalization." *Environment and Planning A* 34 (2002): 385–99.
Amin, Ash, and Nigel Thrift. *Cities: Reimagining the Urban*. London: Polity, 2002.
Amin, Ash, and Nigel Thrift. "Neo-Marshallian Nodes in Global Networks." *International Journal of Urban and Regional Research* 16, no. 4 (1992): 571–87.
Amin, Ash, and Nigel Thrift. *Seeing Like a City*. Cambridge: Polity, 2016.
Amin, Ash, and Nigel Thrift. "Territoriality in the Global Political Economy." *Nordisk Samheallgeografsk Tidskrift* 20 (1995): 1–36.
Amin, Samir. *Capitalism in the Age of Globalization*. London: Zed, 1997.
Anand, Shriya, and Neha Sami. "Scaling Up, Scaling Down: State Rescaling along the Delhi-Mumbai Industrial Corridor." *Economic & Political Weekly*, April 23 2016, 50–58.
Anderson, Benedict. *Imagined Communities: Reflections on the Origin and Spread of Nationalism*. London: Verso, 1983.
Anderson, James. "The Shifting Stage of Politics: New Medieval and Post-Modern Territorialities?" *Environment and Planning D: Society and Space* 14 (1996): 133–53.
Angel, Shlomo. *Making Room for a Planet of Cities (Policy Focus Report)*. Cambridge, MA: Lincoln Institute of Land Policy, 2011.
Angel, Shlomo. *Planet of Cities*. Cambridge, MA: Lincoln Institute of Land Policy, 2012.
Angel, Shlomo, Jason Parent, Daniel Civco, and Alejandro M. Blei. *Atlas of Urban Expansion*. Cambridge, MA: Lincoln Institute of Land Policy, 2012.
Angelo, Hillary. "From the City Lens toward Urbanisation as a Way of Seeing: Country/City Binaries on an Urbanising Planet." *Urban Studies* 54, no. 1 (2016): 158–78.
Angelo, Hillary, and David Wachsmuth. "Urbanizing Urban Political Ecology: A Critique of Methodological Cityism." *International Journal of Urban and Regional Research* 39, no. 1 (2015): 16–27.
Ansell, Chris. "The Networked Polity: Regional Development in Western Europe." *Governance* 13, no. 3 (2000): 303–33.
Appadurai, Arjun. *Modernity at Large: Cultural Dimensions of Globalization*. Minneapolis: University of Minnesota Press, 1996.
Appelbaum, Richard, and William L. Robinson, eds. *Critical Globalization Studies*. New York: Routledge, 2005.
Araghi, Farshad. "Global Depeasantization, 1945–1990." *Sociological Quarterly* 36, no. 2 (1995): 337–68.
Araghi, Farshad. "The Great Global Enclosure of Our Times: Peasants and the Agrarian Question at the End of the Twentieth Century." In Buttel, Magdoff, and Foster, *Hungry for Profit: The Agri-Business Threat to Farmers*, 145–60.

Araghi, Farshad. "The Invisible Hand and the Visible Foot: Peasants, Dispossession and Globalization." In Akram-Lodhi and Kay, *Peasants and Globalization*, 111–47.

Arboleda, Martín. "Financialization, Totality and Planetary Urbanization in the Chilean Andes." *Geoforum* 67 (2015): 4–13.

Arboleda, Martín. "In the Nature of the Non-City: Expanded Infrastructural Networks and the Political Ecology of Planetary Urbanisation." *Antipode* 48, no. 2 (2016): 233–51.

Arboleda, Martín. *Planetary Mine: Territories of Extraction in the Fourth Machine Age*. New York: Verso, 2019.

Arboleda, Martín. "Revitalizing Science and Technology Studies: A Marxian Critique of More-Than-Human Geographies." *Environment and Planning D: Society and Space* 35, no. 2 (2017): 360–78.

Arboleda, Martín. "Spaces of Extraction, Metropolitan Explosions: Planetary Urbanization and the Commodity Boom in Latin America." *International Journal of Urban and Regional Research* 40, no. 1 (2016): 96–112.

Arrighi, Giovanni. *Adam Smith in Beijing: Lineages of the 21st Century*. London: Verso, 2007.

Arrighi, Giovanni. *The Long Twentieth Century*. London: Verso, 1994.

Arthur, W. Brian. *Increasing Returns and Path Dependence in the Economy*. Ann Arbor: University of Michigan Press, 1994.

Ascher, François. *Métapolis ou l'avenir des villes*. Paris: Editions Odile Jacob, 1995.

Aureli, Pier Vittorio. *The Possibility of an Absolute Architecture*. Cambridge, MA: MIT Press, 2011.

Aydalot, Philippe. *Dynamique spatiale et développement inégal*. Paris: Economica, 1976.

Balducci, Alessandro, Valeria Fedeli, and Franceso Curci, eds. *Post-Metropolitan Territories: Looking for a New Urbanity*. London: Routledge, 2017.

Balibar, Etienne. "The Nation Form: History and Ideology." In *Race, Nation, Class: Ambiguous Identities* by Etienne Balibar and Immanuel Wallerstein, 86–106. London: Verso, 1991.

Barlow, Max. "Administrative Systems and Metropolitan Regions." *Environment and Planning C: Government and Policy* 15 (1997): 399–411.

Barlow, Max. *Metropolitan Government*. New York: Routledge, 1991.

Barnes, Trevor, and Eric Sheppard, "'Nothing Includes Everything': Towards Engaged Pluralism in Anglophone Economic Geography." *Progress in Human Geography* 34, no. 2 (2010): 193–214.

Barnett, Clive, and Susan Parnell. "Ideals, Implementation and Indicators: Epistemologies of the Post-2015 Urban Agenda." *Environment and Urbanization* 28, no. 1 (2016): 87–98.

Barron, Patrick, and Manuela Mariani, eds. *Terrain Vague: Interstices and the Edge of the Pale*. New York: Routledge, 2013.

Bassens, David, and Michiel van Meeteren. "World Cities and the Uneven Geographies of Financialization: Unveiling Stratification and Hierarchy in the World City Archipelago." *International Journal of Urban and Regional Research* 40, no. 1 (2016): 62–81.

Bassens, David, and Michiel van Meeteren. "World Cities under Conditions of Financialized Globalization: Towards an Augmented World City Hypothesis." *Progress in Human Geography* 39, no. 6 (2015): 752–75.

Batty, Michael. *A New Science of Cities*. Cambridge, MA: MIT Press, 2012.
Beauregard, Robert. "What Theorists Do." *Urban Geography* 33, no. 4 (2012): 477–87.
Bender, Thomas. "Reassembling the City: Networks and Urban Imaginaries." In Farías and Bender, *Urban Assemblages*, 303–23.
Benko, Georges, and Michael Dunford, eds. *Industrial Change and Regional Development: The Transformation of New Industrial Spaces*. London: Belhaven, 1992.
Berger, Alan. *Drosscape: Wasting Land in Urban America*. New York: Princeton Architectural Press, 2006.
Berndt, Christian. "The Rescaling of Labour Regulation in Germany: From National and Regional Corporatism to Intrafirm Welfare?" *Environment and Planning A* 32, no. 9 (2000): 1569–92.
Berry, Brian J. "City Size Distributions and Economic Development." *Economic Development and Cultural Change* 9 (1961): 573–87.
Berry, Brian, and Frank E. Horton, eds. *Geographic Perspectives on Urban Systems*. Englewood Cliffs, NJ: Prentice Hall, 1970.
Bettencourt, Luis, José Lobo, Dirk Helbing, Christian Kühnert, and Geoffrey West. "Growth, Innovation, Scaling and the Pace of Life in Cities." *Proceedings of the National Academy of Sciences* 104, no. 17 (2007): 7301–6.
Bettencourt, Luis, and Geoffrey West. "A Unified Theory of Urban Living." *Nature* 467 (2010): 912–13.
Bird, Jon, Barry Curtis, Tim Putnam, George Robertson, and Lisa Tickner, eds. *Mapping the Futures: Local Cultures, Global Change*. New York: Routledge, 1993.
Bond, Patrick, and Anna Garcia, eds. *BRICS: An Anti-Capitalist Critique*. London: Pluto, 2015.
Borras Jr., Saturnino M., Ruth Hall, Ian Scoones, Ben White, and Wendy Wolford. "Towards a Better Understanding of Global Land Grabbing." *Journal of Peasant Studies* 38, no. 2 (2011): 209–16.
Boudreau, Julie Ann, Pierre Hamel, Bernard Jouve, and Roger Keil. "New State Spaces in Canada: Metropolitanization in Montreal and Toronto Compared." *Urban Geography* 28, no. 1 (2007): 30–53.
Bourdieu, Pierre. *Acts of Resistance: Against the Tyranny of the Market*. New York: New Press, 1998.
Bourdieu, Pierre. *Outline of a Theory of Practice*. Cambridge: Cambridge University Press, 1977.
Bourdieu, Pierre. "Rethinking the State: Genesis and Structure of the Bureaucratic Field." *Sociological Theory* 12, no. 1 (1994): 1–18.
Boyd, William, W. Scott Prudham, and Rachel Shurman. "Industrial Dynamics and the Problem of Nature." *Society and Natural Resources* 14, no. 7 (2001): 555–70.
Boyer, Robert, and J. Rogers Hollingsworth. "From National Embeddedness to Spatial and Institutional Nestedness." In *Contemporary Capitalism: The Embeddedness of Institutions*, edited by J. Rogers Hollingsworth and Robert Boyer, 433–84. New York: Cambridge University Press, 1997.
Braudel, Fernand. *The Perspective of the World*. Translated by Siân Reynolds. Berkeley: University of California Press, 1984.
Brennan, Timothy. "On the Image of the Country and the City." *Antipode* 49, no. 1 (2017): 34–51.

Brenner, Neil. "Beyond State-Centrism: Space, Territoriality and Geographical Scale in Globalization Studies." *Theory & Society* 28 (1999): 39–78.

Brenner, Neil. "Building 'Euro-regions': Locational Politics and the Political Geography of Neoliberalism in Post-Unification Germany." *European Urban and Regional Studies* 7, no. 4 (2000): 319–45.

Brenner, Neil. "Critical Urban Theory, Reloaded?" In Brenner, *Critique of Urbanization*, 268–89.

Brenner, Neil. *Critique of Urbanization: Selected Essays*. Basel: Bauwelt Fundamente/Birkhäuser Verlag, 2016.

Brenner, Neil. "Debating Planetary Urbanization: Towards an Engaged Pluralism." *Environment and Planning D: Society and Space* 36, no. 3 (2018): 570–90.

Brenner, Neil. "Decoding the Newest 'Metropolitan Regionalism' in the USA: A Critical Overview." *Cities* 19, no. 1 (2002): 3–21.

Brenner, Neil. "Extended Urbanization and the Hinterland Question: Towards the Real Subsumption of the Planet?" Working Paper, Urban Theory Lab, Graduate School of Design, Harvard University, June 2018.

Brenner, Neil. "Global, Fragmented, Hierarchical: Henri Lefebvre's Geographies of Globalization." *Public Culture* 10, no. 1 (1997): 135–67.

Brenner, Neil. "The Hinterland, Urbanized?" In Brenner, *Critique of Urbanization*, 212–33.

Brenner, Neil, ed. *Implosions/Explosions: Towards a Study of Planetary Urbanization*. Berlin: Jovis, 2014.

Brenner, Neil. "Introduction: Urban Theory without an Outside." In Brenner, *Implosions/Explosions: Towards a Study of Planetary Urbanization*, 14–35.

Brenner, Neil. "The Limits to Scale? Methodological Reflections on Scalar Structuration." *Progress in Human Geography* 15, no. 4 (2001): 525–48.

Brenner, Neil. *New State Spaces: Urban Governance and the Rescaling of Statehood*. New York: Oxford University Press, 2004.

Brenner, Neil. "The *Problematique* of Critique." In Brenner, *Critique of Urbanization*, 16–24.

Brenner, Neil. "State Territorial Restructuring and the Production of Spatial Scale: Urban and Regional Planning in the Federal Republic of Germany, 1960–1990." *Political Geography* 16, no. 4 (1997): 273–306.

Brenner, Neil. "Urban Revolution?" In Brenner, *Critique of Urbanization*, 192–211.

Brenner, Neil. "What Is Critical Urban Theory?" In Brenner, *Critique of Urbanization*, 25–41.

Brenner, Neil, and Stuart Elden. "Henri Lefebvre on State, Space, Territory." *International Political Sociology* 3, no. 4 (2009): 353–77.

Brenner, Neil, and Stuart Elden. "Introduction: State, Space, World. Lefebvre and the Survival of Capitalism." In *State, Space, World: Selected Essays*, edited by Neil Brenner and Stuart Elden, 1–50. Minneapolis: University of Minnesota Press, 2009.

Brenner, Neil, Bob Jessop, Martin Jones, and Gordon MacLeod, eds. *State/Space: A Reader*. Cambridge, MA: Blackwell, 2003.

Brenner, Neil, and Nikos Katsikis. "Is the Mediterranean Urban?" In Brenner, *Implosions/Explosions*, 428–59.

Brenner, Neil, and Nikos Katsikis. *Is the World Urban? Towards a Critique of Geospatial Ideology*. Barcelona: Actar, 2019.

Brenner, Neil, and Roger Keil. "From Global Cities to Globalized Urbanization." In Brenner, *Critique of Urbanization*, 69–84.

Brenner, Neil, and Roger Keil, eds. *The Global Cities Reader*. New York: Routledge, 2006.

Brenner, Neil, David J. Madden, and David Wachsmuth. "Assemblage Urbanism and the Challenges of Critical Urban Theory." *CITY* 15, no. 2 (2011): 225–40.

Brenner, Neil, Margit Mayer, and Peter Marcuse, eds. *Cities for People, Not for Profit*. New York: Routledge, 2011.

Brenner, Neil, Jamie Peck, and Nik Theodore. "After Neoliberalization?" *Globalizations* 7, no. 3 (2010): 313–30.

Brenner, Neil, Jamie Peck, and Nik Theodore. "Variegated Neoliberalization: Geographies, Modalities, Pathways." *Global Networks* 10, no. 2 (2010): 182–222.

Brenner, Neil, and Christian Schmid. "Combat, Caricature and Critique in the Study of Planetary Urbanization." Urban Theory Lab, Harvard Graduate School of Design, April 2015. http://urbantheorylab.net/uploads/Brenner_Schmid_Richard%20Walker_2015.pdf.

Brenner, Neil, and Christian Schmid. "Planetary Urbanization." In *Urban Constellations*, edited by Matthew Gandy, 10–13. Berlin: Jovis, 2012.

Brenner, Neil, and Christian Schmid. "Towards a New Epistemology of the Urban?" *CITY* 19, no. 2–3 (2015): 151–82.

Brenner, Neil, and Christian Schmid. "The 'Urban Age' in Question." *International Journal of Urban and Regional Research* 38, no. 3 (2013): 731–55.

Brenner, Neil, and Nik Theodore. "Cities and the Geographies of 'Actually Existing Neoliberalism.'" In Brenner and Theodore, *Spaces of Neoliberalism*, 2–32.

Brenner, Neil, and Nik Theodore, eds. *Spaces of Neoliberalism: Urban Restructuring in North America and Western Europe*. Oxford: Blackwell, 2002.

Brenner, Neil, and David Wachsmuth. "Territorial Competitiveness: Lineages, Practices, Ideologies." In *Planning Ideas That Matter*, edited by Bishwapriya Sanyal, Lawrence Vale, and Christina Rosen, 179–206. Cambridge, MA: MIT Press, 2012.

Brewer, Anthony. *Marxist Theories of Imperialism*. 2nd ed. London: Routledge, 1990.

Bridge, Gavin. "Resource Triumphalism: Postindustrial Narratives of Primary Commodity Production." *Environment and Planning A* 33 (2001): 2149–73.

Brubaker, Rogers, and Frederick Cooper. "Beyond Identity." *Theory & Society* 29 (2000): 1–47.

Brugmann, Jeb. *Welcome to the Urban Revolution*. New York: Bloomsbury, 2010.

Brunet, Roger. *Les villes 'europeenes.'* Paris: DATAR, 1989.

Buckley, Michelle, and Kendra Strauss. "With, against and beyond Lefebvre: Planetary Urbanization and Epistemic Plurality." *Environment and Planning D: Society and Space* 34, no. 4 (2016): 617–36.

Bulkeley, Harriet. "Reconfiguring Environmental Governance: Towards a Politics of Scales and Networks." *Political Geography* 24 (2005): 875–902.

Bullmann, Udo, ed. *Die Politik der dritten Ebene. Regionen im Europa der Union*. Baden-Baden: Nomos, 1994.

Bullmann, Udo. *Kommunale Strategien gegen Massenarbeitslosigkeit. Ein Einstieg in die sozialökologische Erneuerung*. Opladen: Leske and Budrich, 1991.

Bunker, Stephen, and Paul Ciccantell. "Matter, Space, Time and Technology: How Local Process Drives Global Systems." *Nature, Raw Materials and Political Economy: Research in Rural Sociology and Development* 10 (2005): 23–44.

Bunnell, Tim, and Anant Maringanti. "Practicing Urban Research beyond Metrocentricity." *International Journal of Urban and Regional Research* 34, no. 2 (2011): 415–20.

Burdett, Ricky, and Deyan Sudjic, eds. *The Endless City: The Urban Age Project by the London School of Economics and Deutsche Bank's Alfred Herrhausen Society*. London: Phaidon, 2006.

Burdett, Ricky, and Deyan Sudjic, eds. *Living in the Endless City*. London: Phaidon, 2010.

Butler, Chris. "Abstraction Beyond a 'Law of Thought': On Space, Appropriation and Concrete Abstraction." *Law Critique* 27, no. 3 (2016): 247–68.

Buttel, Frederick, Fred Magdoff, and John Bellamy Foster, eds. *Hungry for Profit: The Agri-Business Threat to Famers, Food and the Environment*. New York: Monthly Review Press, 2000.

Cairns, Stephen. "Debilitating City-Centricity: Urbanization and Urban-Rural Hybridity in Southeast Asia." In *Routledge Handbook on Urbanisation in Southeast Asia*, edited by Rita Padawangi. London: Routledge, 2019): 115–130.

Castells, Manuel. *Networks of Outrage and Hope: Social Movements in the Internet Age*. 2nd ed. Cambridge: Polity, 2015.

Castells, Manuel. *End of Millennium*. Cambridge, MA: Blackwell, 1998.

Castells, Manuel. *The Informational City*. Cambridge, MA: Blackwell, 1989.

Castells, Manuel. "Is There an Urban Sociology?" In *Urban Sociology: Critical Essays*, edited by C. G. Pickvance, 33–59. New York: St. Martin's Press, 1976.

Castells, Manuel. *The Power of Identity*. Cambridge, MA: Blackwell, 1997.

Castells, Manuel. *The Rise of the Network Society*. Cambridge, MA: Blackwell, 1996.

Castells, Manuel. *The Urban Question: A Marxist Approach*. Cambridge, MA: MIT Press, 1977 [1972].

Castells, Manuel. "Urban Sociology in the Twenty-First Century." In *The Castells Reader on Cities and Social Theory*, edited by Ida Susser, 390–406. Cambridge, MA: Blackwell, 2002.

Castree, Noel. "The Anthropocene and the Environmental Humanities: Extending the Conversation." *Environmental Humanities* 5 (2014): 233–60.

Castree, Noel. "Geographic Scale and Grass-Roots Internationalism: The Liverpool Dock Dispute, 1995–1998." *Economic Geography* 76, no. 3 (2000): 272–92.

Castree, Noel, and Derek Gregory, eds. *David Harvey: A Critical Reader*. Malden, MA: Blackwell, 2006.

Castriota, Rodrigo, and João Tonucci Filho. "Extended Urbanization in and from Brazil." *Environment and Planning D: Society and Space* 36, no. 3 (2018): 512–28.

Cerny, Philip. "Globalization and the Changing Logic of Collective Action." *International Organization* 49, no. 4 (1995): 595–625.

Chakrabarty, Dipesh. "The Climate of History: Four Theses." *Critical Inquiry* 35, no. 2 (2009): 197–222.

Champion, Tony, and Graeme Hugo, eds. *New Forms of Urbanization*. London: Ashgate, 2007.

Charnock, Greig, and Guido Starosta, eds. *The New International Division of Labor: Global Transformation and Uneven Development*. New York: Palgrave Macmillan, 2016.

Chen, Xiangming. "Globalisation Redux: Can China's Inside-Out Strategy Catalyse Economic Development and Integration across Its Asian Borderlands and Beyond?" *Cambridge Journal of Regions, Economy and Society* 11 (2018): 35–58.

Cheshire, Paul, and Ian Gordon. "Territorial Competition and the Predictability of Collective (In)action." *International Journal of Urban and Regional Research* 20, no. 3 (1996): 383–99.

Chinitz, Benjamin. "Contrasts in Agglomeration: New York and Pittsburgh." *American Economic Review* 51, no. 2 (1961): 279–89.

Choay, Françoise. "Le régne de l'urbain et la mort de la ville." In *La ville, art et architecture en Europe, 1870–1993*, edited by Jean Dethier and Alain Guiheu, 26–38. Paris: Editions du Centre Georges Pompidou, 1994.

Christaller, Walter. *Central Places in Southern Germany*. Translated by Carlisle W. Baskin. Englewood Cliffs, NJ: Prentice Hall, 1966 [1933].

Ciccantell, Paul, and David A. Smith. "Rethinking Global Commodity Chains: Integrating Extraction, Transport, and Manufacturing." *International Journal of Comparative Sociology* 50, no. 3–4 (2009): 361–84.

Clarke, Susan, and Gary Gaile. *The Work of Cities*. Minneapolis: University of Minnesota Press, 1998.

Clout, Hugh D., ed. *Regional Development in Western Europe*. 2nd ed. New York: John Wiley & Sons, 1981.

Coe, Neil, and Henry Yeung. *Global Production Networks: Theorizing Economic Development in an Interconnected World*. New York: Oxford University Press, 2015.

Cohen, R. B. "The New International Division of Labor, Multinational Corporations, and Urban Hierarchy." In *Urbanization and Urban Planning in Capitalist Society*, edited by Michael Dear and Allen J. Scott, 287–315. London: Methuen, 1981.

Collinge, Chris. "Flat Ontology and the Deconstruction of Scale." *Transactions of the Institute of British Geographers* 31 (2006): 244–51.

Collinge, Chris. "Self-Organization of Society by Scale: A Spatial Reworking of Regulation Theory." *Environment and Planning D: Society and Space* 17 (1999): 557–74.

Collinge, Chris. "Spatial Articulation of the State: Reworking Social Relations and Social Regulation Theory." Unpublished manuscript, Centre for Urban and Regional Studies, Birmingham, 1996.

Connolly, William E. "Democracy and Territoriality." *Millennium* 20, no. 3 (1991): 463–84.

Cooke, Philip, and Kevin Morgan. *The Associational Economy*. New York: Oxford University Press, 1998.

Correa, Felipe. "A Projective Space for the South American Hinterland: Resource-Extraction Urbanism." *Harvard Design Magazine* 34 (2011): 174–85.

Cox, Kevin. "The Difference That Scale Makes." *Political Geography* 15 (1996): 667–70.

Cox, Kevin. *Political Geography: Territory, State, Society*. Cambridge, MA: Blackwell, 2002.

Cox, Kevin. "'Rescaling the State' in Question." *Cambridge Journal of Regions, Economy and Society* 2, no. 1 (2009): 107–21.

Cox, Kevin, ed. *Spaces of Globalization*. New York: Guilford Press, 1997.

Cox, Kevin. "Territorial Structures of the State: Some Conceptual Issues." *Tijdschrift voor Economische en Sociale Geografie* 81 (1990): 251–66.

Cox, Kevin, and Andrew Mair. "Levels of Abstraction in Locality Studies." *Antipode* 21 (1989): 121–32.
Cox, Kevin, and Andrew Mair. "Locality and Community in the Politics of Local Economic Development." *Annals of the Association of American Geographers* 78, no. 2 (1988): 307–25.
Cronon, William. *Nature's Metropolis: Chicago and the Great West.* New York: W. W. Norton, 1991.
Crouch, Colin, and Patrick Le Galès. "Cities as National Champions?" *Journal of European Public Policy* 19, no. 3 (2012): 405–19.
Cunningham, David. "The Concept of Metropolis: Philosophy and Urban Form." *Radical Philosophy* 133 (September/October 2005): 13–25.
Daniels, Peter, Andrew Leyshon, Michael Bradshaw, and Jonathan Beaverstock, eds. *Geographies of the New Economy: Critical Reflections.* London: Routledge, 2009.
Davidson, Mark, and Kurt Iveson. "Beyond City Limits: A Conceptual and Political Defense of 'the City' as an Anchoring Concept for Critical Urban Theory." *CITY* 19, no. 5 (2015): 646–64.
Davies, Howard. "Will London Survive as a Financial Centre after Brexit?" *The Guardian*, April 26, 2017.
Davis, Kingsley. "The Origins and Growth of Urbanization in the World." *American Journal of Sociology* 60, no. 5 (1955): 429–37.
Davis, Kingsley. *World Urbanization: 1950–1970*, vol. 1: *Basic Data for Cities, Countries, and Regions.* Population Monograph Series No. 4. Berkeley: Institute of International Studies, University of California, 1969.
Davis, Kingsley. *World Urbanization: 1950–1970*, vol. 2: *Analysis of Trends, Relationships and Development.* Population Monograph Series No. 9. Berkeley: Institute of International Studies, University of California, 1972.
Davis, Mike. *City of Quartz.* New York: Vintage, 1991.
Davis, Mike. *Planet of Slums.* London: Verso, 2006.
De Angelis, Massimo. *The Beginning of History: Value Struggles and Global Capital.* London: Pluto, 2007.
De Angelis, Massimo. *Omnia Sunt Communia: On the Commons and the Transformation to Postcapitalism.* London: Zed, 2017.
Delaney, David, and Helga Leitner. "The Political Construction of Scale." *Political Geography* 16 (1997): 93–97.
Dempey, Jessica, and Morgan Robertson. "Ecosystem Services: Tensions, Impurities and Points of Engagement within Neoliberalism." *Progress in Human Geography* 36, no. 6 (2012): 758–79.
Deuskar, Chadan. "What Does Urban Mean?" World Bank Sustainable Cities (blog). June 2, 2015. http://blogs.worldbank.org/sustainablecities/what-does-urban-mean.
Dicken, Peter, Philip Kelly, Kris Olds, and Henry Yeung. "Chains and Networks, Territories and Scales: Towards a Relational Framework for Analysing the Global Economy." *Global Networks* 1, no. 2 (2001): 89–112.
Dickinson, Robert. *City and Region: A Geographical Interpretation.* London: Routledge and Kegan Paul, 1964.
Dieleman, Frans, and Sako Musterd, eds. *The Randstad: A Research and Policy Laboratory.* Dordrecht: Kluwer, 1992.

Diener, Roger, Jacques Herzog, Marcel Meili, Pierre de Meuron, and Christian Schmid. *Switzerland: An Urban Portrait*. 4 vols. Zurich: Birkhaüser, 2001.

Dijkink, Gertjan. "Metropolitan Government as Political Pet? Realism and Tradition in Administrative Reform in the Netherlands." *Political Geography* 14, no. 4 (1995): 329–41.

Dorignon, Louise. "And the Urban Exploded." *Society and Space*. http://societyandspace.com/material/commentaries/dorignon/.

Dorling, Danny. "Brexit: The Decision of a Divided Country." *British Medical Journal*, July 6, 2016.

Doxiadis, Constantinos, and J. G. Papaioannou. *Ecumenopolis: The Inevitable City of the Future*. New York: W. W. Norton, 1974.

Draper, Hal. *The Adventures of the Communist Manifesto*. Alameda, CA: Center for Socialist History, 2004.

Dreier, Peter, John Mollenkopf, and Todd Swanstrom. *Place Matters: Metropolitics for the 21st Century*. 2nd ed. Lawrence: University Press of Kansas, 2004.

Duncan, Simon, and Mark Goodwin. *The Local State and Uneven Development*. London: Polity, 1988.

Dunford, Michael, and Diane Perrons. "Regional Inequality, Regimes of Accumulation and Economic Development in Contemporary Europe." *Transactions of the Institute of British Geographers* 19 (1994): 163–82.

Dunford, Mick, and Grigoris Kafkalas, eds. *Cities and Regions in the New Europe: The Global-Local Interplay and Spatial Development Strategies*. London: Belhaven Press, 1992.

Dunford, Mick, and Grigoris Kafkalas. "The Global–Local Interplay, Corporate Geographies and Spatial Development Strategies in Europe." In Dunford and Kafkalas, *Cities and Regions in the New Europe*, 3–38.

Dunkley, Emma. "Six Cities in Search of London's Business after Brexit." *Financial Times*, June 8, 2017.

Easterling, Keller. *Extrastatecraft: The Power of Infrastructure Space*. London: Verso, 2016.

The Economist. "Financial Centres Survey." May 1998, 17.

Eisenschitz, Aram, and Jamie Gough. "The Contradictions of Neo-Keynesian Local Economic Strategy." *Review of International Political Economy* 3, no. 3 (1996): 434–58.

Eisenschitz, Aram, and Jamie Gough. *The Politics of Local Economic Development*. New York: Macmillan, 1993.

Eisinger, Peter. "City Politics in an Era of Devolution." *Urban Affairs Review* 33, no. 3 (1988): 308–25.

Eisinger, Peter. *The Rise of the Entrepreneurial State*. Madison: University of Wisconsin Press, 1988.

Elden, Stuart. *The Birth of Territory*. Chicago: University of Chicago Press, 2014.

Elden, Stuart. "Land, Terrain, Territory." *Progress in Human Geography* 34, no. 6 (2010): 799–817.

Elden, Stuart. "Missing the Point: Globalisation, Deterritorialisation and the Space of the World." *Transactions of the Institute of British Geographers* 30 (2005): 8–19.

Elden, Stuart. "The Space of the World." *New Geographies* 4 (2011): 26–31.

Elden, Stuart. *Understanding Henri Lefebvre: Theory and the Possible*. New York: Continuum, 2004.

Elkin, Stephen. *City and Regime in the American Republic.* Chicago: University of Chicago Press, 1987.

Escobar, Arturo. "The 'Ontological Turn' in Social Theory." *Transactions of the Institute of British Geographers* 32 (2007): 106–11.

Esser, Josef, and Joachim Hirsch. "The Crisis of Fordism and the Dimensions of a "Postfordist" Regional and Urban Structure." *International Journal of Urban and Regional Research* 13, no. 3 (1989): 417–37.

ETH Studio Basel, ed. *The Inevitable Specificity of Cities.* Zurich: Lars Müller Publishers, 2014.

ETH Studio Basel/Contemporary City Institute, ed. *Territory: On the Development of Landscape and City.* Zurich: Park Books, 2016.

Fainstein, Susan. "Resilience and Justice." *International Journal of Urban and Regional Research* 39, no. 1 (2015): 157–67.

Faludi, Andreas, and Arnold Van der Valk. *Rule and Order: Dutch Planning Doctrine in the Twentieth Century.* Dordrecht: Kluwer Academic Publishers, 1994.

Farías, Ignacio. "Introduction: Decentering the Object of Urban Studies." In Farías and Bender, *Urban Assemblages,* 1–24.

Farías, Ignacio, and Thomas Bender, eds. *Urban Assemblages: How Actor-Network Theory Changes Urban Research.* New York: Routledge, 2010.

Feagin, Joe, and Michael Peter Smith. "Cities and the New International Division of Labor: An Overview." In Smith and Feagin, *The Capitalist City,* 3–34.

Fishman, Robert. *Bourgeois Utopias: The Rise and Fall of Suburbia.* New York: Basic Books, 1987.

Florida, Richard. *Who's Your City?* New York: Basic, 2008.

Florida, Richard, Tim Gulden, and Charlotta Mellander. "The Rise of the Mega-Region." *Cambridge Journal of Regions, Economy and Society* 1 (2008): 459–76.

Flyvbjerg, Bent, ed. *The Oxford Handbook of Megaproject Management.* New York: Oxford University Press, 2017.

Fox-Przeworski, Joanne. "Changing Intergovernmental Relations and Urban Economic Development." *Environment and Planning C: Government and Policy* 4, no. 4 (1986): 423–39.

Friedmann, John. "Where We Stand: A Decade of World City Research." In Knox and Taylor, *World Cities in a World-System,* 21–26.

Friedmann, John. "The World City Hypothesis." *Development and Change* 17 (1986): 69–83.

Friedmann, John, and Robin Bloch. "American Exceptionalism in Regional Planning, 1933–2000." *International Journal of Urban and Regional Research* 14, no. 4 (1990): 576–601.

Friedmann, John, and John Miller. "The Urban Field." *Journal of the American Planning Association* 31, no. 4 (1965): 312–20.

Friedmann, John, and Clyde Weaver. *Territory and Function: The Evolution of Regional Planning.* Berkeley: University of California Press, 1979.

Friedmann, John, and Goetz Wolff. "World City Formation: An Agenda for Research and Action." *International Journal of Urban and Regional Research* 6 (1982): 309–44.

Fröbel, Folker, Jürgen Heinrichs, and Otto Kreye. *The New International Division of Labor: Structural Unemployment in Industrialized Countries and Industrialization in Developing Countries.* Translated by Pete Burgess. New York: Cambridge University Press, 1980.

Frug, Gerald. *City-Making: Building Cities without Building Walls*. Princeton, NJ: Princeton University Press, 2002.

Galison, Peter. "The Limits of Localism: The Scale of Sight." In *What Reason Promises: Essays on Reason, Nature and History*, edited by Wendy Doniger, Peter Galison, and Susan Neiman, 155–70. Berlin: De Gruyter, 2016.

Gamba, Paolo, and Martin Herold, eds. *Global Mapping of Human Settlement*. New York: Taylor & Francis, 2009.

Gandy, Matthew. *The Fabric of Space: Water, Modernity and the Urban Imagination*. Cambridge, MA: MIT Press, 2016.

Gans, Herbert. "Some Problems of and Futures for Urban Sociology: Toward a Sociology of Settlements." *City & Community* 8, no. 3 (2009): 211–19.

Garreau, Joel. *Edge City*. New York: Anchor, 1992.

Geddes, Patrick. "A World League of Cities." *Sociological Review* 26 (1924): 166–67.

Ghosh, Swarnabh. "Notes on Rurality or the Theoretical Usefulness of the Not-Urban." Avery Review 27 (November 2017). http://averyreview.com/issues/27/notes-on-rurality.

Giddens, Anthony. *The Constitution of Society: Outline of the Theory of Structuration*. Cambridge: Polity, 1984.

Giddens, Anthony. *A Contemporary Critique of Historical Materialism*. Berkeley: University of California Press, 1985.

Gieryn, Thomas. "City as Truth-Spot: Laboratories and Field-Sites in Urban Studies." *Social Studies of Science* 36, no. 1 (2006): 5–38.

Ginsburg, Norton, Bruce Koppel, and T. G. McGee, eds. *The Extended Metropolis: Settlement Transition in Asia*. Honolulu: University of Hawaii Press, 1991.

Glaeser, Edward. *Cities, Agglomeration and Spatial Equilibrium*. New York: Oxford University Press, 2008.

Glaeser, Edward. *Triumph of the City*. New York: Tantor, 2011.

Glassmann, Jim. "State Power beyond the 'Territorial Trap': The Internationalization of the State." *Political Geography* 18 (1999): 669–96.

Gleeson, Brendan. "The Urban Age: Paradox and Prospect." *Urban Studies* 49, no. 5 (2012): 931–43.

Gleeson, Brendan. *The Urban Condition*. London: Routledge, 2014.

Gleeson, Brendan. "What Role for Social Science in the 'Urban Age'?" *International Journal of Urban and Regional Research* 37, no. 5 (2013): 1839–51.

Go, Julian. *Postcolonial Thought and Social Theory*. New York: Oxford University Press, 2016.

Goldsmith, Michael. "Urban Governance." In *Handbook of Urban Studies*, edited by Ronan Paddison, 325–35. London: Sage, 2001.

Goodman, Robert. *The Last Entrepreneurs: America's Regional Wars for Jobs and Dollars*. New York: Simon and Schuster, 1979.

Goodwin, Mark, and Simon Duncan. *The Local State and Uneven Development: Behind the Local Government Crisis*. London: Polity Press, 1988.

Goodwin, Mark, and Joe Painter. "Local Governance, the Crises of Fordism and the Changing Geographies of Regulation." *Transactions of the Institute of British Geographers* 21 (1996): 635–48.

Goonewardena, Kanishka. "The Urban Sensorium: Space, Ideology, and the Aestheticization of Politics." *Antipode* 37, no. 1 (2005): 46–71.

Goonewardena, Kanishka, Stefan Kipfer, Richard Milgrom, and Christian Schmid, eds. *Space, Difference, Everyday Life: Reading Henri Lefebvre*. New York: Routledge, 2008.

Goswami, Manu. *Producing India: From Colonial Economy to National Space*. Chicago: University of Chicago Press, 2004.

Goswami, Manu. "Rethinking the Modular Nation Form: Toward a Sociohistorical Conception of Nationalism." *Comparative Studies in Society and History* 44, no. 4 (2002): 770–99.

Gottdiener, Mark. *The Social Production of Urban Space*. 2nd ed. Austin: University of Texas Press, 1985.

Gottdiener, Mark. "Space as a Force of Production." *International Journal of Urban and Regional Research* 11 (1987): 405–16.

Gottmann, Jean. *Megalopolis*. Cambridge, MA: MIT Press, 1961.

Gottmann, Jean. *Since Megalopolis: The Urban Writings of Jean Gottmann*. Baltimore: Johns Hopkins University Press, 1990.

Gough, Jamie. "Changing Scale as Changing Class Relations." *Political Geography* 23, no. 2 (2004): 185–211.

Gough, Jamie. "The Contradictions of Neo-Keynesian Local Economic Strategy." *Review of International Political Economy* 3, no. 3 (1996): 434–58.

Gough, Jamie, and Aram Eisenschitz. "The Construction of Mainstream Local Economic Initiatives: Mobility, Socialization and Class Relations." *Economic Geography* 72, no. 2 (1996): 178–95.

Graham, Stephen. "Cities in the Real-Time Age: The Paradigm Challenge of Telecommunications to the Conception and Planning of Urban Space." *Environment and Planning A* 29 (1997): 105–27.

Graham, Stephen, and Simon Marvin. *Splintering Urbanism*. New York: Routledge, 2001.

Greenfield, Adam. *Against the Smart City*. New York: Do projects, 2013.

Gregory, Derek, and John Urry, eds. *Social Relations and Spatial Structures*. New York: Palgrave, 1985.

Hahne, Ulf. *Regionalentwicklung durch Aktivierung intraregionaler Potentiale*. Schriften des Instituts für Regionalforschung der Universität Kiel, Band 8. Munich: Florenz, 1985.

Häkli, Jouni. "In the Territory of Knowledge: State-Centered Discourses and the Construction of Society." *Progress in Human Geography* 25, no. 3 (2001): 403–22.

Hall, Peter. *Cities of Tomorrow*. Cambridge, MA: Blackwell, 2002.

Hall, Peter. *The World Cities*. New York: McGraw-Hill, 1966.

Hall, Peter, and Kathryn Pain, eds. *The Polycentric Metropolis*. London: Earthscan, 2006.

Hall, Stuart. "Marx's Notes on Method: A 'Reading' of the '1857 Introduction.'" *Cultural Studies* 17, no. 2 (2003): 113–49.

Hall, Tim, and Phil Hubbard, eds. *The Entrepreneurial City: Geographies of Politics, Regime and Representation*. London: Wiley, 1998.

Hall, Tim, and Phil Hubbard. "The Entrepreneurial City: New Politics, New Urban Geographies." *Progress in Human Geography* 20, no. 2 (1996): 153–74.

Hancock, Tom. "China Encircles the World with One Belt, One Road Strategy." *Financial Times*, May 3, 2017.

Harding, Alan. "Elite Theory and Growth Machines." In Judge, Stoker, and Wolman, *Theories of Urban Politics*, 35–53.
Harding, Alan. "Review Article: North American Urban Political Economy, Urban Theory and British Research." *British Journal of Political Science* 29 (1999): 673–98.
Harding, Alan. "Urban Regimes and Growth Machines: Towards a Cross-National Research Agenda." *Urban Affairs Quarterly* 29, no. 3 (1994): 356–82.
Harding, Alan. "Urban Regimes in a Europe of the Cities?" *European Urban and Regional Studies* 4, no. 4 (1997): 291–314.
Hardt, Michael, and Antonio Negri. *Commonwealth*. Cambridge, MA: Harvard University Press, 2009.
Harrison, John, and Michael Hoyler, eds. *Megaregions: Globalization's New Urban Form?* Cheltenham: Edward Elgar, 2015.
Hart, Gillian. "Denaturalizing Dispossession: Critical Ethnography in the Age of Resurgent Imperialism." *Antipode* 38, no. 5 (2006): 977–1004.
Hart, Gillian. "Relational Comparison Revisited: Marxist Postcolonial Geographies in Practice." *Progress in Human Geography* 42, no. 3 (2018): 371–94.
Harvey, David. "Cities or Urbanization?" *CITY* 1, no. 1–2 (1996): 38–61.
Harvey, David. *The Condition of Postmodernity*. Cambridge, MA: Blackwell, 1989.
Harvey, David. "From Managerialism to Entrepreneurialism: The Transformation in Urban Governance in Late Capitalism." *Geografiska Annaler. Series B Human Geography* 71, no. 1 (1989): 3–17.
Harvey, David. *The Enigma of Capital: And the Crises of Capitalism*. New York: Oxford University Press, 2010.
Harvey, David. "The Geopolitics of Capitalism." In Gregory and Urry, *Social Relations and Spatial Structures*, 128–63.
Harvey, David. *Justice, Nature and the Geography of Difference*. Oxford: Basil Blackwell, 1996.
Harvey, David. *The Limits to Capital*. Chicago: University of Chicago Press, 1982.
Harvey, David. "Money, Time, Space and the City." In Harvey, *The Urban Experience*, 165–99.
Harvey, David. "Neoliberalism as Creative Destruction." *Annals of the American Academy of Political and Social Science* 610 (2007): 22–44.
Harvey, David. *The New Imperialism*. New York: Oxford University Press, 2003.
Harvey, David. *Rebel Cities: From the Right to the City to the Urban Revolution*. London: Verso, 2012.
Harvey, David. *The Seventeen Contradictions of Capitalism*. New York: Oxford University Press, 2014.
Harvey, David. "Space as a Keyword." In *Spaces of Global Capitalism*, 117–54.
Harvey, David. *Spaces of Capital: Towards a Critical Geography*. New York: Routledge, 2001.
Harvey, David. *Spaces of Global Capitalism*. London: Verso, 2006.
Harvey, David. *The Urban Experience*. Baltimore: Johns Hopkins University Press, 1989.
Harvey, David. "The Urbanization of Capital." In Harvey, *The Urban Experience*, 17–58.
Harvey, David. *The Urbanization of Capital: Studies in the History and Theory of Capitalist Urbanization*. Baltimore: Johns Hopkins University Press, 1985.

Hayashi, Mahito. "Times and Spaces of Homeless Regulation in Japan, 1950s–2000s." *International Journal of Urban and Regional Research* 37, no. 4 (2013): 1188–212.
Heeg, Susanne, Britte Klagge, and Jürgen Ossenbrügge. "Metropolitan Cooperation in Europe: Theoretical Issues and Perspectives for Urban Networking." *European Planning Studies* 11, no. 2 (2003): 139–53.
Hegel, G. W. F. "Preface." In *The Philosophy of Right*, translated by Alan White. Indianapolis: Focus-Hackett, 2002 [1820].
Heinz, Werner, ed. *Stadt & Region—Kooperation oder Koordination? Ein internationaler Vergleich*. Schriften des Deutschen Instituts für Urbanistik, Band 93. Stuggart: Verlag W. Kohlhammer, 2000.
Held, David. *Democracy and the Global Order: From the Modern State to Cosmopolitan Governance*. Cambridge: Polity, 1995.
Herod, Andrew. "Labor's Spatial Praxis and the Geography of Contract Bargaining in the US East Coast Longshore Industry, 1953–1989." *Political Geography* 16, no. 2 (1997): 145–69.
Herod, Andrew. "The Production of Scale in United States Labour Relations." *Area* 23 (1991): 82–88.
Herod, Andrew. *Scale*. New York: Routledge, 2011.
Herrschel, Tassilo, and Peter Newman. *Governance of Europe's City Regions*. London: Routledge, 2002.
Heynen, Nik, Maria Kaika, and Erik Swyngedouw, eds. *In the Nature of Cities: Urban Political Ecology and the Politics of Urban Metabolism*. New York: Routledge, 2006.
Heynen, Nik, James McCarthy, Scott Prudham, and Paul Robbins, eds. *Neoliberal Environments*. New York: Routledge, 2007.
Hillman, Jonathan. "How Big Is China's One Belt One Road?" Commentary, Center for Strategic and International Studies (CSIS). April 3, 2018. https://www.csis.org/analysis/how-big-chinas-belt-and-road.
Hirschman, Albert. *The Strategy of Economic Development*. New Haven, CT: Yale University Press, 1958.
Horkheimer, Max. "Traditional and Critical Theory." In *Critical Theory: Selected Essays*, translated by Matthew O'Connell, 188–243. New York: Continuum, 1982 [1937].
Howitt, Richard. "Scale as Relation: Musical Metaphors of Geographical Scale." *Area* 30, no. 1 (1998): 49–58.
Hudson, Ray. *Producing Places*. New York: Guilford, 2001.
Hudson, Ray. *Production, Places and Environment*. London: Routledge, 2014.
Hudson, Ray. "Rising Powers and the Drivers of Uneven Global Development." *Area Development and Policy* 1, no. 3 (2016): 279–94.
Hudson, Ray, Mick Dunford, Douglas Hamilton, and Richard Kotter, "Developing Regional Strategies for Economic Success: Lessons from Europe's Economically Successful Regions?" *European Urban and Regional Studies* 4, no. 4 (1997): 365–73.
Isin, Engin. "The City as the Site of the Social." In *Recasting the Social in Citizenship*, edited by Engin Isin, 261–80. Toronto: University of Toronto Press, 2008.
Isin, Engin. "Historical Sociology of the City." In *Handbook of Historical Sociology*, edited by Gerard Delanty and Engin Isin, 312–36. London: Sage, 2003.
Jackson, Kenneth. *Crabgrass Frontier: The Suburbanization of the United States*. New York: Oxford University Press, 1985.

Jacobs, Jane. *The Death and Life of Great American Cities.* New York: Modern Library, 1965.
Jameson, Frederic. "Cognitive Mapping." In *Marxism and the Interpretation of Culture,* edited by Cary Nelson and Lawrence Grossberg, 347–57. Chicago: University of Illinois Press, 1988.
Jameson, Fredric. *The Hegel Variations: On the Phenomenology of Spirit.* New York: Verso, 2014.
Jessop, Bob. "Conservative Regimes and the Transition to Post-Fordism: The Cases of Great Britain and West Germany." In *Capitalist Development and Crisis Theory,* edited by Mark Gottdiener and Nicos Komninos, 261–99. New York: St. Martin's Press, 1989.
Jessop, Bob. "The Crisis of the National Spatio-Temporal Fix and the Ecological Dominance of Globalizing Capitalism." *International Journal of Urban and Regional Research* 24, no. 2 (2000): 323–60.
Jessop, Bob. "Fordism and Post-Fordism: A Critical Reformulation." In Storper and Scott, *Pathways to Industrialization and Regional Development,* 46–69.
Jessop, Bob. *The Future of the Capitalist State.* London: Polity, 2002.
Jessop, Bob. "The Narrative of Enterprise and the Enterprise of Narrative: Place-Marketing and the Entrepreneurial City." In Hall and Hubbard, *The Entrepreneurial City,* 77–102.
Jessop, Bob. "Post-Fordism and the State." In Amin, *Post-Fordism: A Reader,* 251–79.
Jessop, Bob. *State Theory: Putting the Capitalist State in Its Place.* London: Polity, 1990.
Jessop, Bob, Neil Brenner, and Martin Jones. "Theorizing Socio-Spatial Relations." *Environment and Planning D: Society and Space* 26 (2008): 389–401.
Jessop, Bob, Kurt Nielson, and Ove Pedersen. "Structural Competitiveness and Strategic Capacities: Rethinking State and International Capital." In *Institutional Frameworks of Market Economies,* edited by Jerzy Hausner, Bob Jessop, and Kurt Nielsen, 23–44. Brookfield, VT: Avebury, 1993.
Jessop, Bob, Jamie Peck, and Adam Tickell. "Retooling the Machine: Economic Crisis, State Restructuring and Urban Politics." In Jonas and Wilson, *The Urban Growth Machine: Critical Perspectives Two Decades Later,* 141–61.
Johnson, Robert, and Rianne Mahon. "NAFTA, the Redesign, and Rescaling of Canada's Welfare State." *Studies in Political Economy* 76 (Autumn 2005): 7–30.
Jonas, Andrew E. G. "A Place for Politics in Urban Theory: The Organization and Strategies of Urban Coalitions." *Urban Geography* 13, no. 3 (1993): 280–90.
Jonas, Andrew E. G. "Pro Scale: Further Reflections on the 'Scale Debate' within Human Geography." *Transactions of the Institute of British Geographers* 31 (2006): 399–406.
Jonas, Andrew E. G. "The Scale Politics of Spatiality." *Environment and Planning D: Society and Space* 12 (1994): 257–64.
Jonas, Andrew E. G., and Kevin Ward. "Cities Regionalisms: Some Critical Reflections on Transatlantic Urban Policy Convergence." Working Paper Series, Economic Geography Research Group, 2001.
Jonas, Andrew E. G., and David Wilson, eds. *The Urban Growth Machine: Critical Perspectives Two Decades Later.* Albany: State University of New York Press, 1999.
Jouve, Bernard, and Christian Lefèvre. *Villes, métropoles: les nouveaux territoires du politique.* Paris: Anthropos, 1999.

Judd, Dennis, and Todd Swanstrom. *City Politics: Private Power and Public Policy.* New York: Longman, 1998.

Judge, David, Gerry Stoker, and Hal Wolman, eds. *Theories of Urban Politics.* London: Sage, 1995.

Kahn, Andrea. "Defining Urban Sites." In *Site Matters: Design Concepts, Histories, and Strategies,* edited by Carol Burns and Andrea Kahn, 281–96. New York: Routledge, 2005.

Kaika, Maria. "Don't Call Me Resilient Again! The New Urban Agenda as Immunology." *Environment and Urbanization* 29, no. 1 (2017): 89–102.

Kaika, Maria, and Erik Swyngedouw. "Fetishizing the Modern City: The Phantasmagoria of Urban Technological Networks." *International Journal of Urban and Regional Research* 24, no. 1 (2000): 120–38.

Kanai, J. Miguel. "The Pervasiveness of Neoliberal Territorial Design: Cross-Border Infrastructure Planning in South America since the Introduction of IIRSA." *Geoforum* 69 (2016): 160–70.

Kanai, J. Miguel, and Seth Schindler. "Peri-Urban Promises of Connectivity: Linking Project-Led Polycentrism to the Infrastructure Scramble." *Environment and Planning A: Economy and Space* (forthcoming). doi:10.1177/0308518X18763370.

Kantor, Paul. "The End of American Urban Policy—Or a Beginning." *Urban Affairs Review* 52, no. 6 (2016): 887–916.

Karaman, Ozan. "An Immanentist Approach to the Urban." *Antipode* 44, no. 4 (2011): 1287–306.

Katsikis, Nikos. "The Composite Fabric of Urbanization: Agglomeration Landscapes and Operational Landscapes; From Hinterland to Hinterglobe: Urbanization as Geographical Organization." Doctoral diss., Harvard University Graduate School of Design, 2016.

Katsikis, Nikos. "The 'Other' Horizontal Metropolis: Landscapes of Urban Interdependence." In *The Horizontal Metropolis between Urbanism and Urbanization,* edited by Paola Viganò, Chiara Cavalieri, and Martina Barcelloni Corte, 23–46. Berlin: Springer, 2018.

Katsikis, Nikos. "Two Approaches to World Urbanization: R. B. Fuller and C. A. Doxiadis." In Brenner, *Implosions/Explosions,* 480–504.

Katz, Bruce. "Enough of the Small Stuff: Toward a New Urban Agenda." *Brookings Review* 18, no. 3 (2000): 6–11.

Keating, Michael. "The Invention of Regions: Political Restructuring and Territorial Government in Western Europe." *Environment and Planning C: Government and Policy* 15 (1997): 383–98.

Keating, Michael. *The New Regionalism in Western Europe: Territorial Restructuring and Political Change.* Cheltenham: Edward Elgar, 1998.

Keating, Michael. "Size, Efficiency, and Democracy: Consolidation, Fragmentation and Public Choice." In Judge, Stoker, and Wolman, *Theories of Urban Politics,* 117–34.

Keil, Roger. "Governance Restructuring in Los Angeles and Toronto: Amalgamation or Secession?" *International Journal of Urban and Regional Research* 24, no. 4 (2000): 758–81.

Keil, Roger. *Suburban Planet: Making the World Urban from the Outside In.* London: Polity, 2017.

Keil, Roger, and Peter Lieser. "Frankfurt: Global City—Local Politics." In *After Modernism: Global Restructuring and the Changing Boundaries of City Life*, edited by Michael Peter Smith, 39–69. New Brunswick, NJ: Transaction Publishers, 1992.

Keil, Roger, and Rianne Mahon, eds. *Leviathan Undone? The New Political Economy of Scale*. Vancouver: University of British Columbia Press, 2010.

Kelly, Philip F. "Globalization, Power and the Politics of Scale in the Philippines." *Geoforum* 28 (1997): 151–71.

Kennedy, Loraine, and Ashima Sood. "Greenfield Development as Tabula Rasa: Rescaling, Speculation and Governance on India's Urban Frontier." *Economic & Political Weekly*, April 23, 2016, 41–49.

Khanna, Parag. *Connectography: Mapping the Future of Global Civilization*. New York: Random House, 2016.

King, Anthony D. *Global Cities: Post-Imperialism and the Internationalization of London*. New York: Routledge, 1990.

King, Anthony D. *Urbanism, Colonialism and the World Economy*. New York: Routledge, 1991.

Kipfer, Stefan. "Pushing the Limitations of Urban Research: Urbanization, Pipelines and Counter-Colonial Politics." *Environment and Planning D: Society and Space* 36, no. 3 (2018): 474–93.

Kipfer, Stefan. "Why the Urban Question Still Matters: Reflections on Rescaling and the Promise of the Urban." In Keil and Mahon, *Leviathan Undone?*, 67–86.

Klein, Noami. *This Changes Everything: Capitalism vs. the Climate*. New York: Simon & Schuster, 2015.

Knox, Paul L., and Peter J. Taylor, eds. *World Cities in a World-System*. New York: Cambridge University Press, 1995.

Krätke, Stefan. "A Regulationist Approach to Regional Studies." *Environment and Planning A* 31 (1999): 683–704.

Krätke, Stefan. *Stadt, Raum, Ökonomie*. Basel: Birkhäuser Verlag, 1995.

Krätke, Stefan. "Stadtsystem im internationalen Kontext und Vergleich." In *Kommunalpolitik*, edited by Roland Roth and Hellmut Wollmann, 176–93. Opladen: Leske Verlag, 1993.

Krätke, Stefan, and Renate Borst. *Berlin: Metropole im Wandel*. Berlin: Leske + Budrich, 1999.

Krätke, Stefan, Susanne Heeg, and Rolf Stein. *Regionen im Umbruch*. Frankfurt: Campus, 1997.

Krätke, Stefan, and Fritz Schmoll. "Der lokale Staat—'Ausführungsorgan' oder 'Gegenmacht'?" *Prokla* 68 (1987): 30–72.

Kroeber, Gavin. "Experience Economies: Event in the Cultural Economies of Capital." Master's thesis, Harvard University Graduate School of Design, 2012.

Kurgan, Laura. *Close Up at a Distance: Mapping, Technology, Politics*. Cambridge, MA: Zone Books, 2015.

Labban, Mazen. "Deterritorializing Extraction: Bioaccumulation and the Planetary Mine." *Annals of the Association of American Geographers* 104, no. 3 (2014): 560–76.

Läpple, Dieter. "Gesellschaftlicher Reproduktionsprozeß und Stadtstrukturen." In *Stadtkrise und soziale Bewegungen. Texte zur internationale Entwicklung*, edited by Margit Mayer, Roland Roth, and Volkhard Brandes, 23–54. Frankfurt: Europäische Verlagsanstalt, 1978.

Latour, Bruno, and Emilie Hermant. *Paris: Invisible City*. Translated by Liz Carey-Libbrecht. 2006 [1998]. http://www.bruno-latour.fr/virtual/EN/index.html.

Lauria, Mickey, ed. *Reconstructing Urban Regime Theory: Regulating Urban Politics in a Global Economy*. New York: Sage, 1997.

Le Galès, Patrick, and Christian Lequesne, eds. *Regions in Europe: The Politics of Power*. New York: Routledge, 1998.

Leborgne, Danièle, and Alain Lipietz. "Two Social Strategies in the Production of New Industrial Spaces." In Benko and Dunford, *Industrial Change and Regional Development*, 27–49.

Lee, Roger, and Jane Wills, eds. *Geographies of Economies*. London: Arnold, 1997.

Lefebvre, Henri. *De l'État*. 4 vols. Paris: Union Generale d'Editions, 1976–78.

Lefebvre, Henri. "Dissolving City, Planetary Metamorphosis." In Brenner, *Implosions/Explosions*, 566–70. Originally published as "Quand la ville se perd dans une métamorphose planétaire," *Le monde diplomatique*, May 1989.

Lefebvre, Henri. *La production de l'espace*. 4th ed. Paris: Anthropos, 2000 [1974].

Lefebvre, Henri. *The Production of Space*. Translated by Donald Nicholson. Cambridge: Blackwell, 1991 [1974].

Lefebvre, Henri. "Reflections on the Politics of Space." In *State, Space, World: Selected Essays*, edited by Neil Brenner and Stuart Elden, 167–84. Minneapolis: University of Minnesota Press, 2009 [1970].

Lefebvre, Henri. "The Right to the City." In *Writings on Cities*, edited and translated by Eleonore Kofman and Elizabeth Lebas, 63–184. Cambridge: Blackwell, 1996 [1968].

Lefebvre, Henri. "Space and Mode of Production." In *State, Space, World: Selected Essays*, edited by Neil Brenner and Stuart Elden, 210–22. Minneapolis: University of Minnesota Press, 2009 [1980].

Lefebvre, Henri. "Space and the State." In *State, Space, World: Selected Essays*, edited by Neil Brenner and Stuart Elden, 223–53. Minneapolis: University of Minnesota Press, 2009 [1978].

Lefebvre, Henri. *State, Space, World: Selected Essays*. Edited by Neil Brenner and Stuart Elden. Translated by Gerald Moore, Neil Brenner, and Stuart Elden. Minneapolis: University of Minnesota Press, 2009 [1964–86].

Lefebvre, Henri. *The Survival of Capitalism*. Translated by Frank Bryant. New York: St. Martin's Press, 1976 [1973].

Lefebvre, Henri. *The Urban Revolution*. Translated by Robert Bononno. Minneapolis: University of Minnesota Press, 2003 [1970].

Lefèvre, Christian. "Metropolitan Government and Governance in Western Countries: A Critical Overview." *International Journal of Urban and Regional Research* 22, no. 1 (1998): 9–25.

Leitner, Helga. "The Politics of Scale and Networks of Spatial Connectivity." In Sheppard and McMaster, *Scale and Geographic Inquiry*, 236–55.

Leitner, Helga. "Reconfiguring the Spatiality of Power." *Political Geography* 16 (1997): 123–43.

Leitner, Helga, and Byron Miller. "Scale and the Limitations of Ontological Debate: A Commentary on Marston, Jones and Woodward." *Transactions of the Institute of British Geographers* 32 (2007): 116–25.

Leitner, Helga, and Eric Sheppard. "'The City Is Dead, Long Live the Net': Harnessing European Interurban Networks for a Neoliberal Agenda." In Brenner and Theodore, *Spaces of Neoliberalism*, 148–71.

Leitner, Helga, and Eric Sheppard. "Economic Uncertainty, Inter-Urban Competition and the Efficacy of Entrepreneurialism." In Hall and Hubbard, *The Entrepreneurial City*, 285–308.

Leitner, Helga, and Eric Sheppard. "Provincializing Critical Urban Theory: Extending the Ecosystem of Possibilities." *International Journal of Urban and Regional Research* 40, no. 1 (2016): 228–35.

Leitner, Helga, Eric Sheppard, and Kristin Sziarto. "The Spatialities of Contentious Politics." *Transactions of the Institute of British Geographers* 33, no. 2 (2008): 157–72.

Lerup, Lars. *After the City*. Cambridge, MA: MIT Press, 2001.

Levien, Michael. "The Land Question: Special Economic Zones and the Political Economy of Dispossession in India." *Journal of Peasant Studies* 39, no. 3–4 (2012): 933–69.

Levien, Michael. "Special Economic Zones and Accumulation by Dispossession in India." *Journal of Agrarian Change* 11, no. 4 (2011): 454–83.

Li, Zhigang, Jiang Xu, and Anthony G. O. Yeh. "State Rescaling and the Making of City-Regions in the Pearl River Delta, China." *Environment and Planning C: Politics and Space* 32, no. 1 (2014): 129–43.

Lim, Kean Fan. "State Rescaling, Policy Experimentation and Path Dependency in Post-Mao China: A Dynamic Analytical Framework." *Regional Studies* 51, no. 10 (2017): 1580–93.

Lipietz, Alain. "The Local and the Global: Regional Individuality or Interregionalism?" *Transactions of the Institute of British Geographers* 18, no. 1 (1993): 8–18.

Lipietz, Alain. *Mirages and Miracles*. London: Verso, 1987.

Lipietz, Alain. "The National and the Regional: Their Autonomy Vis-à-Vis the Capitalist World Crisis." In *Transcending the State-Global Divide*, edited by Ronen P. Palan and Barry K. Gills, 23–44. Boulder, CO: Lynne Rienner Publishers, 1994.

Lobao, Linda, and Lazarus Adua. "State Rescaling and Local Governments' Austerity Policies across the USA, 2001–2008." *Cambridge Journal of Regions, Economy and Society* 4, no. 3 (2011): 419–35.

Loftus, Alex. "Violent Geographical Abstractions." *Environment and Planning D: Society and Space* 33 (2015): 366–81.

Logan, John, and Harvey Molotch. *Urban Fortunes: The Political Economy of Place*. Berkeley: University of California Press, 1987.

Logan, John, and Todd Swanstrom, eds. *Beyond the City Limits: Urban Policy and Economic Restructuring in Comparative Perspective*. Philadelphia: Temple University Press, 1990.

Lovering, John. "Theory Led by Policy: The Inadequacies of the 'New Regionalism.'" *International Journal of Urban and Regional Research* 23, no. 2 (1999): 379–96.

Low, Murray. "Growth Machines and Regulation Theory: The Institutional Dimension of the Regulation of Space in Australia." *International Journal of Urban and Regional Research* 18 (1999): 451–69.

Lowe, Edward J. "Analytic and Synthetic Statements." In *The Oxford Companion to Philosophy*, 2nd ed., edited by Ted Honderich, 29. Oxford: Oxford University Press, 2005.

Luke, Timothy. "At the End of Nature: Cyborgs, 'Humachines' and Environments in Postmodernity." *Environment and Planning A* 29, no. 8 (1997): 1367–80.

Luke, Timothy. "Developing Planetarian Accountancy: Fabricating Nature as Stock, Service and System for Green Governmentality." *Nature, Knowledge and Negation* 26 (2009): 129–59.

Luke, Timothy. "Global Cities versus 'global cities': Rethinking Contemporary Urbanism as Public Ecology." *Studies in Political Economy* 70 (Spring 2003): 11–33.

Luke, Timothy. "Neither Sustainable nor Development: Reconsidering Sustainability in Development." *Sustainable Development* 13 (2005): 228–38.

Lyall, Sarah. "Will London Fall?" *New York Times*, April 11, 2017.

Lynch, Kevin. *The Image of the City*. Cambridge, MA: MIT Press, 1960.

Machimura, Takashi. "The Urban Restructuring Process in Tokyo in the 1980s: Transforming Tokyo into a World City." *International Journal of Urban and Regional Research* 16, no. 1 (1992): 114–28.

MacLeod, Gordon. "The Learning Region in an Age of Austerity: Capitalizing on Knowledge, Entrepreneurialism and Reflexive Capitalism." *Geoforum* 31 (2000): 219–36.

MacLeod, Gordon. "New Regionalism Reconsidered: Globalization, Regulation and the Recasting of Political Economic Space." *International Journal of Urban and Regional Research* 25, no. 4 (2001): 804–29.

Madden, David. "City Becoming World: Nancy, Lefebvre and the Global-Urban Imagination." *Environment and Planning D: Society and Space* 30, no. 5 (2012): 772–87.

Magdoff, Fred, and Brian Tokar, eds. *Agriculture and Food in Crisis: Conflict, Resistance, and Renewal*. New York: Monthly Review Press, 2011.

Maier, Charles. "Consigning the Twentieth Century to History: Alternative Narratives for the Modern Era." *American Historical Review* 105, no. 3 (2000): 807–31.

Maier, Charles. *Once within Borders: Territories of Power, Wealth and Belonging since 1500*. Cambridge, MA: Harvard University Press, 2016.

Makki, Fouad. "Reframing Development Theory: The Significance of the Idea of Combined and Uneven Development." *Theory and Society* 44 (2015): 471–97.

Mann, Michael. *The Sources of Social Power*, vol. 2: *The Rise of Classes and Nation States, 1760–1914*. New York: Cambridge University Press, 1993.

Marcuse, Peter, and Ronald van Kempen, eds. *Globalizing Cities: A New Spatial Order?* Cambridge, MA: Blackwell, 2001.

Marcuse, Peter, and Ronald van Kempen, eds. *Of States and Cities: The Partitioning of Urban Space*. Oxford: Oxford University Press, 2002.

Marden, Peter. "Geographies of Dissent: Globalization, Identity and the Nation." *Political Geography* 16 (1997): 37–64.

Margulis, Matias, Nora McKeon, and Saturnino M. Borras Jr. "Land Grabbing and Global Governance: Critical Perspectives." *Globalizations* 10, no. 1 (2013): 1–23.

Markusen, Ann. "Class and Urban Social Expenditure: A Marxist Theory." In *Marxism and the Metropolis*, edited by William Tabb and Larry Sawers, 90–112. New York: Oxford University Press, 1979.

Marston, Sallie. "The Social Construction of Scale." *Progress in Human Geography* 24, no. 2 (2000): 219–42.

Marston, Sallie, John Paul Jones, and Keith Woodward. "Human Geography without Scale." *Transactions of the Institute of British Geographers* 30 (2005): 416–32.
Martin, Ron. "Making Sense of the 'New Economy': Realities, Myths and Geographies." In Daniels, Leyshon, Bradshaw, and Beaverstock, *Geographies of the New Economy*, 15–31.
Martin, Ron, and Peter Sunley. "The Post-Keynesian State and the Space Economy." In Lee and Wills, *Geographies of Economies*, 278–89.
Martindale, Don. "Prefatory Remarks: The Theory of the City." In *The City, by Max Weber*, edited and translated by Don Martindale, 9–64. New York: Free Press, 1958.
Martinelli, Flavia, and Erica Schoenberger. "Oligopoly Is Alive and Well: Notes for a Broader Discussion of Flexible Accumulation." In Benko and Dunford, *Industrial Change and Regional Development*, 117–33.
Marx, Karl. *Capital*. Translated by Ben Fowkes. New York: Penguin, 1976 [1867].
Marx, Karl. *Grundrisse: Foundations of the Critique of Political Economy*. Translated by Martin Nicolaus. New York: Penguin Books, 1973 [1857].
Marx, Karl. "Introduction." In Marx, *Grundrisse: Foundations of the Critique of Political Economy*, 81–114.
Marx, Karl, and Friedrich Engels. "Manifesto of the Communist Party." In *Marx/Engels Selected Works*. Vol. 1. Moscow: Progress Publishers, 1969 [1848].
Massey, Doreen. *For Space*. London: Sage, 2005.
Massey, Doreen. "Power-Geometry and a Progressive Sense of Place." In Bird et al., *Mapping the Futures: Local Cultures, Global Change*, 59–70.
Massey, Doreen. *Space, Place and Gender*. Minneapolis: University of Minnesota Press, 1996.
Massey, Doreen. *Spatial Divisions of Labour*. London: Macmillan, 1985.
Massey, Doreen. *World City*. Cambridge: Polity, 2007.
Mayer, Margit. "Contesting the Neoliberalization of Urban Governance." In Leitner, Peck, and Sheppard, *Contesting Neoliberalism: Urban Frontiers*, 90–115.
Mayer, Margit. "Post-Fordist City Politics." In Amin, *Post-Fordism: A Reader*, 316–37.
Mayer, Margit. "The 'Right to the City' in Urban Social Movements." In Brenner, Mayer, and Marcuse, *Cities for People, Not for Profit*, 63–85.
Mayer, Margit. "The Shifting Local Political System in European Cities." In Dunford and Kafkalas, *Cities and Regions in the New Europe*, 255–76.
Mayer, Margit, Catharina Thörn, and Håkan Thörn. *Urban Uprisings: Challenging Neoliberal Urbanism in Europe*. London: Palgrave, 2016.
McFarlane, Colin. "Assemblage and Critical Urbanism." *CITY* 15, no. 2 (2011): 204–24.
McFarlane, Colin. "The City as Assemblage: Dwelling and Urban Space." *Environment and Planning D: Society and Space* 29 (2011): 649–71.
McGee, Terry. *The Urbanization Process in the Third World*. London: Bell and Sons, 1971.
McGee, Terry. "The Urbanization Process: Western Theory and Third World Reality." In McGee, *The Urbanization Process in the Third World*, 12–34.
McKibben, Bill. *The End of Nature*. New York: Random House, 2006.
McMichael, Philip. *Development and Social Change*. London: Sage, 1996.
McMichael, Philip. *Food Regimes and Agrarian Questions*. Halifax: Fernwood Press, 2013.
McMichael, Philip. "Peasant Prospects in the Neoliberal Age." *New Political Economy* 11, no. 3 (2006): 407–18.

McMichael, Philip. "Rethinking Globalization: The Agrarian Question Revisited." *Review of International Political Economy* 4, no. 4 (1997): 630–62.
Meeteren, Michiel van, David Bassens, and Ben Derudder. "Doing Global Urban Studies: On the Need for Engaged Pluralism, Frame Switching and Methodological Cross-Fertilization." *Dialogues in Human Geography* 6, no. 3 (2010): 296–301.
Megacities. Directed by Michael Glawogger. 1998. Vienna: Lotus-Film GmbH, 2006. DVD.
Merrifield, Andy. *Dialectical Urbanism: Social Struggles in the Capitalist City*. New York: Monthly Review Press, 2002.
Merrifield, Andy. *Metromarxism*. New York: Routledge, 2002.
Merrifield, Andy. *The Politics of the Encounter: Urban Theory and Protest under Planetary Urbanization*. Athens: University of Georgia Press, 2013.
Merrifield, Andy. "The Politics of the Encounter and the Urbanization of the World." *CITY* 16, no. 2 (2012): 265–79.
Merrifield, Andy. "Towards a Metaphilosophy of the Urban." Last modified December 15, 2015. https://antipodefoundation.org/2015/12/04/towards-a-metaphilosophy-of-the-urban/.
Merrifield, Andy. "The Urban Question under Planetary Urbanization." *International Journal of Urban and Regional Research* 37, no. 3 (2013): 909–22.
Miller, Byron. "Is Scale a Chaotic Concept? Notes on Processes of Scale Production." In Keil and Mahon, *Leviathan Undone?*, 51–66.
Miller, Byron. "Political Action and the Geography of Defense Investment." *Political Geography* 16 (1997): 171–85.
Mitchell, Timothy. "The Limits of the State: Beyond Statist Approaches and Their Critics." *American Political Science Review* 85, no. 1 (1991): 77–96.
Mollenkopf, John. *The Contested City*. Princeton, NJ: Princeton University Press, 1983.
Mollenkopf, John, and Manuel Castells, eds. *Dual City: Restructuring New York*. New York: Russell Sage Foundation, 1991.
Molotch, Harvey. "Urban Deals in Comparative Perspective." In Logan and Swanstrom, *Beyond the City Limits*, 175–98.
Molotch, Harvey, and Serena Vicari. "Three Ways to Build: The Development Process in the United States, Japan and Italy." *Urban Affairs Quarterly* 24, no. 2 (1988): 188–214.
Monte-Mór, Roberto Luis. "Extended Urbanization and Settlement Patterns: An Environmental Approach." In Brenner, *Implosions/Explosions*, 109–20.
Monte-Mór, Roberto Luis de Melo. "Modernities in the Jungle: Extended Urbanization in the Brazilian Amazon." PhD diss., Department of Urban Planning, University of California Los Angeles, 2004.
Monte-Mór, Roberto Luis de Melo. "What Is the Urban in the Contemporary World?" *Cadernos de Saúde Pública* 21, no. 3 (2005): 942–48.
Monte-Mór, Roberto Luis, and Rodrigo Castriota. "Extended Urbanization: Implications for Urban and Regional Theory." In *Handbook on the Geographies of Regions and Territories*, edited by Anssi Paasi, John Harrison, and Martin Jones, 332–45. London: Edward Elgar, 2018.
Moore, Jason W., ed. *Anthropocene or Capitalocene? Nature, History and the Crisis of Capitalism*. Oakland, CA: PM Press/Kairos, 2016.

Moore, Jason W. *Capitalism in the Web of Life: Ecology and the Accumulation of Capital.* New York: Verso, 2016.

Moore, Jason W. "The Capitalocene, Part I: On the Nature and Origins of Our Ecological Crisis." *Journal of Peasant Studies* 4, no. 3 (2017): 594–630.

Morgan, Glenn. "Supporting the City: Economic Patriotism in Financial Markets." *Journal of European Public Policy* 19, no. 3 (2012): 373–87.

Mouritzen, Paul E. *Managing Cities in Austerity*. London: Sage, 1992.

Mumford, Lewis. *The City in History*. New York: Harcourt, 1961.

Mumford, Lewis. "A Natural History of Urbanization." In *Man's Role in Changing the Face of the Earth,* edited by William L. Thomas, 382–98. Chicago: University of Chicago Press, 1956.

Mumford, Lewis. "Paleotechnic Paradise: Coketown." In Mumford, *The City in History*, 446–81.

Murray, Martin J. *The Urbanism of Exception: The Dynamics of Global City Building in the Twenty-First Century*. New York: Cambridge University Press, 2016.

Myrdal, Gunnar. *Economic Theory and Under-Developed Regions.* London: Gerald Duckworth, 1957.

Myrdal, Gunnar. *Rich Lands and Poor: The Road to World Prosperity*. New York: Harper, 1958.

Newman, Peter. "Changing Patterns of Regional Governance in the EU." *Urban Studies* 37, no. 5–6 (2000): 895–908.

Nielsen, Klaus, Bob Jessop, and Jerzy Hausner. "Institutional Change in Post-Socialism." In *Strategic Choice and Path-Dependency in Post-Socialism,* edited by Jerzy Hausner, Bob Jessop, and Klaus Nielsen, 3–46. Brookfield, VT: Edward Elgar, 1995.

O'Brien, Richard. *Global Financial Integration: The End of Geography.* London: Pinter, 1990.

Offe, Claus. *Contradictions of the Welfare State.* Edited by John B. Keane. Cambridge, MA: MIT Press, 1984.

Offe, Claus. "'Crisis of Crisis Management': Elements of a Political Crisis Theory." In Offe, *Contradictions of the Welfare State*, 35–64.

Offe, Claus. "Zur Frage der "Identität der kommunalen Ebene." In *Lokale Politikforschung,* edited by Rolf-Richard Grauhan, 2:303–9. New York: Campus, 1975.

Ohmae, Kenichi. *The End of the Nation State: The Rise of Regional Economies.* New York: Free Press, 1995.

Ollman, Bertell. *Dance of the Dialectic.* Urbana: University of Illinois Press, 2003.

Ollman, Bertell. *Dialectical Investigations*. London: Routledge, 1993.

Ollman, Bertell, and Tony Smith, eds. *Dialectics for the New Century.* New York: Palgrave, 2008.

Ong, Aihwa. "The Chinese Axis: Zoning Technologies and Variegated Sovereignty." *Journal of East Asian Studies* 4 (2004): 69–96.

Ong, Aihwa. "Graduated Sovereignty in South-East Asia." *Theory, Culture and Society* 17, no. 4 (2000): 55–75.

"Operational Landscapes Exhibition at Melbourne School of Design." *Urban Theory Lab.* http://urbantheorylab.net/news/operational-landscapes-exhibition-in-melbourne.

Osainder, Andreas. "Sovereignty, International Relations and the Westphalian Myth." *International Organization* 55, no. 2 (2001): 251–87.

Paasi, Anssi. "Place and Region: Looking through the Prism of Scale." *Progress in Human Geography* 28, no. 4 (2004): 536–46.

Painter, Joe. "Rethinking Territory." *Antipode* 42, no. 5 (2010): 1090–118.

Palumbo-Liu, David, Nirvana Tanoukhi, and Bruce Robbins, eds. *Immanuel Wallerstein and the Problem of the World: System, Scale, Culture*. Durham, NC: Duke University Press, 2011.

Panitch, Leo. "Globalization and the State." In *Socialist Register 1994*, edited by Ralph Miliband and Leo Panitch, 60–93. London: Merlin Press, 1994.

Park, Bae-Gyoon. "State Rescaling in Non-Western Contexts." *International Journal of Urban and Regional Research* 37, no. 4 (2013): 1115–22.

Park, Bae-Gyoon, Richard Child Hill, and Asato Saito, eds. *Locating Neoliberalism in East Asia: Neoliberalizing Spaces in Developmental States*. Oxford: Blackwell, 2011.

Park, Robert, and Ernest Burgess, eds. *The City*. Chicago: University of Chicago Press, 1967 [1925].

Parkinson, Michael. "The Rise of the Entrepreneurial European City: Strategic Responses to Economic Changes in the 1980s." *Ekistics* 350 (1991): 299–307.

Parnell, Susan. "Defining a Global Urban Development Agenda." *World Development* 78 (2016): 529–40.

Parnell, Susan, and Sophie Oldfield, eds. *The Routledge Handbook on Cities of the Global South*. London: Routledge, 2014.

Parnell, Susan, and Edgar Pieterse. "Translational Global Praxis: Rethinking Methods and Modes of African Urban Research." *International Journal of Urban and Regional Research* 40, no. 1 (2016): 236–46.

Patel, Raj. "The Long Green Revolution." *Journal of Peasant Studies* 40, no. 1 (2013): 1–63.

Peck, Jamie. "Cities beyond Compare?" *Regional Studies* 49, no. 1 (2015): 160–82.

Peck, Jamie. "Doing Regulation." In *The Oxford Handbook of Economic Geography*, edited by Gordon Clark, Maryann Feldman, and Meric Gertler, 61–82. New York: Oxford University Press, 2000.

Peck, Jamie. "Macroeconomic Geographies." *Area Development and Policy* 1, no. 3 (2016): 305–22.

Peck, Jamie. "Political Economies of Scale: Fast Policy, Interscalar Relations and Neoliberal Workfare." *Economic Geography* 78, no. 3 (2002): 332–60.

Peck, Jamie. "Struggling with the Creative Class." *International Journal of Urban and Regional Research* 29, no. 4 (2005): 740–70.

Peck, Jamie. "Uneven Regional Development." In *The International Encyclopedia of Geography*, edited by Douglas Richardson et al., 1–17. Oxford: John Wiley and Sons, 2017.

Peck, Jamie. *Work-Place: The Social Regulation of Labor Markets*. New York: Guilford, 1996.

Peck, Jamie, and Adam Tickell. "Neoliberalizing Space." In Brenner and Theodore, *Spaces of Neoliberalism*, 33–57.

Peck, Jamie, and Adam Tickell. "Searching for a New Institutional Fix: The *After*-Fordist Crisis and the Global-Local Disorder." In Amin, *Post-Fordism: A Reader*, 280–315.

Peck, Jamie, and Adam Tickell. "The Social Regulation of Uneven Development: Regulatory Deficit,' England's South East, and the Collapse of Thatcherism." *Environment and Planning A* 27 (1995): 15–40.

Peet, Richard, Paul Robbins, and Michael J. Watts, eds. *Global Political Ecology.* New York: Routledge, 2011.

Phelps, Nicholas, and Terutomo Ozawa. "Contrasts in Agglomeration: Proto-Industrial, Industrial and Post-Industrial Forms Compared." *Progress in Human Geography* 27, no. 5 (2003): 583–604.

Picciotto, Sol. "The Internationalisation of the State." *Capital & Class* 15, no. 1 (1991): 43–63.

Pinson, Gilles. *Gouverner la ville par project: urbanisme et gouvernance de villes européenes.* Paris: Presses de Sciences Po, 2009.

Potere, David, and Annemarie Schneider. "A Critical Look at Representations of Urban Areas in Global Maps." *GeoJournal* 69 (2007): 55–80.

Poulantzas, Nicos. *State, Power, Socialism.* Translated by Patrick Camiller. London: New Left Books, 1978.

Pred, Allan. *City-Systems in Advanced Economies.* London: Hutchinson, 1977.

Prigge, Walter, and Klaus Ronneberger. "Globalisierung und Regionalisierung—Zur Auflösung Frankfurts in die Region." *Österreichische Zeitschrift für Soziologie* 21, no. 2 (1996): 129–38.

Radice, Hugo. "The National Economy: A Keynesian Myth?" *Capital and Class* 22 (1984): 111–40.

Rautenstrauch, Lorenz. "Frankfurt und sein Umland: Planung, Politik, Perspektiven im Bereich des Umlandverbandes Frankfurt." In *Verdichtungsregionen im Umbruch,* edited by Manfred Streit and Hans-Arthur Haasis, 233–98. Baden-Baden: Nomos, 1990.

Reinert, Hugo, and Erik Reinert. "Creative Destruction in Economics: Nietzsche, Sombart, Schumpeter." In *Friedrich Nietzsche 1844–2000: Economy and Society,* edited by Jürgen Georg Backhaus and Wolfgang Drechsler, 55–85. Boston: Kluwer, 2006.

Rhodes, Martin. "'Subversive Liberalism': Market Integration, Globalization and the European Welfare State." *Journal of European Public Policy* 2, no. 3 (1995): 384–406.

Robinson, Jennifer. "Comparative Urbanism: New Geographies and Cultures of Theorizing the Urban." *International Journal of Urban and Regional Research* 40, no. 1 (2016): 187–99.

Robinson, Jennifer. "Global and World Cities: A View from off the Map." *International Journal of Urban and Regional Research* 26, no. 3 (2002): 531–54.

Robinson, Jennifer. "New Geographies of Theorizing the Urban: Putting Comparison to Work for Global Urban Studies." In Parnell and Oldfield, *The Routledge Handbook on Cities of the Global South,* 57–70.

Robinson, Jennifer. *Ordinary Cities.* London: Routledge, 2006.

Rodriguez-Pose, Andres. *The Dynamics of Regional Growth in Europe.* Oxford: Clarendon Press, 1998.

Ronneberger, Klaus. "Kontrollierte Autonomie und rigide Norm: zur neoliberalen Restrukturierung des Sozialen." *Widersprüche* 69 (1998): 129–50.

Ronneberger, Klaus, and Roger Keil. "Ausser Atem—Frankfurt nach der Postmoderne." In *Capitales Fatales: Urbanisierung und Politik in den Finanzmetropolen*, edited by Hansruedi Hitz, 208–84. Zürich: Rotpunktverlag, 1995.

Ronneberger, Klaus, and Christian Schmid. "Globalisierung und Metropolenpolitik: Überlegungen zum Urbanisierungsprozess der neunziger Jahre." In *Capitales Fatales: Urbanisierung und Politik in den Finanzmetropolen Frankfurt und Zürich*, edited by Hansruedi Hitz, Roger Keil, Ute Lehrer, Klaus Ronneberger, Christian Schmid, and Richard Wolff, 379–98. Zürich: Rotpunktverlag, 1995.

Rosenau, James N., and Ernst Otto Czempiel, eds. *Governance without Government: Order and Change in World Politics*. Cambridge: Cambridge University Press, 1992.

Roy, Ananya. "The 21st Century Metropolis: New Geographies of Theory." *Regional Studies* 43, no. 6 (2009): 819–30.

Roy, Ananya. "What Is Urban about Critical Urban Theory?" *Urban Geography* 37, no. 6 (2016): 810–23.

Roy, Ananya. "Who's Afraid of Postcolonial Theory?" *International Journal of Urban and Regional Research* 40, no. 1 (2016): 200–9.

Roy, Ananya. "Worlding the South: Toward a Post-Colonial Urban Theory." In Parnell and Oldfield, *The Routledge Handbook on Cities of the Global South*, 9–20.

Roy, Ananya, and Aihwa Ong, eds. *Worlding Cities: Asian Experiments and the Art of Being Global*. Oxford: Wiley-Blackwell, 2011.

Ruggie, John Gerard. "Territoriality and Beyond: Problematizing Modernity in International Relations." *International Organization* 47, no. 1 (1993): 139–74.

Rusk, David. *Inside Game/Outside Game: Winning Strategies for Saving Urban America*. Washington, DC: Brookings Institution Press, 1998.

Sack, Robert. *Human Territoriality: Its Theory and History*. New York: Cambridge University Press, 1986.

Saez, Guy, Jean-Philippe Leresche, and Michel Bassand, eds. *Gouvernance métropolitaine et transfrontaliére: action publique territorial*. Paris: Editions L'Harmattan, 1997.

Said, Edward. "Traveling Theory." In *The World, the Text and the Critic*. Cambridge, MA: Harvard University Press, 1983.

Salet, Willem, Andy Thornley, and Anton Kreukels, eds. *Metropolitan Governance and Spatial Planning*. London: Spon Press, 2003.

Saller, Raymond. "Kommunale Kooperation innerhalb westdeutscher Stadtregionen zwischen Anspruch und politischer Realität." *Raumforschung und Raumordnung* 2, no. 58 (2000): 211–21.

Santos, Boaventura de Sousa. *Epistemologies of the South: Justice against Epistemicide*. Boulder, CO: Paradigm Publishers, 2014.

Sarkis, Hashim. "The World According to Architecture: Beyond Cosmopolis." *New Geographies* 4 (2011): 104–8.

Sassen, Saskia. *Cities in the World Economy*. London: Sage, 1993.

Sassen, Saskia. "The City: Its Return as a Lens for Social Theory." *City, Culture and Society* 1 (2010): 3–11.

Sassen, Saskia. *Expulsions: Brutality and Complexity in the Global Economy*. Cambridge, MA: Harvard University Press, 2014.

Sassen, Saskia. "Frontiers Facing Urban Sociology at the Millennium." *British Journal of Sociology* 51, no. 1 (2000): 143–59.
Sassen, Saskia. *The Global City: New York, London, Tokyo*. Princeton, NJ: Princeton University Press, 1991.
Sassen, Saskia. *Losing Control? Sovereignty in an Age of Globalization*. New York: Columbia University Press, 1996.
Sassen, Saskia. "Territory and Territoriality in the Global Economy." *International Sociology* 15, no. 2 (2000): 372–93.
Sassen, Saskia. *Territory, Authority, Rights*. Princeton, NJ: Princeton University Press, 2006.
Saunders, Peter. *Social Theory and the Urban Question*. 2nd ed. London: Routledge, 1986 [1981].
Saunders, Peter. *Urban Politics: A Sociological Interpretation*. London: Heinemann, 1979.
Sayer, Andrew. "Abstraction: A Realist Interpretation." *Radical Philosophy* 28 (Summer 1981): 6–15.
Sayer, Andrew. "Behind the Locality Debate: Deconstructing Geography's Dualisms." *Environment and Planning A* 23, no. 3 (1991): 283–308.
Sayre, Nathan. "Climate Change, Scale, and Devaluation: The Challenge of Our Built Environment." *Washington and Lee Journal of Energy, Climate and Environment* 1, no. 1 (2010): 92–105.
Sayer, Andrew. "Defining the Urban." *GeoJournal* 9, no. 3 (1984): 279–85.
Sayre, Nathan. "Ecological and Geographical Scale: Parallels and Potential for Integration." *Progress in Human Geography* 29, no. 3 (2005): 276–90.
Sayer, Andrew. *Method in Social Science*. 2nd ed. London: Routledge, 1992.
Sayer, Andrew. "Postfordism in Question." *International Journal of Urban and Regional Research* 13, no. 3 (1989): 666–95.
Sbragia, Alberta. *Debt Wish: Entrepreneurial Cities, U.S. Federalism, and Economic Development*. Pittsburgh, PA: University of Pittsburgh Press, 1996.
Sbragia, Alberta. "Politics, Local Government and the Municipal Bond Market." In *The Municipal Money Chase: The Politics of Local Government Finance*, edited by Alberta Sbragia. Boulder, CO: Westview Press, 1983.
Scharpf, Fritz W. *Crisis and Choice in European Social Democracy*. Ithaca, NY: Cornell University Press, 1991.
Schmid, Christian. "The Agglomeration Question, Revisited." Working Paper, Contemporary City Institute, Department of Architecture, ETH Zurich, July 2018.
Schmid, Christian. "Henri Lefebvre, the Right to the City and the New Metropolitan Mainstream." In Brenner, Mayer, and Marcuse, *Cities for People, Not for Profit*, 42–62.
Schmid, Christian. "Journeys through Planetary Urbanization: Decentering Perspectives on the Urban." *Environment and Planning D: Society and Space* 36, no. 3 (2018): 591–610.
Schmid, Christian. *Patterns and Pathways of Global Urbanisation: Towards a Comparative Analysis*. Zurich: Urban Theory Lab ETH Zurich, 2012.
Schmid, Christian. "Specificity and Urbanization: A Theoretical Outlook." In ETH Studio Basel, *The Inevitable Specificity of Cities*, 282–97.
Schmid, Christian. *Stadt, Raum und Gesellschaft: Henri Lefebvre und die Theorie der Produktion des Raumes*. Stuttgart: Franz Steiner Verlag, 2005.

Schmid, Christian. "Theory." In Diener et al., *Switzerland: An Urban Portrait,* 1:163–224.

Schmid, Christian. "The Urbanization of the Territory: On the Research Approach of ETH Studio Basel." In ETH Studio Basel/Contemporary City Institute, *Territory: On the Development of Landscape and City*, 22–48.

Schmid, Christian, Ozan Karaman, Naomi Hanakata, Pascal Kallenberger, Anne Kockelkorn, Lindsay Sawyer, Monika Streuele, and Kit Ping Wong. "Towards a New Vocabulary of Urbanization Processes: A Comparative Approach." *Urban Studies* 55, no. 1 (2018): 19–52.

Scott, Allen J., ed. *Global City-Regions: Theory, Trends, Policy*. New York: Oxford University Press, 2001.

Scott, Allen J. "Regional Motors of the Global Economy." *Futures* 28, no. 5 (1996): 391–411.

Scott, Allen J. *Regions and the World Economy*. Oxford: Oxford University Press, 1998.

Scott, Allen J. *The Urban Land Nexus and the State*. London: Pion, 1980.

Scott, Allen J., and Michael Storper. "Industrialization and Regional Development." In *Pathways to Industrialization and Regional Development*, edited by Allen J. Scott and Michael Storper. New York: Routledge, 1992.

Scott, Allen J., and Michael Storper. "The Nature of Cities: The Scope and Limits of Urban Theory." *International Journal of Urban and Regional Research* 39, no. 1 (2015): 1–15.

Scott, Allen J., and Michael Storper, eds. *Production, Work, Territory: The Geographical Anatomy of Industrial Capitalism*. London: Allen & Unwin, 1986.

Scott, James C. "State Simplifications: Nature, Space and People." *Journal of Political Philosophy* 3, no. 3 (1995): 191–233.

Scott, Joan. "The Evidence of Experience." *Critical Inquiry* 17, no. 4 (1991): 773–97.

Seijdel, Jorinde, and Pascal Gielen, eds. "The Art Biennial as a Global Phenomenon: Strategies in Neoliberal Times." *Cahier on Art and the Public Domain* 16 (2009). https://www.onlineopen.org/the-art-biennial-as-a-global-phenomenon.

Sevilla-Buitrago, Álvaro. "*Urbs in Rure*: Historical Enclosure and the Extended Urbanization of the Countryside." In Brenner, *Implosions/Explosions*, 236–59.

Sewell, William. "Charles Tilly's *Vendée* as a Model for Social History." *French Historical Studies* 33, no. 2 (2010): 307–15.

Sewell, William. "A Theory of Structure: Duality, Agency and Transformation." *American Journal of Sociology* 98, no. 1 (1992): 1–29.

Sharpe, L. J., ed. *The Government of World Cities: The Future of the Metro Model*. New York: John Wiley & Sons, 1995.

Sheppard, Eric. "Geographic Dialectics." *Environment and Planning A* 40 (2008): 2603–12.

Sheppard, Eric. "The Spaces and Times of Globalization: Place, Scale, Networks and Positionality." *Economic Geography* 33, no. 3 (2002): 307–30.

Sheppard, Eric, and Robert McMaster, eds. *Scale and Geographic Inquiry*. Malden, MA: Blackwell, 2004.

Sieverts, Thomas. *Cities without Cities: An Interpretation of the Zwischenstadt*. New York: Spon Press, 2003.

Smith, Caroline Filice. "Logistics Urbanism: The Socio-Spatial Project of China's One Belt, One Road Initiative." Master's thesis, Harvard University Graduate School of Design, May 2017.

Smith, Michael Peter, and Joe Feagin, ed. *The Capitalist City*. Cambridge, MA: Blackwell, 1989.

Smith, Neil. "Dangers of the Empirical Turn." *Antipode* 19 (1987): 59–68.

Smith, Neil. "Geography, Difference and the Politics of Scale." In *Postmodernism and the Social Sciences*, edited by Joe Doherty, Elspeth Graham, and Mo Malek, 57–79. New York: St. Martin's Press, 1992.

Smith, Neil. "Homeless/Global: Scaling Places." In Bird et al., *Mapping the Futures: Local Cultures, Global Change*, 87–119.

Smith, Neil. "Nature as Accumulation Strategy." *Socialist Register* 43 (2007): 1–21.

Smith, Neil. "Remaking Scale: Competition and Cooperation in Prenational and Postnational Europe." In *Competitive European Peripheries*, edited by Heikki Eskelinen and Folke Snickars, 59–74. Berlin: Springer Verlag, 1995.

Smith, Neil. "The Satanic Geographies of Globalization: Uneven Development in the 1990s." *Public Culture* 10, no. 1 (1997): 169–92.

Smith, Neil. "Scale Bending and the Fate of the National." In Sheppard and McMaster, *Scale and Geographic Inquiry*, 192–212.

Smith, Neil. *Uneven Development: Nature, Capital and the Production of Space*. New York: Blackwell, 1984.

Smith, Neil, and Cindi Katz. "Grounding Metaphor: Towards a Spatialized Politics." In *Place and the Politics of Identity*, edited by Michael Keith and Steve Pile, 67–83. London: Routledge, 1993.

Smith, Neil, and Dennis Ward. "The Restructuring of Geographical Scale: Coalescence and Fragmentation of the Northern Core Region." *Economic Geography* 63, no. 2 (1987): 160–82.

Soederberg, Susanne, and Alan Walks. "Producing and Governing Inequalities under Planetary Urbanization: From Urban Age to Urban Revolution?" *Geoforum* 89 (2018): 107–13.

Soja, Edward W. "Economic Restructuring and the Internationalization of Los Angeles." In Smith and Feagin, *The Capitalist City*, 178–98.

Soja, Edward W. "Inside Exopolis: Scenes from Orange County." In *Variations on a Theme Park: The New American City and the End of Public Space*, edited by Michael Sorkin, 94–122. New York: Noonday Press, 1994.

Soja, Edward W. "The Postfordist Industrial Metropolis." In Soja, *Postmetropolis*, 156–88.

Soja, Edward W. *Postmetropolis*. Cambridge, MA: Blackwell, 2000.

Soja, Edward W. *Postmodern Geographies*. New York: Verso, 1989.

Soja, Edward W. "Regional Urbanization and the End of the Metropolis Era." In *The New Blackwell Companion to the City*, edited by Gary Bridge and Sophie Watson. Oxford: Blackwell, 2011.

Soja, Edward W. "Regions in Context: Spatiality, Periodicity, and the Historical Geography of the Regional Question." *Environment and Planning D: Society and Space* 3 (1985): 175–90.

Soja, Edward W. *Seeking Spatial Justice*. Minneapolis: University of Minnesota Press, 2010.

Soja, Edward W., and Miguel Kanai. "The Urbanization of the World." In Burdett and Sudjic, *The Endless City*, 54–69.

Sowers, Elizabeth A., Paul S. Ciccantell, and David A. Smith. "Labor and Social Movements' Strategic Usage of the Global Commodity Chain Structure." In *Choke Points: Logistics Workers Disrupting the Global Supply Chain*, edited by Jake Alimahomed-Wilson and Immanuel Ness, 19–34. London: Pluto Press, 2018.

Spruyt, Hendrik. *The Sovereign State and Its Competitors: An Analysis of Systems Change*. Princeton, NJ: Princeton University Press, 1994.

Staeheli, Lynn. "Empowering Political Struggle: Spaces and Scales of Resistance." *Political Geography* 13 (1994): 387–91.

STANDORT. "Neubau der Region." *STANDORT—Zeitschrift für Angewandte Geographie* 24, no. 2 (2000): 5–8.

Stanek, Łukasz. *Henri Lefebvre on Space: Architecture, Urban Research and the Production of Theory*. Minneapolis: University of Minnesota Press, 2011.

Stanek, Łukasz, Christian Schmid, and Ákos Moravánszky, eds. *Urban Revolution Now: Henri Lefebvre in Social Research and Architecture*. London: Routledge, 2014.

Starostra, Guido, and Greig Charnock, eds. *The New International Division of Labour: Global Transformation and Uneven Development*. New York: Palgrave, 2016.

Stavrides, Stavros. *Common Space: The City as Commons*. London: Zed, 2016.

Stöhr, Walter, and David R. Taylor. *Development from Above or Below? The Dialectics of Regional Planning in Developing Countries*. New York: Wiley, 1981.

Stone, Clarence. *Regime Politics: The Governing of Atlanta, 1946–1988*. Lawrence: University Press of Kansas, 1989.

Stone, Clarence, and Heywood Sanders, eds. *The Politics of Urban Development*. Lawrence: University Press of Kansas, 1987.

Storper, Michael. "The Resurgence of Regional Economies, Ten Years Later: The Region as a Nexus of Untraded Interdependencies." *European Urban and Regional Studies* 2, no. 3 (1995): 191–221.

Storper, Michael. *The Regional World: Territorial Development in a Global Economy*. New York: Guilford, 1997.

Storper, Michael, and Allen J. Scott. "Current Debates in Urban Studies: A Critical Assessment." *Urban Studies* 53, no. 6 (2016): 1114–38.

Storper, Michael, and Allen Scott. "The Geographical Foundations and Social Regulation of Flexible Production Complexes." In Wolch and Dear, *The Power of Geography*, 24–27.

Storper, Michael, and Allen J. Scott, eds. *Pathways to Industrialization and Regional Development*. New York: Routledge, 1992.

Storper, Michael, and Allen J. Scott. "The Wealth of Regions: Market Forces and Policy Imperatives in Local and Global Context." *Futures* 27, no. 5 (1995): 505–26.

Storper, Michael, and Richard Walker. *The Capitalist Imperative: Territory, Technology and Industrial Growth*. New York: Basil Blackwell, 1989.

Strange, Susan. "The Defective State." *Daedalus, Journal of the American Academy of Arts and Sciences* 124, no. 2 (1995): 55–74.

Sum, Ngai-Ling. "Time-Space Embeddedness and Geo-Governance of Cross-Border Regional Modes of Growth." In *Beyond Market and Hierarchy*, edited by Ash Amin and Jerzy Hausner, 159–95. Cheltenham: Edward Elgar, 1997.

Swyngedouw, Erik. "The Antinomies of the Post-Political City: In Search of a Democratic Politics of Environmental Protection." *International Journal of Urban and Regional Research* 33, no. 3 (2009): 601–20.

Swyngedouw, Erik. "The Heart of the Place: The Resurrection of Locality in an Age of Hyperspace." *Geografiska Annaler B* 71 (1989): 31–42.

Swyngedouw, Erik. *Liquid Power: Contested Hydro-Modernities in Twentieth Century Spain*. Cambridge, MA: MIT Press, 2015.

Swyngedouw, Erik. "The Mammon Quest: 'Glocalisation,' Interspatial Competition, and the Monetary Order: The Construction of New Scales." In Dunford and Kafkalas, *Cities and Regions in the New Europe*, 39–68.

Swyngedouw, Erik. "Metabolic Urbanization: The Making of Cyborg Cities." In Heynen, Kaika, and Swyngedouw, *In the Nature of Cities*, 21–62.

Swyngedouw, Erik. "Neither Global nor Local: 'Glocalization' and the Politics of Scale." In Cox, *Spaces of Globalization*, 137–66.

Swyngedouw, Erik. "Reconstructing Citizenship, the Re-Scaling of the State and the New Authoritarianism: Closing the Belgian Mines." *Urban Studies* 33 (1996): 1499–521.

Swyngedouw, Erik. "Territorial Organization and the Space/Technology Nexus." *Transactions of the Institute of British Geographers* 17 (1992): 417–33.

Swyngedouw, Erik, and Nik Heynen. "Urban Political Ecology, Justice and the Politics of Scale." *Antipode* 35, no. 5 (2003): 898–918.

Swyngedouw, Erik, Frank Moulaert, and Arantxa Rodriguez. "Neoliberal Urbanization in Europe: Large-Scale Urban Development Projects and the New Urban Policy." In Brenner and Theodore, *Spaces of Neoliberalism*, 195–229.

Taylor, Peter J. "Corporate Social Science and the Loss of Curiosity." *Items: Insights from the Social Sciences*. Social Science Research Council. August 2, 2016. https://items.ssrc.org/corporate-social-science-and-the-loss-of-curiosity.

Taylor, Peter J. "Embedded Statism and the Social Sciences: Opening Up to New Spaces." *Environment and Planning A* 28 (1996): 1917–28.

Taylor, Peter J. "Geographical Scales within the World-economy Approach." *Review* 5, no. 1 (1981): 3–11.

Taylor, Peter J. "Is the UK Big Enough for Both London and England?" *Environment and Planning A* 29, no. 5 (1997): 766–70.

Taylor, Peter J. "A Materialist Framework for Political Geography." *Transactions of the Institute of British Geographers* 7 (1982): 15–34.

Taylor, Peter J. "The Paradox of Geographical Scale in Marx's Politics." *Antipode* 19 (1994): 387–91.

Taylor, Peter J. *Political Geography: World-Economy, Nation-State and Locality*. New York: Longman, 1985.

Taylor, Peter J. "The State as Container: Territoriality in the Modern World-System." *Progress in Human Geography* 18 (1994): 151–62.

Taylor, Peter J. "Understanding the 1980s, Part 1a." *Review of International Political Economy* 1, no. 2 (1994): 365–73.

Taylor, Peter J. "World Cities and Territorial States: The Rise and Fall of Their Mutuality." In Knox and Taylor, *World Cities in a World-System*, 48–62.

Taylor, Peter J. *World-City Network*. London: Routledge, 2004.

Taylor, Peter J., and Ben Derudder. "Porous Europe: European Cities in Global Urban Arenas." *Tijdschrift voor Economische en Sociale Geografie* 95, no. 2 (2004): 527–38.

Taylor, Peter J., and Michael Hoyler. "The Spatial Order of European Cities under Conditions of Contemporary Globalization." *Tijdschrift voor Economische en Sociale Geografie* 91, no. 2 (2000): 176–89.

Terhorst, Pieter, and Jacques van de Ven. *Fragmented Brussels and Consolidated Amsterdam: A Comparative Study of the Spatial Organization of Property Rights, Netherlands Geographical Studies 223*. Amsterdam: Netherlands Geographical Society, 1997.

Terhorst, Pieter, and Jacques van de Ven. "The National Urban Growth Coalition in the Netherlands." *Political Geography* 14, no. 4 (1995): 343–61.

Teschke, Benno. *The Myth of 1648: Class, Geopolitics and the Making of Modern International Relations.* London: Verso, 2003.

Thom, René. *Modèles Mathémathiques de la Morphogénèse: Recueil de Textes sur la Theorie des Catastrophes et ses Applications*. Paris: Union Générale d'Editions, 1974. Translated by W. M. Brookes and D. Rand as *Mathematical Models of Morphogenesis* (New York: Halsted Press, 1983).

Thomas, Gieryn. "A Space for Place in Sociology." *Annual Review of Sociology* 26 (2000): 463–96.

Tilly, Charles. *Coercion, Capital and European States, AD 990–1990*. Oxford: Blackwell, 1990.

Tilly, Charles. *The Vendée: A Sociological Analysis of the Counter-Revolution of 1793*. Cambridge, MA: Harvard University Press, 1973.

Tömmel, Ingeborg. "Decentralization of Regional Development Policies in the Netherlands—A New Type of State Intervention?" *West European Politics* 15, no. 2 (1992): 107–25.

Tömmel, Ingeborg. "Internationale Regulation und lokale Modernisierung." *Zeitschrift für Wirtschaftsgeographie* 40, no. 1–2 (1996): 44–58.

Torfing, Jacob. "Towards a Schumpeterian Workfare Postnational Regime: Path-Shaping and Path-Dependency in Danish Welfare State Reform." *Economy and Society* 28, no. 1 (1999): 369–402.

Toscano, Alberto. "Lineaments of the Logistical State." *Viewpoint Magazine*. September 27, 2014. https://viewpointmag.com/2014/09/28/lineaments-of-the-logistical-state/.

Toscano, Alberto. "The Open Secret of Real Abstraction." *Rethinking Marxism* 20, no. 2 (2008): 273–87.

Tsing, Anna Lowenhaupt. *Friction: An Ethnography of Global Connection*. Princeton, NJ: Princeton University Press, 2005.

Tsing, Anna Lowenhaupt. "On Nonscalability: The Living World Is Not Amenable to Precision-Nested Scales." *Common Knowledge* 18, no. 3 (2012): 505–24.

Tsing, Anna Lowenhaupt. "Supply Chains and the Human Condition." *Rethinking Marxism* 21, no. 2 (2009): 148–76.

Tsukamoto, Takashi. "Neoliberalization of the Developmental State: Tokyo's Bottom-Up Politics and State Rescaling in Japan." *International Journal of Urban and Regional Research* 31, no. 1 (2012): 71–89.

Uchida, Hirotsugu, and Andrew Nelson. "Agglomeration Index: Towards a New Measure of Urban Concentration." Working Paper 29, United Nations University, 2010. https://www.wider.unu.edu/publication/agglomeration-index.

United Nations Centre for Human Settlements. *An Urbanizing World: Global Report on Human Settlements.* Oxford: Oxford University Press for the United Nations Centre for Human Settlements (HABITAT), 1996.

United Nations Department of Economic and Social Affairs, Population Division. *2001 Revision of World Urbanization Prospects.* New York: United Nations, 2002.

United Nations Department of Economic and Social Affairs, Population Division. *2011 Revision of World Urbanization Prospects.* New York: United Nations, 2012.

United Nations Human Settlement Programme. *The State of the World's Cities Report 2006/2007—30 Years of Shaping the Habitat Agenda.* London: Earthscan for UN-Habitat, 2007.

United Nations Human Settlement Programme. *The State of the World's Cities Report 2010/2011—Cities for All: Bridging the Urban Divide.* London: Earthscan for UN-Habitat, 2011.

Upmeyer, Bernd, ed. "Non-Urbanism." *MONU* 16 (2012).

Urban Theory Lab. *Operational Landscapes* exhibition. Melbourne: Melbourne School of Design, 2015.

Urbanized. Directed by Gary Hustwit. London: Swiss Dots, 2011. DVD.

Vale, Lawrence J. "The Politics of Resilient Cities: Whose Resilience and Whose City?" *Building Research & Information* 42, no. 2 (2014): 191–201.

Veltz, Pierre. "The Dynamics of Production Systems, Territories and Cities." In *Cities, Enterprises and Society on the Eve of the 21st Century,* edited by Frank Moulaert and Allen J. Scott, 78–96. London: Pinter, 1997.

Veltz, Pierre. "European Cities in the World Economy." In *Cities in Contemporary Europe,* edited by Arnaldo Bagnasco and Patrick Le Galès, 33–34. New York: Cambridge University Press, 2000.

Veltz, Pierre. *Mondialisation, villes et territoires: L'économie d'archipel.* Paris: Presses Universitaires de France, 1993.

Wachsmuth, David. "City as Ideology." *Environment and Planning D: Society and Space* 32, no. 1 (2014): 75–90.

Wachsmuth, David. "Competitive Multi-City Regionalism: Growth Politics beyond the Growth Machine." *Regional Studies* 51, no. 4 (2017): 643–53.

Wachsmuth, David. "Infrastructure Alliances: Supply-Chain Expansion and Multi-City Growth Coalitions." *Economic Geography* 93, no. 1 (2017): 44–65.

Wachsmuth, David. "Three Ecologies: Urban Metabolism and the Society-Nature Opposition." *Sociological Quarterly* 53, no. 4 (2012): 506–23.

Wachsmuth, David, Daniel Aldana Cohen, and Hillary Angelo. "Expand the Frontiers of Urban Sustainability." *Nature* 536 (August 25, 2016): 391–93.

Wachsmuth, David, David J. Madden, and Neil Brenner. "Between Abstraction and Complexity: Meta-Theoretical Observations on the Assemblage Debate." *CITY* 15, no. 6 (2011): 740–50.

Wacquant, Loïc. "Revisiting Territories of Relegation: Class, Ethnicity and State in the Making of Advanced Marginality." *Urban Studies* 53, no. 6 (2016): 1077–88.

Wacquant, Loïc. *Urban Outcasts: A Comparative Sociology of Advanced Marginality.* Cambridge, MA: Polity, 2008.

Wacquant, Loïc, Tom Slater, and Virgílio Borges Pereira, ed. "Territorial Stigmatization in Action." Special issue, *Environment and Planning A: Economy and Space* 46, no. 6 (2014).

Walker, R. B. J. *Inside/Outside: International Relations as Political Theory*. New York: Cambridge University Press, 1993.

Walker, Richard A. "Building a Better Theory of the Urban: A Response to 'Towards a New Epistemology of the Urban.'" *CITY* 19, no. 2–3 (2015): 183–91.

Walker, Richard A. "Why Cities? A Response." *International Journal of Urban and Regional Research* 40, no. 1 (2016): 164–80.

Walker, Richard A., and Robert D. Lewis. "Beyond the Crabgrass Frontier: Industry and the Spread of North American Cities, 1850–1950." *Journal of Historical Geography* 27, no. 1 (2001): 3–19.

Wallerstein, Immanuel. *The Modern World-System I: Capitalist Agriculture and the Origins of the European World-Economy in the Sixteenth Century*. New York: Academic Publishers, 1974.

Wallerstein, Immanuel, ed. *Open the Social Sciences: Report of the Gulbenkian Commission on the Restructuring of the Social Sciences*. Stanford, CA: Stanford University Press, 1996.

Wallerstein, Immanuel. *Unthinking Social Science: The Limits of 19th Century Paradigms*. Cambridge: Polity, 1991.

Ward, Kevin, and Andrew E. G. Jonas. "Competitive City-Regionalism as a Politics of Space: A Critical Reinterpretation of the New Regionalism." *Environment and Planning A* 36 (2004): 2119–39.

Weck, Sabine. *Neue Kooperationsformen in Stadtregionen—Eine regulationstheoretische Einordnung*. Dortmunder Beiträge zur Raumplanung Nr. 74. Dortmund: Universität Dortmund, 1995.

Weis, Tony. *The Global Food Economy and the Battle for the Future of Farming*. London: Zed, 2007.

Weiss, Linda. *The Myth of the Powerless State*. London: Policy, 1998.

West, Geoffrey. *Scale: The Universal Laws of Growth, Innovation, Sustainability, and the Pace of Life, in Organisms, Cities, Economies, and Companies*. New York: Penguin, 2016.

Whatmore, Sarah, and Lorraine Thorne. "Nourishing Networks: Alternative Geographies of Food." In *Globalising Food: Agrarian Questions and Global Restructuring*, edited by David Goodman and Michael Watts, 287–304. London: Routledge, 1998.

White, Ben, Saturnino M. Borras Jr., Ruth Hall, Ian Scoones, and Wendy Wolford. "The New Enclosures: Critical Perspectives on Corporate Land Deals." *Journal of Peasant Studies* 39, no. 3–4 (2012): 619–47.

Williams, Raymond. *The Country and the City*. Oxford: Oxford University Press, 1973.

Wilson, Japhy. "The Violence of Abstract Space: Contested Regional Development in Southern Mexico." *International Journal of Urban and Regional Research* 38, no. 2 (2014): 516–38.

Wilson, Japhy, and Manuel Bayón. "Concrete Jungle: The Planetary Urbanization of the Ecuadorian Amazon." *Human Geography* 8, no. 3 (2015): 1–23.

Wilson, Japhy, and Manuel Bayón. "Fantastical Materializations: Interoceanic Infrastructures in the Ecuadorian Amazon." *Environment and Planning D: Society and Space* 35, no. 5 (2017): 836–54.

Wilson, Japhy, and Erik Swyngedouw, eds. *The Post-Political and Its Discontents.* Edinburgh: University of Edinburgh Press, 2014.

Wimmer, Andreas, and Nina Glick-Schiller. "Methodological Nationalism and Beyond: Nation-State Building, Migration and the Social Sciences." *Global Networks* 2, no. 4 (2002): 301–34.

Wirth, Louis. "Urbanism as a Way of Life." In *Classic Essays on the Culture of Cities*, edited by Richard Sennett, 143–64. Englewood Cliffs, NJ: Prentice Hall, 1969 [1937].

Wolch, Jennifer, and Michael Dear. *The Power of Geography: How Territory Shapes Social Life.* London: Unwin Hyman, 1989.

Wu, Fulong. "China's Emergent City-Region Governance: A New Form of State Spatial Selectivity through State-Orchestrated Rescaling." *International Journal of Urban and Regional Research* 40, no. 6 (2016): 1134–51.

Wyly, Elvin. "Positively Radical." *International Journal of Urban and Regional Research* 35, no. 5 (2011): 889–912.

Wyly, Elvin. "Strategic Positivism." *Professional Geographer* 61, no. 3 (2009): 310–22.

Zoomers, Annelies. "Globalisation and the Foreignisation of Space: Seven Processes Driving the Current Global Land Grab." *Journal of Peasant Studies* 37, no. 2 (2010): 429–47.

Zoomers, Annelies, Femke Van Noorloos, Kei Otsuki, Griet Steel, and Guus Van Westen. "The Rush for Land in an Urbanizing World: From Land Grabbing towards Developing Safe, Resilient, and Sustainable Cities and Landscapes." *World Development* 92 (2017): 242–52.

Zukin, Sharon. "A Decade of the New Urban Sociology." *Theory & Society* 9 (1980): 575–601.

Zukin, Sharon. "Is There an Urban Sociology? Questions on a Field and a Vision." *Sociologica* 3 (2011): 1–18.

《城市研究系列》总目

☑ 已出版，☐ 待出版

- ☑ 马克思主义与城市
- ☑ 保卫空间
- ☑ 城市空间的社会生产
- ☑ 城市：非正当性支配
- ☑ 现代性和大都市
- ☑ 驱逐：全球经济中的野蛮性与复杂性
- ☑ 浮现的世界：21 世纪的城市与区域
- ☑ 空间问题：文化拓扑学和社会空间化
- ☑ 文化崩溃：创意阶层的衰落
- ☑ 城市的视角
- ☑ 世界城市网络：一项全球层面的城市分析
- ☑ 社会理论与城市问题
- ☑ 全球城市政治：国家的非正规化
- ☑ 城市理论与城市经验：遇见城市
- ☑ 未来是什么？
- ☑ 贫困资本：小额金融与促进发展
- ☑ 在线游戏的社会与文化意义
- ☑ 新国家空间：城市治理与国家形态的尺度重构
- ☑ 阁楼生活方式：城市变化中的文化与资本
- ☑ 边缘处的地方：现代性的另类地理
- ☑ 城市与全球资本主义
- ☑ 郊区化的世界：自外向内打造世界城市
- ☑ 伍尔夫与伦敦：城市的性别政治
- ☑ 支离的城市主义：网络化基础设施、技术变迁与城市状况
- ☑ 新城市空间：城市理论与尺度问题
- ☐ 城市发展史
- ☐ 空间、城市和社会理论
- ☐ 拱廊街计划